하나논리

하나논리
동아시아 사회이론의 모색

지은이 / 김성국
펴낸이 / 강동권
펴낸곳 / (주)이학사

1판 1쇄 발행 / 2023년 2월 28일

등록 / 1996년 2월 2일 (신고번호 제1996-000015호)
주소 / 서울시 종로구 율곡로13길 19-5(연건동 304) 우 03081
전화 / 02-720-4572 · 팩스 / 02-720-4573
홈페이지 / ehaksa.kr
이메일 / ehaksa1996@gmail.com
페이스북 / facebook.com/ehaksa · 트위터 / twitter.com/ehaksa

© 김성국, 2023, Printed in Seoul, Korea.

ISBN 978-89-6147-425-2 93300

이 책의 저작권은 저자가 가지고 있습니다.

저작권법에 의해 보호를 받는 저작물이므로 이 책 내용의 일부 또는 전부를 재사용하려면
저작권자와 (주)이학사 양측의 동의를 얻어야 합니다.

* 책값은 뒤표지에 표시되어 있습니다.

하나논리

동아시아
사회이론의
모색

김성국
지음

책을 내면서

1.
인공지능의 등장과 함께 세상은 급변한다.
사회과학과 사회학 또한 이 변화의 물결을 헤쳐나가야 한다.
근대와 함께 등장한 신생 학문 사회학은
철학의 세계로부터 독립하고자
자신을 사회물리학이라 부르기도 하며
종합 사회학으로서 근대의 길을 탐구하고 제시하였다.
이제 탈근대라는 문명사적 격류를 맞이하여
사회학은 새롭게 변신해야 한다.
자연과학의 실증적-경험적-사실적 자세를 견지하되
형이상학의 논리적-신비주의적-공상적/유토피아적 가치도 포용하는
새로운 혁명적 종합을 시도해야 한다.
시대는 학문의 잡종화 혹은 융합을 요구한다.
그 방안의 하나가 온고이지신(溫故而知新)이다.
미분화 시대의 시원적 사고는 탈분화 시대의 길잡이가 될 수 있다.
그래서 나는 논리와 모순, 신비와 합리 그리고 영성과 욕망이
하나가 되어 화이부동의 경지를 이루는

동아시아의 고전적 지혜를 찾았다.

2.
이 책은 동아시아 지혜의 가르침을 토대로 한다.
그러나 나는 동양사상 전공자가 못 된다.
사회(학)이론과 이념(특히 아나키즘)을 주로 공부한다.
유불도(儒佛道)의 아나키즘적 차원을 찾다가
뒤늦게 동아시아 사회사상에 입문하였으니
그 연구의 폭은 협소하고 깊이는 얕지 않을 수 없다.
선가(仙家)의 『천부경』 공부 또한
시작은 오래건만 여전히 미진하다.
유불도선 관련 자료의 활용에서
가장 적합한 것을 선별하려고 노력하였지만
감히 어찌 자신감을 가질 수 있겠는가.
두문불출 한평생을 바쳐도 모자라는 것이 공부이니
무지(無知), 부지(不知), 미지(未知)의 상태에서
기고만장하는 인간 지식이다.
나 또한 예외가 아니다.

3.
이 책에서 내가 생각한 것을 다른 사람도 이미 생각했을 수 있다.
내 생각은 나만의 산물이 아니다.
많은 사람의 생각이 합쳐진 것이다.
동서고금 수많은 지식과 지혜의 강이 흘러 만든
대양의 한 순간, 한 자락, 한 물결일 뿐이다.

다만 나의 생각은 내 나름의 지적 추구 과정을 통해 형성된 것이다.

다른 사람의 생각과는 맥락을 달리할 것이다.

새로운 해석과 독특한 주장을 다수 제기한다.

시비와 논란의 대상이 되어 이론적 쟁점으로 발전하면 좋겠다.

제대로 된 이론을 수립하자면 진지하고도 치열한 논쟁이 필수적이다.

4.

부족하여 미흡한 책이다.

골격은 그런대로 쓸 만할 것이나, 좀 더 단단하게 근육이 붙어야 했다.

최선을 다했지만, 나의 한계이다.

서구 이론의 수준에 상응하는 동아시아 이론을 만들어보자니,

쉽지 않았다.

새로운 입론과 해석을 시도하나, 만용이 아니기를 바란다.

동아시아형, 동아시아발 사회이론은 누군가든 계속 도전해야 한다.

하나논리는 한국의 선가/선도 전통에 주목한다.

유불도에 버금가는 동아시아 지혜로 정립하여

유불도선(儒佛道仙) 혹은 유불도를 통일(通一)하는

선(仙)의 세계를 발견하고 싶다.

최치원(崔致遠)의 선가적 포함삼교(包含三敎)를

삼교통일(三敎通一)로 계승하고자 한다.

선가는 종파를 화쟁시키려는 하나논리의 배경이다.

5.

하나논리의 하나는 천지인합일(天地人合一)로서의 하나이다.

하나의 내재적 논리가 하나논리이다.

『천부경』의 인중천지일(人中天地一)은 천지인합일(天地人合一)의 정수이다.
하나논리는 삼일(三一)논리, 통일(通一)논리, 귀일(歸一)논리로 전개된다.
삼일논리는 천지인은 하나이면서 셋이라는 하나의 체용을 가르친다.
통일논리는 천지만물 세상만사를 하나로 소통 연결시킨다.
귀일논리는 인중천지일(人中天地一)이라는
만법귀일(萬法歸一)의 깨우침이다.
삶에 안락을 주고, 자유해방의 세상을 여는 지혜를 찾아보자.
하나논리에 대해 사회이론가로서 자부심과 기쁨을 느낀다.

6.
하나논리는 그간 내가 탐구한 이론적 작업의 축적이다.
「탈근대 아나키스트 사회이론의 모색」(2003)은
20여 년 전의 암중모색이다.
『잡종사회와 그 친구들: 아나키스트 자유주의 문명전환론』(2015)은
탈근대 잡종사회의 도래에 주목하는 역사변동론이다.
「유아유심 개인주의: 마음사회학을 위하여」(2018)는
'동아시아 개인주의'를 부각시킨다.
이 글들을 부록으로 첨부할까 하였으나 그만두었다.
이 책을 쓰는 과정에서 하나논리의 이론적 틀을 예비적으로 점검해보고,
세계적 차원에서 검증받을 기회를 확보한다는 의미에서
"The Oneness Logic: Toward an East Asian General Social Theory"라
는 논문을 완성하여 *Handbook Post-Western Sociology: From East to Europe*
(Roulleau-Berger, Li, Kim, Yazawa eds., 2023)에 게`재하였다.
논문에는 이 책의 일부 주요 내용이 축약된 형태로서 제시되었다.
물론 이 책은 새로운 관점과 내용을 대폭 추가하였고,

논문에 제시된 주장도 더욱 체계적이고 상세하게 설명한다.

7.
독자에게 양해를 구한다.
평이하게 쓰지 못한 졸필과 한문/한자를 즐겨 쓴 난필이다.
때로 정밀한 이론적 논의 없이 논리를 펼쳤으니
사회이론 전공자라도 불만이 적지 않을 것이다.
충분한 설명 없이 압축적 혹은 비약적으로 논의가 전개되어
이론적 맥락을 가늠하기가 쉽지 않은 부분도 있을 것이다.
주제나 쟁점을 반복해서 논의하기도 하였다.
불가피한 선택이었다.
논의가 늘어지는 것을 가급적 피하고 싶었다.
언어도단을 알면서도 많은 말을 지고, 논리의 길을 걸어야 하며
개념을 개념으로써 설명하자니,
복잡다단 애매모호의 상태를 돌파하기 어려웠다.
그뿐 아니다.
빈약한 보따리에 유불도선의 이것저것을 주워 담아
박이부정의 사상누각을 세운 것은 아닌지?
두렵다.
여기까지가 나의 몫이다.
그 누군가 나타나 여기서부터 다시 나아가기를.

8.
염치없지만,
주위의 모든 분에게 감사드린다.

동양사회사상학회와 국학연구소로부터 많이 배운다.
구름 요리를 선사한 김주완 시인에게 고마움을 전하고,
이학사의 강동권, 임양희 두 분께 감사를 표한다.

하나의 마음, 하나의 세계, 하나의 우주를 찾아가면서.

2023년 2월 김성국 일심

차례

책을 내면서   5

프롤로그: 통일(通一)의 사회이론으로서 하나논리   15

  1. 하나논리에서 '논리'의 의미   16
  2. 하나논리에서 '하나'의 의미   20
  3. 유불도선: 『천부경』과 선가의 재인식   26

제1장 후천 정신개벽과 천지인합일: 하나논리의 이론적 배경과 전망   33

  1. 후천 정신개벽 문명론   33
  2. 천지인합일   39
    1) 인간의 천지인합일 파괴: 문명전환의 배경   44
    2) 천지인합일의 회복: 문명전환의 토대   70
    3) 탈물질주의 가치혁명: 정신적 풍요의 마음 세계   83
  3. 후천 정신개벽을 위한 깨달음   87
    1) 지금 여기의 현실로서 깨달음: 깨달음의 일상화   90
    2) 자유해방의 탈현실로서 깨달음: 쾌락의 재구성   93
    3) 신인합일의 초현실로서 깨달음: 유아유심의 무한 세계   95

제2장 하나논리의 형성 : 나의 이론사적 맥락   103

  1. 1960년대 초반부터: 105
     실존주의 수용과 비판 → 자유주의와 개인적 책임성과 주체성 인식
     1970년대 초반부터:
     구조주의 수용과 비판 → 구조적 결정론과 이분법적 도식 비판
  2. 1970년대 초중반부터: 107
     토착 이론의 추구 → 동아시아형/한국형 이론 모색과 유불도 재인식
  3. 1980년대 초반부터: 109
     맑스주의 대안 모색 → 결정론과 적대적 투쟁 비판과 체용(일여)론 인식
  4. 1980년대 초중반부터: 111
     중산층/시민사회론 수용/보완 → 아나키즘 수용, 선거민주주의 비판
     1980년대 중반부터: 정보/지식혁명 연구 → 문명전환의 필요성 인식
  5. 2000년대 초반부터: 115
     탈근대 아나키스트 사회이론 제시 → 탈서구 사회학의 필요성 절감
     1) 서구 이론의 헤게모니 혹은 수용자 콤플렉스?   117
     2) 탈서구 사회학의 기본 정신   120
     3) 서구 이론의 동아시아적 차원   121
  6. 2010년대 초반부터: 124
     잡종화/잡종사회 개념 수용 → 아나키스트 자유주의 문명전환론 제안
     2010년대 초중반부터: 동아시아 개인주의 탐구 → 유아유심 개인주의 제안
     1) 유아유심 개인주의   125
     2) 개인 중심의 마음사회학   126
     3) 사회의 개인화   127
     4) 리기심 일원의 심주도 마음사회학   129
  7. 2010년대 중반부터: 130
     카프라 재독 → 동아시아 신비주의의 유용성 확인
     2010년대 후반부터: 『천부경』 및 유불도 연구 →
     하나논리의 가능성과 선가의 독자성 확신

1) 카프라의 재인식	130
2) 최치원의 삼교포함과 『천부경』	133

제3장 하나논리의 구축: 자료, 가치전제, 분석틀　　　137

1. 연구 자료　　　137
  1) 문명론　　　138
  2) 유가, 불가, 도가　　　146
  3) 『주역』　　　154
  4) 『천부경』 및 선가 연구　　　158
2. 가치전제: 천지인합일로서 하나　　　167
  1) 삼일논리: 존재론적 동등성과 일체성으로서의 합일　　　170
  2) 통일논리: 소통과 연결로서의 합일　　　171
  3) 귀일논리: 깨달음으로서의 합일　　　176
3. 이론적 분석틀: 체용론적 존재론　　　181
  1) 체용론　　　183
  2) 하나의 본체론: 리기심 혼연일체 일원론　　　188
  3) 하나의 변용론: 형성적 수준과 경험적 수준　　　211

제4장 하나논리의 동아시아적 토대　　　227

1. 하나의 본체론　　　229
  1) 선가(『천부경』과 『삼일신고』)와 하나　　　232
  2) 『주역』(「계사전」)/유가와 하나　　　235
  3) 도가(『도덕경』/『장자』)와 하나　　　238
  4) 불가와 하나　　　241
2. 하나의 변용론　　　244
  1) 음양오행 잡종화론 혹은 상잡론　　　245
  2) 유아유심 개인주의론　　　258
  3) 중도자비 수신수행론　　　277

제5장 하나논리의 이론적 특성과 지향　　　　　　　　305

1. 이론적 특성　　　　　　　　306
1) 유아유심주의와 탈물질주의　　　　　　　　307
2) 개인주의와 주체성/책임성　　　　　　　　312
3) 허무주의, 비관주의, 신비주의　　　　　　　　320
4) 중도자비와 통일(通一)　　　　　　　　331
5) 자유해방의 안락주의　　　　　　　　334

2. 실천적 지향: 문명전환을 위한 대안　　　　　　　　341
1) 인구 감소: 천지인의 양적 균형 추구　　　　　　　　341
2) 폭력으로서의 부정부패 제거: 폭력 사회의 제도적 근절　　　　　　　　343
3) 선거민주주의 축소와 현능 정치:　　　　　　　　346
　 정치적 폭력성/비합리성의 제도적 개선
4) 신법가주의: 폭력에 대한 엄중한 제도적 응징　　　　　　　　357
5) 자유권의 지속적 확대: 자주인의 주체적 책임 강화　　　　　　　　359

제6장 문명전환의 길: 후천 정신개벽을 느껴보자　　　　　　　　365

1. 전체 논의 요약　　　　　　　　366
2. 통일(通一) 하나: 최치원의 포함삼교와 풍류　　　　　　　　369
3. 통일(通一) 둘: 성철과 비트겐슈타인의 동서 논리 합일　　　　　　　　376

에필로그: 구름 요리와 신선놀음　　　　　　　　383

참고문헌　　　　　　　　389

찾아보기　　　　　　　　399

프롤로그:
통일(通一)의 사회이론으로서 하나논리

이 책의 목표는 서구 이론에 대비되는 동아시아형 사회이론을 수립하는 것이다. 새로운 이론의 수립은 반드시 기존의 여러 이론적 전통이나 기반 위에서 출발한다. 따라서 이 책은 일차적으로 이론 전문가를 대상으로 한다. 현대사회학 이론에 대한 기초 지식과 동아시아 고전 지혜인 유불도 및 한국의 선가/선도에 관한 사전 이해가 필요하다. 형이상학적 논의에 대해서도 거부감을 갖지 않아야 한다. 내가 제시하는 관점과 해석, 개념과 이론에 대해서 당연히 의구심이나 당혹감을 가질 수 있을 것이다. 이와 같은 불편과 혼란 혹은 오해나 선입견을 최소화하기 위해서 하나논리의 이해에 필수적 전제라고 여겨지는 몇 가지 핵심 사항을 여기 프롤로그에 압축적으로 간략히 제시한다. 그러나 독해가 쉽지는 않을 것이다. 이 내용의 대부분은 본문에서 재차 상세하게 논의될 것이므로 일종의 사전 안내용 해설과 요약 정도로 읽어주길 바란다.

아래 설명에는 낯선 개념과 돌출적 논의가 거듭 나타날 것이다. 유불도에 친숙하지 않거나, 특히 하나논리의 토대인 『천부경(天符經)』이나 『삼일신고(三一神誥)』 그리고 이에 기반을 두는 선가/선도를 처음 접할 경우에는 다소 당황스러울 것이다. 그냥 스쳐 읽거나 넘어가도 좋다. 시작은 이미 반이다.

〈그림 1〉은 프롤로그의 내용을 압축·정리한 것이다. 이와 같은 〈그림〉은 앞으로도 계속해서 각 장이나 각 절이 시작할 때나 말미에 본문 내용의 사전 이해나 사후 정리를 도모하기 위해서 제시할 것이다. 〈그림〉의 화살표는 특정 인과관계를 나타내기보다는, 이론적 상호 연관이나 시간적 전개 혹은 파생과 분화를 설명하기 위한 다목적 용도로 사용된다.

〈그림 1〉 하나논리에서 논리와 하나의 이론적 맥락과 의미

하나논리
- 논리: 이론적 논리(Theoretical Logic)와 『논리-철학 논고』의 논리
- 하나: 천지인합일과 리기심일원론(질적 속성)과 유무공 포괄(수리적 속성)
- (천지인)합일: (천지인의) 삼일, 통일과 귀일('하나임'의 발견으로서 깨달음)
- 유불도선: 하나논리의 동아시아적 배경(『천부경』의 심원성과 선가의 고유성)

1. 하나논리에서 '논리'의 의미

하나논리 ← 알렉산더의 이론적 논리 + 비트겐슈타인의 『논리-철학 논고』의 논리

"하나논리(The Oneness Logic)"라는 개념에서 '논리'라는 말의 이론적 맥락을 두 가지 차원에서 설명하고 싶다. 첫째, "하나논리"의 "논리"는 파슨스 이후 그를 승계하는 최고 사회학 이론가의 한 사람으로 간주되는 알렉산더(Alexander, 1982)가 『사회학의 이론적 논리, 제1권(Theoretical Logic in Sociology, volume I)』에서 사용한 "이론적 논리"와 유사한 맥락에서 사용한다. 알렉산더(Alexander, 1982: xvii-xxi; 1987: 6-12)에 의하면 학문

(science)을 위한 이론적 논리(theoretical logic)는 형이상학적 차원의 일반적 전제(general presuppositions)를 포함하여 경험적 수준의 관찰에 이르기까지, 다음의 〈그림 2〉와 〈그림 3〉이 제시하듯(Alexander, 1987: 6-7), 학문적 연속성(scientific continuum)을 가정한다.[1] 일반적 전제란 모든 사회과학자의 연구에 수반되는 특정한 가정들, 예컨대 알렉산더의 경우에는 특수이론이 아닌 일반이론(general theory)[2]의 차원에서 행위와 질서에 관한 가정들을 의미한다. 일반이론을 추구하는 하나논리도 (알렉산더보다도 더 높은 수준에 있는) 형이상학적 차원에서 하나를 천일(天一)의 리(理), 지일(地一)의 기(氣), 인일(人一)의 심(心)에 관한 리기심일원론(理氣心一元論)이라는 가정을 가지고 출발한다.[3]

〈그림 2〉 과학적 사고의 연속성

비사실적(nonfactual) 이론적 환경 ←   → 사실적(factual) 경험적 환경

선험적 전제 - 이념 - 모델 - 개념/정의/분류/법칙 - 명제 - 상관관계/가정 - 관찰

---

1 알렉산더의 학문적 연속성을 하나논리가 사용할 체용론의 특성과 연관시킬 수 있다. 형이상학적/비사실적 환경과 경험적/사실적 환경의 연속성을 가정하는 것은 체용론의 체용일여(體用一如)라는 논리와 상통대등(相通對等)이다.
2 일반이론이란 특정 분야로 전문화된 특수이론들을 종합한 것으로 일반적 사회현상에 관한 이론을 의미한다. 예컨대 사회계급에 관한 일반이론은 노동자계급, 중간계급 등에 관한 특수한 계급이론이 아니라 한 사회의 생산양식이나 생산관계를 포괄적으로 논의하는 계급 전반에 관한 이론이다(Alexander, 1987).
3 왕양명의 심즉리와 조선 리기 논쟁의 주리설, 주기설, 리기일원론 등을 대대론적(待對論的) 혹은 양시론적(兩是論的) 입장에서 고찰하여 수립한 리기심일원론에 대해서는 제3장에서 다시 설명할 것이다. 천지인 각각은 하나로서 모두 리기심을 소유하지만 그 주된 속성을 구별하여 천리(天理), 지기(地氣), 인심(人心)이라고 개념화하였다.

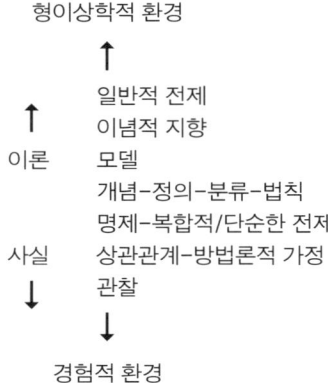

〈그림 3〉 과학적 사고의 연속성과 그 구성요소

하나논리는 하나(The Oneness)에 관한 이론적 논리를 의미한다. 비사실적 영역인 형이상학적 수준의 본체론으로부터 사실적 영역인 형상적/경험적 수준의 작용론까지 하나논리가 일관하는 것으로 전제한다. 동아시아 체용론에 입각하여 서구의 이분법적 논리인 본질과 현상, 구조와 변이를 하나논리의 연속으로 파악한다. 미시와 거시, 개별과 집합 간에도 논리적 연속성을 발견한다.[4]

둘째, 일종의 신비주의자이자 유아유심론자인 나는 유사한 지향성을 표출한 비트겐슈타인(2006: 5.62, 5.64, 6.44, 6.45, 6.522)이 『논리-철학논고』에서 사용한 "논리"라는 용어법을 나의 하나논리와 연결시킨다. 비트겐슈타인에 의하면 "논리적 공간 속의 사실들이 세계이다."(비트겐슈타인, 2006: 1.13) "논리에서는 아무것도 우연적이지 않다."(비트겐슈타

---

[4] 사회학 이론의 차원에서 하나논리와 유사한 개념을 굳이 찾아보자면 파슨스의 (우주론적) 체계나 루만의 (불가적) 체계와 연관시켜볼 수 있을 것 같다.

인, 2006: 2.012) "사실들의 논리적 그림이 사고이다."(비트겐슈타인, 2006: 3) "철학의 목적은 사고의 논리적 명료화이다."[5] (비트겐슈타인, 2006: 4.112) "나의 언어의 한계들은 나의 세계의 한계들을 의미한다. 논리는 세계를 가득 채우고 있다. 세계의 한계들은 또한 논리의 한계들이기도 하다."(비트겐슈타인, 2006: 5.6, 5.61) 나는 비트겐슈타인이 규정하는 논리의 특성들을 명심하면서 거기에 상응하도록 하나논리가 추구하는 이론적 논리를 전개한다. 비트겐슈타인의 사고 틀과 지향성은, 물론 서구 고유의 언어철학적 전통을 반영하는 것이기는 해도, 하나논리와 유사하게 불가적(佛家的) 존재론이나 인식론과 여러 가지 측면에서 공명하는 것 같다.[6]

　루만(Niklas Luhman)의 체계이론과 루만에게 직접적으로 영향을 준 불가적 수학자 스펜서-브라운(George Spencer-Brown)의 『형식의 법칙들』 간의 관계를 설명하면서 라우(Lau, 2020: 230)는 "사회학은 역설을 허용하고 다루어낼 수 있는 논리학을 더욱 긴급하게 요청할 필요를 느낀다"고 토로한다. 루만의 차이동일성(差異同一性)이라는 개념 자체가 역설처럼 보인다. 루만이 환경과의 차이로부터 체계이론을 발전시킨다면 하나논리는 차이의 통일(通一)인 하나로부터 시작한다. 하나논리에서 차이동일성은 일즉삼 삼즉일(一卽三 三卽一)이나 일즉다 다즉일(一卽多 多卽一)과 같은 삼일(三一)논리가 기본적 출발점으로 삼는 논리적 전제이다. 불가에서도 이미 색즉시공으로 차이동일성이라는 역설을 중도/중관으로 공화(空化)시켜 차이나 동일에 더 이상 집착하지 않는다.

[5]　논리적 명확성에 대한 요구는 논리학뿐만 아니라 모든 사회이론에도 적용된다.
[6]　나는 '모순적인 것의 양립 불가능'을 주장하고, '현상의 인과적 선후를 엄밀하게 구분'하거나 '사물의 본질과 현상을 분리하여 추구'한다는 통상적 의미에서의 형식주의 논리는 수용하지 않는다.

차이나 동일은 체용론이나 내재적 초월론 혹은 만물일여(萬物一如)나 화쟁일심(和諍一心)으로 그 구별과 경계를 생성·소멸시킬 수 있다. 이와 같은 맥락에서 하나논리는 동아시아 신비주의의 심원성을 승계하고자 한다. 하나논리는 양자역학이 당면했던 논리적 모순도 신비주의적이며 유아유심적인 통일(通一) 논리, 혹은 삼일논리나 전일논리로 풀이할 수 있다고 판단한다. 양자역학도 처음에는 상보성이라는 음양논리의 수준을 발견하나 뒤이어 관찰자의 문제의식이라는 유아유심(唯我唯心)과 심외무불(心外無物)의 경지를 인정하는 것처럼 보인다.

알렉산더의 이론적 논리와 비트겐슈타인의 논리철학은 서구적 분석논리의 전통에 충실하지만, 동아시아 하나논리의 체용론은 상대적으로 본체와 (변용으로서) 현실의 통일논리에 더욱 관심을 갖는다. 단순화시켜, 서구가 미분화에서 분화로의 문명화 과정에 주목하였다면, 하나논리는 분화에서 탈분화 혹은 미분화로의 초문명화 혹은 반자도지동(反者道之動)으로서의 본래적 귀일화(歸一化)에 주목한다고 이해하고 싶다. 동서 논리는 각자의 고유한 지향성을 통해서 당면한 역사적 과정을 이해하려고 한다. 이제 물극필반(物極必反)이라는 사물의 생성·변화 원리에 따라 등장하는 후천 정신개벽 시대에는 동아시아 하나논리가 더욱 기세를 얻으며 세상을 설명하고 이끌 것이다.

2. 하나논리에서 '하나'의 의미

하나는 오래전부터 동서양에 걸쳐 하나님, 하느님, 하늘님과 같은 궁극적 (유)일자를 지칭하면서 신, 도, 불, 태극, 성 등의 개념으로 규정되어왔다. 『장자』는 "도가 아닌 도를 아는가. 만일 이를 알면 천부라 이름

하리다[不道之道, 若有能之, 此之爲天符]"라고 말한다. 나는 '하나'가 바로 장자의 '도가 아닌 도'이며, 이 사실은 『천부경』에 함축되어 있는 것으로 이해한다.

하나논리의 하나는 동아시아 지혜인 유불도선으로부터, 특히 『천부경』을 기반으로 하는 선가로부터 도출한 천지인합일을 의미한다. 천지인합일에서 합일로 규정되는 하나가 바로 하나논리의 하나이다. 그러므로 하나에는 이미 천지인이라는 셋이 포함되어 있다. 삼을 포함하는 일이라는 의미에서 하나논리는 이른바 삼일논리이기도 하다. 일즉삼이요, 삼즉일이다. 요컨대 하나논리의 하나는 천지인합일의 하나에서 시작하고, 천지인합일의 하나로 되돌아가는 만법귀일의 순환반복이다.

천지인합일로서의 하나는 동시에 리기심합일의 하나이기도 하다. 나는 리=기=심이라는 리기심일원론자이다.[7] 나아가 천과 리, 지와 기, 인과 심을 상호 연관시켜 천리(天理), 지기(地氣), 인심(人心)으로써 하나를 구성한다. 이 셋이 혼연일체를 이루고 있는 상태를 하나로 이해한다.[8]

---

7   리기심(理氣心)을 서구적 의미 맥락을 고려하면서 동아시아적으로 규정해본다면, 리는 합리성과 합정성을 포함하는 이성/이치/도리(reason with rationality and affectivity)로, 기는 동적 및 정적 힘을 발휘하는 에너지(energy with dynamic as well as static power)로, 심은 의식과 영성/정신을 지닌 마음(mind with consciousness and spirituality)으로 접근해볼 수 있다.

8   유가에서는 "서로 분리될 수도 없고, 뒤섞을 수도 없다[不相離 不相雜]"는 표현으로 리와 기 혹은 리기심의 관계를 설명한다. 하나논리는 "물과 기름의 관계처럼 뒤섞이지 않는 것"을 의미하는 불상잡(不相雜)은 수용하지 않는다. 하나 속에 리기심(理氣心)이 모두 들어 있듯이, 리(理) 속에 기심(機心)이 기(氣) 속에 리심(理心)이 심(心) 속에 리기(理氣)가 들어 있다. 하나이면서 셋이고, 셋이면서 하나라는 삼일논리이다. 삼태극(三太極) 혹은 이태극(二太極)이 리기심이나 리기의 존재 양상을 하나(의 도형으)로 보여주나, 태극은 정중동으로 끊임없이 상호작용한다. 다시 말해 리와 기와 심은 리기심으로 함께 작용한다. 리기심은 각각 스스로의 구분/분별[自分]을 가지지만, 이 차이는 혼연일체로서 본체인 하나 안에서 동일화된다[差異同一性]. 언어가 (어떤) 존재를 (다른 존재와의) 차이로서 구분하나, 언어 규정 이전 상태

매우 논쟁적인 관점이라 차후 많은 토론과 보완을 기대하는 부분이다.

여기서 하나논리의 출발점인 천지인합일에서 합일(合一)의 의미를 삼일(三一)논리, 통일(通一)논리, 귀일(歸一)논리의 세 가지 차원에서 새롭게 규정해본다.

삼일논리는 하나가 셋 혹은 다수이고, 셋 혹은 다수는 동시에 하나이기도 하다는 존재론적 논리이다. 여기서 셋이나 다수는 천지인 혹은 천지만물을 지칭한다. 천은 하나이면서도 지와 인을 포함하기 때문에 셋이기도 하다. 지와 인도 마찬가지다. 그래서 일즉삼 삼즉일이요, 집일함삼(執一含三) 회삼귀일(會三歸一)이다. 하나에서 만물이 나오니 만물은 모두 하나이다.

통일논리는 천하만물 모두 소통·연결된다는 기능론적 논리이다. 합일이란 상이한 개체를 융합시켜 새로운 하나를 만드는 통합(統合)이 아니다. 서구의 유물론적 변증법이 상정하는 정반합(正反合)도 아니다. 종합(綜合)도 아니다. 세상만사를 모순의 관계로 파악하기보다는 상대적 혹은 대대적 관계로 인식하여 이 "상대론"을 중용지도[中道]에 의해서 "중화(中和)"시킨다는(남회근, 2011: 136) 의미에서의 통일이다.[9] 독자적 개별 존재의 특성 혹은 개별성을 무시하는 획일화나 단일화의 의미를 함축하는 통합으로서의 통일(統一)보다는 존재와 존재를, 심적으로 혹은 인식론적으로, 하나로 소통·연관(疏通聯關)시키는 통일(通一)로서 이

의 존재는 그저 하나일 뿐이다. 불상리 불상잡(不相離 不相雜)을 통일의 관계로 이해할 수 있다.

[9] 모순도 상대성의 한 차원으로 간주할 수 있다. 모순의 서구적 해소가 정반합이나 지양이라면, 동아시아 하나논리는 (인)중(천지)일의 화합이라는 의미에서 중화이다. 요컨대 모순이나 상대성은 모두 인위의 산물이므로 인간이 무위자연이라는 하나의 경지를 깨달음으로써 그 분별과 구속으로부터 벗어날 수 있다. 현실의 변화작용으로서 음양 구분은 본체론적 수준의 음양합일로 그 선악 시비를 초월한다.

해하고자 한다.[10] 물론 통일(統一)이라는 개념을 사용하면서도 통일(通一)의 의미를 함축한다고 말할 수 있겠지만, 나는 통일(通一)을 선호한다. 천지인합일을 통일의 차원에서 쉽게 풀이하자면, 인간은 천지와 소통/대화(communication/dialogue)하여 서로가 (분리 불가능한 상호연결된 전일적 존재로서) 하나임을 깨우친다는 의미이다. 이처럼 하나논리는 모든 이분법적 혹은 (차별적으로) 구분된 현상을 하나로 (극복한다기보다는) 통일시키고자 한다.[11]

통일은 구체적으로 아래와 같은 의미 맥락에서 이해하면 좋을 것이다. 최민자(2006: 379)가 "하늘과 사람과 만물을 하나로 관통하는"이라는 표현을 사용했을 때의 "하나로 관통하는" 것이 바로 통일이다.[12] 『삼일신고』에서 "인간의 본성에 통[달]하여 완성을 이룬다[性通功完]"에서 통의 의미와 같다. 최근 최윤수(2020: 214-215)도 하느님의 성품에 통하

10 통일의 개념은 향후 하버마스의 의사소통적 행위와 연관시켜 심화시킬 수 있다. 다만 하나논리의 통일은 의사소통적 합리성뿐만 아니라, 정동적(affective), 영성적(spiritual), 신비적(mystic) 차원의 합정성(合情性)도 포함한다. 하버마스의 이론적 맥락인 비판적 성찰성은 물론 존중되어야 하지만 하나논리의 통일은 구별에 기반한 분석적 비판보다는 불상리(不相離)를 전제로 한 상호 연관적 하나성(the oneness)에 주목하고자 한다. 일심화쟁에 의한 화합으로서의 통일이라고 규정해볼 수 있겠다. 박영도(2018: 292)처럼 "중용 사상으로부터 (하버마스의) 의사소통 합리성을 재구성하는 길"을 찾아야 한다.
11 유사한 맥락에서, 공자의 극기복례를 사적 개인의 욕망을 극복 혹은 부정한다는 의미에서가 아니라, 사적-이기적 개인/자아(소인?)가 수신수행(修身修行)을 통하여 공적-도덕적-이타적 예를 실천하는 대인(?)으로 확대·성숙한다는 상호연결적 통일(通一)의 의미로 해석한다.
12 『삼일신고』의 제3강령에 언급된 애(愛)를 설명하면서, (천지인합일을 가치전제로 하는 나의 하나논리의 역사 종교적 맥락인) 선가와 천지인합일의 상호 관련성을 지적하는 인용문의 전문을 소개한다. "천·지·인 삼재의 융화에 기초한 한국 상고시대의 선교 혹은 신교 또한 하늘과 사람과 만물을 하나로 관통하는 평등성지의 결정이라는 점에서 유교의 인이나 불교의 자비와 마찬가지로 보편적 사랑이 그 요체가 되고 있다."(최민자, 2006: 379)

여 밝은 사람이 되면 만물의 성품에도 통하게 되어 마침내 하나님과도 통하게 된다고 한다. 여기서 통한다는 의미는 통일로서의 통(通)을 가리킨다. 다시 말해 "하나임에 통한다는 말은 합쳐져서 한덩어리로 되는 것이 아니라 서로 구별된 존재를 인정하면서 그 근본이 하나임을 깨우치는 것이다." 불가식으로 표현하자면, 일심(一心)의 경지에서 사물이 원융한 소통과 회통을 이루는 의미에서의 통일이다.『장자』는「제물론(齊物論)」에서 도통위일(道通爲一), 지통위일(知通爲一), 복통위일(復通爲一)을 말한다.[13] 내가 원하는 통일의 의미, "통하여 하나가 된다"를 가장 분명하게 제시하는 표현이다.

통일과 비슷하게 합일의 성격을 규정하는 또 한 가지는 중일(中一)이다. 중일은『천부경』의 인중천지일(人中天地一)에서 나온 개념이다. 나는 인간의 중(심), 속, 안이라는 문자 그대로의 의미를 동아시아 유가의 중용(중화, 중정, 시중 등)을 포함하여 불가의 중도와 연관시켜 해석한다.[14] 인간이 주체적으로 중도/중용의 도리를 지키며 천지인합일을 이룩한다는 해석이 다소 비약적일지 모르나, 유불도와 직접 연결된다는 의미에서 훨씬 적절하고 유용한 것 같다. 소통·연관으로서의 통일과 중도·중용으로서의 중일은 합일의 의미를 더욱 심화시킨다.

---

[13] 저명한『장자』해설가인 그레이엄(2014: 132)은 통(通)을 "어떤 것을 '다른 것으로 바뀔 수 있는 것'으로 보는 것"이라고 해석한다. 여기서 "바꿘다"는 의미의 해석에 각별한 주의가 필요하다. "변형/변화(transformation/change)"라기보다는 "연결/연관/연통(connection/association/communication)"의 뜻으로 이해하는 것이 더 적절하다고 생각한다.

[14] 여기에서 사용되는 중도는 유가적 중용과 불가적 중관/중도를 포함하여 간명하게 표현한 것이다. 하나논리의 중도는 불가만을 가리키는 것이 아니라 유가의 중용 또한 포함한다는 점을 강조해둔다. 중도와 중용은 상이한 이론적 맥락과 특성을 각각 지니지만, 차별적 혹은 대립적인 것을 상호 연관·소통시키는 통일성(通一性)을 공유한다.

하나의 속성이라는 차원에서 하나의 의미를 구분해보자. 하나논리의 하나는 질적 속성과 수리철학적 속성을 가진다. 질적 속성으로는 천지인 혹은 리기심이 혼효된 하나이다. 하나를 종교의 대상으로 의인화 혹은 상징화하여 하나님/하느님, (유일)신, 도, 불, 성 등으로 부르기도 한다. 수리적 속성으로는 영(零, 0)과 무한(無限)을 포함하는 유무이혼(有無以混), 유무동시(有無同時), 유무상생(有無相生)의 하나(숫자 1, 한자 一, 영어 one)이다. 유와 무를 포괄하고 공(空)을 현현(顯現)하는 하나이다. 나는 존재하는 것을 있는 것, 즉 유와 동일시한다. 그러므로 무(無)라는 존재는 유적(有的) 존재이다.

하나논리의 하나는 논리적 개념이다. 그것을 필요에 따라서 어떤 실재하는 초월적 힘을 의미하는 것(예컨대 창조주나 주재자로서 하나님)으로 활용할 수도 있다. 인격신의 개념과 직결시킬 수도 있다. 신인합일(神人合一)을 이루면 내가 신이 된다. 그러나 하나는 보편타당하고 객관적인 의미에서의 진리는 아니다. 수많은 특수·개별의 진리를 통일(通一)시키는 역할을 수행할 뿐이다. 하나논리는 다원적 일원론이다. 일원의 세계는 잡다하다. 하나는 잡일(雜一)로서의 특성도 갖기 때문이다.

끝으로 귀일논리는 천지만물은 모두 하나이기 때문에 하나로 돌아간다는 사실을 깨달아야 한다는 가치론적 논리이다. 그러나 이 말의 뜻을 엄밀하게 해석해보자면 천지만물 각각은 본래 그 자체가 하나성을 내재화한 '하나임'의 존재이므로 새로이 하나로 돌아가는 것이 아니라 원래부터의 '하나임'을 자각해야 한다는 것이다. 결국 천지인합일을 추구하는 하나논리의 최종적 실천 목표는 깨달음이라 하겠다.

서구 철학의 일자(一者)나 기독교의 하나님은 동아시아의 하나와 상통한다. 하나논리의 하나는 모든 존재의 통일성(通一性)을 전제하므로 동서의 하나를 개별적으로 각각 인정한다. 동시에 동서의 개별적 하나로서 그들 각각이 공유하는 "하나의 소통과 연결"을 분명히 자각할 것을 요구한다. 너와 나의 하나임을 깨달아 너와 내가 하나가 되면 서로 싸울 일이 없는 무위부쟁(無爲不爭)의 평화를 얻을 수 있다.[15]

3. 유불도선:『천부경』과 선가의 재인식

마지막으로 나의 하나논리는 전통적으로 동아시아 지혜를 지칭하는 유불도에 한국 고유의 선가를[16] 포함시켜 유불도선이라는 용어법을 사

---

[15] 너와 나의 관계는 나와 외부 세상과의 문제일 뿐 아니라, 더욱 중요하게는 내 마음 속의 너와 나라는 구별과 차이의 문제이기도 하다.

[16] 선가에는 여러 갈래가 있겠지만, 이 글에서는 주로 한국 고유의 원형적 사고 혹은 가치로서 '선도(仙道)'에 주목하고, 특히 민족종교로서『천부경』을 핵심 경전으로 삼는 대종교(大倧敎)에 의해서 전승되었으며, 봉우 권태우의 "단(丹)에 의해 촉발된 '선' 문화 및 '선'사상을 중심으로 한다."(정재승, 2006) 과거에는 선교 또는 신교(神敎)라고도 불리었다.『국학연구』나『선도문화』에 실린 여러 연구논문(이을호, 2013; 우대석, 2015; 최윤수, 2020)으로부터 선도의 유래, 내용, 성격 등에 관한 자료를 수집하였다. 유가, 불가, 도가라는 용어법에 상응하도록 '선가'라는 표현을 사용한다. 종교적 의미보다는 학술적 성격을 더욱 부각시켜보고자 하는 의도이다. 최근 선가를 '단군 민족주의'라는 이념적 지향의 차원에서 검토하려는 시도도 있으나, 하나논리는 민족이라는 차원보다는 천지인이라는 우주론적 관점을 추구한다. 물론 황백전환론이나 백산대운론과 같이 민족적 자긍심과 역할을 실천적으로 강조하는 과제도 중요하겠지만, 하나논리는 우주 전체의 조화를 추구하는 후천 청신개벽에 더욱 관심을 갖는다. 넓은 의미에서 19세기 말에서 20세기 초에 걸쳐 조선에서 흥기한 일련의 민족종교(동학, 정역, 증산도, 원불교)는 모두 직간접적으로 선도 전통의 맥락에서 이해할 수 있다. 최치원의 '선사'라는 언급 속에 지적된 한국의 선도 문화는 고조선을 거쳐 고구려와 발해까지 면면히 지속되었고, 신라에서는 풍류도/화랑도의 정신 속에 스며들었다. 그러나 이후에는 그 맥이 "사람 같지 않으면 (내용을) 전하지 않는다"는 비인물전(非人勿傳)이라는 지극히 폐쇄적인 전통 속에서 비의적으로 소수집단과 인물들만이 공유하는 가운데 은밀히 흐르다가 조선 중기 북창(北窓) 정렴이『용호비결(龍虎秘訣)』(윤홍식, 2019)을 지어 세상에 알리는 역사적 역할을 수행한

용한다. 신교, 신선도, 화랑도, 풍류도 및 19세기 말과 20세기 초의 민족종교 등을 포함하여 선도(仙道)라고 통칭하여 부르는 한국 고유의 정신적-종교적 전통의 이론적 차원을 지칭하여 선가라고 부른다. 유교, 불교, 도교의 학술적 차원을 강조하는 표현으로서 유가, 불가, 도가를 사용하는 것처럼 선가도 선도 전통을 지칭하는 명칭이다. 예전 도가를 선가라고도 불렀으나, 이제 도교는 세계적으로 Daoism/Taoism으로 공인되면서 도(道, Dao)를 표상하게 되었다. 그러나 한국 선가는 중국의 도교적 신선사상이나 양생법과는 분명히 구별되는 독자성을 보유하고 있다. 물론 나는 선가의 이론적-사상적 핵을 『천부경』과 『삼일신고』 등에서 발견한다. 유불도선이라는 새로운 명칭을 제안하는 것은 결코 국수주의적 자민족중심주의의 발로가 아니다. 『천부경』과 그 선가적 맥락은 현재 한국에서만[17] 유일하게 보전되고 사용되는 동아시아의 대표적 지혜의 하나이자, 동시에 세계적 차원의 설득력과 적용 가능성을 지니기 때문이다.

다시 강조하지만 현재 『천부경』 및 그와 연관된 역사적 기록이 면면히 전승되고, 또 이를 소중하게 간주하여 집중적으로 논의하는 나라는 한국뿐이라는 엄연한 현재적 사실에 무게를 둔다. 한국 고유의 선가라고 내세워도 문제될 이유가 없다. 중국이 역사 전쟁을 강행하여 동이

다(정승안, 2019).

[17] 분명히 지적해두고 싶은 사실은 『천부경』이 배달국으로부터 시작되었다는 기록을 수용할 경우, 당시의 배달국은 다민족 연합국가의 형태였으므로 『천부경』을 한국 민족만의 고유자산이라고 말하기는 어렵다는 점이다. 동이족 또한 다양한 하위 민족의 집합체이고 이후 여러 갈래로 나누어지거나 뒤섞이기도 한다. 아울러 『천부경』과 관련된 역법(曆法)이나 역법(易法)이 동이족의 갈래를 통해서 현재의 중국에 전수·전파되었고, 후일에는 유불도를 통해 중국 지역에서 융성·발전되었다는 사실을 감안하면 더욱 그러하다.

의 역사를 자국사의 일부로 편입하는 경우를 제외하고는![18] 이에 대비해서라도 유불도선이라는 명칭이 향후 세계학계에서 치열한 검증을 거쳐 공인받을 수 있도록 우리는 절차탁마 노력해야 한다.[19] 이 과정에서 나는 특정 문화의 생성·소멸 과정에서 반드시 발생하는 전파(diffusion)와 발명(invention), 습합(習合)과 잡종화(雜種化), 변이(變異)와 창조에 각별히 주목하고 싶다. 어떤 특정 문화의 성립 과정에는 여러 이질적 문화의 상호작용이 존재한다. 불교의 전래가 인도-중국-한국과 일본으로 발생했지만, 중국 불교, 한국 불교, 일본 불교는 각각의 고유한 독자성을 지닌다. 만약 선도 문화도 인류 초기에 형성된 것이라면 그 전파 과정에서 다양한 형태의 창조적 변이가 발생할 수 있다. 예컨대 중국의 도가나 도교는 한국의 선가나 선도와 어떤 잡종화 과정을 거치면서 생

---

[18] 과거사를 기억한다는 의미에서 한 가지 제대로 지적되지 않은 역사적 사실을 강조하고 싶다. 우리는 정한론 등으로 촉발된 일본 제국주의에 의한 조선의 식민지화론에만 집중적으로 주목한다. 그러나 신라 삼국통일 이후 계속해서 우리의 종주국으로 군림해왔던 중국의 조선 말 행보 또한 분명하게 상기해야 한다. 중국으로서는 당연한 역사적 대응전략이었겠지만, 청나라의 장패륜(張佩綸)과 이홍장(李鴻章)은 조선해방론(朝鮮海防論)을 제기하며 "전통적 책봉 조공 관계에서 이탈하여 조선 정치에 적극적으로 간섭"하는 "유사 제국주의적 형태로 전환"하였다(조세현, 2016: 397, 411-424). 당대의 약육강식 제국주의를 고려하면, 조선은 일본이 아니었으면 중국 혹은 미국이나 소련 등에 의해서 식민지가 될 운명에 처해 있었다. 19세기 말의 한반도 정세를 연상시키는 21세기 현재의 대내외적 여건을 고려하면, 시민 각각의 개인주체성에 기반한 민족주체성의 확립 없이는 한국의 미래가 불안해 보인다. 일제 하에서는 그나마 의(義)와 열(烈)로 장렬히 승화한 혁명적 독립운동 세력이라도 있었지만(김영범, 2010; 2013), 이제는 의열 대신에 명리(名利)와 탐욕이 가득한 현실에서 그 누가 나라를 지킬 수 있을까?

[19] 이를 위한 첫 시론적 시도로 나(김성국, 2022)는 "The Oneness Logic: Toward an East Asian Social Theory"라는 논문을 프랑스와 한중일 사회학자가 공동 집필한 *Handbook Post-Western Sociology: From East Asia to Europe*에 게재하였다. 논문의 몇 가지 주된 골격은 이 책과 유사하나 그 자료와 내용은 매우 제한적이고 축약된 형태로 제시되었다.

성된 독창적 변이일 수도 있다. 과거의 역사도 중요하지만, 미래지향적 관점에서의 재구성이나 재창조 작업이 참으로 절실하다.[20] 하나논리는 직간접적으로 한국적 선가 전통의 근원성, 심원성, 수월성을 밝히면서 동시에 그 현실 적합성과 미래지향성을 탐구하는 시도이기도 하다.

가장 중요한 사실은 하나논리의 하나는 동아시아 지혜인 유불도선을 모두 관통한다. 하나논리는 최치원의 삼교포함(三敎包含)을 삼교통일(三敎通一)로 발전시킨다. 불가에서는 만법귀일(萬法歸一)이요, 도가에서는 도통위일(道通爲一)이며, 유가의 공자에게서는 오도일이관지(吾道一以貫之)로서 일이관도(一以貫道)이다. 선가의 『천부경』에서는 인중천지일이다. 하나논리를 자아와 우주의 "하나임"이라는 관점에서 이해할 수도 있다. 나는 하나됨보다는 하나임이라는 표현을 더 선호한다. 왜냐하면 하나논리에 의하면 천지만물 및 모든 인간은 존재 그 자체가 내재적으로 이미 하나를 속성으로 지닌 "하나성의 존재(existence of the oneness)"이 므로 나와 우주의 하나됨을 새롭게 추구한다기보다는 이미 내 속에 내재화된 혹은 부여된 "우주와의 하나임"이라는 하나성(the oneness)을 발견한다는 것이 더 정확한 설명이기 때문이다.

하나논리는 기존의 특정 지역이나 특정 종교 및 특정 가치관을 중심으로 하는 보편주의(universalism)와는 관계가 없다. 차라리 보편주의에

---

[20] 한 가지 제안을 한다. 신선도, 신교, 선도의 전통을 배경으로 하는 선가는 한국 불교의 특성인 참선을 과감히 수용하여 선(仙)과 선(禪)을 화합시키고 통일하는 선가로 발전하는 길을 모색할 수 있다. 일찍이 한국 불교는 전래 과정에서 삼신사상 및 단군사상을 포함한 선가적 전통을 삼성각이나 대웅전의 형태로 포용하였다. 물론 조식(調息)이라는 수행법을 발전시킨 선가 나름의 선(禪)도 존재한다. 아울러 선가, 특히 단군사상의 대종교에서는 홍익인간을 최고 가치로 규정하기 때문에 상대적으로 개인주의나 위아사상이 위축되거나 발전되지 않은 상태이다. 이 사실을 심각하게 검토하여 도가적 특성인 위아 양생이나 천락 추구와 같은 개인주의적 자유해방의 길도 탐구해볼 수 있다.

대해서 비판적이다. 보편주의에 대한 비판적 성찰로서 최근에 등장한 "특수한 보편주의(particular universalism)"나 "온당한/온화한/유연한 보편주의(mild universalism)"와는 유사한 지향성을 가진다. 하나논리는 개별로서의 특수와 공통성으로서 보편이라는 구분 자체의 유용성과 위험성을 동시에 인식하면서 보편주의를 통일(通一)이라는 관점에서 재구성한다. 보편과 특수의 관계는 일즉다 다즉일 혹은 체용불이(體用不二)라는 관점에서 통일(通一)된다.

끝으로 하나논리는 깨달음이라는 동아시아 특유의 신비주의 세계를 지향하며 신인합일의 경지를 추구한다. 그러나 깨달음을 저 먼 곳의 유토피아적 차원에서 발견하지 않는다. 세속의 일상에서 수신수행(修身修行)의 과정을 통해 순간순간 수시로 만나는 자유해방의 세계 혹은 안빈낙도(安貧樂道), 안심입명(安心立命), 안분지족(安分知足)이라는 안락(安樂)의 세계로 이해한다. 이에 더하여 중도자비의 마음으로 사랑을 실행하면 깨달음은 성통공완(性通功完)의 경지인 도통득도, 무위자연, 인의예지, 홍익인간에 들어선다. 사람이 자신에게 선험적으로 부여된 천지인합일이라는 '하나임'의 존재성을 깨닫는 것이 귀일(歸一)이다. 하나(의 본)성으로 되돌아가는 것이다.

이상과 같은 내용을 지닌 하나논리는 후천 정신개벽이라는 문명사적 대전환을 꿈꾼다. 천지인합일의 깨달음을 지향하는 정신문명의 주도하에 물질문명과 정신문명이 물아일체의 조화를 이루는 우주론적 전망(cosmological vision)이다. 모든 차이와 구분을 연결하려는 통일(通一)의 사회이론이기도 하다.

정수복(2022)은 한국사회학사와 한국사회학의 성격 및 과제에 관한 기념비적 연구로 평가받는 4부작의 제1부 『한국사회학과 세계사회학』의 제5장 「한국 사회학계의 지형도 ― 주체적 이론을 위한 미완의 여정」에서 "전통사상 연구" 혹은 동아시아 지혜 연구를 주요한 흐름의 하나로 지적하면서 이 책의 제3장에서 논의될 김경동을 비롯하여 홍승표, 이영찬, 유승무의 연구를 대표적으로 언급한다. 특히 정수복(2022: 369)은 한국 사회학의 아이덴티티를 구축하는 과제와 관련하여 일찍이 선견지명을 제시한 김경동에 주목한다. 김경동(2005: 158)에 의하면, "동방의 무궁무진한 문화적 보고를 어떻게 활용하느냐에 따라서 그리고 우리의 독창성을 발휘하여 그 지식과 사상을 어떻게 요리하느냐에 따라서 학문의 문화적 종속을 탈피할 여지가 생길 수 있다." 김경동과 정수복(2022: 369)은 모두 "경험적 연구나 개념 구성 작업을 넘어서는 패러다임 구성"으로서 "존재론과 인식론을 포함하는 사회학의 철학적 기초에 관한 질문"으로서 메타이론의 필요성을 강조한다.[21] 김경동(2005: 159)의 지적처럼 "한국 사회학이 독자적 아이덴티티를 갖게 되는 최종 단계는 바로 사회학의 패러다임 자체를 결정하는 메타이론의 정립"이고 이 과제는, 다시 한번 강조하지만, "우리 스스로가 적극적으로 새로운 이론과 방법론을 우리의 문화적 토양 속에서 창조하고 개발하는 작업"을 통해서 접근할 수 있다. 나의 하나논리도 그 나름대로 철학적 존재론과 인식론의 영역을 넘나들며 동아시아 사회이론을 구축해보고자 하나 과연 이들의 기대 수준에 얼마나 부응할 수 있을지?

[21] 우리 이론 혹은 토착 이론의 가능성이나 필요성에 관해 회의나 의문을 제기하는 학자들이 있다. 나는 이들의 우려를 성급한 이론화 작업이나 국수주의적 지향을 경계하라는 충고로 수용하고 싶다. 다만 동서의 이론적 인식틀이 원래부터 상동(相同)하고, 시기적으로 볼 때 동양사상이 더욱 오래된 것이라면, 우리의 전통과 역사에 기반을 두면서 서구 이론도 활용하는 우리 이론의 구축은 충분히 가능하다. 나의 하나논리는 하나 혹은 하나님에 관한 동서의 공통적 관심에 주목하고, 최근 사회(학)이론으로서 알렉산더의 이론적 논리나 루만의 불가적 차이동일성이 동아시아 특유의 체용(일여)론과 상통한다는 사실을 지적한다.

20년 전 나(김성국, 2003: 18)는 「탈근대 아나키스트 사회이론의 모색」에서 잘 알지도 못하면서 무언가에 끌려 『천부경』의 세 구절을 인용하며 논문을 끝냈다. "사회학자여, 세상의 없는 끝으로 가보자. 일시무시일, 인중천지일, 일종무종일(一始無始一, 人中天地一, 一終無終一: 일은 시작이 없는 일에서 시작하고, 사람 속에서 천지가 합일하며, 일은 끝이 없는 일에서 끝난다)." 이제 그 『천부경』을 토대로 '동아시아 사회이론의 모색'으로서 하나논리를 세상에 내놓는다.

제1장
후천 정신개벽과 천지인합일:
하나논리의 이론적 배경과 전망

하나논리는 새로운 문명론으로서 동아시아 고유의 '후천 정신개벽'이라는 인류 문명사의 일대 전환을 추구한다. 그 구체적인 이론적 가치와 방법으로서 천지인합일이라는 동아시아 지혜를 활용한다.

1. 후천 정신개벽 문명론

⟨그림 1-1⟩ 탈근대 문명전환

후천 정신개벽 ← 천지인합일의 회복 ← 문명 위기 ← 천지인합일 파괴 ← 인간 폭력화

하나논리는 후천 정신개벽이라는 새로운 문명을 찾아가는 이론이다. 현재의 과도한 물질 위주 문명을 제어하면서, 장기적 관점에서 새로운 정신문명을 구축하여 물질문명과 정신문명의 조화를 이루어보자는 시도이다.[1] 지금까지 인류의 역사 혹은 문명사는 물질적 부족을 해소하

---

1   나는 정신과 물질이라는 두 차원을 존재론적으로 혹은 본체론적으로 분리하여 인

면서 의식주를 풍요롭게 만들고자 하는 물질문명의 주도하에 전개되었다고 해도 과언이 아니다. 물질문명의 추구는 인간의 생존에 우선적으로 요구되는 당연한 과제이다. 그러나 물질문명을 향한 일방적이고도 과도한 추구는 많은 사회문제와 갈등을 발생시켰고, 이를 극복하고자 인류의 기축 시대(axial age)[2]에 위대한 성인들이 출현하여 세계종교의 기틀을 마련하여 가난하고 힘없는 사람들을 구원하고자 사랑이라는 정신적 가치와 여러 도덕적 규범을 강조하였다.

그러나 전근대 및 근대를 거치면서도 세속적 입신양명과 부귀공명을 탐하는 인간의 물질적 욕구는 더욱 팽창하여 인간 세상은 희소한 자원을 서로 차지하려는 경쟁과 전쟁, 지배와 착취, 부정과 부패의 아수라장이 되어갔다. 그 결과 많은 사람이 새로운 문명을 꿈꾸기 시작하였다. 이제는 문명전환을 요구하는 목소리가 높이 울려 퍼지고, 문명전환의 징조 또한 여기저기서 조금씩 그러나 분명히 드러난다. 여기서 나는 문명전환을 탈근대문명의 수립으로 파악한다. 근대문명에 대한 비판적 성찰로서의 후기 근대나 근대의 새로운 비서구적 변형으로서의 다중 근대라는 차원에서 파악하지 않는다. 탈근대문명은 근대와의 연속성이

식하지 않는다. 다만 분석적 차원에서 경험적 현실의 수준에서 구분하여 논의할 뿐이다. 나의 기본적 관점은 유심론적 실재론(spiritual realism)이다. 하나논리의 불가적 유심론은 통상적 의미의 관념론(idealism/mentalism)과 상통하지만, 나는 유심론의 영성적 혹은 신비주의적 요소를 부각시키고자 'spiritualism'이라는 표기를 사용한다. 색공여일(色空如一)을 존재론적으로 유물과 유심으로 환원시켜 파악할 수도 있다.

[2] 야스퍼스(1986)가 『역사의 기원과 목표(The Origin and Goal of History)』에서 "기축 시대의 문명(axial age civilization)"이라는 개념을 사용하였다. 기원전 800년에서 기원전 200년 사이에 전 세계는 비슷한 혼란과 갈등 혹은 발전과 변화를 겪고 있었으며, 이 시기에 오늘날까지 영향을 미치는 위대한 성인들, 예컨대 석가, 노자와 공자, 소크라테스 등이 출현하여 새로운 정신문명을 설파하였다는 사실에 주목하였다.

나 연관성을 부정하지는 않으나, 근대와는 질적으로 상이한 새로운 문명을 의미한다. 요컨대 탈근대문명의 도래를 문명사적 차원의 근본적인 변화로 규정하여 우주론적 차원에서 새 세상을 연다는 의미의 후천 정신개벽으로 파악하고 싶다. 지금까지의 선천 물질개벽이라는 토대 위에서 후천 정신개벽을 성숙시켜 물질과 정신이 조화롭게 공존하는 새로운 문명을 수립해보자는 것이다.

인류 문명이 처음 시작된 상고시대부터 고대, 중세의 전근대문명을 거쳐 근대국가 건설, 산업혁명 그리고 자본주의와 사회주의가 지배한 근대에 이르기까지 세상은 선천 물질문명의 시대를 구가해왔다. 20세기 후반부터 정보혁명과 함께 가속화된 탈근대라는 세계적 추세는 후천 정신개벽을 향한 문명전환이 본격화되기 시작하였음을 의미한다.

한국에서는 이미 20세기 초 원불교의 창시자 소태산 박중빈이 "물질이 개벽되니 정신을 개벽하자"고 외친다. 후천 정신개벽 사상은 조선 말 외래 사조의 유입과 제국주의적 외세 침탈이 가속화되면서 망국의 위기가 감돌던 상황에서 흥기한다. 일단의 선각자들, 수운 최제우, 일부 김항, 홍암 나철, 증산 강일순, 소태산 박중빈 등이 우리나라뿐 아니라 전 세계가 맞이하게 될 우주론적 차원의 근본 변화를 예지하고 이를 제시하였다. 중국에서는 『주역』에 새로운 세상에 대한 함의가 제시되고 있으며, 상수학적(象數學的) 차원에서 소강절이 개벽의 개념을 제시하였으나 이후 개벽론은 더 이상 진전되지 않았다. 매우 독특하게도 유독 한국에서 19세기 말부터 후천개벽론이 폭발적으로 주창되었다.[3]

---

3   '우주의 가을에 도래하기 시작한다'는 후천개벽의 시점은 다양하게 제시된다. 역학의 대가 김석진은 후천개벽의 시점을 1948년으로 잡는다(김석진, 2010). 전 세계적으로는 제2차 세계대전이 끝나고, 한국에서는 해방 정국의 혼란을 딛고 대한민국 정부가 새롭게 출발한 시점이다. 그간 서구와 물질문명에 의해 지배당하던 동아시아

후천개벽론의 지식사회학적 배경도 주목할 만하다. 19세기 말 20세기 초의 세계는 제국주의 전쟁과 식민주의로 흉흉하기 그지없었다. 이미 제2차 세계대전의 암운이 저멀리 다가오고 있었다. 이와 같은 상황에서도 선지자들은 새로운 희망의 빛, 새로운 세계의 여명을 체득하고 이를 널리 선포하고 있었던 셈이다. 반문명적인 야만의 전쟁 제2차 세계대전이 끝나면서 인간은 새로운 세상에서 평화와 번영의 꿈을 다시 키워나간다. 후천개벽이 시작되었다고 할 수 있다. 그러나 선천 물질문명을 지탱하는 자본주의는 여전히 강력하게 작동하면서 정보혁명 혹은 인터넷혁명이라는 과학기술혁명으로 그 생산력을 폭증시키면서 최종적 성취를 마무리하고 있다.

극즉반(極卽反)이다. 자본주의적-국가주의적 근대문명이 완성 혹은 정점의 단계에 도달하면서 서서히 새로운 대안적 탈근대문명의 기운이 후천개벽의 세상을 향해 솟아난다. 자본주의적 번영과 풍요를 합리화하는 화폐 논리나 상품화 논리는 점점 악화되는 빈익빈부익부의 빈부격차라는 모순 앞에 더 이상 설득력을 지니지 못한다. 국가주의적 질서나 안정을 기대했던 많은 사람이 이제는 국가 자체가 전쟁이나 억압의 장본인이라는 사실을 점차 깨닫기 시작한다. 자본주의와 국가주의의 황금시대도 이제 기울기 시작한 것 같다. 탈물질만능자본주의와 탈권력국가주의의 길을 찾아보아야 할 시점이다. 만물만사의 상품화는 인

와 탈물질주의 문명의 시작을 의미하는 시점이라고 폭넓게 해석할 수 있다. 아울러 후천개벽의 시점을 전후하여 대괴질과 대병난의 천재지변이 세상을 휩쓸 것이라는 수운 최제우의 예언은 현재의 코로나 사태를 연상시킨다. 일부 김항은 "북쪽 땅의 물이 빠져서 남쪽 하늘로 몰려온다[水汐北地 水潮南天]"라고 예언하였는데 기후변화로 최근 북극의 빙하가 녹고 대홍수가 발생하는 사태를 보면 우연의 일치라고 무시해버릴 수만은 없는 묘한 느낌이 든다.

간의 영혼이나 영성을 파괴한다. 권력국가는 민주 독재의 유혹에 빠지기 쉽다. 선거 만능 민주주의에 대한 환상에서도 깨어나야 한다.

나는 후천개벽론의 여러 상수학적 추론과 신비주의적 혹은 낙관주의적 주장을 존경하기는 해도 그것을 전면 수용하지는 않는다. 그 추론의 합리성을 불신하기 때문이라기보다는 개벽론의 출현 이후 그간 시대와 여건이 그야말로 천지개벽하듯 엄청나게 바뀌었기 때문이다. 선각자들이 지녔던 개벽론의 근본정신과 인류를 위한 구원과 희망의 가치는 경건하게 그리고 일관되게 수용하되, 그 해석과 주장에 관해서는 비판적 보완의 입장을 견지할 것이다.

후천개벽론의 핵심은 물질주의의 과잉이라는 현금의 시대적 상황을 탈피하여 물질과 정신이 조화롭게 상생하도록 정신문명의 꽃을 피우는 정신개벽에 있다. 이 정신개벽은 음양의 상생상극 관계 속에서도 음양 조화의 묘를 유지하는 화합의 시대, 화이부동(和而不同)의 시대를 전개시킬 것으로 기대된다. 수운 최제우는 후천선경을 맞이하려면 사람이 우선 정신개벽을 이루어야 한다고 주장하였다. 일부 김항도 후천개벽을 거론하면서 인간의 내적 정신세계가 고도로 성숙해지는 신명개벽을 언급하였다. 증산 강일순은 천지인 개벽공사에서 후천 조화세상을 위한 인존의 역할을 강조하였으며, 소태산 박중빈도 과학에 의한 물질문명과 도덕에 의한 정신문명이 조화를 이루자면 대명천지를 밝히는 정신개벽이 필요함을 역설하였다.[4]

인간은 아득한 옛날 원시적 문명 단계의 물질적 결핍을 극복해나가는 과정에서부터 차츰 물질적 잉여 혹은 부를 축적해나간다. 그러나 부

---

4 선천은 후천을 지향하고, 후천이 다하면 다시 선천으로 돌아가는 일종의 순환을 이룰 것이다.

를 분배하는 과정에서 인간의 탐욕과 더불어 제도적 불공정으로 인해서 부익부빈익빈 현상은 고착·심화된다. 이른바 "(일부) 풍요 속의 (다수) 빈곤"이라는 역설적 사태가 지속된다. 아울러 경제적 부(economic wealth)나 정치적 권력(political power) 그리고 사회적 위세(social prestige)라는 희소한 물질적 자원을 쟁취하려는 과정에서 치열하고도 무자비한 경쟁이 펼쳐진다. 인간의 탐욕과 집착이 맹렬하게 작동한다. 물질적 부의 축적을 위한 선점과 독점, 강탈과 전쟁, 억압과 착취라는 극단의 물질주의적 가치관이나 세계관이 세상을 폭력적으로 지배한다. 황금만능, 물신주의, 상품화가 세상을 지배하는 생존 원칙이 된다.

나는 후천 정신개벽이라는 새로운 문명사적 비전을 가지고 물질주의의 범람이라는 당면한 파행 상태를 극복해나가고자 한다. 핵전쟁의 위험과 생태계 붕괴라는 지구적 종말과 인간 생존의 불가라는 위기의 시나리오는 점점 우리의 현실을 압박하고 있다. 이 위기의 근저에 인간들의 물질적 탐욕이 도사리고 있음을 누구이 설명할 필요도 없다. 더 넓고 더 많은 영토, 더 풍부한 자원을 확보하려는 탐욕이다. 탈물질주의 정신개벽은 근대 물질문명의 파탄을 가장 직접적이고도 적나라하게 보여주는 핵전쟁의 위험과 생태 위기를 극복하는 유일무이의 길이다. 지구를 포함한 이 우주 생태계는 영혼이나 의식 없이 무의미하게 존재하는 하나의 물질 덩어리가 아니다. 동아시아 지혜는 우주 생태계에 대해서도 인간의 영지(靈知)나 생명 그리고 마음과 다를 바 없는 리기심(理氣心)이나 심기신(心氣身)[5]을 전제한다.

---

5 『삼일신고』(제5장)는 심기신을 인간 및 만물의 삼진(三眞)인 성명정(性命精)으로부터 갈라져 나온 삼망(三妄)으로 설명한다. 여기서 주의할 점은 삼망을 전면적으로 나쁜 것이라고 규정해서는 안 된다는 것이다. 망은 일종의 분화를 의미하고, 거기에는 악탁박(惡濁薄)에 대비되는 진성(眞性)으로서의 선청후(善淸厚)가 포함되어

2. 천지인합일

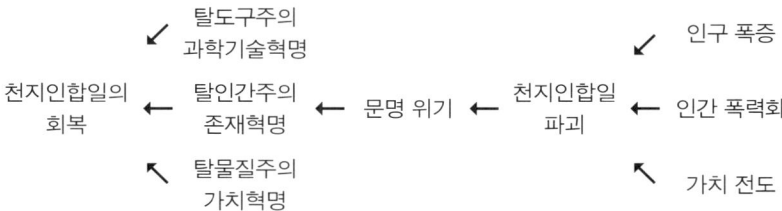

〈그림 1-2〉 문명전환 과정

그렇다면 이 정신개벽을 추구하는 하나논리의 가장 근원적인 토대는 어디서 찾아야겠는가? 하나논리의 출발점이자 최종 목표를 제공하는 토대는 무엇일까?

천지인합일이다. 그것은 동아시아 고유의 우주관이자 오랜 세월 동아시아 사람들의 생활 속에 스며든 규범적 가치이자 행동 원리였다. 천지인합일은 특히 삼수분화의 세계관이 발달한 한국 전래의 가치관이다. 중국에서는 비록 『주역』에서 천지인 삼재가 거론되었으나 이후 천인합일이라는 이수분화의 세계관이 더 우세하게 전개되었다. 천지인합일이란 하늘과 땅 그리고 사람이 유기적 관계 속에서 서로를 아끼고 사랑하는 하나가 되는 것이다.

후천 정신개벽을 향한 문명전환의 핵심은 지구라는 좁은 땅 위에서 지구만을 바라보며 아등바등 살아가는 인간의 삶을 천지인합일이라는 우주론적 차원에서 전개되는 광대무변의 심원한 정신적 풍요와 성숙을

있기 때문이다.

보장하는 가치혁명의 삶으로 고양시키는 것이다.

동아시아에는 예로부터 천지인합일이라는 우주론적 가치관이 전승되었다. 사람이 우러러보면서 숨을 쉬는 하늘, 사람이 발을 딛고 살아가는 땅, 그리고 이 하늘과 땅 사이에서 삶을 꾸리는 사람은 존재론적으로 하나로 연결되어 있다는 깨우침이 천지인합일이다. 하늘, 땅, 사람은 우열의 구별 없이 서로가 대등한 존재이며, 서로가 서로를 필요로 하는 대대적 존재이다. 궁극적으로 이 셋은 그들이 분화되어 나온 근본적 존재성인 하나로 되돌아간다는 혹은 하나로 연결되어 있다는[歸一, 通一] 점에서 내재적으로 하나의 속성을 보유한다. '하나로부터 나누어진 셋이 모여 하나로 돌아간다'는 회삼귀일(會三歸一)이다. 아울러 이 셋을 미분화 상태 혹은 혼돈 상태에서 함유하는 본체로서의 하나는 자연스럽게 셋으로 분화되는/나누어지는 석삼극(析三極)의 생성·변화를 일으킨다. '하나는 본래 셋을 지닌 존재이므로 자연스럽게 셋으로 나누어진다'는 집일함삼(執一含三)이다. 이 집일함삼과 회삼귀일의 분화와 통일의 과정 혹은 일즉삼 삼즉일이라는 원리를 지칭하여 기존의 삼일사상 혹은 삼일철학과 동일한 의미 맥락에서 삼일논리(三一論理)라고 부른다. 그러므로 천지인합일의 하나논리는 (하나에 셋이 있고, 셋에도 하나가 있다는) 삼일논리로 작동한다.

천지인합일의 논리는 대종교를 포함한 한국 선가의 최고 경전이라 할 수 있는 『천부경』의 인중천지일(人中天地一)에서 가장 명확하게 제시된다. 유가의 천인합일(天人合一), 불가의 만법귀일(萬法歸一), 도가의 혼이위일(混而爲一)은 모두 동일한 의미를 다르게 표현했을 뿐이다. 왕양명(王陽明)이 제시한 치양지(致良知)를 향한 지행합일(知行合一)도 천지인합일을 지향하는 표현의 하나이다. 지행합일은 현실적으로는 지식과 행동의 합일을 의미하는 것이지만, 심층적으로는 만물일체라는 천리를 인식하고 인간의 도리를 다한다는 치양지를 의미하기 때문에 천지인합일에 일관되게 부합한다.

거듭 강조하지만, 여기서 합일은 두 개 혹은 그 이상의 존재들을 합쳐서 단일의 하나로 만든다는 화학적 혹은 융합적 의미가 아니다. 인간을 포함하여 세상 만물 혹은 우주 전체는 모두 하나라는 본체성을 지닌 존재인데, 이 하나로서의 본체성을 자각하면 서로서로가 하나로 연결·소통된다는 의미에서의 의사소통적 혹은 심적 통일(通一)이다. 합일은 통일로서 이해하는 것이 가장 정확할 것 같다. 물론 깨달음을 이룬 몰아(沒我)의 경지에서 물(物)과 아(我)의 구별을 초월하여 일심동체(一心同體)를 이룬다는 의미에서의 합일(合一)은 통일(通一)이 통일(統一)로 성숙하는 과정으로 파악할 수 있다. 그러나 이러한 상황은 지극히 예외적이고 희귀하며 매우 짧은 순간에 일시적으로 발생하는 것이기 때문에 합일을 통일로 이해하는 것이 더 바람직하다.

만물은 하나성을 지니므로 이 공통성 혹은 공유성에 입각하여 각 존재 간의 (하나로 연관·교통된다는 의미에서) 통일(성)을 깨닫는다는 것은 무엇을 말하는가? 너와 나, 인간과 돌멩이는 존재론적으로 각각 상이한 현상적 개별성을 지닌다. 그러나 그들의 본체적 토대는 모두 하나이고, 그 본체로부터 분화·파생된 모든 개별의 현상적 존재도 하나의 속성을 가지면서 하나에 의해서 작동한다. 단순하게 설명하자면 만물은 각각으로는 개별적이고 다양하지만, 원래가 하나로부터 비롯된 것이니 모두 하나일 뿐이다. 본체론적으로는 동일한 하나의 존재이나 변용론적으로는 다양하게 존재하는 일즉다(一卽多), 즉 체일용다(體一用多)이다.

삼라만상은 하나의 우주에서 서로를 떠나서 개별적으로 홀로 존재할 수 없기에 모든 존재는 하나로 연결되어 하나를 구성한다. 모든 존재는 상호 밀접하게 연관되어 상호의존하는 불가분의 존재라는 점에서도 하나이다. 그래서 존재 간의 연결·소통으로서의 통일이 천지인합일의 합일을 의미한다. 신비주의에서 거론하는 신인합일도 마찬가지다. 인간이 물질적으로 혹은 형체적으로 신이 되거나 신의 초능력을 소유하게 된다는 의미가 아니라, 자신의 마음속에서 신과 교통하면서 자신이 바로 신의 속성을 공유한 존재라고 깨닫는 것이 신인합일이다.

근대문명은 천지인합일이라는 우주의 질서를 외면하면서부터 서서히 기울고 있다. 인간이 천지와 조화를 이루지 못하고, 인간 자신의 세계에서조차 조화를 파괴하기 시작하였기 때문이다. 세상의 이치는 흥망성쇠가 교차하는 것이므로 근대 물질문명의 과도한 범람을 바로잡을 새로운 탈근대 정신문명의 도래는 불가피한 역사적 흐름이다. 물극필반이라는 동아시아의 순환론적 변동론이 문명전환을 예고한다. 일음일양이라는 음양의 순차적 발전론이다. 흥하면 망하고, 성하면 쇠하기 마련이다. 서구의 변증법적 갈등과 투쟁, 지양과 종합 같은 인간 주도적 변동론을 무시하지는 않지만, 인간의 주체적 의지만으로 세상사를 바꿀 수 있다고는 믿지 않는다. 아무리 인간이 일을 꾸미더라도 그것이 성공하려면 때(천시)와 장소(지리)가 갖추어져야 한다. 진인사대천명이라는 말은 체념주의적 의미보다는 천지인합일이라는 조화의 순리(順理)를 강조한다. 이제 우주의 가을이라는 천지개벽의 시점에 들어섰으니 인간의 노력이 적극적으로 요청된다.

만약 인간의 철저한 반성과 각오가 없다면 전환기는 위기나 혼란의 시기가 되어 온갖 재앙이 발생할 수 있다. 코로나 사태도 그런 징조의 하나가 아닐까? 인간이 계속 망념에 빠져 반성하지 않고 오만과 객기를 부린다면 더 끔찍한 재앙이 인간세상을 뒤덮을 수도 있다. 현대 문명의 모순과 불의에 대한 경고와 비판은 이미 천지인 각각에 의해서 수없이 제기되었다. 우리는 더 이상 꾸물거릴 시간이 없는 절체절명의 시점에서 막바지 순간을 맞이하게 된 것은 아닌지? 극즉반에 대처하자. 인류의 역사는 위기의 역사로서 위기는 끊임없이 여러 가지 형태로 인간세계를 흔들었고 그때마다 인간은 운 좋게도 그것을 극복하였다. 그러나 21세기 현재 우리가 당면한 위기는 예사롭지 않다. 그 조짐과 진행이 매우 불길해 보인다. 이에 대처하려는 인간세계의 집합적 노력은 지리멸렬하다.

근대문명을 대체하면서 새로운 문명의 생성을 이끌 꿈과 이론이 필요하다. 나는 그 대안적 이론을 한국의 선지자들이 제시하였던 후천개벽에 대한 예언과 결부시키면서 천지인합일이라는 하나논리를 토대로 탐구해볼 것이다. "물질이 개벽되었으니, 정신을 개벽하자"는 자기 완결적 예언이 가슴을 울린다.[6] 하나논리를 이 멋진 꿈을 구현시키는 이론으로서 제시한다.

하나논리는 철학적 논의를 그 바탕으로 깔지만, 기본 지향은 사회이론이다. 동아시아적 지혜 혹은 천지인합일에 의거하여 그 이론적 골격을 형성한다는 점에서 동아시아형 혹은 동아시아발 사회이론이다. 그러나 지역적인 것이 세계적인 것이 될 수 있듯이 하나논리도 동아시아적이지만 동시에 전 지구적 수준에서 통용(通用)될 수 있을 것이다. 천지인합일과 후천 정신개벽이라는 우주론적 관점을 가지기 때문에 하나논리가 지구적 수준의 인간 사회를 더 바르게 파악할 수 있을 것으로 기대한다.

---

[6] 나는 특정 종교의 신자가 아니라는 점에서는 무종교이다. 특정의 인격화된 신을 아직도 믿지 못한다는 점에서는 무신론자이다. 그러나 나는 종교적 영성과 신비주의적 신성을 인정한다는 점에서는 유종교, 유신론자이다. 여러 종교를 자유롭게 선택할 수 있기를 바라는 자유종교론자이다.

1) 인간의 천지인합일 파괴: 문명전환의 배경

경천동지의 세상이다. 온통 혼란스럽고, 급격히 요동치고 있다. 대자연의 균형이 무너졌는지 각종 재난과 재해가 끊이지 않는다. 살인과 범죄, 테러와 전쟁, 질병과 고통으로 인한 신음소리가 여기저기 가득하다. 기후변화에 의한 이상기온은 이미 섬찟하게 다가왔다. 온대 지역의 혹한과 북극이나 시베리아의 혹서는 더 무시무시한 천재지변을 예고한다. 오늘의 지겨운 코로나 사태는 내일이면 더 무섭고 더 무자비한 공포의 괴질로 변모하여 인간존재를 절멸시키지 않을까 걱정이다. 코로나는 변종에 변종을 거듭하며 그치지 않는다. 이 비정상의 사태에 놀라거나 겁먹지 말고 뉴노멀(new normal)로 받아들이자고 한다. 말장난일 뿐이다. 어쩌면 정상 생활은 다시는 돌아오지 않을 "행복했던 그 시절"의 추억이 될지도 모른다. 사태의 심각성에 대한 철저한 반성적 성찰이 필요하다. 사태의 근원을 잊고, 미봉책이나 무사안일의 태도로 사태의 심각성을 호도해서는 안 된다. 끓는 냄비 속의 개구리처럼 물이 조금씩 뜨거워지는데도, '아직 괜찮아, 곧 식겠지' 하면서 뛰쳐나올 생각을 하지 않는 꼴이 되어서는 안 된다.

천지인합일의 파괴라는 개념은 현금의 위협적인 생태 위기나 예측불허의 기후변화 등과 결코 무관하지 않다. 천지인은 좁은 의미로는 대자연 지구를 지칭한다. 대자연의 파괴이니 바로 생태 위기가 된다. 그렇지만 하나논리는 생태 우선주의나 생태 파시즘 혹은 생태 물신화와 같은 극단적 생태 절대주의나 그것을 등에 업은 인류 파멸과 지구 종말이라는 무시무시하고도 절박한 시나리오를 지지하지도, 시사하지도 않는다. 그렇다고 현금의 생태 위기를 절대 과소평가하지도 않는다.[7] 하나의 초유기적 초생명체로서 혹은 (인간이) 인위적으로는 어찌할 수 없는 자연적 존재로서 천지인은 대립과 갈등, 모순과 적대 속에서도 (자신의 존재적-생태적) 균형을 찾으려는 자기조직성 혹은 (정상 상태를 향한) 균형 지향의 회복력/존재력을 보유한다.

생태 위기에 대한 인간의 반성과 각성이 고조되고 있다. 천지의 동반자요, 천지인합일의 수행자로서 인간은 생태 위기를 비롯한 각종 문명사적 위기에 대응하면서 그것들을 극복할 수 있는 능력과 의지를 가지고 있다. 물론 위기 해소 과정에서 상당한 희생과 혼란이 따를 수 있겠지만 말이다. 인간세상과 인간이 사라지면 하나도, 하나논리도, 천지인합일도 사라진다. 하나의 우주에서 하나의 죽음이나 하나의 사멸은 항상 새로운 하나의 시작이기 때문이다. 생태 위기라는 현실적 위협보다도 더욱 심각한 문제는 생태 위기 불패라는 고정관념을 퍼뜨리는 종말론자이다. 심판의 날은 미리 정해진 것이 아니다. 너와 나의 마음속에서 결정된다는 사실을 명심하자. 하나는 시작도 끝도 없다. 그냥 그대로 굴러가고, 흘러가고 때로 날아간다.

코로나 사태를 겪으면서 그래도 깨달은 바가 적지 않다. 우리 인간이 그간 뽐내 마지않았던 (생명)과학기술의 무력한 모습에 허탈해진 동시

---

7 최근 생태 위기론에 대한 비판(예컨대 Shellenberger, 2020)이 증가한다. 반위기론자의 반증도 일정 부분 상당한 설득력을 지닌다. 그러나 비판에 대한 반론 또한 맹렬하다. 큰 문제가 생기거나 위기가 도래하면 세상은 항상 찬반양론으로 나뉜다. 여기서 우리가 필히 명심해야 할 점은 인간의 지식은 여전히 거의 무지나 부지에 가깝다는 사실이다. 확실한 것은 아무것도 없다고 해도 틀린 말이 아니다. 그렇다면? 각자 알아서 확률론의 세상을 취사선택 판단할 수밖에 없다. 인생은 어차피 각자도생이 아닌가? 다만 인류의 오랜 지혜는 다소 희생이 따르고 힘이 들더라도 위기가 현실로 덮치기 전에 사전 준비를 철저히 하는 것이 더 낫다고 가르친다. 2022년 9월 '힌남노' 태풍의 경우도 기상 전문가의 엄중한 예측과는 달리 그 피해가 적었던 것은 그래도 그만큼 철저히 준비한 까닭이 아니겠는가? 하물며 인류 종말을 불러올 수도 있는 생태 위기에는 제대로 철저히 준비해나가야 한다.

에 우리의 삶이 순식간에 우리의 의지나 바람과는 상관없이 파괴되고 피폐해질 수 있음을 절감하였다. 든든한 보호자로 알았던 국가가 갈팡질팡하며 원초적 무능과 폭력성을 드러내는 것도 분명히 보았다. 설상가상으로 코로나보다 더 끔찍한 재앙의 도화선이 될 수 있는 전쟁의 먹구름이 우크라이나로 몰려들어 천둥과 번개를 내리치고 있다. 이 전쟁이 일파만파로 번져 한반도를 비롯한 세계 곳곳에서 전쟁이라는 폭력의 폭죽이 연이어 터질지 모른다. 19세기 중엽 근대문명의 금자탑, 예술과 문화, 지성과 교양의 전당이라고 일컬어지던 프랑스 파리에서 저 잔혹한 파리코뮌(Paris Commune)이 발생하여 수십만의 인명이 학살되는 처참한 사건이 발생하였다. 20세기에도 수많은 전쟁으로 죽고 죽이는 폭력의 드라마는 계속되었다. 21세기도 예외가 아닐 것이다. 문명세계가 아니라 야만상태의 슬픈 지구가 아닐 수 없다. 인간세계에서는 문명화와 함께 폭력화와 야만화 또한 동시적으로 전개된다. 이 불편하고 불행한 진실의 고리를 끊어야 한다.

불행 중 다행으로 우리는 아직도 희망의 끈을 잡고 있다. 당면한 문제의 심각성을 자각하는 사람들이 늘어나고 있다. 한편으로는 문제가 더 악화되는 것을 막으면서, 다른 한편으로는 문제 자체를 극복할 수 있는 과학기술과 지식 정보를 계속 축적하고 있다. 인공지능을 돈벌이나 기득권 유지의 수단으로 사용하지 말고, 많은 사람을 위하여 자유해방적인 방향으로 활용한다면 최소한 대재앙은 면할 수 있을 것이다.

하나논리는 21세기 우리가 당면한 위기의 근원을 인간에 의한 천지인합일의 파괴라는 문명사적 전개 과정과 연결시켜 설명한다. 구체적으로, 문명화 과정에서 발생한 인구의 폭증, 인간의 폭력화라는 관점에서 고찰해보겠다.

(1) 인구 폭증

현재 인간세상에 만연한 대부분의 위기 혹은 사회문제는 인구 과다의 관점에서 설명할 수 있다. 현재 인류의 지속 가능성을 심각하게 위협하는 생태 파괴의 근본 원인은 천지가 수용할 수 없을 정도로 많은 인간이 좁은 지구에서 북적거리고 있다는 사실이다. 수십억 명의 인구를 먹이고, 입히고, 재우는 의식주를 해결하자면 천지자연에서 천연자원을 초대량으로 약탈하지 않을 수가 없다. 대량소비를 충족시키기 위한 대량생산과 대량유통의 과정에서 대규모 자연 파괴가 지속적으로 이루어진다. 여기서 문명사회 발전의 견인차 역할을 한 도로 건설의 파괴성을 특히 강조하고 싶다. 도로 건설 자체가 초래하는 자연 파괴 문제도 심각하지만, 도로가 생기면 인간의 집단적 이동과 집중화에 따른 2차 자연 파괴가 따르기 때문이다. 자연 파괴 문제의 역설은 그것이 인류의 생존과 번영이라는 문명적 필요에 따라 시작된 문명의 축복이었지만 이제는 인류의 종말을 재촉하는 문명의 저주가 되었다는 사실이다.

자연 파괴의 원인을 자본주의에만 돌리는 것은 안이하고도 손쉬운 접근이다. 자본주의와 함께 산업혁명이 가속화되면서 자연 파괴가 확대된 것은 사실이다. 그러나 대량생산-대량소비는 이론적으로는 자본주의를 위한 것이지만 현실적으로는 경제 수준이 상승하면서 폭발적으로 늘어난 인간들을 위한 것이다. 설령 그 물질적 부의 분배가 불평등했다 해도 자본주의로 수많은 인간이 기아선상에서 벗어날 수 있었던 것은 엄연한 역사적 사실이다. 그렇다면 자본주의 대신에 사회주의가 등장했더라면 문제가 해결될 수 있었을까? 결코 아니다. 생산력의 무한한 확대에 의존하는 사회주의 또한 산업화의 길로 나아갈 수밖에 없고[8] 그것은 늘어나는 인민을 필요의 왕국에 모시기 위해서 (자본주의보다도 더 끔찍한) 자연 파괴를 감행해야만 한다. 산아제한이나 인구 조절 없는 자본주의나 사회주의는 자연 파괴의 길을 피하지 못한다.

과거 인구 증가 비관론자 맬서스(Thomas Malthus)는 인구 증가를 따르지 못하는 식량 생산의 문제로 인구 증가를 위험시하였다. 오늘날 대체 식량이 개발되고 식량의 대량생산이 가능해지면서 그의 우려는 과장된 것으로 비판받는다. 그러나 전 세계적 차원에서 볼 때 여전히 식량문제는, 특히 식생활의 질이라는 차원에서 검토한다면 인구 증가 혹은 과다한 인구 내지 상대적 과잉인구는 전 세계적으로 여전히 심각한 사회문제를 초래한다. 아프리카에는 아직도 기아선상에서 허덕이는 사람들이 적지 않고, 선후진국을 막론하고 부실한 식사로 인한 영양실조도 사라지지 않고 있다. 이를 두고 자본주의적 이윤추구 탓만 해서는 사태의 본질을 제대로 설명하지 못한다. 흔히들 중국 문제(부자유, 독재, 범죄 등)를 두고 "사람이 너무 많기 때문이야[因爲在中國人太多]"라고 명답을 내리듯, 현재 지구상의 수많은 문제는 사람이 너무 많기 때문에 발생하는 것이다.

인구의 지속적-폭발적 증가는 인간 자신에게뿐만 아니라 자연에도 심각한 폐해를 초래한다. 현재 지구는 폭발적으로 늘어난 인간들의 하중과 부담으로 파탄 직전의 상태이다. 그런데도 나라마다 자국민 노동력의 안정적 확보를 위해 출산율 증가에 혈안이다. 선진국에서는 삼디(Three Ds: dirty, difficult and dangerous) 직종이나 일부 고급 기술직의 부족

---

[8] 이론적으로 사회주의는 고도로 성숙한 자본주의를 토대로 성립하는 것이다. 사회주의사회에서도 생산력의 지속적 고도화를 유지한다면 자연 파괴가 수반되지 않을 수 없다.

한 인력을 보충하기 위해서 마지못해 이주노동자들을 선심 쓰듯, 제한적으로 수용한다. 후진국이나 개발도상국에서는 값싼 노동력을 확보하기 위해서 지속적인 인구 증가를 유지한다. 지금도 후진국에서 탈출하기 위한 가장 기본적이고도 확실한 전략은 값싼 노동력을 확보하는 것이다. 선진국이나 후진국 모두가 인구 감소를 회피하기 때문에 현실적으로 세계적 수준에서 적정한 인구 감소 정책이 도입될 전망은 거의 없다. 한때 중국이 초과잉인구로는 경제성장이 어렵다고 판단하여 한 가구 한 자녀 정책을 시행하였기 때문에 세계 수준의 인구 증가가 일시적으로 다소나마 둔화되었을까? 중국도 이제 먹고살 만해지고 산업화로 인해 노동력 수요가 급증하자 다시 인구 증가 정책을 시행한다. 인도에서는 인구가 계속 늘어나고 있다. 과거에는 치명적 전염병의 창궐이나 대규모 전쟁의 발발이 일시적으로나마 인구를 조절하는 역할을 수행하기도 했지만,[9] 최근에는 보건위생 및 의약 분야의 발전과 핵 억제력 때문인지 이와 같은 조절 기능도 무용지물이다. 그나마 선진국에는 자연스러운 출산율 저하 추세가 있다. 이에 반하여 특정 종교에서는 여전히 인위적 산아제한과 낙태를 제한하고자 한다. 인구 감소에 대한 획기적 전망은 어둡다. 그래도 나는 인구 감소의 필요성 아니 필수성을 큰 소리로 외치고 싶다.

인구 증가로 인한 인구 과다 밀집의 문제는 삶의 질에 매우 부정적인 영향을 끼친다. 대도시의 과밀과 혼잡은 사람을 육체적으로 피곤하게 만들고 심리적으로는 스트레스를 조장한다. 특히 비선진국 대도시의 과밀인구, 교통혼잡과 혼탁한 공기는 건강에 치명적이다. 과잉인구

---

[9] 전쟁 중에는 출산율이 저하되지만 전후에는 국가의 출산장려정책과 함께 베이비붐이 일어나기 때문에 인구 수준은 곧 평형을 회복하고, 다시 증가를 시작한다.

는 경제 분야에서 취업난과 열악한 노동환경 및 저임금으로 직결된다. 사람이 사람대접을 제대로 못 받도록 만든다. 인력난의 시대가 왔다고 가정해보자. 취업난이 아니라 구인난의 시대가 되면 여기저기서 좋은 조건을 제시하면서 사람을 모셔 가려고 야단법석일 것이다. 이민노동자를 푸대접하거나 배척하기는커녕 서로 모셔오고자 안달일 것이다. 과연 이런 세상이 조만간 도래할 수 있을지는 지극히 의문이나, 우리가 인간으로서 품위를 유지하면서 안심하고 평화롭게 살고 싶다면 반드시 인구 감소로 인간이 인간으로서 대접받는 사회를 만들어야 한다.

　재차 강조하지만, 인구 감소는 인간의 희소성을 증가시킨다. 경제적으로 희소성의 가치는 거의 불변이다. 한때 무한재였던 공기나 물은 이제 상응하는 대가(생수, 공기청정기, 전원주택 등)를 지불해야만 누릴 수 있는 유한재가 되었다. 깨끗한 공기와 물은 희소하기 때문이다. 마찬가지로 인간이라는 재화나 자원 혹은 (인적)자본이나 노동력도 철저히 희소성에 따라 그 가치가 결정된다. 인간이 인간답게 품위를 유지하며 살아가려면 세상에 인간이 귀해야만, 즉 희소해야만 한다. 특정 재능을 가진 사람은 그 재능 때문이 아니라 그 재능을 가진 사람의 수가 희소하기 때문에 대접받는다. 사법고시 합격자의 수를 대폭 늘리자 변호사의 (사회경제적) 가치가 현저하게 저하되었다. 현재 많은 사람이 선망하는 의사, 판검사, 교수 등 고위 전문직의 수를 현재보다 두서너 배 대폭 늘려보라. 그들의 직업적 위세 하강은 뻔하다. 나는 전문직을 수행할 수준의 능력을 갖춘 사람은 많지만, 오직 소수만이 자기 밥그릇 확보를 위해 진입장벽을 높이고 입시 등을 통해 수적 제한을 둠으로써 독점적 혜택을 누린다고 생각한다. 모든 사람이 자신의 직업적 희소성을 확보할 수 있도록 인구 감소가 전면적으로 시행되면 된다. 가사도우미의 수가 감소하니 그들의 지위는 과거의 식모보다 훨씬 개선되지 않았는가?

현재 요양병원 등의 말기 환자를 돌보는 간병인의 수요는 급증하나, (그 업무의 삼디적 속성 때문에) 공급이 제한되니 보수와 대우가 급격하게 상승하고 있지 않은가?[10] 앞으로 아무리 인공지능이 발달하고 일터의 무인자동화가 확산되더라도 그곳이 인간세상이라면 인간 노동은 언제 어디서나 반드시 필요하다.

여기서 잠깐 사회학에서 널리 논의되는 불평등 기능론 혹은 기능주의적 불평등론을 재검토해보자. 나는 오랫동안 (사회계급론이나 사회계층론이라는 통상적 제목을 바꾼) 사회불평등론을 강의하면서, 일반적인 비판론자들과 달리 기능주의자들의 현실 분석이 타당하다고 주장하였다. 전문적 재능을 가진 사람이 상대적으로 희소한 것은 사실이다. 그러나 재능의 소유 여부와 관계없이 희소성의 가치법칙은 작용한다. 앞서 말했듯이 특정 직종의 임금이 상승하는 핵심적 요인은 수요에 비해 공급이 (집단적 혹은 조직적 독점에 의해서든, 직업 위세나 선호 때문이든) 적은 데 있다. 부두 노동자들은 강력한 항만 노조를 결성하여 노동력 공급 체계를 통제하면서 그들의 근로조건을 향상시켰다. 대졸자의 폭발적 증가와 함께 대졸 사무직 근로자의 공급이 폭증하니 당연히 그들의 처우는 하락한다. 반면 노조를 결성할 수 있는 생산직 노동자들은 공급 조절을 통해서 근무조건을 향상시킨다. 어떤 노조는 자식들까지 희소성의 성에 안주시킨다. 이처럼 희소성의 가치는 동서고금에 걸쳐 불패의 신화로 통용되는 것이므로 인간이 인간 대접을 받기 위해서 인구 감소는 필수불가결하다.

---

[10] 20여 년 전 중국 방문 시 책방에 갔다가 웬 도우미들이 그렇게 많은지 놀랐다. 자본주의적 경영합리화에 익숙했던 나로서는 그것이 사회주의적 고용 확대 정책의 일환이라는 것을 곧 깨달았다. 사회주의에서는 최저임금이라도 생존에 도움이 되는 일자리를 국가가 제공해야만 한다.

그러므로 소위 불평등 기능론을 제대로 비판·극복하자면 자본주의 이념이나 능력 본위의 업적주의를 반대하기에 앞서 (현실 사회주의 체제에도 적용 가능한) 희소성의 문제를 먼저 해결해야 한다. 특별한 재능이나 오랜 기간 값비싼 수업료를 지불해야 하는 전문지식/기술이 필요 없고, 건강한 육체와 정신을 가진 사람이면 누구나 할 수 있는 일 — 그것이 무엇이든 사회가 필요로 하는 일 — 인데도 그것을 수행할 수 있는 사람을 찾기 힘들다면 그 직종의 종사자는 좋은 보상을 확실히 받을 수 있다. 물론 한 사회의 전반적인 경제 수준이나 여건이 모든 취업자에게 좋은 근로 환경을 제공할 수 있어야 할 것이라는 단서가 필요하다. 인구의 적정 수준을 유지하기 위해서 현재의 과다한 인구를 감소해야 한다는 원칙은 생태 파괴를 근원적으로 방지할 뿐 아니라, 인간의 인간다움을 유지하는 데도 필수적이다.[11]

다시 한번 강조하자. 천지인합일의 파괴를 초래한 가장 직접적이고 근본적인 원인은 천지자연이 수용하고 감내할 수 있는 범위를 넘어선 인구 폭증이다. 인구 팽창은 인간 자신의 존재론적 지위도 무참하게 파괴한다. 천지인을 구성하는 인간이 진정한 의미에서 삼재의 하나에 걸맞은 인간이 되기 위해서는 자신의 개체수, 즉 인구를 적정 수준으로 감소시켜야만 한다. 인간이 부지불식간에 저지른 천지인합일의 파괴라

---

[11] 현재 한국에서는 출산율의 급격한 저하를 매우 위험한 상황이라고 판단하며 부정적이고 비관적인 관점에서 이해한다. 나는 전혀 동의하지 않는다. 출산율의 급속한 저하는 아주 당연하고 자연스러운 추세로서 한국 사회의 더 높은 질적 발전을 위해서는 감당해야만 한다고 생각한다. 오히려 이는 한국 사회를 한 단계 상향시킬 수 있는 절호의 기회이다. 인구 감소 및 노령화에 따른 대책을 수립하면서 적절한 이민정책을 비롯하여 교육혁신, 주택문제 해결, 교통망 정비, 대도시 집중화 해소, 재택근무 확산, 신직종 개발 등을 통하여 삶의 질을 향상시킴과 더불어 산업구조 및 직업구조를 과감하게 미래형 인공지능 사회에 맞게 개선할 수 있다.

는 과오를 철저히 인식하고, 이에 대한 책임을 통감하면서 인구 감소라는 시급한 과제부터 실천해나간다면, 비록 만시지탄이기는 해도 생태계 붕괴라는 최악의 시나리오는 피할 수 있다. 인간이 정성을 다해 노력하면 천지도 감응하여[12] 더 나은 후천개벽의 세상을 열어줄 것이다.

(2) 인간의 폭력화: 도구적 인간의 역설

지속적인 인구 증가는 희소성의 가치를 확보하려는 인간들을 경쟁 상황으로 몰아간다. 경쟁 관계의 심화는 인간의 탐욕을 부추기면서 공격성과 폭력성을 증가시키고 마침내 사회 전체를 지배한다. 참으로 역설적이지만, 약육강식의 자연상태에서 살아남기 위해서 인류가 전개한 적자생존의 경쟁사회는 마침내 그 귀결로 인간 사회를 다시 약육강식의 폭력 사회로 만들고 있다. 강자 인간이 약자 자연을 포식하고, 강력한 인간 집단이 나약한 인간 집단을 유린하는 약육강식의 야만 세상이 등장한 것 같다. 폭력의 사용은 인간 탐욕의 실현 혹은 쟁취를 확실하고도 용이하게 만들어준다. 권력의 폭력화를 방지하고자 민주주의는 선거와 법치를 통해 권력을 순치시키고 제한하고자 했지만 이제 그 제도적 명분은 점차 유명무실해지고는 있는 것으로 보인다. 어쩌면 폭력 사회의 대두와 함께 민주주의 자체가 폭력화되고 있는 것이 아닌지?

문명의 징표인 민주주의의 변질된 모습을 직시해보자. 현대 민주주의는 초기의 순수한 혹은 순진한 기대와는 달리 점차 권력의 폭력화를 방치하거나 방조하는 신세로 전락 중이다. 민주주의란 이름 아래 온갖

---

12 나는 천지만물 모두에 ('하나'로서의) 신 혹은 영이 깃들어 있다는 것을 믿는 일종의 내재적 범신론자이다.

폭력이 활개를 친다. 선거를 통한 민주 독재도 등장하고, 반민주주의적 민주주의도 자행된다. 언론의 자유, 집회나 시위 혹은 결사의 자유가 얼마나 남용되고 있는가? 특히 민주주의의 정례 행사인 선거는 그야말로 온갖 물리적 혹은 언어적 폭력의 난장판으로 변질되고 있다.

물론 아나키스트 크로포트킨(Pyotr Kropotkin)의 주장처럼 인간들은 한편으로 생존을 위해 적대적 환경과는 경쟁·투쟁하면서도, 다른 한편으로 동지적 집단과 상호부조하는 협력적 삶도 영위한다. 불행히도 자본주의적 시장경쟁이 가속화되면서 인간들은 경쟁 논리에 우선적으로 매달리고, 상호 협력의 가치는 차후의 과제로 미루어진다. 경쟁은 선의에서 출발하더라도 점차 폭력성을 키워나간다. 인간의 폭력화를 역사적으로 살펴보자.

① 도구적 인간의 자연 파괴

원시사회로부터 문명사회를 이룩해가는 과정에서 인간은 생존 유지를 위해서 약육강식이 전개되는 자연환경과 투쟁하지 않을 수 없었다. 여기에서 인간을 승자로 만든 결정적 계기는 도구의 발명이었다. 사냥을 위한 도구, 경작에 필요한 도구, 생활의 편의를 위한 도구를 만들어 사용하는 도구적 인간(호모파베르)이 탄생한다. 도구적 인간은 차츰 자연을 정복·지배하는 만물의 영장이 된다. 간혹 인간을 예외적인 우월한 존재로 만든 근원을 생각하는 인간(호모사피엔스)에서 찾는 이들도 있다. 전혀 틀린 말은 아니나, 호모사피엔스의 이성적, 합리적 차원만을 강조해서는 안 된다. 진화 과정에서 우연히 직립하게 되어 두 팔로 도구를 사용하여 자연환경을 극복한 인위성(artificiality) 혹은 조작성이 인간 우위성을 더욱 확실하게 보장한다. 도구는 단순히 인간 활동에서 효율성을 발휘하는 연장에 그치는 것이 아니다. 천지자연의 입장에서 볼 때 인간의 도구는 그야말로 자연의 순리를 무시하는 반자연적인, 즉 인위적인 폭력이요 파괴가 된다. 자신들이 원하지 않는 폭력이다. 처음에는 야생의 동물과 거친 자연을 겨냥했던 도구라는 폭력은 더욱 폭력적으로 진화한다. 인간이 동물을 사냥할 때 사용하던 칼과 도끼 그리고 창은 곧 전쟁터의 살육 무기로 변하지 않았는가? 호미와 쟁기는 오늘날 불도저와 포클레인이 되어 굉음을 내며 대지를 누비지 않는가?

 인간은 자연을 보다 용이하고 효율적으로 개발 혹은 약탈하기 위하여 점차 성능이 뛰어난 건설용 혹은 살상용 장비들을 만들기 시작하였다. 인간 자신의 육체적 노동력을 더욱 증가시키기 위해서 처음에는 호미나 삽 혹은 곡괭이를 사용하다가, 인간보다 힘이 세고 말 잘 듣는 가축을 사용하기 시작했다. 그러다가 산업혁명과 함께 각종 고성능 기계 장비가 발명된다. 오늘날 최첨단 과학기술혁명의 시대에는 초정밀, 초강력, 초고성능의 온갖 건설용, 탐사용 장비들이 등장한다. 심해의 밑바닥까지 파헤치고, 화산의 분화구도 뚫고 내려간다. 이에 더하여 참으로 우려스러운 현상은 지구의 자연 파괴로도 모자라 과학 탐구라는 명분 아래 이제는 달, 화성 등의 우주개발이라는 야심마저 키우고 있다는 것이다. 지구 파괴는 이제 한계에 다다랐으니 하늘로 올라가서 새로운 파괴 대상을 찾겠다는 꼴이다. 그야말로 인간에 의한 천지 파괴가 아니고 무엇인가? 천벌이 두렵다.

 이처럼 인간은 자신만의 생존과 안락에 급급하여 자신의 다른 모습 혹은 분신이라 할 수 있는 천지를 무생명의 물질계로 간주하여 약탈과 파괴를 일삼는다. 소위 말하는 인류세(Anthropocene)의 시작과 함께 천지자연의 파괴는 급속화되었고, 마침내 천지인 생태균형의 파괴로 인간 생존의 불가라는 최종적 순간에 다다르고 있는 것 같다.

 이와 더불어 또 다른 극단의 사태가 인간계 내부에서도 발생한다. 인간들 스스로가 분열하여 다른 인간들을 적대하면서 공격과 정복, 차별과 착취 그리고 억압의 제도화를 지속시킨다. 그간 우리가 이룩한 소위 찬란한 문명의 이면에는 이와 같은 인간의 야만스런 모습이 숨겨져 있다. 만물의 영장? 호모사피엔스? 인간에 대한 고상하고 거룩한 환상은 사라지고 맹수의 이빨을 드러내고 으르렁거리는 신세로 전락해버린 참담한 느낌이다. 개보다 못한 인간, 짐승만도 못한 인간이 수두룩한 세상이라면 너무 자학적인가?

인간의 문명적 삶 혹은 문명사회 그 자체가 나쁜 것이라고 비난하는 것은 아니다. 원시적 야생 시대를 동경하거나 미화하려는 것도 아니다. 인간의 생물학적 진화 과정에서 무엇이 잘못된 것인지, 혹은 인간이 진화의 의미를 잘못 해석한 것인지, 혹은 인간이 천지신명이나 조물주 신의 뜻을 과대 해석한 것인지는 알 수 없다. 다만 인간이 다른 천지의 존재들과는 달리 자신만이 (신의 계시를 받은) 우주의 지배자, 정복자, 설계자라는 오만한 특권의식을 갖기 시작한 것이 문제의 핵심이다. 이 비뚤어진 인간의 특권의식은 인간 자체에게도 불평등하게 적용되어 인종적, 신분적, 종교적 차등으로 제도화된다. 참으로 무자비하게, 인간만이 다른 인간을 노예나 노비로 반인간적으로 취급한다. 동물의 세계에 노예제도가 있는가? 이것이 우등 동물 인간의 이성적 특성인가? 약육강식의 정글에서도 볼 수 없는 야수적 특성을 인간만이 갖고 있는가?

역사 이래 인간세상의 많은 부조리와 모순은 어쩌면 천지인합일을 파괴한 인과응보가 아닐까 싶다. 천지인합일의 원리를 깨뜨린 인간의 원죄나 무명 속에서 업을 지으며 윤회를 거듭하는 이 세상의 고해도 인간의 존재론적 책임인 것 같다. 하늘과 땅은 그 나름대로 공생·공존의 질서를 유지하며 영겁의 세월을 보내고 있다. 유독 인간만이 불과 몇백 년 전부터이지만 가공할 파괴력으로 천지의 군형을 깨뜨리고, 더욱 개탄스럽게도 다른 인간들에 대해서도 착취와 약탈을 서슴지 않는다. 모든 대상을 자신을 위한 도구로만 간주하는 도구적 인간들의 세상이다. 이 잔인한 인간의 모습을 "터미네이터(homo exterminans)나 도살자(homo carnifex)"(Cribb, 2017)라고 규정해도 전혀 이상하지 않을 것이다.

② 인간의 폭력화와 폭력적 문명

야만의 반대를 문명이라고 한다. 야만은 무지와 (약육강식의) 폭력을 의미하고 문명은 지식과 (공생공존의) 평화를 의미하기 때문이다. 문명의 한자말을 풀이해보면, 인간은 문(지식, 앎, 지혜)을 통해서 명(밝음, 깨우침, 이로움)을 이룩하는 것이다. 인간의 지식은 엄청나게 축적되었고, 지금도 폭발적으로 증가하고 있다. 그런데도 이 세상은 광명천지라기보다는 여전히 어둡고 암담하다. 지식이 지혜나 깨달음으로 성숙하지 못했기 때문이다. 『주역』에서는 앎이 온당하지 못하면 세상에 길흉이 생긴다고 하였다[文不當 吉凶生焉].

인류의 문명사는 야만상태를 탈피하는 진보의 역사인가? 우리는 한때 그렇게 믿었다. 21세기 우리의 문명은 무엇이고 우리의 진보는 무엇인가?

인간 사회 혹은 인간 역사는 지상천국 혹은 더 나은 사회를 향해 예정된 길을 간다는 진보의 신화는 그럴듯하다. 그 신화를 현실세계에서 구축하는 문명사회라는 칭호는 아름답다. 이제 이 아름다운 세계에 대한 우리의 환상을 깨야 할 때가 왔다. 문명의 진면목을 바라보아야 한다. 참으로 다행스럽게도 이제 인간들은 진보의 환상 속에 가려졌던 인간과 사회의 비열한 모습을 절절히 목도하기 시작한다.

나는 역사적 진보라는 개념에 대해 비판적일 뿐 아니라 비관적이다. 문명이 이룩한 진보의 실상이란 수많은 힘없는 인간이 피와 땀으로 쌓

아울린 희생의 피라미드에 불과하다. 고대의 노예노동, 중세의 농노와 노비, 근대의 열악한 임금노동이 이룩한 강자와 부자를 위한 금자탑이다. 오늘날에도 여전히 인간 노동에 대한 정당하고도 적정한 보상은 이루어지지 않고 있다. 후진국이나 개발도상국의 값싼 인간 노동이 선진국의 비싼 인간 노동을 가능하게 만든다. 유사한 희생의 드라마는 선진국 내부에서도 전개된다. 나의 이러한 견해는 사회주의적 동일 노동 동일 가치라는 평등주의 노동가치론에 입각한 것이 아니다. 자유주의적 인간 주체론에 입각한 것이다. 각 개인의 고유한 노동 가치는 노동시간에 따라 획일적으로 규정될 수도 없고, 규정되어서도 안 된다. 노동 가치는 최소한의 인간적 가치를 보장하는 수준 이하로 떨어져서는 안 되고, 그 상한선은 인간 노동의 가치나 의미를 지나치게 과장하거나 왜곡하는 수준 이상으로 책정되어서도 안 된다. 그 수준은 인간의 주체적 판단에 의해서 결정되어야 한다. 복지의 상한선은 상승할수록 좋고, 재산세와 상속세의 수준도 상승할수록 좋다. 제도로 강제하기보다는 자발적으로 수용되는 사회 분위기를 조성해야 한다. 노블레스오블리주라는 사회적 책임이 광범위한 수준으로 확산되기를 기대한다. 인구 증가를 막을 무자식 사회라면 그렇게 될 가능성이 매우 클 것이다. 인구 조절에 기여하는 한 자녀 가정만 되어도 그 가능성은 높아질 것이다.

문명의 결실로 간주되는 현대의 민주주의 또한 폭력화의 제물이 되고 있다.[13] 시민혁명 혹은 민주화투쟁에 바쳐진 피의 제단은 참으로 숭고하다. 그러나 어처구니없게도 민주주의의 열매는 항시 그 투쟁의 대가로 권력을 차지한 정치꾼의 배만 불리고 있지 않은가? 봉건시대의 신분 세습을 닮아가듯 기득권자들(재벌을 포함한 많은 경제인, 정치인, 법조

---

[13] 선거민주주의의 문제는 제5장에서 논의될 것이다.

인, 의사, 체육인, 언론인 등)은 직업 상속을 통해 모두가 부러워하는 상위 직업을 세세손손 대물림하고 있다. 가족주의에 뿌리를 내린 상속 제도를 통해서 물질적 부와 정신적 자산이 "불평등하게" 세습된다. 신분 질서는 기존 사회질서를 유지한다는 점에서 반드시 역기능적인 것만은 아니다. 다만 그것이 도를 넘어 사회의 일부 기득권층에게만 유리하게 작용할 경우 그것은 폭력이 될 뿐이다. 국가 제도가 뒷받침하는 민주주의사회의 권력형 부정부패는 폭력화의 전형적 사례이다. 다수당이 지배하는 의회의 폭력적 입법이나 제왕적 대통령제, 선거에 의한 민주 독재도 유사한 폭력성을 드러낸다.

많은 민주주의 옹호론자도 민주주의의 위기를 거론한다. 그럼에도 불구하고 민주주의의 대안이 없다는 이유로, 혹은 민주주의만의 고유한 장점이 있다는 이유로 그것을 지지한다. 현실에 안주하는 타성적 입장일 뿐이다. 폭력화하는 민주주의는 민주주의가 아니다. 반폭력의 자유민주주의가 진짜 민주주의이다. 자유는 폭력적 강제의 반대이다.

그렇다면 도대체 인간 문명사의 진짜 모습은 무엇인가? 선악병진(善惡竝進)이다. 선과 악은 공존하면서 함께 발전한다. 선은 개인적 자유와 사회적 해방 그리고 세계 평화의 길이요, 악은 강제와 폭력 그리고 전쟁의 길이다. 지금도 폭력적 악의 세력들은 억압과 착취를 일삼으며 내부적으로는 부정부패의 온상이 되고, 외부적으로는 전쟁이라는 파괴의 현장으로 사람들을 내몰고 있다. 시민혁명과 함께 자유해방과 만인 평등 그리고 인권을 추구하는 법치주의가 자리잡으면서 폭력의 강도와 빈도는 감소하는 것처럼 보였다. 하지만 지난 세기의 두 차례 참혹한 세계대전과 유혈이 낭자했던 대소의 국지적 전쟁들을 상기해본다면 우리는 바람직하고 모범적인 문명의 시대에 사는 것 같지 않다. 한편으로는 민주사회의 혜택을 누리지만, 다른 한편으로는 야만적 폭력의 시대를 동시에 살아나가고 있다. 21세기에 들어와서도 이와 같은 모순적이고 폭력적인 상황은 여전히 위세를 떨친다. 세계 도처에서 여전히 전쟁이 발생하고, 세상은 부조리하고 모순된 일들로 가득하다. 참으로 반문명적인 러시아-우크라이나 전쟁이 계속되고 있지 않은가? 이렇게 우리는 무기력하게 때로는 분노하며 살아간다.

코로나 사태라는 천재지변(?)도 인간 사회가 자초한 인위적 폭력의 산물인 측면이 적지 않다. 코로나 사태가 초래한 위기 상황을 맞이하여 정치권력 및 의료, 보건, 제약산업계의 기득권 세력들은 사태의 위험성을 과대 포장하여 공포감을 더욱 고조시키면서 시민들을 대상으로 준폭력적인 획일적 대책을 강요하였다. 코로나와의 전쟁이라는 명분을 내걸고 합법적으로 폭력성을 동원한 것이다. 국가 혹은 지배 권력은 위기 상황을 초래하거나 이용하면서 자신들의 지배적 위세를 과시하고 안정적 입지를 구축한다. 범죄와의 전쟁, 마약과의 전쟁, 부정부패와의 전쟁 등등 국가는 수시로 공권력을 동원하여 전쟁을 수행한다. 악을 물리치기 위한 전쟁이라 하지만, 그 효과는 참으로 미지수이다. 국가가 국민을 위해 무언가 제대로 큰일을 한다는 환상만을 심어주는 것 같다. 그래서 국가의 건강은 전쟁을 통해 유지·강화된다는 지적이 있다. 전쟁이 발생하면 사회는 즉각 예외적 초법 상태로 들어가고 국가권력은 절대적 권위의 주체가 된다.

보통 사람들, 소위 힘없는 사람들은 그렇다면 이 폭력적 문명화의 과정에서 그야말로 순진무구한 착한 백성일 뿐인가? 슬프게도 아닌 것 같다. 소위 민중이나 대중 또한 각자의 인생을 살아가면서 각종 부도덕하고 부패한 행태에 오염된다. 윗물이 맑아야 아랫물이 맑은 법이다. 보통 사람들 또한 윗사람의 작태를 지켜보면서 부지불식간에 부정부패와 폭력의 힘을 숭상하게 되고, 기회만 되면 자신도 그것을 쟁취하여 누려보기를 원하게 되는 것이다. 견물생심은 인간 본연의 동기 지향이요 자연스런 행위 양식이기는 해도 쓸쓸한 현상이다. 이를 두고 이론적으로는 국가에 의한 시민사회의 식민화라고 한다. 물론 시민사회는 국가에 의해서 결코 완벽하게 장악되지 않는다. 여기저기 소수 세력으로 미약하나마 폭력과 부정에 항거하는 각종 시민 진지들이 구축되어 있다.

결국 인간 사회는 서서히 상하 불문, 남녀노소 성별 불문, 세대 불문으로 폭력적·지배적 힘을 명시적으로 혹은 묵시적으로 수용하거나 선호하는 폭력 사회로 변모한다. 겉으로는 법과 질서, 평화와 공존의 가치를 지지하나, 내면으로는 타인과 대상을 지배하고 통제하려는 지배 욕구를 간직한다. 아직까지는 이런 종류의 사람들이 대다수가 아닐지도 모른다. 그러나 중요한 사실은 특히 이런 유의 인간들이 사회의 지배적 지위를 점유하여 자신들의 지배 욕구를 정당화하고, 충족시킨다는 점이다. 지배와 강제는 권력을 필요로 하고, 권력은 그 기본적 속성인 강제성으로 인해 폭력성을 동반한다. 근대국가의 형성은 법치의 이름 아래 권력의 전면적 체계화를 기반으로 한다. 군대나 경찰을 보유한 국가는 폭력을 독점 소유하기 때문에 잠재적으로든 현재적으로든 일반 사람들에게는 막강한 위협적 존재이다. 나치 히틀러의 등장은 합법적이었다. 법치의 맹점 혹은 구조적 한계를 분명히 자각해야 한다.

가까운 과거로 되돌아가 문명사의 가면을 벗겨보자. 서구의 18세기는 홉스봄(Eric Hobsbaum)의 작명처럼 "혁명의 시대"라 불린다. 혁명은 그 대의가 아무리 숭고하더라도 반드시 폭력을 수반한다. 혁명의 아름다운 목표를 수행하기 위해서는 수많은 피를 혁명의 제단에 뿌려야 한다. 평화를 이룬다는 목적과 폭력적 수단이 괴리된 역설이 아닐 수 없다. 유혈이 낭자했던 프랑스혁명의 교훈은 무엇인가? 민주주의는 인간의 피 혹은 폭력을 요구한다는 잔인한 진실인가? 거의 무혈로 이루어진 영국의 명예혁명이 갖는 밋밋하지만 참으로 효과적인 교훈을 새삼 음미해보아야 한다. 점진적 개혁이 급진적 혁명보다는 더 나은 대안인 것 같다. 시민혁명에 의해서 탄생한 민주주의는 태생적으로 폭력적 성향을 지니는가? 아니면 제도와 관계없이 폭력 또한 인간의 본성인가?

19세기는 "자본의 시대"였다. 독점자본주의의 성립과 함께 노동자에 대한 폭력적 착취가 자본에 의해 자행되었다. 서구의 제국주의나 식민주의가 초래한 다른 인종이나 국가에 대한 폭력은 기억하기도 끔찍하다. 소위 문명의 전파라는 이름 아래 서구 문명국가들에 의해서 자행된 반문명적 야만 행위를 서구는 철저히 반성해야 한다. 제2차 세계대전은 제국주의 대열에 뒤늦게 뛰어든 독일, 이탈리아, 일본이 기존 제국주의 국가들과 경쟁하는 과정에서 발화된 기존 제국주의와 신진 제국주의 세력 간의 전쟁일 뿐이다. 전승국이 된 기존 제국주의 국가들은 자신들의 불미스런 제국주의라는 과거에 대해 자동 면죄부를 발급하였다. 나치즘, 파시즘, 군국주의를 타도한 자유민주주의의 전사로서.

20세기가 되면 정치와 경제의 유착이 강화되면서 명실상부하게 강력한 "국가의 시대"가 등장한다. 자유방임의 야경국가에서 강대한 무적의 국가로 재탄생하는 것이다. 국가는 항시 비상사태의 위기관리와 국가 건설이라는 명분을 내세우며 대내외적 전쟁이라는 폭력과 함께 탄생하고, 전쟁이라는 비상사태를 발생시키거나 지속함으로써 그 존재가치의 필요불가결성을 확인시킨다. 한국의 군사독재정권은 남침이라는 전쟁 가능성을 활용하여 정권 유지를 도모하였고, 어떤 정권은 식민지 시절의 강탈을 상기시키며 반일 죽창 세력을 결집하여 정권의 이념적 정체성을 강화하였다. 20세기는 사상 최악의 폭력의 시대였다(Keane, 1996). 두 차례의 세계대전과 한국전쟁, 베트남전쟁, 중동전쟁, 아프리카 내전, 보스니아-세르비아 내전 등등 그야말로 전쟁으로 시작해서 전쟁으로 끝난 시대였다. 무고한 생명이 엄청나게 희생되었다. 이 와중에도 다행히 동서 냉전이 끝나서 핵전쟁이 터지지 않은 것은 천우신조라 할 것이다. 그러나 핵의 전쟁억제력을 결코 과신해서는 안 된다.

그러면 오늘 이 순간의 21세기는 어떤가? 아프리카와 중동에서는 여전히 총성과 포화가 멈추지 않는다. 세계의 여기저기에서 크고 작은 국지적 충돌과 긴장 상황은 여전히 지속된다. 한반도도 예외가 아니다. 문제는 핵전쟁의 위험이 고조되고 있다는 점이다. 과거에는 미소 간의 핵무기 경쟁에 국한되었는데, 이제는 중국이 새로운 위험 변수로 등장하였을 뿐 아니라, 미중 관계가 그야말로 전면적으로 악화되어 개선될 기미가 보이지 않는다. 동남아시아 해역에는 일촉즉발의 충돌 위험이 상존한다. 중국과 인도 간의 대립과 분쟁 또한 만만치 않다. 중국과 일본이 격돌하면 미국은 자동 개입이니 그 파장은 불문가지다. 이에 빠질세라, 북한의 가속적인 핵무장화와 미국 본토 타격 능력의 고도화에 따라서 미국은 초긴장 상태다. 어떤 우발적 사건이나 도발적 충돌이라도 발생한다면 그것이 도화선이 되어 일파만파로 전면적이고 무차별적인 핵 공격이 언제든 현실화될 수 있는 상황이다. 우리 민초는 그저 운에 맡기고 잊은 채로 태평성대처럼 살 수밖에 없다. 언제 죽을지 모르는 허무한 세상이니, 국내외로 놀러 다니는 노세 노세 판이 당연하지 않은가?

사람들이 매일매일의 삶에서 당면하는 일상적 폭력 또한 결코 가벼운 문제가 아니다. 이것은 어쩌면 가장 엄중하고도 시급히 해결되어야 할 문제다. 어두운 밤거리만 무서운 것이 아니다. 백주 대낮에도 어떤 봉변을 당할지 모른다. 집 안에 있어도 결코 안전하지 못하다. 병원, 감옥, 경찰서 유치장, 학교, 회사, 군대 어느 곳에서든지 폭력의 위험은 상존할 뿐 아니라 점점 더 그 빈도와 추세가 커지는 것 같다. 이유 없는 묻지 마 폭행과 살인도 심심치 않게 등장한다. 정신병적 충동에 의한 폭력 사태도 늘고 있다. 특히 조폭 세력은 그 결집된 폭력을 직접 사용하거나, 때로 정치세력의 비호 아래 각종 이권 사업에 개입하여 부정한 방법으로 부를 쌓는다. 이런 폭력 세상에서 살아야 하는 것이 우리의 신세다. 그래서 사회학자 벡(Beck, 1992)은 현대사회를 위험사회라고 선언하였다. 그 위험의 핵심이 폭력이라는 점에서 나는 현대사회를 폭력 사회로 부르고 싶다. 언어폭력, 왕따와 괴롭힘, 이미지 폭력, 무례와 몰염치라는 폭력, 각종 부정부패와 범죄, 사기와 선동, 무고와 명예훼손, 자유를 빙지한 집단적 소란 등 신종 폭력이 날로 증가하는 세상이다. 폭력 사회에 대응하고자 사람들이 점점 폭력화되는 추세도 무시할 수 없다.

도구적 인간은 천지자연을 폭력적 약탈과 파괴의 도구로 삼아왔으며, 경쟁 상대인 인간 또한 도구로 간주하여 억압·착취한다. 합리적 인간의 도구적 합리성(instrumental rationality)이란 이해득실의 계산(calculation)에 바탕을 둔 것으로 적자생존 상황에서는 필요한 것이다. 문제는 이 도구적 합리성만이 일방적으로 확대 팽창하면서 다른 유용한 합리성인 목적 합리성 또는 가치 합리성을 압도하거나 질식시킨다는 것이다.

향후 제대로 된 문명사회를 구축하자면 인간의 지식이 도구라는 측면에서만 사용되어서는 안 된다. 지식은 태양처럼 온 세상을 밝게 비추고, 만물에 이로움을 베푸는 지혜가 되어야 한다. 바로 동아시아 지혜가 궁극적으로 추구하는 깨달음의 세계로 나아가야 한다. 인간은 자기 자신뿐 아니라 천지인 우주 전체의 조화를 고려해야 한다. 나의 하나논리는 천지인합일이라는 깨달음을 통해서 이 세상을 널리 이롭게 하는 홍익인간의 꿈을 펼쳐보고자 한다. 만물을 이롭게 하는 물이야말로 최고의 선[上善若水]이라고 노자는 말한다. 오도된 좁은 의미의 도구적 합리성을 버리고 광대무변의 천지인합일을 찾아야 한다.

③ 정신적 가치의 전도: 규범 실종과 가치 혼미

천지인합일을 파괴한 인간의 폭력성은 인간을 정신적으로 비인간적 혹은 반인간적 존재로 변질시킨다. 영혼이나 영성을 잃거나 망각한 인간이 점점 늘어난다. 선한 본성은 계속 감소하고, 악한 본성은 더욱 확대되는 것 같다. 악이 선을 압도하는 가치 전도 현상이 대두하는 것이 아닐까 두렵다.

하나논리의 천지인합일은, 『천부경』의 인중천지일이 제시하듯, 인간이 천지와 화합하여[14] 하나를 이루어야 한다는 주체적 소명의식 혹은 책임의식을 강조한다. 인간은 아무런 의미나 목적도 없이 이 세상에 내동댕이쳐진 것이 아니다. 인간존재의 우연성 혹은 절대 자유성을 강조하는 실존주의적 주장에는 일리가 없지 않다. 그러나 인간 실존의 기본적 논리는 현실세계에서 인간이 자유를 어떤 방식으로 선택하느냐 하는 문제에 당면한다. 어떤 인간이든 목숨을 부지하며 살아가자면 삶의 의미나 가치에 대해서 고민하고 선택해야 한다. 요컨대 인간의 주체적 책임성과 규범적 가치지향성의 문제가 대두되지 않을 수 없는 것이다.

과거 인간은 도덕이나 윤리 혹은 신의 요구라는 당위론적 규범을 추구하며 살아야 했다. 종교가 지배하던 서구의 중세에서 누가 감히 절대자 신의 요구와 그 전달자인 사제의 목소리를 외면할 수 있었겠는가?

---

14 여기서는 중의 의미를 "화합하여"라고 해석하였으나, 제4장에서는 중을 중도 혹은 중용과 연결시켜 "중도를 따르며"라고 해석할 것이다. 이는 『천부경』의 중을 유불도의 중과 연관시키려는 시도로서 가치실행론에 적합한 해석이다.

조선시대에도 성리학적 규범은 일상생활의 지침이었다. 오늘날에도 근본주의 종교의 교리는 엄격하며 신도들은 거기에 부응해야 한다. 동아시아에서는 불교, 도교, 유교가 각각 나름대로 규범적 가치와 세계관을 사람들이 따르도록 강요 혹은 설득하였다. 그러나 동서를 막론하고 소위 과학적-합리적 문명이 대세를 이루어가면서 종교적 가치 세계는 그 권위와 위세를 점차 상실하고 있다. 종교 자체의 세속화 혹은 상업화가 사회문제로 드러난 까닭도 있다. 현대의 가치 혼란은 종교적 가치의 약화라는 주된 배경 아래 세상이 복잡다단해지면서 온갖 형태의 잡다한 가치들이 범람하여 일종의 아노미, 즉 무규범 상태가 확산된 것이다. 이와 같은 혼란 상태를 막는다는 핑계로 일부 세력들은 종교적 혹은 이념적 관용이나 가치 상대주의 대신에 이단과 정통, 악의 무리와 선한 동지라는 이분법적 대결 구도로 사람들을 몰아간다. 절대 유일의 정통성을 외치는 종교적 근본주의 세력이나 극단적 이념 집단에 의해서 가치 혼란과 가치 충돌은 더욱 심화된다. 관용의 미덕을 일깨웠던 무시무시한 종교전쟁의 참혹한 교훈을 잊고 여전히 세계 일각에서는 피의 성전을 치르자며 종교전쟁을 계속한다.

  세상만사에는 선과 악, 길과 흉이 뒤섞여 있다. 세상이 진보한다면, 선과 악은 병진한다. 악은 쇠퇴하는 것이 아니라 환경에 적응하면서 발전한다. 마피아나 야쿠자 세력은 과거처럼 물리적 폭력에만 의존하지 않고 법의 테두리 내에서 합법적으로 조직범죄를 수행한다. 역사 발전의 역설이 아닐 수 없다. 돌이켜보자. 인간의 문명사는 진보와 야만이라는 두 가지 축을 중심으로 전개되었다. 기독교의 발전은 중세의 암흑 속에 이루어졌고, 산업혁명은 노동자의 희생 속에 전개되었으며, 서구 문명은 제국주의와 식민주의의 경제적 토대 위에 번성하였다. 이처럼 인간의 역사 혹은 문명사는 선과 악이 동시에 발전하는 선악병진이다.

왜 범죄는 사라지지 않는가? 왜 폭력과 부정부패는 뿌리뽑히지 않는가? 독재체제는 왜 그토록 강고한가? 전쟁은 회피할 수 없는 필요악인가? 악의 견고함과 강인한 생명력에 대해서 철저한 인식이 필요하다. 나 자신의 내부에서도 선악이 병존하며 각축한다.

다소 비관주의적 관점에서 진단해보자면, 최근에는 악이 선을 압도하여 더욱 기세를 부리며 날뛰는 선악 불균형 발전의 역전 현상이 나타나는 것 같다. 조직폭력의 증가, 지능형 범죄의 확산, 부정부패의 심화, 선거 독재를 초래하는 민주주의의 위기, 빈부격차의 심화, 인종 갈등의 재연, 배타적 국수주의와 민족주의의 부활, 아노미적 현상의 범람 등 과거 어느 때보다도 암울한 종말론적 분위기가 느껴진다. 약육강식의 군사 정치판, 다국적 자본이나 투기 세력의 검은손이 지배하는 경제판, 이윤추구의 장사판이 되어버린 문화예술계, 기득권 지배 세력으로 변질한 미디어 언론계, 극도로 세속화된 제도 종교권 등등 희망의 출구는 보이지 않고, 절망의 장벽만이 가로막고 있는 듯하다. 그 결과 사람들은 점차 정신적으로 피폐해지면서 비인간화 혹은 반인간화의 길에서 우왕좌왕 방향감각을 잃고 이리저리 휩쓸린다.

나는 인간의 비인간화나 반인간화의 핵심을 인간이 천부적 자연성을 파기하고 지나치게 인위적으로 그리고 외면적으로만 자신과 자신의 삶을 이끌어가는 것에서 발견하고 싶다. 지나친 사치와 소비, 허영과 허세, 허욕과 허위, 허상과 허망을 추구하는 세상이다. 인간으로서 지켜야 할 기본적인 도리나 가치를 망각한다. 인간으로서의 본분을 저버리고 짐승보다도 못한 패륜과 패악을 저지르기도 한다. 자식을 학대하는 부모, 부모를 학대하는 자식, 선생을 모욕하는 학생, 학생을 차별하는 선생 등의 도덕적 패륜, 남녀 사이의 불륜과 비정상적 짓거리, 천륜을 범하는 범죄행위, 마약, 도박, 알코올중독, 일확천금을 노리는 투기 등

비인간적 행위를 저지르는 인간들이 계속 늘어나고 있다. 선량한 사람들조차 조만간 오염될 가능성이 크다. 텔레비전에서 방영되는 막장드라마나 영화 속의 잔혹 행위 등을 자주 접하다 보면 그것에 무감각해지거나 그럴 수도 있다는 긍정적 느낌을 갖게 된다. 세상이 요지경 난장판이 된 느낌이다.

그러나 세상을 바꾸기는 참으로 어렵다. 요지부동이다. 오랜 시간이 지날수록 더욱 나빠지는 일도 있다. 동서고금의 인간 사회를 한번 살펴보라. 태평성대는 존재한 적이 아예 없었고, 끊임없는 전쟁과 기근, 억압과 착취가 횡행하는 가운데 엄청난 노력과 희생의 대가로 조금 개선되는 듯하다가 도로아미타불이 되는 것이 세상의 슬픈 이치가 아닌가? 그렇다고 절망 속에서 체념하며 살 수도 없고 말이다.

바로 이 지점에 비관주의적 희망론이 등장한다. 꿈이나 희망을 간직하기는 하되, 그것을 전면적으로 현실에서 구현한다는 것은 불가능하다는 사실을 최우선적으로 인식해야 한다. 대다수의 개인은 역사적으로 고질화된 사회구조적 조건 때문에 자신의 뜻과는 상반되는 삶을 영위해야 한다. 일상생활에서 온갖 슬픔과 고통(이별과 사별, 사고, 질병, 불운 등)을 맞보며 고해의 삶을 살아야 한다. 물론 고중락(苦中樂)을 발견하며 그럭저럭 인생을 즐기며 살 수도 있으나, 그것도 백년을 산들 일장춘몽의 하루살이에 불과한 허망한 시간이다. 인간의 존재론적 한계를 인식해야 한다. 비관주의와 체념주의는 현상세계의 세속성을 철저히 이해할수록 그 의미가 두드러진다. 이와 같은 맥락에서 현금의 가치 전도 현상은 새로운 가치관을 모색하고 정립할 수 있는 전화위복의 기회이다. 일시적인 땜질 형태의 문제 극복이 아니라 발본색원이요 환골탈태한다는 의미에서 가치전환을 추구하고 가치혁명을 도모해야 한다.

하나논리는 천지인합일이라는 깨달음을 통해 현재 인간들이 직면하고 있는 가치 혼란과 가치 전도 상황을 헤쳐나갈 수 있다고 제언한다. 인간이 지닌 어떤 숙명적 한계가 바로 인간 초월의 출발점이요 가능성이라는 사실을 알려주는 것이다. 나라는 미미하고 무력하기 그지없으며 외롭고 쓸쓸한 존재가 이 세상 모든 인간 및 천지 우주와 한마음, 한 몸이 된다는 (꿈꾸는 소리같이 실감하기 어려운) 사실은 참으로 멋지지 아니한가? 더욱이 이미 내 속에, 내 마음속 어딘가에 그러한 깨달음을 가능하게 하는 "하나" 혹은 "하나"님이 자리잡고 있다는 사실은 경이로울 뿐이다. 여기서 한 단계 더 나아가 나 자신이 원래 부처요, 하나님이라는 자기 재발견은 나로 하여금 신인합일 혹은 천지인합일을 희망 속에서 즐겁게 추구하도록 격려한다. 하라리(Harari, 2015)는 최근 호모사피엔스가 호모 데우스(homo deus, 신과 같은 인간)가 될 수도 있다고 예언했지만, 이미 훨씬 예전에 동아시아 신비주의는 신인합일의 가능성을 활짝 열어놓았다. 신인합일은 가치혁명의 최종적 목표이자 가장 현실적인 출발점이다.

우리 인간은 현재와 같이 물결치는 대로 바람 부는 대로 이리저리 떠밀리며 정신없이 살아서는 안 된다. 인간에게 새로운 세상이 필요하다. 인간 역사의 시작 이래 끊임없이 이어져온 선구자들의 새 세상을 찾으라는 외침은 오늘도 애절하게 울린다. 또한 적지 않은 사람들이 여기저기서 대안 문명과 대안 사회의 꿈을 가지고 새로운 세상을 마음속으로 준비하며 기다린다. 비록 인간 사회가 그간 선과 악 혹은 길과 흉 사이에서 불균형하게 기울어져 있었지만, 이 모순을 극복하려는 노력 또한 계속 전개되어왔다. 그 결과 문명의 균형이 회복되는 것 같은 조짐이, 티끌 모아 태산을 이루듯, 여기저기서 미세하게나마 나타난다. 이와 같은 역사적 대변화 혹은 문명사적 전환을 동아시아 지혜는 극즉반, 물극필반, 반자도지동, 일음일양과 같은 음양조화의 순환론적 사회변동론으로 이해한다. 서구의 변증법적 논리로 설명하자면 정과 반의 모순이 심화되어 그것을 지양하는 변화가 발생하는 것이다.

서구적 세계관은 이러한 변화를 사회 발전 혹은 사회 진보라는 관점으로 파악한다. 그러나 동아시아의 세계관은 이와 같은 변화를 어떤 획기적인 새로운 발전이나 진보라기보다는 음과 양이 불균형 상태에서 조화를 찾아 균형을 유지하는 것으로 간주한다. 이와 동일한 맥락에서 하나논리는 문명전환을 천지인합일의 파괴 혹은 불균형 상태를 극복하려는 자기조절적 작용이라는 존재 세계의 근원적 특성이자 내적 논리로서 이해한다. 이를 두고 나는 일부 김항이 『정역』을 통해 밝힌 억음존양(抑陰尊陽)으로부터 음양조율(陰陽調律)의 시대를 여는 후천개벽이라고 부르고 싶다. 국가나 사회 혹은 지역이나 지구에 한정된 변화가 아니라 우주 차원의 근본적 변화라는 의미에서 개벽이다. 개벽의 시점인 우주의 가을이 이미 도래하였으니, 그 징후를 살펴보자.

2) 천지인합일의 회복: 문명전환의 토대

〈그림 1-3〉 천지인합일의 회복

문명전환은 어떤 역사적 기반과 추세 위에서 가능할까? 전환의 필요성 혹은 그 배경이 충분하고 타당하더라도, 그 필요성을 변화의 동력으

로 바꿀 수 있는 사회적 조건이 마련되어야 한다. 새로운 문명은 새로운 물적 토대, 새로운 존재양식, 그리고 새로운 가치지향을 필요로 한다. 최근 인간 사회에 등장하여 그 기세를 확장하고 있는 과학기술혁명, 존재혁명, 가치혁명의 세 가지 혁명적 토대와 추세를 중심으로 천지인합일을 향한 문명전환의 가능성을 검토해보자.

(1) 탈도구주의 과학기술혁명: 탈근대 문명전환의 세계

맑스의 유물사관에 의하면 물질적 토대 혹은 물질적 생산력의 획기적 변화는 상부구조인 정신세계 혹은 관념적 문화를 변화시킨다. 역사 변화의 정곡을 찌르는 설명이다. 다만 정신세계의 변화 또한 물질세계를 바꾸어놓을 수도 있다는 상반되는 사실을 무시하였기에 그의 주장은 절반의 진실로만 남았다. 물질과 정신을 확연히 대립되는 것으로 구분할 수 없기는 하지만 지식과 정보가 주도하는 오늘날에는 창조력이나 상상력과 같은 정신력이 물질의 힘을 능가하거나 제어한다고도 할 수 있다. 과학기술혁명이라는 21세기를 관통하는 역사적 추세 또한 물리(物理)와 도리(道理)가 혼효된 가운데 전개되고 있다.

지금까지 역사상 주요한 정치·경제·사회·문화·종교혁명은 모두 과학기술혁명을 토대로 하여 전개되었다. 농업혁명, 산업혁명, 정보혁명 그리고 오늘날의 인공지능혁명 또한 모두 새로운 도구, 예컨대 농기구, 대량생산 기계, 컴퓨터와 인터넷이라는 새로운 기술을 기반으로 전개되었다. 인간은 자동차, 휴대폰 등 새로운 발명품을 활용하면서 새로운 세계를 만들어나간다. 이처럼 과학기술혁명의 요체는 새로운 도구의 생산과 활용이다. 그러나 이미 강조하여 지적했듯이, 인간은 도구합리성에만 매몰되어 천지인합일을 파괴하였다. 이제는 과학기술혁명의 도구주의적 차원이 지니는 위험성을 통제할 수 있는 가치합리적이고 목적합리적인 차원을 적극 개발해야 한다.

과학기술은 대상을 수단으로 도구화하기 위한 기능으로만 이해되어서는 안 된다. 과학기술은 인간을 포함한 천지인이 함께 공존·공생하는 길을 발견하는 방향으로 전개되어야 한다. 인간만을 위한 과학기술이 아니라 우주를 평화롭게 만드는 과학기술이 되어야 한다. 소수의 기득권자만이 혜택을 누리게 하는 과학기술이 아니라 전 인류의 삶에 혜택을 주는 과학기술이어야 한다. 그렇다면 어떻게 과학기술을 이런 방향으로 돌려놓을 수 있을까? 국가 간의 기술격차 해소, 지적재산권의 점진적 개방, 과학기술의 군사적 활용 억제 등 과학기술의 탈도구주의화는 현재의 자본주의적 상품화 논리나 국가주의적 첨단무기화 논리 앞에 무력해진다. 할 수 없다. 다행히 과학기술의 오용과 한계, 남용과 위험에 대한 시민적 각성이 서서히 커지고 있다. 인내심을 가지고 공감대를 꾸준히 확산시켜나가는 장기전을 대비해야 한다. 시작이 반이니 절반의 성공은 거둔 셈이라 자위하면서.

아무튼 새로운 과학기술혁명은 세상을 서서히 변화시켜나간다. 인터넷혁명으로 시간과 공간의 의미가 약화되거나 새롭게 인식되고 있다. 사이버공간이라는 새로운 삶의 영역이 무한히 펼쳐진다. 누구에 의해 지배받거나 간섭받지 않는 나만의 자유해방 공간을 발견하고 구축한다. 세상 어느 곳이든, 어느 누구이든, 심지어는 사물과도 즉각 소통할 수 있는 가능성도 열려 있다. 연결과 소통 그리고 지식과 정보의 교환이 핵심을 이루는 네트워크 사회의 등장은 인간의 생산양식은 물론이고 생활양식을 바꾸어놓고 있다. 컴퓨터와 휴대폰은 이제 인간의 분신 혹은 연장이라고 해도 좋을 만큼 인간존재의 필수불가결한 구성요소이다. 과학기술의 일상생활화는 필히 인간의 의식이나 가치관에도 영향을 미쳐 낡은 과거에서 탈피하여 새로운 미래를 개척하려는 문명전환 의식을 촉진시킬 수 있다.

그래서 그런지 과학기술혁명의 눈부신 성과와 그 축적을 통해 세상은 서서히 서구 주도의 근대문명으로부터 전 지구적 탈근대문명 혹은 탈지구적 우주 문명의 시대로 향한다. 인간은 우주의 신비에 경외감을 가지고 점차 우주의 소리나 메시지에 귀기울이기 시작한다. 국가와 사회 혹은 이 지구라는 한정된 시공간을 넘어 무한한 영원의 삶터로서 우주에 다가간다. 우주론적 각성이다. 후천개벽의 문명전환은 이미 시작되었고, 거부할 수 없는 추세이다. 대상과 나를 분리하는 도구적 인간에서 나와 대상을 일치시키려는 목적지향 혹은 가치지향의 인간으로 전환하려는 욕구가 서서히 깨어난다. 나는 이를 정신적 사막화나 황폐화를 거부하려는 인간 자신의 자기조직적 생존능력이 발동하는 것으로 이해하고 싶다. 인간이 (생명을 위협하는) 세균 또는 질병에 대한 기본적인 자체 면역력을 지니고 있듯이, 정신력의 고갈과 변질을 회복시키려는 인간 특유의 영성의 힘이나 양심의 힘이 작동할 수 있다. 그래서 인간의 숨겨진 능력은 무한하다고 하지 않는가? 도구주의의 일방통행을 막으려는 반도구주의적 과학기술의 확산이 불가능한 것은 아니다. 지식생산에 종사하는 연구자로서 나부터 (지식기술의 산물인) 저작권 포기(copy-left) 운동을 시작해야 할 것 같다. 지식은 남을 대상으로 상품화하거나 판매하는 것이 아니라, 자기 자신을 위해 남과 공유하는 정신의 양식이다. 위인지학(爲人之學)이 아니라 위기지학(爲己之學)이다.

과학기술을 도구로만 간주하여 대상을 지배하거나 착취하는 방향으로 사용하지 말고, 인간과 천지자연이 서로 상생할 수 있도록 활용해야 한다. 경이로운 최첨단 과학기술문명이 전개되는 21세기라는 새로운 기회를 맞아 무엇보다도 인간과 인간이 평화롭게 공존·공생할 수 있도록 반폭력 탈근대 문명전환의 세계를 구상할 수 있다.

(2) 탈인간주의 존재혁명: 물아일체의 하나 세계

과학기술혁명은 기본적으로 도구혁명을 통해서 도구를 사용하는 인간, 즉 호모파베르를 탄생시키고 완성시켜나간다. 도구는 기구/기계의 형태로 인간에 의해 고안되고 활용되었다. 그러나 산업혁명에 의한 기계 기술 분야의 획기적 발전과 함께 인간의 삶은 점차 기계에 의존하기 시작하였다. 기계 사용형 인간에서 기계 의존형 인간으로 인간-기계의 관계에서 그 비중과 의존도가 변화한 셈이다. 산업혁명 이후 발생한 이와 같은 현상은 초기 단계의 인간기계화(人間機械化)가 진행된 것으로 규정할 수 있다. 최근 과학기술혁명의 고도화 혹은 기계 기술의 비약적 혁신과 함께 이제 인간은 기계 없이는 생존 자체가 혹은 일상생활이 거의 불가능한 상태에 도달하였다. 단순히 기계에 의존하는 것이 아니라 기계에 종속되었다고 볼 수 있다. 인간기계화의 고도화가 이루어진 것이다.

현대인의 삶을 기계 종속적 차원에서 설명해보자. 의식주와 관련된 모든 편의는 기계 기술이 제공한다. 인간의 신체는 물론이고 정신까지도 각종 의약품이나 과학적 심리치료에 의존한다. 습관적으로 휴대폰이나 컴퓨터를 켜고 사용한다. 그 기계들이 없으면 아예 일을 하지 못한다. 자동차는? 대중교통은? 전기는? 식량은? 물과 불은? 마침내 등장한 인공지능은 인간기계화의 정점으로서 기계 인간의 탄생을 의미한다고 볼 수 있다.

애초에 인간은 기계로서의 속성을 지닌 존재다. 유기체로서의 인간은 하나의 물리화학적 생명 공장이다. 피, 물, 뼈, 근육, 세포, 털 등은 하나하나가 기계 부품처럼 인간을 구성한다. 인간은 그야말로 원자로 이루어진 세계가 아닌가? 이처럼 인간의 정신과 육체라는 것은 기계 기술적 작동을 통해 유지된다. 인간 생명은 기계 기술에 의존하지 않으면 지속 불가능하다고 해도 과언이 아니다. 그래서 나는 인간의 기계(활용)화가 역사적으로 지속 발전한 결과 마침내 '기계와 인간의 일체화'로서 기계 인간이 등장했다고 생각한다. 이 사실을 역으로 해석하자면 기계의 인간화가 동시에 발생한 셈이다. 나아가 기계가 주도적으로 인간의 삶을 지배하기 시작했다고 말한다면 너무 심한 표현이 될까? 인간의 입장에서는 여전히 자신이 기계를 이용하고 활용한다는 지배적 관점을 지닐 수 있지만, 기계의 입장에서는 점차 인간이 자신에게 의존할 수밖에 없도록 인간을 종속시키고 지배해간다고 볼 수 있다. 주객전도라고 슬퍼해야 할까? 아니다. 바람직한 과정이라고 긍정적으로 볼 수도 있다. 기계 인간은 기존 자연 인간보다도 더욱 지적이고, 이성적이며, 우월한 측면을 갖기 때문이다. 어쩌면 시도 쓰고, 그림도 그리고, 소설도 짓는 인공지능이 예술과 거리가 먼 사람들을 보다 예술과 가깝게 만들 수도 있지 않겠는가?

그렇다면 인간의 모습을 하고 인간의 기능을 부분적으로 혹은 전면적으로 수행하는 로봇, 안드로이드, 레플리칸트(replicant, 복제), 서로게이트(surrogate), 사이버 파트너의 존재론적 지위를 우리는 어떻게 규정해야 할까? 이들은 더 이상 공상소설이나 영화에서만 등장하는 가공의 존재가 아니다. 이미 다양한 형태로 인간의 삶에 침투하기 시작하였으며, 그 확산 속도나 범위도 매우 빠른 것이 현실이다. 인간 같은 기계, 인간보다도 더 우수한 기계는 인간의 적인가 아니면 친구인가? 온갖 형태의 사이버 파트너(인조인간, 아바타, 인공 애완견, 전자 물고기 등등)가 인간의 친구가 되어 인간을 만족시킨다.

이제 경험적으로든 이론적으로든 인간과 비인간 혹은 인간 생명과 비인간 생명의 경계 설정에 관한 논란이 불가피하다. 인간을 능가하는 인공지능체가 인간의 보조물이나 부속체에 머무는 것이 아니라 어떤 계기에 의해서 인간을 지배하게 되는 역전 현상이 발생할 수 있다. 아니 이미 시작되었다. 의료 분야나 사법 분야 혹은 각종 예측 분야에서 인공지능이 인간보다 우월하다는 사실이 속속 보고된다. 인간보다 더 유능하고 유용한 로봇도 점차 늘어난다. 공장자동화는 누가 담당하고 있는가? 인간이야말로 자동화시스템을 가동시키는 버튼 조작용 단순 기계에 불과한 존재로 전락한 것이 아닌가? 그럼에도 불구하고 버튼을 조작하는 최종적 주체는 인간이라는 사실에 자부하고 위안하면서 기계 기술에 대해 주인의식을 갖고자 한다. 이것은 오직 일면의 진실일 뿐이다. 아마도 인간은 기계의 필요나 작동에 따라서 버튼을 누를 수밖에 없는 종속적인 존재, 버튼을 눌러야만 하는 단순 반복 노동자의 신세가 되고 있는지도 모른다. 세상을 돌아가게 하고 자신이 먹고살려면 인간은 반드시 컴퓨터를 켜거나 자동기계의 버튼을 누르지 않을 수 없다. 내가 누르지 않으면, 다른 누군가가 누를 것이다.

　인간의 존재론적 지위는 인권의 신장으로 더욱 고양된 것 같지만 실상은 그렇지도 않다. 역설적으로 인권의 신장은 생명권의 확장으로 간주되어 동물권의 확대 요구로 이어졌다. 이제 애완동물은 어떤 사람들에게는 인간보다도 더욱 소중하고 친밀한 삶의 동반자이다. 인간만큼이나, 아니 인간보다도 더 사랑받고 보호받는 애완동물들을 어떻게 바라보아야 할까? 사실 개보다 (그 행실과 처지가) 못한 인간들이 수두룩한 세상이다. 개를 싫어하거나 무서워하는 사람도 엘리베이터에 개와 함께 탑승해야 하고, 공원도 같이 산책하고 똥오줌 냄새도 맡아야 한다. 앞으로는 동물권뿐만이 아니라 국립공원, 산 휴식년제 등을 통해 숲과

늪지 등의 식물권도 생태주의적 세계관의 확장과 함께 점차 강화·확대될 것이다. 생명체에 대한 관심과 보호로부터 시작하여 비생명체도 포함한 모든 존재자에게 존재권을 인정해야 한다는 방향으로 나아갈 것이다. 이 '진정으로 용감한 신세계(Really Brave New World)'는 이미 우리 곁에 와 있다.[15] 기계와 동물을 포함한 비인간적 존재에 대해서 기존 인식을 전환해야 할 시점이다.

인간과 비인간, 생명과 무생명/비생명의 경계를 구분하는 확실하고도 믿을 만한 기준과 근거는 무엇인가? 그런 기준과 근거가 과연 있기나 할까?

천지인합일의 논리를 탄생시킨 동아시아 지혜는 인간을 포함한 만물을 하나/불성/도를 지닌 존재로 동등하게 파악한다. 천지만물은 존재론적으로 동등하다는 것이다. 그렇다고 모두가 동일하다는 의미는 아니다. 통일(通一)이지 동일(同一)이 아니다. 인간과 비인간 혹은 생명과 비생명이라는 구분 자체가 잘못된 것일 수 있다. 사실 그 구분 기준이라고는 외형상의 차이이다. 인간도 비인간적-비생명적 요소로 구성된 존재이다. 쉽게 말하자. 인간(의 대부분)도 물[水]로 구성된 물적(物的) 존재라는 특성을 분명히 지닌다. 그래서 동아시아 지혜는 물아일여(物我一如)의 우주라고 한다. 이 사실을 깨달으면 물아일체가 되고 천지인합일이 되는 것이다. 그러므로 인공지능은 인간이 직접 만들어낸 존재라는 점에서 인간의 분신으로 간주하여 내 몸처럼 아끼고 사랑해야 한다.

현재 눈부시게 발전하고 있는 과학기술혁명은 (앞에서 지적하고 논의

---

15 헉슬리(Aldous Huxley)가 『용감한 신세계(Brave New World)』에서 묘사한 암담한 미래가 아니라 희망의 미래를 의미한다.

한) 탈인간주의라는 새로운 존재혁명을 가속화시킬 것이다. 인간중심주의, 인간특권주의, 인간예외주의는 더 이상 통용되지 않을 것이다. 물론 과학기술은 결코 전지전능하지 않다. 앞으로도 결코 그렇지 못할 것이다. 그렇지만 과학기술은 바로 인간의 (기계 기술적) 분신(分身)으로서 인간의 일부 아니 인간과 일체를 이루는 존재이기 때문에 인간의 삶을 개선하고 안전하게 만드는 데 큰 도움을 줄 수 있다. 인간은 이제 기계 기술을 이질적 사물이 아니라 인간 자신과 동등한 지위를 갖는 것으로 간주하고, 인간이 창조한 인간의 분신이라는 친밀한 일체감을 느껴야 한다. 기계 기술만이 아니라 천지만물 모두에 대해서 동등한 일체감을 가져야 한다. 하나논리는 주장한다. 모든 존재는 신비한 우주의 신비로운 구성 단위로서 일체를 이룬다. 서로가 서로 없이는 존재할 수 없는 상관적 일체감이다. 서로가 하나로 연결·소통되는 통일적 하나, 통일체(通一體)이다.

그래서 나는 인간의 기계화, 기계 인간의 등장에 전혀 거부감을 느끼지 않는다. 물질적 존재로서의 인간 또한 인간에게는 필요불가결의 조건이다. 하나논리는 정신 주도의 후천 정신개벽과 탈물질주의를 강조하지만, 물질주의 혹은 물질로서의 세계를 결코 부정하지 않는다. 궁극적 수준에서는 물질과 정신의 경계가 혼연일체로 사라질 것이기 때문이다.

인간은 급속하게 발전하는 인공지능과 그것이 주도할 세상에 대해 적극적으로 준비해야 한다. 동아시아의 고전적 지혜가 그토록 강조한 물아일체의 공존의식을 가져야 한다. 인공지능을 두려움의 대상이 되도록 방치해서는 안 된다. 보통 사람들에게 없어서는 안 될 참된 친구요, 유능한 조력자로 만들어야 한다. 인공지능이 일자리를 빼앗고, 인간을 감시하고, 지배할 수 있다는 우려와 비판의 목소리에도 귀를 기울여야 한다. 누가 그런 짓을 하려 들까? 인공지능으로 이득을 챙기려는 기득권자들일 것이다. 그런 선동의 목소리에 쉽게 넘어가서는 안 된다. 인공지능이 사람들에게 제공할 수 있는 갖가지 장점과 편익을 생각한다면 현재 성급하게 거론되는 우려는 부차적이요 지엽적인 것에 불과하다. 만약 인공지능의 해방적 잠재력을 제대로 활용한다면 기득권을 누리는 현재 지배층의 독점적 지위를 해체하고, 각종 결정권자들의 편향되거나 부정확한 판단을 억제할 수 있다. 의료계, 사법계, 교육계, 정치계에 인공지능을 전면적으로 대폭 도입해보자. 사법부의 자의적, 어용적 판결이 없어지고, 의료계의 오진과 잘못된 처방도 줄어들고, 정치인들의 당리당략적 결정은 사라지고, 교육계의 불필요한 학습과 교수 방식이 도태될 수 있지 않겠는가? 소위 전문직 종사자들에게는 충격적 변화가 요구될 것이다. 인공지능의 도입이 불필요한 일반 사람들의 일자리나 직업 활동에는 큰 변화가 없을 것이라는 낙관적 전망을 따르고 싶다.

과거의 경험에서 교훈을 얻자. 1980년대 초 정보혁명이 막 기세를 올리기 시작했을 때 비판론자, 비관론자, 반대론자의 목소리는 거세면서도 논리정연해 보였다. 그것은 오늘날 인공지능에 대한 부정적 반응과 대동소이하다. 즉 감시 사회, 일자리 감소, 인간관계의 위축, 기술 지배 사회(technocracy) 등을 우려하는 것이다. 나는 정보혁명의 적극적 수용자로서 시공간 단축, 신산업(반도체산업 및 미디어·정보 관련 산업)의 등장과 일자리 창출, 사이버스페이스의 무한 자유해방성 등을 강조했다.

40년이 지난 지금 정보혁명의 역사적 물결이 이미 한차례 휩쓸고 지나간 상황에서 중간평가를 해보자. 정보기술이 제공한 혜택은 엄청난 반면 그 부작용은? 각종 사이버범죄의 증가? 그것은 기술 자체의 문제가 아니라 그 기술을 악용하는 인간과 그것을 방치하는 제도적 안이함 때문이 아닌가? 아직도 정보기술의 엄청난 가능성은 제대로 실현되지 않고 있다. 기득권을 유지하고 현실에 안주하려는 인간의 타성 때문이다. 만약 재택근무를 전국적으로 전면 실시한다고 생각해보자. 인구의 수도권 집중을 해소하고 주택난과 교통난을 획기적으로 해결할 수 있지 않을까? 계속해서 초고층 아파트를 짓는다면 몇십 년 후에 인구 격감과 더불어 태풍처럼 몰려올 아파트의 폐허화를 어떻게 막을 것인가? 부모의 재택근무와 보조를 맞추는 재택 수업의 점진적 확산은 또 어떨까? 과감하게 도입하고, 짧은 시행착오의 기간을 감안하면서 정보기술의 확산 정책을 펼친다면 한국은 선진국 대열을 벗어나 세계 최초의 초일류국가가 될 것이다. 대중의 타성과 무관심이라는 질척거리는 늪지대를 통과해 권력을 장악한 기득권 세력의 높은 벽을 넘기가 참으로 어렵겠지만, 그래도 지구는 돌고 돌아 우리를 진실의 길로 안내할 것이다. 기다림의 미덕은 그냥 하는 소리가 아니다. 공자께서 왜 시중(時中)을 강조했을까?

정보혁명 혹은 과학기술혁명의 혜택과 가능성을 축소하거나 왜곡하는 것은 기득권자들의 독점적 이윤추구나 현상유지 욕구이다. 이들은 자신에게 유리한 세상이 바뀌는 것을 싫어한다. 역사적으로 인간과 사회의 폭력화를 주도하고 지속시킨 집단이다. 소수가 다수를 지배하는 유일한 방법은 폭력이 아닌가? 물리적 폭력만 사용되는 것이 아니다. 선동과 선전을 이용한 부드럽고 달콤한 유혹적 폭력에 사람들은 쉽게 넘어간다. 대중의 우중화 혹은 우민화는 오랜 세월 통용된 통치 기술이다. 천명, 천자, 왕권신수설에서부터 시작된 지배의 기술이다.

다시 현실로 돌아와보자. 인공지능의 활용은 불필요한 학습과 교육, 지겨운 일, 지배와 권위 그리고 각종 서열 체제로부터 사람들을 해방시킬 수 있다. 정치인의 정책 결정이나 사법부의 판결, 의사의 진단과 처방, 교수의 강의 등을 비롯하여 각종 전문가를 대행하는 각 분야의 최고 전문가도 될 수 있다. 기존의 불평등한 사회계층 구조의 기반(입시로 결정되는 학력, 지적 전문성, 종합적 객관적 판단 능력 등)을 평준화시키는 창조적 파괴자가 되는 것이다.

그럼 인간은 무엇을 하느냐고? 인공지능이 할 필요도 없고, 잘하지도 못하는 혹은 인공지능이 금지된 분야에서 다양한 일을 하면서 늘어난 자유시간을 즐길 수 있을 것이다. 다만 이와 같은 낙관적 시나리오가 전개되자면 현재와 같은 자본주의적·비인간적 상품화나 국가주의적 개입과 통제가 서서히 완화되어야만 한다. 낡은 기존의 제도는 항상 창조적 사회 발전의 잠재력을 둔화시키면서 그 기회를 차단한다. 새로운 물질적 토대의 등장 혹은 과학기술의 발전은 새로운 제도를 요구하기 때문이다.

인공지능의 등장과 기계 인간의 탄생, 생명권의 확산에 따른 동물권 및 식물권의 신장은 천지인합일의 논리에 내재하는 인간과 자연의 대등한 존재론적 지위를 요구한다. 거듭 강조하지만, 인간은 이 우주에서 예외적이고 특권적인 존재가 결코 아니다. 정복자나 지배자가 아니다. 다른 존재들과 공존·공생해야 하는 존재이다. 매우 다행스럽게도 기존의 인간중심주의를 비판하는 탈인간주의(post-humanism) 존재혁명이 서서히 진행 중이다. 지금까지 인간은 전지전능한 신인 하느님의 창조물이자 그 자식으로서 이 세상의 피조물 가운데서 특권적 지위를 부여받은 존재로 간주되었다. 나아가 인간은 유일하게 고도의 이성을 지닌 존재로서 만물의 영장으로서 미화되었다. 그런 인간이 도구를 사용하며 자연을 정복해나가는 과정에서 만물의 지배자로 군림하면서 자연을 약탈, 파괴하는 탐욕스럽고 잔인한 존재가 되었다. 그리하여 이 세상은 인간의 편익을 위해 존재할 뿐이라는 인간중심주의가 뿌리를 내린다.

오늘날의 생태 파괴는 바로 이러한 인간중심주의가 초래한 너무나 인간적인 비극이다.

 탈인간주의는 한편으로 인간의 오만방자함을 반성하고, 다른 한편으로 세상을 구성하는 다른 존재들에 대한 인정과 배려를 요구한다. 이 지구나 우주 전체를 하나의 초생명적 유기체로 간주하고, 그것을 구성하는 모든 인간 및 비인간적 존재를 동등한 차원에서 고려한다. 길가에 핀 꽃 한 송이나, 땅 위에 솟은 돌멩이 하나라도 함부로 꺾거나 무심히 발로 차버리는 따위의 행위를 하지 말라는 요구이다. 세상에 존재하는 모든 것은 그 나름대로 존재 이유와 존재 의의를 가진다. 나 혹은 우리가 바로 지구이자 우주이다(I am or we are the world and universe).

 천지인합일에서 출발하는 하나논리에 의하면 인간과 천지만물은 현상적으로는 천차만별의 개별성을 보여주나, 그 존재의 근원은 동일한 하나에서 비롯한 이형동본(異形同本)이다. 과학적으로 풀이해보자면, 모든 물질적 존재는 궁극적으로 동일한 원자구조나 미립자로 구성되었으며, 인식론적으로는 언어로 표현된 인간의 의식이나 지식의 산물일 뿐이다. 그러므로 인간이 인간 자신을 유의미한 존재로 인식하고 싶다면 세상의 다른 존재들에 대해서도 동등한 의미를 부여해야만 한다. 인간이 다른 존재에 의해서 폭력으로 지배받거나 파괴되기를 원하지 않듯이, 다른 존재도 인간에 의해 그렇게 되기를 원하지 않는다. 물론 인간이 생존을 위해서 주위의 생명체나 비생명체를 일정 정도 이용할 수는 있지만, 이는 존재계 혹은 생태계의 순환이 원활하게 지속된다는 조건하에서만 허용될 수 있다. 이 지속 가능성이라는 가치는 비록 인간이 그 나름의 합리적 기준으로 만든 것이지만, 앞으로 보다 조화로운 천지인합일의 세상을 만들기 위해서는 더욱 엄격하고도 정밀하게 규정되어야 한다. 길 위의 돌멩이도 함부로 차지 않고, 개미나 풀이 짓밟히지 않도록 사뿐사뿐 걸어야 하는 세상이 될까? 진리와 진실의 길은 처음에는 매우 불편할 것 같다.

천지인의 존재론적 동등성을 전제하는 천지인합일의 하나논리는 탈인간주의 존재혁명을 추구하면서 후천 정신개벽을 위한 존재론적 토대가 된다. 과학기술혁명은 존재혁명을 연쇄적으로 촉발하였고, 이 존재혁명은 다시 가치혁명을 촉발하여 후천 정신개벽의 문명적 토대를 완성시킬 것이다.

3) 탈물질주의 가치혁명: 정신적 풍요의 마음 세계

근대문명은 대량생산과 대량소비라는 물질주의 메커니즘을 통하여 엄청난 물질적 부를 축적하면서 물질주의의 금자탑을 이룬다. 그런데도 왜 이 세상에는 여전히 물질적으로 빈곤감을 느끼는 사람이 많은가? 상대적 박탈감과 빈곤감은 인간의 물질적 탐욕이 존재하는 한 영원히 존재한다. 객관적 사실의 측면에서도 물질의 절대 총량이 부족하다기보다는 물질의 지역적-계층적 배분이 불평등하여 물질적 풍요와 빈곤이 동시적으로 발생하는 것이 현실이다. 이와 같은 불평등은 자본주의 때문만이 아니다. 자본주의가 불평등을 심화시켰다고 하는 것은 오직 절반의 진실이다. 자본주의 이전에는 빈곤이나 결핍의 평등화가 이루어졌을 뿐이다. 빈익빈부익부를 지속시키려는 동서고금 각종 기득권자의 독점과 탐욕이 더 큰 원인이다. 그렇다고 사적 소유를 철폐하자고? 이기심과 소유욕이라는 인간의 본성에도 어긋나고 부작용이 훨씬 더 크다. 소유에 따르는 책임, 예컨대 재산세와 상속세, 기부, 사회적 책임, 금권분리 등등을 보완·강화하는 것이 장기적으로 최적·최선의 정답이다.

지구상의 최빈국이라 하더라도 거기에는 물질적 부를 호사스럽게 향유하는 기득권자들이 항상 존재한다. 최고의 선진국이나 경제대국에도 빈부격차는 엄연하다. 아무리 물질적 부의 덩어리가 크더라도 그것을 나누어야 할 인구가 엄청나다면 그 평균적 몫은 작아질 수밖에 없다.

물질의 양이 아니라 그 질을 따지기 시작하면 물질적 풍요란 신기루같이 종잡을 수 없는 개념이 된다. 그래서 최저임금이나 적정 임금 혹은 기본소득과 같은 개념이 등장하였다. 그러나 조금 더 주어보았자 소용없다. 만족감은 잠시 지속될 뿐이다. 인간이란 상대적 기대감의 상승 속에서 상대적 박탈감이라는 비교 의식으로 언제나 부족을 느끼고 더 많이 달라고 요구한다. 그래서 임금 상승의 요구는 끊임없이 되풀이된다(More is never enough). 나아가 양적으로 만족하는 순간 이제는 질적으로 더 나은 것을 요구한다. 약자의 당연한 권리이다. 절대적 차원의 물질적 빈곤을 해소하는 것은 물론 최우선 과제이다. 불평등 문제는 당장 못 먹어 영양실조로 죽어가는 사람들을 구제한 다음의 차후 과제이다. 상대적 불평등을 개선하라는 외침(고임금 노조나 고임금 직종의 임금인상 요구)은 어쩌면 허기를 채운 사람들의 여유 있는 요구이다.

물질적 빈곤이나 결핍의 문제를 왜곡·과장하는 근원적인 이유는 사람들이 물질주의라는 (생존에 필수적인) 가치관을 일방향으로만 잘못 이해하여 혼란에 빠진 결과로 보인다. 인간 생존에는 정신주의와 물질주의 모두가 필요하다. 인간은 정신적으로나 물질적으로 안락하게 살아야 한다. 심신이 고루 건강해야 사람으로서 구실을 제대로 할 수 있듯이, 물질적 부와 정신적 자산을 고루 갖추어야 사람답게 삶을 영위할 수 있다.

인간의 삶은 세 가지 수준의 존재양식, 즉 생존(生存), 실존(實存), 탈존(脫存)으로 구분해볼 수 있다. 이 세 수준을 물질주의와 연관시켜 설명해보자. 생존 단계는 생물학적 유기체로서 인간이 육체적 생명 활동을 유지하는 데 필수적인 각종 물질적 요구들, 예컨대 의식주를 해결하는 데 집중하는 시기이다. 당연히 물질주의적 가치지향이 최우선적으로 요구된다. 목구멍이 포도청이고, 금강산도 식후경이 아닌가. 인간의 동물적 본능 또한 이 생존을 위해 필요한 에너지라고 볼 수 있다. 인간 역사를 보면 인간은 물질적 안정을 확보하기 위해 기나긴 악전고투의 세월을 보내야 했다. 각종 자연재해가 빈발하였고, 전쟁이라는 인위적 재난도 수없이 겪어야만 했다. 인구는 끊임없이 증가하였고 물자는 항상 부족하기 마련이었다. 이와 같은 치열한 생존경쟁의 와중에서 물질(획득과 안정적 유지)주의를 보장하는 세속적 입신양명 추구라는 출세주의가 등장한다. 그것은 점차 물질에 대한 탐욕적 추구라는 물질주의로 변모해 버린다. 세속적 부귀영화를 추구하는 물질주의는 물질/돈이 최고라는 물질/황금만능주의라는 물신주의(物神主義)로 그 완성을 이룬다. 물질적 부귀를 신으로 섬기는 물신주의가 세상을 지배하기 시작한다.

이와 같은 추세를 가속화하듯 자본주의 또한 돈 놓고 돈 먹는 게임인 금융자본주의를 더욱 발전시켜 투기자본주의로 탈바꿈해나간다. 전자화폐, 가상화폐, 암호화폐 등 여러 형태의 파생적 금융 관행이 성행한다. 마침내 (거대 자본인) 국가와 (민간) 자본이 무적의 동맹을 이루는 국가독점자본주의형 체제가 성립한다.[16] 정치권력과 경제권력이 결합하여 막강한 금권주의 왕국이 지상에 수립되고 있는 것 같다. 인간의 정신세계를 관리해야 할 문화예술계, 교육계, 과학기술계, 언론/미디어

---

16 여기서 언급되는 국가독점자본주의는 맑스-레닌주의에서 예측한 자본주의의 최종 단계라는 논의와는 이론적 맥락을 달리한다. 권력의 일반이론(모든 권력은 대립하는 권력을 정복·흡수하거나 통합·연대하여 더 큰 권력을 이루려는 독점화의 속성을 지닌다)에 입각하여 현실세계의 두 거대 권력인 국가와 자본이 우호적 동맹을 맺는 현상으로 이해한다.

계, 사법계 등의 분야도 뒤질세라 여기에 재빨리 편승하여 달콤한 물질주의의 유혹에 스스로 점령당한 상황이다. 무전유죄 유전무죄 혹은 무권유죄 유권무죄의 세상이 되어간다.

그러나 물질적 부의 생산과 축적 그리고 소비에는 일정한 한계가 있다. 부귀를 확보하려는 경쟁은 치열하고도 잔혹한 무한경쟁으로 치닫는다. 부귀의 대대손손 계승과 확보를 가능하게 하는 지배 연합, 독재 체제나 전체주의라는 지배 양식이 등장한다. 경제적 착취와 이를 위한 억압적 관리 체제도 유지된다. 이러한 악순환의 지속은 예측 가능한 미래일 뿐 아니라 이미 현실화되고 있는 미래이다.

과연 다수의 고통 속에 소수만이 행복의 길로 가야 하는가? 아니면, 어떻게 어디로 가야하나? 과도한 물질주의가 문제라면 물질주의의의 범람을 막고 그 물꼬를 조절할 방법을 찾아야 한다. 유일한 대안은 탈물질주의 가치로 포장된 낯설지만 안전한 길을 가는 것이다.

탈물질주의는 동서고금을 막론하고 일단의 선구자들이 끊임없이 추구하고 강조한 것이다. 서구가 "부자는 천국에 들어가기가 어려우니라"라고 했다면(「마태복음」), 동아시아는 "청빈(淸貧)" 혹은 "안빈(安貧)"을 말했다. 특히 동아시아 지혜는 홍익인간, 과유불급을 가르치고, 중용이나 중도, 색즉시공, 무위자연, 조화와 균형, 혹은 절제와 수신의 가치를 설파하며 물질주의적 탐욕성을 정화시키고자 한다. 경청해야 할 값진 가르침이다. 정신이 물질보다 반드시 우월해서가 아니다. 물질(적 세속)주의의 피해가 예나 지금이나 너무 심각하기 때문이다.

아울러 물질적 자원은 희소성의 원칙과 한계효용의 법칙을 벗어나기 힘들다. 무한 독점의 소유가 어렵고, 설령 소유했다 하더라도 그 성취감과 짜릿하고 황홀한 향유의 시간은 짧게 지속될 뿐이다. 이와는 대조적으로 정신적 자원은, 특히 오늘날 사이버스페이스에서 참으로 다양하게 제공되는 지적 혹은 문화적 자원들은 풍요롭게 널려 있다. 상대적으로 훨씬 용이하게, 각자의 취향에 맞게, 다양하게 발굴하고 활용하며 즐길 수 있다. 생각하고 노력하기 나름이다. 지족자부(知足者富)다.

다행히도 사람들은 이제 물질주의에 지치고 싫증이 난 것 같다. 더 많이, 더 빨리, 더 높이, 더 크게, 더 아름답게를 추구하는 현대판 외형적 물신주의를 거슬러 작은 것이 아름답고, 느린 것이 여유로우며, 빈 것이 가득하다는 불교경제학(슈마허, 2002)의 지혜를 깨치는 것 같다. 탈물질주의 조류는 조용히 그러나 깊숙하게 인간 내면을 흐르며 파장을 일으키고 있다. 미니멀리즘, 비우기와 여백, 쉬어가기와 느림, 나누기와 충만함 등등의 가치가 전 세계에서 추구된다. 동아시아 종교에 대한 관심이나 선(禪)이나 요가에 대한 서구인들의 애호 또한 무시할 수 없는 추세이다.

그래서 "물질이 개벽되었으니 정신을 개벽하자"는 외침은 21세기 초반인 오늘에 더 절실하고도 더 적절하게 울린다. 물질문명의 토대에 걸맞은 정신문명의 빛을 찾아야 할 시점이다. 정신문명의 요람은 마음의 세계이다. 과도한 세속적 물질주의로 혼탁해진 우리의 마음을 새롭게 재창조하는 길, 깨달음의 길을 찾아보자. 천지인합일은 깨달음의 과정이자 그 최종적 산물이다. 정신개벽 그 자체가 깨달음이다.

3. 후천 정신개벽을 위한 깨달음

하나논리는 새로운 문명전환을 동아시아 특유의 개벽사상, 특히 한국의 후천 정신개벽 사상의 맥락에서 파악한다. 과거에 제시된 개벽론의 구체적 내용을 확신하고 따른다기보다는 그 창조적이고 주체적인 시대정신과 광대한 희망의 논리를 존중한다. 인간의 깨우침을 추구하는 후천개벽의 마음속에서 새로운 메시아를 찾고 싶다. 그래서 세상의 만물만사를 새롭게 뒤바꿔놓을 후천 정신개벽을 현재 진행 중인 문명전환의 장기적 비전이자 현실적 좌표로 삼는다.

　개벽을 아득하게 멀리 떨어진 것으로 생각하지 말자. 개벽을 지난하고 복잡한 과정으로만 생각하지 말자. 후천개벽 혹은 다시 개벽은 지금 여기에서 내 마음의 개벽과 함께 바로 시작할 수 있다. 내가 깨우쳐 우주와 한몸이 되어 천지인합일 혹은 신인합일을 이루는 깨우침이 바로 후천 정신개벽이다. 홍익인간이나 중생구제라는 인간의 소명은 깨달음의 과정에서 자연스럽게 스며든다. 후천개벽은 고통 속의 인간들이 새로운 마음의 유토피아를 기대하는 가운데 등장한 논리이기 때문이다. 하나논리는 후천개벽 사상을 하나의 원대한 비전, 상징적 신비성, 그리고 합리적 추론에 바탕한 창조적 상상력 혹은 자기 충족적 예언으로 수용한다. 후천개벽이라는 상징적 개념은 그간 서구에서 사용된 지상천국, 혁명, 변증법적 지양, 대안 세계나 유토피아와 같은 개념보다도 더욱 정치한 초월적 합리성을 갖춘 논리적 상상력 혹은 상상의 논리라고 생각된다.

　이론은 신화적 상상력과 긴밀하게 연결되어 있다. "오늘날, 신화와 현실이 뒤섞이고, 이론과 경험적 사실의 연관성이 모호해지는 이 상징적 질서의 파괴 시대에서 이론가가 의존할 수 있는 비장의 무기는 역시 상상력의 동원이다. 상상력은 시공간 변형(time-space transformation)을 통하여 다차원적 세계와 다차원적 이론을 접합시키는 의사소통적 기(意思疏通的 氣, communicative energy)가 될 수 있다."(김성국, 2002: 131-132) 하나논리의 이론적 상상력은 후천개벽이라는 새로운 세상을 열고, 조망하며, 그곳으로 우리를 인도하는 이론가에게 부여된 능력이자 소명이다.

천지인합일에서 시작하는 하나논리는 개인들로 하여금 인간과 천지의 존재론적 합일을 깨닫게 하고, 궁극적으로는 인간과 신도 합일적 존재라는 사실을 신비주의적 차원에서 자각하게 함으로써 신인합일이라는 인간적 완성을 지향한다. 결국 하나논리는 개인의 깨달음을 가장 핵심적이고도 선차적인 과제로 규정한다. 그러나 하나논리가 주목하는 깨달음은 (극소수의 성인군자들이 고행과 금욕을 통해서 성취하였다고 알려진) 어떤 궁극적 진리나 절대적 지혜의 발견이 아니다. 보통 사람들이 매일매일의 생활 속에서 자각하고, 반성하고, 결심하는 순간순간이 바로 깨달음이자 깨달음의 과정이다. 이 과정이 개인의 생을 통해서 지속적으로 축적되는 가운데 사람은 그의 자질이나 노력 혹은 선택과 결심에 따라서 다양한 형태의 크고 작은, 좁고 넓은, 혹은 성숙하거나 덜 성숙한 깨달음을 체험한다. 물론 이 깨달음의 종류나 형태를 어떤 선호나 우열의 척도로 평가해서는 안 된다. 각자는 각자의 분수와 여건에 따라 깨달음을 다양하게 성취한다. 우리는 선각자의 행로를 기억하면서 자신에게 적합한 깨달음의 길로 나아가면 된다. 무수한 깨달음이 모여 하나의 큰 우주적 깨달음 혹은 일심을 이루고, 이 일심은 자신 안의 각양각색 천차만별의 깨달음을 모두 포용하여 하나로 연결·소통시키는 통일 작용을 할 것이다.

모든 사람은 깨달은 사람이 될 수 있다. 세상 자체가, 삶 자체가 깨달음의 현장이요, 깨달음의 과정이기 때문이다. 깨달음을 생각하는 순간부터 우리는 자신도 모르게 이미 깨달음의 길에 들어선 셈이다. 개인은 누구나 매일매일 삶의 현장에서 시시각각 깨달음을 성취한다. 깨달음은 어느 곳에서든 이루어질 수 있다. 돈오돈수든 돈오점수든 개인마다 다르다. 우리는 선승도 아니고, 선승이 될 필요도 없다. 성직자의 길은 다르다. 물론 깨달음의 선배인 그들로부터 틈틈이 가르침을 받으면 좋다. 하나논리는 현세주의를 인정하면서도 동시에 그것과 일정한 거리를 유지하거나 혹은 초월하는 현세적 신비주의를 지향한다.

후천 정신개벽에 필요한 깨달음을 세 가지 특성, 지금 여기라는 현실성, 현실에 얽매이지 않는 자유해방의 탈현실성, 현실을 초월하는 신인합일의 초현실성을 중심으로 설명해본다.

〈그림 1-4〉 깨달음과 후천 정신개벽

천지인합일의 인식 → 깨달음 → 지금 여기의 현실성 / 자유해방의 탈현실성 / 신인합일의 초현실성 → 후천 정신개벽

1) 지금 여기의 현실로서 깨달음: 깨달음의 일상화[17]

특히 오리엔탈리즘이 득세하던 시절에는 흔히들 동아시아적 지혜를 현실과 유리된 일종의 신비주의, 초월주의, 은둔주의로 평가하였다. 틀린 해석은 아니다. 그러나 동아시아의 초합리적 신비주의, 탈세속적 초월주의와 은둔주의는 객관적으로 존재하는 엄연한 현실 그 자체를 전

---

[17] 흔히 일상의 반복이니 권태니 하면서 일상의 단조로움이나 공허함을 지적한다. 그러나 하나논리는 일상에 대한 관점을 기본적으로 쇄신한다. 하루하루 전개되는 인간의 삶은 그야말로 "일일신 우일신(日日新 又日新)"이다. 즉 항상 새로운 것으로 변화 가능성과 성취 가능성을 지니며 시작되고 끝난다. 인생을 날마다 온고지신(溫故知新)하는 '하루살이'의 연속으로 보고, 지금 여기의 하루살이 그 자체에도 인생 전체만큼이나 중요한 의미를 부여한다. 깨달음이란 것도 항시 삶의 새로운 환경에서 새롭게 이루어지고 새롭게 느껴질 수 있다. 어제, 오늘, 내일은 변화 없이 그저 반복되는 것 같지만 아니다. 언제나 새 세상이다. 생각하기 나름이다. 물론 깨달음이란 큰 틀은 부동·불변으로 항시 인간과 함께하며 인간을 이끈다.

면적으로 부정하거나 철저히 회피하는 도피주의나 부정주의가 아니다. 동아시아 지혜에는 현실에 대한 담담한 수용과 따스한 애정이 깃들어 있다. 왜 불가는 색즉시공이자 공즉시색이라 했을까? 왜 한편으로는 상구보리요 다른 한편으로는 하화중생을 말하는가? 불가는 현실이라는 속세 속에서 속세와 함께 살아가면서 깨달음을 구하라는 적극적 현실주의를 담고 있기 때문이다. 도가의 무위자연도 아무 일도 하지 말고 음풍영월하며 자연에 파묻히라는 말이 아니다. 그것은 천지인 자연의 도리를 따라 인위적인 무리를 범하지 않고 난세(亂世)를 무사히 살아가는 양생(養生)의 길을 가르치는 정중동(靜中動)의 현실주의적 삶의 지혜이다. 『도덕경』이 이상사회로 그리는 잘 먹고, 잘 입고, 편히 살며, 풍속을 즐기라는 구체적 삶에에 대한 강조는 참으로 현명한 현실주의요, 안전한 쾌락주의다.[18] 유가의 현실주의야 새삼 거론할 필요조차 없지만, 천지불인의 현실에 대한 그 애틋한 애정과 관심은 참으로 뭉클한 감동이 아닐 수 없다.

깨달음은 현실 속에서 매 순간 추구되고 구현된다. 3년간의 본격 수양이나 10년간의 집중 수행을 통해서만 깨달음을 얻는 것이 아니다. 그런 것은 깨달음 전문가에게 필요한 것이다. 보통 사람은 평생에 걸쳐 천천히 그러나 꾸준히 깨달음을 추구하면 된다. 너무 일찍 해탈의 깨달음에 도달하면 이 난장판 속세에서 처신하기 어려워질 수 있다. 청년, 중년, 노년에 따라 각각 더욱 적합한 깨달음이 있을 수 있다. 빈부나 강약, 지식의 고하, 여건과 상황의 차이에 따라서 각각 상이한 깨달음이 요구될 수 있다. 깨달음은 결코 획일적으로 규정할 수 있는 것이 아닌

---

[18] 안전한 쾌락주의는 제4장에서 안락주의(安樂主義)라는 개념으로 다시 설명할 것이다.

것 같다. 그렇다고 마음 내키는 대로, 기분 나는 대로 깨달음을 규정해서도 안 된다.

매우 평범하고 진부한 말이지만, 하루하루를 적선적덕(積善積德)하며 사는 것[一日一善]이 깨달음의 시작이요, 깨달음의 실현이라고 쉽게 생각하고 싶다. 만약 당신이 어느 순간 깨달음을 얻었다고 하자. 그런 다음 무엇이 달라지고, 또 무엇을 해야 할까? 깨달은 자도 먹고, 자고, 싸는 일은 계속해야 한다. 생업이나 일과도 지속해야 한다. 무엇이 달라지는가? 마음이 담담해지면서 여유도 생기고, 세상만사가 새로운 의미로 다가올 수 있다. 다른 여러 가지 긍정적 변화도 따를 수 있다. 나는 깨달음의 현실적 의미는 "나쁜 짓 하지 말고, 좋은 일 하라"는 참으로 평범하고도 당연한 교훈에 있다고 생각한다. 각종 교리는 참으로 복잡다단한 고담준론으로 깨달음의 내용을 설명한다. 그것은 그것대로 의미가 있을 것이고, 평범한 우리로서는 가장 평범하고 잘 알려진 인간의 도리인 착함의 축적인 적선에서 깨달음의 정수를 발견할 수 있을 것 같다. 홍익인간, 대자대비, 인의예지신, 무위자연 그 모두는 착하게 살라는 말의 멋진 표현이 아니겠는가? 물론 이 상대주의의 세계에서 선이라는 개념을 규정하기란 쉽지 않다. 그렇지만 쉽게, 간단명료하게 생각하자. 너 자신이 "옳고, 바르고, 좋다"라고 생각하면 그것이 바로 선이다. 어렵더라도 계속 착하게 살려고 노력하면 깨달음이 무르익는다. 하루하루 착하게 살면, 혹은 최소한 남에게 폐를 끼치거나 피해를 주지 않으면 나와 남 모두에게 도움이 된다. 탐진치(貪瞋癡)에 빠지지 않는 최선의 방법은 착하게 혹은 바르게 사는 것이다. 무리하거나 남을 강제하지 않는 무위의 도도 단순하게 생각하면 남에게 피해를 주지 말고 너 자신을 잘 간수하며 착하게 살라는 것이다. 착한 사람이 깨달은 사람이다. 오늘날처럼 악이 선을 압도하려는 세상에서는 특히 착함은 깨달음의 수단이요 목표이다. 지금 여기 이 자리에서 하루하루를 착하게 살면 깨달은 사람이 된다. 사실 우리 대부분은 매일 이렇게 살아가려고 하지 않는가? 최소한 이렇게 살아보리라는 마음가짐은 지닌다. 적극적으로 착한 일을 하지 않더라도, 남에게 피해나 고통(불쾌감, 불편함, 수치심, 열등감, 모욕감 등등)을 주는 짓을 하지 않는 것도 훌륭한 선행이다. 어쩌면 그것이 착함의 가장 중요한 첫걸음이자 기본 가치이다. 천지인합일에 따라서 천지와 다른 사람을 별개의 타자로 구별·차별하지 않고 나 자신과 동등하게 간주하면서 살아가면 그것이 바로 착한 삶이다.

2) 자유해방의 탈현실로서 깨달음: 쾌락의 재구성

왜 우리는 깨달음을 필요로 하는가? 후천 정신개벽의 세상이 오면 우리에게 어떤 의미나 현실적 이로움이 있을까? 문명전환은 우리를 안락하게 만들까? 공자께서 "아침에 도를 깨치면 저녁에 죽어도 좋다"고 토로했을 만큼 깨달음을 갈구하셨으니, 분명 깨달음이란 지극히 좋은 것임에 틀림없다. 공자께서 언제 득도하셨는지 모르나, "마음이 하고자 하는 바를 따라도 법도에 벗어나는 법이 없다[從心所欲不踰矩]"는 말씀이 깨달음의 상태를 지칭한 것이 아닌가 싶다. 마음의 자유로움!

나는 깨달음의 심적 상태를 자유해방이라는 관점에서 접근한다. 진리가 우리를 자유롭게 한다는 말이 있듯이, 진리를 발견한, 즉 깨달음을 이룬 사람의 마음도 자유로울 것이다. 큰 깨달음은 큰 자유를 줄 것이고, 소소한 깨달음은 소소한 자유를 줄 것이다. 티끌 모아 태산이니 언젠가는 이 소소한 깨달음이 태산같이 큰 깨달음에 이를 수도 있다. 조급해하지 말고 느긋해지자.

왜 깨달으면 자유로워지는가? 자기최면인가? 자기기만, 자기 환상,

허위의식, 환각·착각인가? 아니다. 깨달음이란 어떤 의문이나 의미 혹은 가치나 욕구와 관련된 고민의 과정에서 자기 나름대로 답을 얻고 자족하는 것이다. 나를 압박하던 문제에 대한 해답을 얻었으니 자유롭지 않을 수 없다. 문제가 심오한 것이라면 그 해답이 주는 해방감 또한 엄청날 것이다. 모든 깨달음은 나를 괴롭히거나 구속하던 어떤 문제로부터 나를 자유롭게 만든다. 깨달음을 얻은 원효가 무애행(無礙行)으로 세상에 나설 수 있었던 것도 같은 이치였을 것이다. 깨달음은 나만이 아니라 다른 사람들도 추구하는 것이므로 깨달음이 확산될수록 개인의 자유도 확대되는데, 이처럼 많은 사람의 개인적 자유가 보장되는 상태를 사회적 해방이라 부른다.[19] 사회적 해방으로 연결되지 못하는 나 혼자만의 개인적 자유는 불안정하고, 개인적 자유를 보장하지 않는 사회적 해방은 거짓이다.

왜 우리는 가능한 최대한의 자유를 필요로 하는가? 자유는 인간 욕구의 충족을 위한 가장 주요한 전제조건이기 때문이다. 욕구는 자유의 대지에서만 다양하고도 안전하게 추구될 수 있다. 돈이나 권력 혹은 명예를 얻었더라도 내가 자유롭지 못하면 아무런 소용도 의미도 없다. 그러나 자유롭다고 해서 현실적 욕구들이 모두 충족되지는 못한다. 또 어떤 욕구들은 제한되거나 금지될 필요도 있다.

현실의 인간들이 공통적으로 추구하는 욕구는 (두리뭉실하여 막연하기 그지없는 행복이 아니라) 일상의 구체적인 즐거움 혹은 쾌락이다. 쾌락은 고통이 없는 상태로부터 시작하나 적극적으로 쾌감이나 즐거움을 느끼

---

[19] 개인적 자유와 사회적 해방은 동전의 양면 같은 것이지만, 용어법의 일관성을 위해서 이 책에서는 구별하여 사용한다. 때로 양자를 결합한 '자유해방'이라는 표현도 사용한다.

는 상태까지 발전한다. 개개인은 자신의 자유의지에 따라 자유롭게 쾌락의 종류나 그 강도를 선택하여 추구할 수 있다. 단 쾌락 추구는 절제와 중도라는 규범적 자기제한성과 주체적 자기조직성을 필요로 한다. 쾌락주의는 자칫 퇴폐적, 파괴적 향락주의로 변질될 위험성이 도사리고 있기 때문이다. 자유의 욕구와 쾌락 충족의 욕구는 강력한 연결고리로 이어져 있다.

앞서 말했듯이 깨달음을 구도자들이 선호하는 금욕주의적 수행과 동일시할 필요는 없다. 각자 자신의 자유해방을 위해 깨달음을 추구하고, 그 깨달음의 현실적 생활양식으로서 절제적 쾌락주의를 향유할 수 있을 때 깨달음의 진정한 의미가 살아난다. 사람을 엄숙주의나 경건주의로만 몰아가는 것은 바른 깨달음을 위한 길이 아닌 것 같다. 착하게 살면서도 삶을 즐길 수 있으면 금상첨화의 깨달음이다.

3) 신인합일의 초현실로서 깨달음: 유아유심의 무한 세계[20]

마지막으로 깨달음의 최고 수준이라고 할 수 있는 신인합일을 고찰해보자. 신인합일은 천지인합일의 종교적 표현이라고도 부를 수 있다. 하나논리에서 하나는 신이요, 도요, 불성이요, 천지인합일로서의 우주이다. 하나논리는 외재화된 어떤 인격신을 상정하지 않는다. 내재화된

---

[20] (제3장 1절 '4) 『천부경』 및 선가'와 제4장 2절 '2) 유아유심 개인주의론'에서 자세히 논의하겠지만) 하나논리는 불가의 천상천하유아독존(天上天下唯我獨尊)과 일체유심조(一切唯心造)로부터 유아유심 개인주의라는 주심적(主心的) 혹은 심주도(心主導)의 인식론을 이론적 지주의 하나로 삼는다. 하나의 세계로서 우주는 유아유심, 즉 내 마음의 세계이기도 하다. 나의 유아유심론은 객관적 실재도 인정하고 동시에 주관적, 즉 심적 실재성도 인정한다. 일종의 실재론적 유심론 혹은 유심론적 실재론이다.

신이 내 속에, 내 마음속에, 내 육신 속에 있다는 한정된 의미에서 그 신을 나라는 인격적 존재의 신성화(神聖化)로서 인격신이라고 부를 수도 있겠다. 우주와 내가 한마음 한몸이 되는 것은 열심히 노력만 하면 그리 어렵지 않게 도달할 수 있는 경지라고 생각한다. 나같이 게으른 소인배도 가끔 그런 경지를 느끼니 말이다. 신과 나의 통일(通一)은 마음먹기에 따라 이를 수 있다. 얼마나 높이 오르고, 얼마나 깊숙이 들어가느냐 하는 것은 각인각자의 몫이다.

신인합일이라는 마지막 관문에 대해서 색다른 관점에서 논의해보자. 굳이 거기까지 가지 않아도 되지만, 신인합일이 참으로 신비롭고 황홀한 경지라고 말하는 사람이 적지 않으니 좀 더 살펴보자. 미리 쐐기를 박아두자면 여기서 거론하는 신인합일은 인간이 전지전능한 창조주 신이 된다는 의미가 결코 아니다. 내 안에서, 내 마음속에서 신성한 존재 또는 힘 — 그것을 '하나'님 혹은 신이라 불러도 좋고, 도나 불성 혹은 부처라 불러도 좋다 — 을 발견하는 것이다. 비체험자로서 무어라 똑 부러지게 설명하기는 어렵지만, 신인합일은 그 어떤 신비로운 힘이나 존재를 느끼거나 만나는 것이다. 신인합일은 신비주의적 체험을 통해서 이루어진다.

신인합일은 신비주의의 핵심이다(금인숙, 2006). 동아시아 지혜는 현세 초월적 깨달음을 강조하기 때문에 신비주의적 지향성을 갖는다. 깨달음의 경지를 신비주의적 (그러나 내재적) 초월의 차원에서 검토해보자. 우리 모두는 깨달음을 얻을 수 있다. 불가에서 널리 회자되는 가르침에 의하면, 부처와 내가 둘이 아니라 일심일체이다. 내가 부처이다. 내 마음속에 부처가 있다. 그 부처를 찾아내어 가꾸어 다듬는 내가 바로 부처이다. 물론 교리를 따르자면 이 부처를 한없이 돌보고 경배해야만이 대각의 부처가 되겠지만, 하나논리는 속세의 갑남을녀를 위한 일상화된 혹은 개인화된 부처에 더욱 관심을 갖는다. 벡(2013)이 다소 풍자적으로 거론한 "자기만의 신"이다. 세상의 모든 위대한 종교는, 기독교의 하느님이든 불가의 부처든, 도가의 도든, 유가의 성이든, 그것들은 신성, 영성 혹은 자성으로서 모든 개인에게 이미 내재하거나 아니면 조금씩 노력(반성/회개/성찰/수행)하면 맞이할 수 있다고 인간을 위로하고 인간에게 희망을 준다.[21] 참으로 믿기 힘든 그러나 멋진 가르침이다. 저멀리 저 높이 어딘가에 고고히 계시는 신이 아니라, 『삼일신고』의 표현처럼, "내 마음속에 이미 들어와 있으니 스스로 찾아서 대면해야 한다[自性求子 降在爾腦]". 바깥에서 그를 찾아다니며 우상숭배를 하지 말라는 권고이다. 그래서 벡(2013)은 반문한다. "우리에게 아직도 신이 존재할 수 있는가?"

하나논리는 개인이 자신 속에 내재된 신을 발견하여 혹은 자기 나름대로 신을 조형하여 그 신과 자신을 합일시키는 것이다. 논리적으로 이 신인합일의 과정은 천지인합일과 동일한 과정이다. 천지인합일이 된다는 것은 천, 지, 인이 물리(화학)적으로, 하나의 물체로서 합성되거나 융합된다는 것이 아니다. 오직 나 자신의 마음/의식/의지/지각과 감각 속

---

[21] 이미 언급하였듯이 나는 종교나 영성의 필요성, 믿음의 원천으로서 신을 결코 부정하지 않는다. 동서양의 여러 종교로부터 훌륭한 가르침과 계시를 받고, 그 종교의 창시자를 경배하기도 한다. 여러 종교에서 공감하는 부분이 많다는 의미에서는 나는 일종의 다종교주의자이다. 신관도 마찬가지다. 다신론, 범신론, 신인합일론 등을 추구한다. 무종교인도 신앙심 내지 종교심(영성)을 가지고 (인격)신까지도 경배할 수 있다. 나의 종교관은 종교일원론이다. 모든 종교는 하나의 동일한 원천, 동일한 근본에서 출발하므로 모두가 하나로 통일(通一)될 수 있다고 생각한다. 이는 마치 유물과 유심, 실재와 관념, 통합과 갈등, 구도와 구제, 현상과 본질이 화쟁 속에서 대통일을 이룰 수 있는 것과 같다. 하나논리가 무신론자에게는 새로운 신을 소개하고, 기존 유신론 신도들에게는 새로워진 그들의 신을 맞이하는 계기가 될 수 있었으면 한다. 종교 간 평화와 공존을 향한 새로운 종교의 시대 혹은 기존 제도 종교의 일대 혁신이 서서히 도래하는 것이 아닐까?

에서 천지인이 존재론적으로 하나에서 비롯된 것이고, 또 천지인 각각이 이 하나를 공유하고 있으므로 천지인은 하나로 연결 혹은 통일된다는 것을 의미한다. 그런데 이 존재의 본체로서 하나는 무시무종의 영원성, 만물을 생성·변화시키는 무한성, 전 우주적 내재화로서 혹은 전일적 존재로서 편재성을 지닌 것으로 간주된다. 하나는 가히 신으로 불려도 좋을 신적 존재이다. 그러므로 깨달음의 과정에서 천지인합일을 자각하고 실행한다면 동시에 신인합일의 경지에도 도달할 수 있다. 다만 천지인합일과 신인합일의 차이는 전자가 논리적 차원에서 전개되는 것이라면, 후자는 이를 신비주의적 혹은 종교적 차원에서 추구한다는 것이다. 이와 같은 나의 해석을 비종교론자의 통속화된 관점이라고 비판해도 좋다.

나는 동아시아 지혜가 깨달음으로서의 득도(得道)를 극소수의 사람만이 성취할 수 있는 지고지난의 과제로 한정하지 않았을 것으로 판단한다. 뜻이 있는 곳에 길이 있듯이, 길을 (찾아)가는 것[求道] 자체가 득도의 시작이요, 끝이요, 그리고 다시 시작하는 영원회귀의 과정이라고 이해한다. 하나가 무시무종이라면 그 하나의 현현인 개인도 무시무종의 하나로서 깨달음/신/합일이다. 신인합일은 매일매일 이루어진다. 비유적으로 최소한 잠을 잘 때 인간은 무의식의 세계에 잠시라도 빠져들어 무념무상의 절대 순수나 원초적 무아 혹은 참나인 공으로 돌아간다.

동아시아가 추구하는 신인합일은 서구형 전지전능의 신을 대면하는 것이 아니다.[22] 나라는 현실적 존재를 잊고, 버리고, 넘어서, 다시 되찾

---

22 후천 정신개벽은 새로운 신을 필요로 한다. 어쩌면 내 마음속의 그 어떤 새로운 신이 후천개벽을 요구하는 것인지도 모른다. 하나논리의 핵인 하나로부터 하나님,

아 되돌아오는 과정으로서 우주=신=나가 하나로 된 "나 없는 나 혹은 새로운 나"를 발견하면 그것이 신인합일이다. 사실 무아니 참나니 하는 것은 꿈꾸는 소리처럼 들린다. 유아가 없는 무아란 유아를 없애야만 구할 수 있는데, 그 무아는 오직 유아 속에서 내재적 초월의 상태로 인지된다. 초월적 무아의 차원이라는 것도 현실적 유아의 차원과 완전히 동떨어진 것이 아니므로 내재적 초월이라고 한다. 내 마음속에서 그리고 현실 속에서 이루어지는 내재적 초월이다. 무아란 유아의 어떤 탈존적 수준이 극대화된 것이 아닌가 싶다. 이 신인합일을 체험하지 못한 나로서는 유경험자나 전문가의 말을 따라서 오직 그 경지의 신비스러움만을 강조할 수 있다.

나는 왜 이토록 개인의 신성, 내재적 부처, 일상의 깨달음을 강조하는가? 왜 하루하루가 혹은 인생 그 자체가 천편일률로 무의미한 것만이 아니라고 강조하는가? 낙관주의를 위해서? 반허무주의자라서? 아니다. 지난 시대의 위대한 지혜들은 당대의 참혹한 현실을 살면서 이 풍진세상의 삶을 고해니 원죄니 유위(有爲)니 무명이니 하면서 비관적, 부정적으로 묘사하지 않을 수 없었다. 당연하다. 동아시아 지혜가 세상에 나올 무렵, 인간세상은 그야말로 빈곤과 차별, 억압과 착취, 전쟁과 살육이 끊임없이 지속되는 역사의 혼란기요 암흑기였기 때문이다. 이와 같은 세상에서 중생들에게 '죽는 것이 더 낫다'라고 권할 수 없으니, 희망의 메시지나 새로운 세상을 말하지 않을 수 없는 것이다. 불행히도 그 이후의 세상도 획기적으로 변하지 않고 예전 그대로 무심하게 굴러가기에 세상의 원초적 부조리나 근원적 모순에 대한 해석은 여전히 설

하느님이 파생되었다는 맥락에서 하나논리는 만교일원, 만교일본, 만교합일로 향한다.

득력을 잃지 않는다.

  이 세상의 부정적 측면들은 별로 바뀌지 않았을 뿐만 아니라 어쩌면 더 악화되는 것 같기도 하다. 어떤 종말론적 분위기가 예전보다도 더욱 가깝게 느껴지기도 한다. 이 진퇴양난의 상황에서 우리는 다시 한번 동아시아의 고전적 지혜로 돌아가서 구원의 길을 배워야 한다. 동아시아 지혜는 말한다. 바깥으로 향하여 혹은 바깥에서 삶의 의미나 가치를 구할 것이 아니라 너 자신 속에서, 네 마음속에서 천국이나 극락을 찾고, 삶의 보람을 얻으라고. 어떤 외부의 초월적 존재 대신에 너 자신을 먼저 챙겨보라고. 인간은 자신이 원하는 것을 한결같이 자신 바깥의 현상적-물질적 세상에서 혹은 나 이외의 다른 그 무엇에서 찾으려고 애쓰지 않는가? 나 자신이 모든 것, 아니 최고 최선의 것을 가졌음에도 불구하고 내 밖에서 그것을 헛되이 찾아 헤매며 사는 것이다.

  하나논리는 동아시아 지혜의 가르침을 따라 삶의 의미를 내 마음속에서 발견하고, 구축하고, 향유할 것을 강조한다. 바깥세상은, 인간의 장구한 역사가 증명하듯, 좀처럼 그 선악병진의 축을 바꾸지 않는다. 사람들이 아무리 희구하고 노력해도 요지부동이다. 수많은 선구자가 호소하고, 목숨까지 바쳐가며 희생하였건만 세상은 무심히 흐른다. 앞으로도 그럴 것이다. 그렇다면 이제 인간은 대오 각성하여 각자 자신의 마음 세계에서 천지인합일을 추구하며 유유자적 살아가야 하지 않겠는가? 내 나라 혹은 이 세상이라는 좁디좁은 시공간의 틀에 갇혀 거기에 연연하고 집착하며 끌려다니는 삶을 살아서는 안 된다. 나 자신이 나의 주인이 되어 자유롭게 나 자신의 삶을 꾸리며 살아야 한다. 천지인합일의 세계를 구축하면서 신인합일의 경지까지 도달할 수 있으면 인간으로서 도리를 다한 셈이 될 것이다. 신인합일은 말 그대로 인간 완성이다. 유아유심의 개인이 하나(the oneness) 속으로 들어가 하나가 되는 것이다.

그렇다고 세상을 등지고 타자에 대한 무관심 속에서 나 홀로 나만의 삶을 즐기는 것만이 최선의 길이라고 주장하는 것은 아니다. 다른 선택도 가능하다. 어차피 나라는 개인은 그렇게 독야청청 고립적으로 살 수 있는 존재가 아니다. 먼저 삶의 우선순위를 확실히 나 자신에게 두고 바깥세상과 활발한 관계를 유지하며 살아갈 수 있다. 동아시아 지혜의 실행 원리라 할 수 있는 중도·중용과 자비의 길은 연결과 소통을 이루려는 지혜로서 항상 극단적 편향성을 거부한다. 개인의 사회참여나 개입을 적극 권장하지도 않지만, 고립주의 또한 완벽한 대안은 아니다. 사실 나 자신(만)을 위해서 착하게만 살아가도 그것이 남과 사회를 동시에 돕는 일이다. 사회참여나 사회봉사는 아름답지만 아무리 그래도 자신을 챙기고, 다스리고, 편안하게 만드는 것이 선결과제다. 자리행(自利行)은 필히 이타행(利他行)으로 연결된다.

논의를 요약해보자. 하나논리는 깨달음의 궁극적 경지로 혹은 탈존의 차원에서 신비주의적 신인합일의 내재적 초월성을 적극적으로 탐구한다. 후천 정신개벽의 논리는 신비주의를 초과학적 과학으로 접근하고, 초월성을 현실적 경험세계의 특수한 시공간으로 이해한다. 요컨대 신인합일은 사회학적 현상이다. 규범적 세계와 초규범적 세계의 재결합과 비인간적 세계와 인간적 세계의 재통합이요, 불가능의 무지 세계와 가능성의 미지 세계를 재연결하는 것이다. 신비주의 사회학은 맑스의 유물론적 사회학을 대신하여 미래의 정신세계 사회학을 견인할 것이다. 사회학의 요술 방망이요, 만능열쇠인 사회학적 상상력이 가장 신나게 그리고 제대로 펼쳐질 수 있는 영역이 신인합일의 신비주의 사회학이라고 생각한다. 학문의 경계가 해체되고 학문이 재통합되는 시대적 추세에서 사회학은 신속하게 철학(특히 논리학과 인식론)과 심리학을 포섭하고, 예술적, 특히 문학적 창조력과 상상력을 사회학적 상상력과 결합시켜야 한다. 초창기 사회학의 거장들이 시대적 도전에 대응하던 종합 사회학의 지혜이다. 과거의 종합이든 현대의 융합이든 이 모두는 혼란과 다양성의 시대에서 어떤 하나를 발견하여 그것을 설명하고자 한다.

21세기 새로운 사회이론은 천지인합일이라는 우주론적 전환(cosmological turn)을 통해서 우주 사회학(cosmological sociology)을 지향하면 어떨까? 우주는 (동아시아) 신비주의의 영원한 샘이다. 과학은 끝없이 신비주의의 신비를 풀고자 한다. 사회학적 상상력은 신비와 과학의 가교가 된다. 하나논리의 자기 완결적 예언(self-fulfilling prophecy)은 홍익인간의 세상을 지금 여기로 부른다.

> 하늘 아래 땅 위의 인간이 깨치니 천지인합일이라
> 나라는 유아유심, 일심의 우주 되니 그 아니 신비롭고 신통할까
> 논리 찾다 논리에 빠지니 모두가 하나이네
> 리기심 일원의 통일(通一) 천지에서
> 중도자비 즐거움에 취하노라.

제2장
하나논리의 형성:
나의 이론사적 맥락

⟨그림 2-1⟩ 하나논리 형성의 이론적 단계

1. 1960년대 초반:
   실존주의 수용과 비판 ➔ 자유주의와 개인적 책임성과 주체성 인식
   1970년대 초반:
   구조주의 수용과 비판 ➔ 구조적 결정론과 이분법적 도식 비판
2. 1970년대 초중반:
   토착 이론의 추구 ➔ 동아시아형/한국형 이론 모색과 유불도 재인식
3. 1980년대 초반:
   맑스주의 대안 모색 ➔ 결정론과 적대적 투쟁 비판과 체용(일여)론 인식
4. 1980년대 초중반:
   중산층/시민사회론 수용/보완 ➔ 아나키즘 수용, 선거민주주의 비판
   1980년대 중반:
   정보/지식혁명 연구 ➔ 문명전환의 필요성 인식
5. 2000년대 초반:
   탈근대 아나키스트 사회이론 제시 ➔ 탈서구 사회학의 필요성 절감
6. 2010년대 초반:
   잡종화/잡종사회 개념 수용 ➔ 아나키스트 자유주의 문명전환론 제안
   2010년대 초중반:
   동아시아 개인주의 탐구 ➔ 유아유심 개인주의 제안
7. 2010년대 중반:
   카프라 재독 ➔ 동아시아 신비주의의 유용성 확인
   2010년대 후반:
   『천부경』 및 유불도 연구 ➔ 하나논리의 가능성과 선가의 독자성 확신

하나논리를 어느 날 문득 발견한 것은 아니다. 돌이켜보니 긴 시간 사회이론을 공부하는 과정에서 굴곡과 변화를 거칠 때마다 하나논리를 향한 어떤 이론적 구심력이 작용한 것 같다. 나의 이론사적 여정을 통해서 그것이 현재 어떻게 하나논리와 연관을 맺는지 알리고 싶다. 어쩌면 다른 많은 연구자도 자신의 지난 연구 과정에서 본인 나름의 하나논리를 향한 어떤 지향성을 발견하거나 감지할 수 있을지 모른다. 자기 분야의 모든 경쟁적 이론이 상호 관련성을 맺는 어떤 접점에서 하나의 공통성 혹은 소통 가능성으로서의 통일성이 드러날 수 있다. 다양한 하나논리가 발전하기를 기대해본다.

하나논리의 발견은 대부분 서구 이론의 수용과 비판적 학습 과정에서 이루어졌다. 하나논리를 동아시아형 사회이론으로 제시하지만, 이 점에서 서구 이론과의 오랜 상호작용이 큰 도움이 되었다.[1] 동서 이론의 상호 대화 및 상호 잡종화는 일반이론의 구축에 필수적이다. 다만 내 개인적 의견으로는 현재 서구 이론은 일종의 교착상태에 빠져 새로운 출구를 모색하는 상황인 것 같다. 이미 새로운 이론적 지향성을 여기저기서 감지할 수 있다. 이에 상응하는 동아시아의 노력이 필요하다.

내가 만난 여러 이론과 하나논리의 연관성에 대한 고찰은 가급적 순차적으로 전개하겠지만, 시간적으로 중첩되는 부분도 있고, 주제 또한

---

[1] 서구에서 이론의 형성은 서구의 고전이론(맑스, 베버, 뒤르케임 등)을 비판적으로 재해석하거나(파슨스, 알렉산더, 기든스 등), 관련 분야 혹은 타 학문에서의 새로운 이론적 발견을 도입하는(루만은 수학자 스펜스-브라운의 『형식의 법칙』과 인지생물학자요 철학자인 움베르토 마투라나의 '오토포이에시스autopoiesis' 이론을 활용) 등의 방식으로 이루어진다. 하나논리는 불행인지 다행인지 직접 연관되는 사회학적 이론 족보를 갖지 못한다. 그래서 간접적인 방식이지만 서구 이론과의 개인적 만남을 통해 하나논리와 연관되는 일정 부분을 활용하고, 핵심적인 논리와 자료는 동아시아의 유불도와 선가로부터 선택적으로 수집하였다.

반복되는 경우도 있을 것이다. 아래 7가지 이론적 주제와의 대면을 통해서 하나논리의 형성 및 성숙 과정을 간략히 기술하겠다.

1. 1960년대 초반부터: 실존주의 수용과 비판 → 자유주의와 개인적 책임성과 주체성 인식
1970년대 초반부터: 구조주의 수용과 비판 → 구조적 결정론과 이분법적 도식 비판

1960년대 중반 대학 시절 나는 실존주의의 영향 아래 (개인의 주체적 선택으로서) 자유라는 가치를 추구하였다. 군사독재정권이 군림하던 시절이라 당연하고도 자연스러운 것이었다. 그러나 자유주의의 핵심적 기반인 개인주의에 대해서는 그 당시에는 크게 매료되지 않았다. 한국은 국가 중심의 집단주의 사회이다. 역사적으로 일찍부터 민족국가를 형성하여 유지해왔으니 한국에서 민족/국가중심주의는 자연스러운 가치관이 되었다. 그 결과 국가에 충성해야 하는 신민으로서 개인은 그 개별적 주체성보다는 집합적 단결성이나 충성심/애국심을 요구받으니, 민주화 투쟁을 통해 일종의 시민혁명이 1987년을 기점으로 발생하기 전까지 한국에서는 집단주의가 성행하고 개인주의는 미약할 수밖에 없었다. 이처럼 개인주의적 각성과 분화가 없던 상황이 군부독재 시절이었다. 나아가 물질적으로 결핍의 시절을 보내던 나의 청춘 시절 개인의 자유란 종종 부담스럽고 사치스러운 가치였지만, 자유의 마력은 지금까지도 강력하게 나를 지배한다.

자유를 상실당했던 군대 생활을 마치고, 군부독재가 공고화되던 70년대 초 대학원에 복학해서는 실존적 자유와 책임이라는 무게를 경감해보고자 당시 유행하기 시작한 또 하나의 새로운 서구 사상인 레비스트로스(Claude Lévi-Strauss)의 구조주의에 빠졌다. 개인의 행위를 규제하는 본원적 힘으로서의 구조라는 개념에 매혹된 것이다. 레비스트로스의 『슬픈 열대』를 번역하던 중, 책의 말미에서 불교와 맑스주의 간의 접합성을 논의하는 지점을 발견하고 놀라운 충격을 받았다. 동아시아 사유인 불가가 서구의 대표적인 비판 정신인 맑스주의와 공명할 수 있다니![2] 이때 분명히 느꼈다. 동아시아의 고전적 지혜에는 무언가 현대적으로도 유용한 값진 사상적–이론적 자원이 존재할 것이라는 예감! 서구 사상과 동아시아 지혜를 하나로 연결시킬 수 있다는 가능성을 발견함과 동시에 현재의 하나논리를 아주 희미하게나마 잠깐 생각해볼 수 있었다. 결국 동서 이론의 잡종화를 통해서 동서 통일(通一)을 지향하는 하나논리는 50여 년이 지나서야 결실을 맺는다. 아울러 구조주의에 대한 열정은 이후 맑스주의 계열의 종속이론이나 세계체제론으로 연결되지만, 왠지 그 구조적 경직성과 결정론적 함의에 거부감을 느끼기 시작했다. 토대와 상부구조 혹은 구조적 본질과 변이적 현상은 이분법적 서열 관계가 아니라 상통하는 통일적 체용 관계로 파악하는 것이 더 나을 것 같다는 시사를 받았다.

---

[2] 지금 생각하면 불교와 맑스주의 둘 다 평등주의를 추구하고, 매우 구조주의적인 발상과 법칙 위에서 전개된다는 점에서 상호 공감의 폭이 클 수도 있다. 물론 양자는 상호 대립적인 이질적 요소(유물론 대 유심론, 혁명적 계급투쟁 대 대자대비)를 지니기도 한다.

2. 1970년대 초중반부터: 토착 이론의 추구 → 동아시아형/한국형 이론 모색과 유불도 재인식

사회학이라는 학문의 전공자로 입문한 대학원 시절인 1970년대 초, 한국 사회과학계에서는 서구 이론의 지배에서 벗어나 독자적인 학풍을 수립하기 위해서는 서구 이론의 토착화 혹은 한국화가 필요하다는 주장이 강력하게 제기되었다. 이를 주제로 한 학술대회에 참석하고, 그 참관기를 임현진과 함께 작성하였다(김성국·임현진, 1972). 개발도상국의 청년 학도로서 사회 비판의식 및 참여의식을 가지고 민족주체성이라는 개념을 염두에 두고 서구 이론의 한국화 혹은 한국적 이론의 구축이라는 과제에 도전한다는 의지를 표출해보았다. 서구 학문의 직수입조차 원활하지 못했던 상황이라 그 소망은 그야말로 일장춘몽이 되었지만, 토착 이론에 대한 일종의 강렬한 소명의식은 이후 뇌리를 떠나지 않았다.[3] 동아시아 사회이론을 향한 긴 여정의 시발점이었던 셈이다.

세월의 흐름과 함께 1980년대부터 일본 세계 최고(Japan Number One), 한강의 기적, 아시아의 네 마리 용, 세계화(globalization)와 세방화(glocalization), 동아시아 시대, 강소국 한국의 대두와 세계를 풍미하는 한류, 중국의 부상과 폭발적 성장이 이어졌다. 사회학 발전의 역사가 긴 일본은 오래전부터 서구 이론의 일본화를 성공적으로(?) 수행하고 있으며,

---

[3] 한국사회이론학회의 초대 회장(김성국, 2022: 158)으로 취임하면서 작성한 기조강연 (취임) 논문의 제목이 "식민지성과 한국 사회이론"이었다. "한국 사회학 이론은 이미 홀로서기나 토착화를 꾸준히 그리고 성공적으로 시도"하고 있으며, "동양사회사상학회나 전통과 현대, 비판사회학대회 등에 의해서 체계적이며 집합적으로" 이루어진다는 사실에 주목하였다.

중국 또한 페이 샤오퉁으로부터 시작된 사회학의 중국화 시도를 계승하여 서구 이론의 토착화를 서두르고 있다. 최근 중국이 프랑스와 연대하며 탈서구 사회이론(post-western sociology)의 선두주자로 나서는 것이 예사롭지 않다.

더 늦기 전에 한국도 토착 이론의 구축, 한국발 세계 이론의 생산에 박차를 가해야 한다는 초조감이 생긴다. 중국은 서구의 중국학 연구를 적극 활용하면서 서구 이론의 중국화에 열심이다. 중국계 학자들의 서구에서의 기여 또한 상당하다. 다행인지 불행인지 중국은 현재 정치문화적으로 경색기를 맞이하여 인문사회과학계가 다소 위축된 것처럼 보인다. 여전히 미국에서는 중국계 학자들을 비롯한 일부 학자들이 유교를 세계적 수준에서 새롭게 활성화하고자 시도한다. 이를 시샘해서가 아니라, 우리도 일당백의 정신으로 거대 중국의 움직임에 대응하여 사회학적으로는 김경동이나 신용하의 문명론적 주체화의 노력을 적극적으로 이어나가야 한다. 넓은 의미에서는 한국 사회과학 전체가 국학적 전통, 국학적 가치 그리고 국학적 정신을 회복할 필요가 있다(김동환, 2011; 2022).

중국은 사회주의 이념의 편향에 빠져 한동안 자신의 풍요롭고 고유한 지적 전통을 전면적으로 부정하거나 무시하였다. 반면에 한국은 서구 지향이라는 거대한 서구화 조류에 휩쓸리면서도 그 나름대로 꾸준히 동아시아의 고전적 지혜를 논구하였다. 한국식으로 한국적 관점의 유불도, 즉 한국형 유가, 한국형 불가,[4] 한국형 도가를 창조적으로 발전시켜왔다고 자부할 수 있다. 리기 논쟁과 실학이라는 값진 유산도 있

---

[4] 한국 불교, 특히 화엄 사상의 경우 이미 원측, 원효, 의상, 명혜 등이 중국과 일본에 깊은 영향을 끼쳤다(『화엄경』: 399-401).

다. 원효나 의상, 혹은 그 이전과 이후로 찬연히 전승된 불가의 풍요로운 전통(원불교)도 있다. 한말에 폭발한 선가 계열(동학, 증산교, 대종교, 원불교 등)의 후천개벽이라는 선견지명도 존재한다. 최근 동북공정의 압박에 대응하고 한류의 기세를 타면서 환국과 배달국 그리고 고조선도 부활한다. 중국에 의한 사대주의 사관과 일제하 형성된 식민사관의 철저한 청산이 시급하다.

다만 이론의 토착화는 편협한 국수주의와는 절대 어울려서는 안 된다. 가능한 한 중국이나 일본과도 협력하면서 동아시아 지혜라는 지적 자원을 공유해야 한다. 서구 이론에도 눈 밝히고 귀기울이며 상통의 노력을 지속해야 한다. 비록 개인적으로는 서구 이론의 토착화라는 좁은 관심에서 출발했지만, 나는 이제 하나논리의 지평을 세계적 차원으로 확대하고, 그 경계를 우주론적 수준으로 확장하고자 한다. 나 개인의 뜻이 아니라 민족의 경전『천부경』에서 요구하는 방향이다.

3. 1980년대 초반부터: 맑스주의 대안 모색 → 결정론과 적대적 투쟁 비판과 체용(일여)론 인식

나는 체질적으로 자유주의자이지만 1970년대부터 한국에 소개되기 시작한 맑스주의에 대해서는 이념적으로 고립과 적대의 대상이 되기 싫어서 비판적 친화력을 유지해보고자 노력했었다. 종속이론에도 관심을 가졌다. 그러나 유학 시절 코민테른의 역사를 집중적으로 배우고, 또 소련과 동구권을 대상으로 박사논문(Kim, 1982)을 준비하는 과정에서 사회주의의 현실에 먼저 실망하고, 차츰 그 이론적 설득력을 불신하게 되면서 맑스주의로부터 점차 멀어져갔다. 학위논문을 작성하면서 세계체제론을 언급했지만, 월러스틴(Immanuel Wallerstein)[5]의 입론을 따르지 않고 제국주의 일반이론의 하나인 사회적 제국주의론(social imperialism)을 활용하였다. 그러나 월러스틴의 반주변부론(semi-periphery)은 정통 맑스주의에 유연성과 융통성을 부여하는 (하나논리가 추구하는 일종의 삼수분화론으로서) 의미를 지닌다.

맑스주의 계열의 이론은 주지하듯 구조주의적이다. 현상의 배후에서 그것을 결정하는 어떤 구조적 원리나 심층적 토대가 있다고 전제한다. 반면 탈근대주의는 본질을 비판한다. 나는 구조나 본질 그리고 현상이 모두 의미 있는 것이고, 이들 간에는 어떤 실체적 차이나 질적 단절이 있다기보다는 상호 연속적인 생성·변화나 순환과정이 발생하는 것이라고 생각하게 되었고, 현재는 하나논리의 통일성에 의거하여 체용론, 즉 본체론과 변용론을 통일적으로 이해한다.

---

[5] 1980년 초 미국 위스콘신대학에서 개최된 제1회 (ISA 산하) '세계체제의 정치경제학(Political Economy of World System)' 분과 주최의 학술대회에 사회적 제국주의(social imperialism)에 관한 발표자로 참가하여 월러스틴의 발표를 들을 수 있었다. 그때 그는 북한과 캄보디아 그리고 라오스의 사회주의적 자립 정책(autarky)을 찬양하면서 자본주의 세계 체제에 편입되지 않는 자주 노선의 의미를 지지하고 강조하였다. 당시 독재체제가 군림하던 소련과 동구권이 직면한 파산 상태의 엄청난 정치경제적 문제 그리고 북한이나 라오스의 경제 실상을 꽤 알던 나로서는 그의 사회주의적 '편향'에 실망하고 얼마 후 그의 세계체제론과 작별을 고한다. 그는 반자유주의자이기도 하다.

4. 1980년대 초중반부터: 중산층/시민사회론 수용/보완 → 아나키즘 수용, 선거민주주의 비판
1980년대 중반부터: 정보/지식혁명 연구 → 문명전환의 필요성 인식

나는 귀국 후 1980년대 초 한국의 현실과 대면하면서 서서히 본래의 자유주의적 가치관으로 되돌아가서 중산층사회론(김성국, 1983; 1986; 1987b)과 시민사회론(김성국, 1987a, 1992)을 선택한다. 맑스주의에 기댄 민중사회론이 대두하여 기세를 펼치던 시절이었지만,[6] 나는 자유주의 시민사회론자의 입지를 구축하기 시작하였다.[7] 중산층[8] 사회는 자본주의

[6] 역설적이지만 나(김성국, 1999a. 출간 연도와 달리 논문은 1990년경에 완성되었다)는 사회주의자 그람시에 대한 연구로부터 새로운 시민사회론의 이론적 필요성을 확신한다. 이 무렵 한국사회학회 주최의 1989년 후기학술대회에서 "국가론으로부터 시민사회론으로" 이론적 전환이 필요함을 역설하였다(김성국, 1990).

[7] 지금도 기억이 생생하다. 1988년 민중민주주의론이 여전히 막강하던 시절 신동아가 마련한 "민중민주주의란 무엇인가?" 좌담회(한상진, 최장집, 백욱인 참석)에서 나 홀로 외로이 시민사회의 전망과 필요성을 개진하였다. 그로부터 4년 후, 1992년 한국사회학회와 한국정치학회는 "한국의 정치변동과 시민사회"라는 주제로 공동 학술대회를 개최하고, 『한국의 국가와 시민사회』를 출간한다. 김영삼 문민정권의 탄생을 배경으로 하면서, 이 학술대회를 기점으로 한국에서 시민사회론이 득세하고, 민중사회론은 퇴조하기 시작한다. 현시점에서 그 시절을 반성해본다면 시민, 계급, 민중, 민족 등의 집합개념은 상호 복합적-착종적-잡종적 내용을 갖는다는 사실에 더욱 관심을 가져야 했다. 특정 시점, 특정 환경에서 어떤 것이 다른 것보다 더 큰 적실성을 한시적으로 갖겠지만, 개념적으로 이들은 하나로 통일될 수 있다. 한상진의 독창적인 중민 개념처럼 민중은 계급적 함의를 넘어 중산층과도 결합될 수 있다. 물론 정통 민중론자는 민중을 혁명적 프롤레타리아와 연관 짓고자 할 것이다.

[8] 중산층 개념은 사회경제적으로 자본주의 체제에서 적대적 계급투쟁을 완화하는 완충지대의 역할을 수행한다. 통계조사에 의하면 흥미롭게도 1980년대 당시 한국에서는 중산층 지향 의식 혹은 소속 의식이 객관적 지표를 훨씬 상회하여 80-90%까지 육박하기도 하였다. 한국인들이 의식적 차원에서 중간을 선호하는 경향이 그 주된 원인의 하나로 지적되었다. 이 중간 의식이 바로 하나논리에서 주목하는 동아시아 특유의 가치지향인 중도의 현실적 표출이라고 간주할 수 있다.

적 시민사회의 경제적 지향점이다. 그러나 당대 한국 자유주의의 체제 내적 지향성으로 다소 미적지근하고, 애매모호한 타협적 경향에 불만을 느끼게 되면서 마침내 '자유주의의 급진화'로서 아나키즘에 눈을 뜨게 된다. 나는 시민사회론의 대안적 지평으로서 하버마스(Habermas)나 코헨과 아라토(Cohen and Arato, 1994)의 자기제한적 급진주의(self-limiting radicalism)에 대한 비판인 자기 확대적(self-expanding) 급진주의와 아나키스트 자유해방사회론을 모색한다(김성국, 1998a; 1999a; 1999b). 이론적으로 확신하건대, 많은 논란을 야기하겠지만, 자유주의와 아나키즘은 하나로 연결된다.[9] 마찬가지로 맑시스트와 아나키스트 간의 역사적 적대에도 불구하고 사회주의와 아나키즘도 하나(자유사회주의 혹은 사회적 자유주의)로 연결될 수 있다. 아나키즘의 이념적 원천은 자유주의와 사회주의이다. 그러나 현실의 이론적 논쟁 아니 적대적 이념 투쟁에서 아나키즘, 자유주의, 사회주의는 서로를 견원지간의 앙숙처럼 바라본다. 이론적 잡종화 대신에 이론의 순수 정통성을 지킨다는 "너 죽고 나 살자"는 이단주의 혹은 정통주의 때문이다. 하나논리는 많은 적대적 이론을, 그 근원적 상통성(相通性)을 드러냄으로써 통일(通一)시킬 수 있다.

나는 아나키즘에 차츰 경도되면서 아나키의 최적 사회 조건이 현실적으로 무엇일까를 생각하게 되었다. 아나키즘이 몽상가의 낭만주의,

---

9   아나키스트 시민사회론에서 잡종사회론으로 관심의 전환이 이루어졌지만 시민사회론을 떠난 것은 결코 아니다. 나는 알렉산더(Alexander, 1998; 2006)의 "현실 시민사회(real civil societies)" 개념을 통해서 시민사회의 잡종성(=civil+uncivil)에 주목하고, 또 잡종화의 문명론적 원리와 잡종사회의 자유해방성을 부각시키기 위해서 잡종사회란 개념을 활용한다. 잡종사회는 시민사회에 내재하던 비시민적 혹은 반시민적 요소가 상당 수준으로 세력화된 상태를 의미한다. 하나논리는 초기 시민사회의 유토피아적 비전과 규범적 지향성을 잡종사회에서 회복할 수 있는 방안을 '가치수행론'을 통해 제시해볼 것이다. 개인주의, 자유주의, 민주주의의 거점으로서 시민사회의 역사적 역할은 지속되어야 한다.

실현 불가능한 공상적 논리라는 비판에 대응하기 위해서였다. 이는 아나키스트 사회의 현실적 구현에 관한 문제의식이다. 어떤 사회든 하나의 획일적 이념이나 가치에 의해서 일사불란하게 전개된다면 그 사회는 결코 자유로운 사회가 될 수 없다. 이념이나 가치의 자유가 없기 때문이다. 아나키즘보다 더 낫거나 더 적실성을 갖는 이론이 언제나 존재할 수 있다. 나는 아나키즘의 최고 매력이자 최대 강점은 자신의 권위까지도 부정할 수 있는 능력이라고 생각한다. 아나키스트는 아나키즘만이 유일무이의 신성하고도 적절한 진리라고 간주해서는 안 된다.

불완전한 인간이 모여 사는 인간 사회는 어차피 불완전할 수밖에 없으므로 사회에는 여러 이질적 요소가 서로 뒤엉켜 다투고 협력하면서 공존할 수밖에 없다. 세상에는 진보와 퇴보가 병행한다. 근대와 탈근대 그리고 전통이 뒤섞여 있다. 선과 악 또한 동시에 진화하고 발전한다. 나는 이 엄연한 역사적-경험적 사실을 명확하게 설명하는 잡종화와 잡종사회라는 개념에 강력하게 이끌린다. 사회학에서 사용하는 '상호작용(interaction)'이라는 밋밋한 가치중립적 개념보다 잡종화(hybridization)는 훨씬 예리하게 인간 사회의 기능적-역기능적 작동과 그 복합적 관계를 문명사적 차원에서 시원하게 설명해준다. 이질성과 차이성 그리고 이것들을 극복 혹은 상호 결합하려는 잡종화 혹은 잡종사회의 개념은 기존의 경계나 구분을 뛰어넘을 수 있는 자유해방의 세계를 전제한다. 권력관계상의 엄격한 위계질서가 아니라 자유 혹은 자유로운 이동왕래가 필요하다. 잡종사회는 개방사회가 성숙하고 발전하여 관용이 일상화되는 가운데 차이와 다양성, 실험과 도전이 적극적으로 수용되는 자유해방이 만개할 수 있는 사회이다. 물론 현실적으로는 여전히 많은 제약이 잡종사회의 번성을 지연시키고 있다.

생물학적 잡종강세가 사회적으로 적용되면 거기에 융합 문명이 꽃핀다. 아나키스트는 자유를 추구하는 사람이므로 다양한 선택의 자유가 존재하는 잡종사회에서 자유를 최대한 만끽할 수 있다. 구체적으로 예를 들자면 잡종사회에서는 낙태를 찬성하는 사람에게는 낙태가 허용되고, 낙태를 거부하는 사람은 낙태를 하지 않으면 된다. 나의 가치관에 입각해서 남의 가치관을 저주·압살하는 것은 자유의 영혼이 할 짓이 아니다. 잡종사회의 '잡'은 인간 사회의 복잡성과 세속성 혹은 저잡성(底雜性)을 적절히 반영한다. 동시에 인간 욕구의 천차만별인 다양성을 함축한다.

잡종화란 둘 이상이 만나 하나를 만든다는 의미에서 하나논리와 불가분의 관계를 지닌다. 그래서 하나논리의 변용론적 차원에서 잡종화를 일종의 기능론으로 활용한다(제3장에서 상론). 나아가 잡종화의 의미를 철학적으로 해석해본다면 잡종화는 인식론적으로는 화쟁일심과 연결되고 가치수행론적으로는 (양극단을 통일시키는) 중도의 논리로 연결된다. 화쟁은 서로 다른 이론적 논쟁을 통일시키는 것이므로 잡종화를 필수적으로 수반한다. 중도의 가치 또한 양립하는 존재나 현상을 그 경계나 구분을 넘어 회통시키려는 노력이 아닌가? 그래서 잡종화는 현실에서 타협이나 절충의 가치를 적극적으로 고려한다. 자기주장대로만, 자기 고집으로만 살 수는 없다. 온갖 잡종이 모여서 온갖 잡다한 생각을 하면서 살아가는 이 현실의 무한한 잡종성과 잡종화를 인식하는 일은 매우 중요하다.

요컨대 잡종화가 고도로 발전한 잡종사회가 될수록 개인적 자유와 사회적 해방은 최고 수준으로 발현된다(김성국, 2011; 2012). 자유의 본질이 선택에 있다면, 고도 잡종사회는 최고의 선택적 자유를 보장한다. 개인들은 자신이 원하는 것을 잡종사회에서 가장 자유롭게 선택하여 추구할 수 있다.

자유와 해방은 하나논리의 최정점인 깨달음의 특성을 규정하는 가치이다. 아울러 잡종화는 세상에 존재하는 수많은 이질적 하나들을 결합하여 궁극적으로는 천지만물을 하나로 통일시키는 하나 지향성을 갖는다. 하나논리의 전개 과정 자체 혹은 천지만물의 생성·변화를 잡종화의 과정이라는 관점에서 이해할 수 있다. 불가의 연기나 화엄의 중중무진(重重無盡) 세계 또한 무궁무진한 잡종화의 통일화(通一化) 세계로 상정해볼 수 있다. 이상의 모든 논의를 토대로 잡종화는 하나논리의 구축 과정에서 핵심적인 경험적 이론의 하나가 된다.

5. 2000년대 초반부터: 탈근대 아나키스트 사회이론 제시 → 탈서구 사회학의 필요성 절감

하나논리는 현대 사회이론에서 어떤 이론사적 맥락을 가질 수 있는가?

나는 일찍부터 나의 이론적 정체성을 탈근대론자로서 구축해나가고자 하였다. 근대주의와 탈근대주의 모두에 대해 비판적-적대적이었던 맑스-레닌주의가 여전히 학계에서 세력을 떨치던 시절이라 쉽지 않은 선택이요 결단이었다. 그러나 맑스주의 또한 근대의 산물로서 근대적 사고의 틀(역사적 진보에 대한 믿음과 국가체제 의존성)을 벗어나지 못한다. 서구의 아나키즘도 비록 근대에 등장한 이념으로서 자유주의와 사회주의의 뿌리를 동시에 지닌 것이지만, 아나키즘은 놀랍게도 근대의 쌍두마차인 자본주의와 국가체제를 동시에 비판한다는 점에서 탈근대적 지향성을 강력하게 보여준다.

나(김성국, 2003)는 한국사회학회 회장 취임 논문, 「탈근대 아나키스트 사회이론의 모색」에서 탈근대론자이자 아나키스트임을 표명하였으며, 동아시아의 유불도 아나키즘도 거론하였고,『천부경』이 제시하는 새로운 세계의 가능성도 비록 스쳐지나가는 것이지만 언급하였다. 탈근대의 비판적 해체성을 탈서구 혹은 탈서구중심주의로 해석하였고, 그 대안으로서 동아시아의 고전적 지혜를 새로운 문명전환의 시각에서 재해석하고자 하였다. 이 논문은 나의 이론사적 발전 과정에서 볼 때 비록 조야하고 예비적인 성격의 것이었지만 동아시아 사회이론의 구축을 향한 초보(初步), 첫 발걸음이 된다.

동아시아 사회이론을 모색하였지만 나는 처음부터 서구적 근대의 성과를 충분히 인식하고 높이 평가하였다. 이념적으로 서구적 근대에 의해서 생성된 개인주의나 자유주의, 시민사회나 개방사회와 같은 민주주의적 전통과 초석은 앞으로도 계속 수정·보완하면서 발전시켜야 한다. 만인 평등을 추구하는 사회주의적 열정 또한 그 국가 의존적이며 결정론적인 논리를 순치시키면서 활용해야 한다. 서구의 이론적-이념적 전통은 인류가 축적한 유용한 지적 자산이다. 시대의 변화에 따라 새로운 우주관, 세계관, 가치관으로 재정비한다면 미래에도 그 적실성을 유지할 수 있다. 반갑게도 이미 이와 같은 일련의 시도들이 나타난다. 신유물론(new materialism)!

최근 프랑스와 중국의 사회학자들이 중심이 되어 시작했으나, 일본과 한국의 학자들도 대거 참여하기 시작한 탈서구 사회학(post-western sociology) 프로젝트가 있다.[10] 탈근대라는 새로운 문명을 향한 새로운

---

[10] 이 프로젝트의 일환으로 출간된 책 *Handbook Post-Western Sociology: From East to Europe*(Roulleau-Berger, Li, Kim, Yazawa eds., 2023)에 집필자로 참여한 한국 사회학자는 한상진, 김성국, 심영희, 임현진, 김문조, 장원호, 이재열(이상 일반 이론), 조병희(건강), 신광영(불평등), 김병관(교육), 김왕배(감정), 홍덕화·구도완(환경), 최종렬(다

이론적 흐름의 한 형태로서 기존 서구 사회학의 어떤 한계를 보완·극복하면서 새로운 사회학을 정립하기 위한 노력이다. 여러 가지 흥미로운 논의가 제시되고 있는데, 다만 나의 하나논리와 달리 현재의 탈서구 사회학은 문명론적 혹은 우주론적 차원에서 근대문명을 대체하는 대안문명에 대한 관심이 상대적으로 부족한 것 같다. 향후 나는 탈서구 사회학의 이론적 지향성을 하나논리와 친화력이 높은 방향으로 이끌고 싶다. 서구문명의 성과를 인정하고 그것을 제대로 비판할 수 있는 통일적-관용적 입장을 가져야만이 하나논리나 탈서구 사회학은 그 입지점을 정확하게 잡을 수 있다. 서구 이론에 대한 고정관념적 비판에 대한 비판의식이 필요하다.

1) 서구 이론의 헤게모니 혹은 수용자 콤플렉스?

서구적 근대를 비판하는 일반적인 비판주의적-해체주의적 탈근대론자와는 달리, 나는 일찍부터 탈서구중심론을 제기하며 전 지구적 수준의 설득력을 가질 수 있는 동아시아발 혹은 동아시아형 사회이론의 구축을 모색해왔다. 기존 서구 이론은 당연히 이론의 선두주자로서 그 나름대로 근대문명의 특성과 방향을 분석하고 설명한다. 근대 학문의 역사와 전통이 거의 전무한 상태에서 비서구 학자들은 자연스럽게 혹은 불가피하게 서구 이론을 수용, 모방, 적용/활용하면서 자신들의 사회를 연구하기 시작했다. 특히 서구에서 유학한 학자들이 귀국하여 학계에서 선도적 위치를 점하면서 서구 이론을 적극적으로 소개하였다. 이와

문화)이다. 사회운동, 이민, 협치 부문이 집필자의 부득이한 사정으로 빠졌다. 프랑스, 중국, 일본의 참여자까지 모두 합하면 63명이나 되는 거대한 작업이다.

같은 현상은 초창기 비서구 지역에서 활동하던 사회학자들로서는 당연한 것이 아닐 수 없다. 다만 시간이 경과함에 따라 서구 이론을 비서구 지역에서 적용할 때 일정한, 때로는 상당한 문제가 드러나기 시작한다. 이 또한 자연스러운 현상이다. 그러므로 이와 같은 서구 이론의 (초기) 수용 과정을 두고 서구 이론의 패권적 혹은 헤게모니적 지배라고 비판하는 것은 일종의 지적 콤플렉스에서 나온 "개구리 올챙이 시절 모르는" 반발심이 아닐 수 없다.

언제 어디서 서구 이론이 비서구 지역에서 생성된 토착 이론을 강압적으로 지배하여 왜곡하거나 말살하려 한 적이 있는가? 어떤 서구 학자들이 어떤 서구 이론을 강요한 것인가? 비서구 학자들이 필요하여 스스로 서구 이론을 수용한 것이다. 물론 오리엔탈리즘과 같이 왜곡된 서구 이론이 존재한 것은 사실이다. 잘못된 서구 이론도 큰 문제이지만, 그것을 비주체적이고 무비판적으로 수용한 비서구 지역 연구자들의 자세가 더 큰 문제이다. 서구 이론 가운데서도 비주류라 할 수 있는 맑스주의 계열의 이론들은 많은 비서구 지역에서 많은 이론가에 의해서 적극적으로 수용되었다. 누가 강요한 것인가? 아니면 스스로 필요해서 수용한 것인가? 후발 주자에게 선진 문물의 모방은 창조를 위한 불가피한 초기 과제이다.

오늘날 학문과 지식의 세계화가 널리 확산되고, 비서구 지역에서도 차츰 자생적이고 자립적인 토착 연구가 축적되어 서구 이론의 독점 현상은 서서히 약화되고 있다. 서구에서도 변화된 현실에 대응하여 새로운 이론들을 계속 생산하고 있다. 각종 포스트 담론들이 그 같은 현상의 하나이다.[11] 그러나 안타깝고 아쉽게도 서구 이론에 대응하는 비서

---

11   어떤 포스트 구조주의적 담론들은 개념과 개념이 꼬리를 물며 새끼를 쳐나가거나,

구 사회 특유의 이론적 시각이나 관점은 아직도 제대로 수립되지 못한 것 같다. 비판과 자성의 목소리는 요란해도 새로운 이론을 수립한다는 것은 결코 쉬운 일이 아니다. 물론 서구 이론에 대응하고 상응하는 이론적 결실들이 비서구 사회에서 꾸준히 맺어지고 있다는 사실을 간과하거나 무시해서는 안 된다. 새롭고 창의적인 이론들이 앞으로 비서구 사회에서 속속 제시될 것이다. 탈서구 사회학의 대두와 확산은 이와 같은 추세를 대변한다.

서구의 프랑스, 동아시아의 중국, 일본, 한국 그리고 세계의 여러 학자를 중심으로 탈서구 사회학에 대한 관심이 고조되기 시작했다는 사실은 지식사회학적으로 매우 흥미롭다. 동아시아 시대를 반영하는 '사회학의 지리문화학적(地理文化學的) 전환'이라고나 할까? 새롭게 등장한 중국의 막강한 힘이 느껴진다. 프랑스는 여전히 새로운 서구 이론의 발흥지이다. 서구적 근대를 자체 비판한 포스트모더니즘의 진원지가 바로 프랑스였다. 일본 사회학은 오랜 역사를 가졌으며 세계화도 일찍부터 이루었고, 사회학의 일본화 또한 꾸준히 진전되어 상당한 수준에 이르고 있다. 이에 비하면 한국의 경우 국적 있는 혹은 특색 있는 토착적 사회학에 대한 관심과 요구는 높지만 그 성과는 여전히 미흡한 편이라고 겸손하게 진단하고 싶다. 물론 한국적 관점의 세계화 혹은 세계적 관점의 한국화를 시도한 선구적 업적(대표적으로 김경동, 신용하) 또한 적지 않다.

이제 탈서구 사회학을 향한 우리의 과제는 자명해진다. 좋은 서구 이론은 적극 활용하면서, 서구 학자들이 아직 발전시키지 못한 주제와 관

개념의 꽈배기나 뒤집기로 어떤 새로움을 제공하려는 것처럼 보인다. 여기에 매력을 느끼는 학자도 꽤 있지만, 서구 이론이 어떤 한계에 도달한 징후가 아닌가 싶다.

점을 한국적으로 혹은 동아시아적으로 체계화시켜서 전 세계적으로 인정받는 것이다. 물론 말은 쉽지만, 각고의 노력이 필요한 작업이다. 그람시의 규정처럼 헤게모니를 지적이며 도덕적으로 뒷받침되는 지배라고 긍정적으로 이해하면, 헤게모니는 인간 사회에 매우 필요하다. 학문의 세계에서도 마찬가지다. 서구형이든 비서구형이든 그것이 진정한 학술적 헤게모니를 지닌다면 기꺼이 수용해야 한다. 오늘의 세계는 전 지구화와 함께 좋건 싫건 잡종화의 세상이 되고 있다. 서로 뒤섞이며 함께 어우러져 살아가는 세상이다. 문화적으로 서구냐 비서구냐를 따지기 힘든, 하나로 연결되고 소통되는 세상이 도래하고 있다. 여기에 대응하여 세상의 여러 이론을 하나의 관점에서 통일(通一)시켜보려는 것이 하나논리의 이론적 과제라면 너무 야심적인가?

2) 탈서구 사회학의 기본 정신

탈서구 사회학은 서구 사회학을 무시하는 것이 결코 아니다. 서구 중심이나 서구 편향이 아닌, 세계적으로 공유할 수 있는 사회학을 만들고자 하는 것이다. 특수성은 흔히 공통성의 의미와 지평을 확인해주는 역할을 한다. 특수성이 새로운 조건과 환경에서는 새로운 공통성이 될 수도 있다. 탈서구 사회학의 선도자인 룰로-베르제(Roulleau-Berger, 2021: 6)의 주장("새로운 지식의 생태계를 수립하여 서구적 서구, 비서구적 서구, 반서구적 서구, 동아시아적 동아시아, 재동아시아화된 동아시아에서 우리는 공통의 조건을 파악할 수 있어야 한다")은 내가 이해하는 탈서구 사회학의 핵심을 지적하는 것 같다.

우리는 참으로 잡종적인 세상에 살고 있다. 오늘날의 잡종화 세계에서 순수 원형으로서 서구나 비서구는 없다. 이념형으로서는 하나의 서구가 존재할지 모르나, 수많은 이질적 차이를 갖는 다양한 서구만이 존재한다. 동아시아도 마찬가지다. 모든 것이 혼합되어 혼잡을 이루며 잡종이 되어 존재한다. 인간세상은 처음부터 잡종화와 함께 시작하였고, 잡종화는 항시 문명이나 사회 발전과 변화의 핵심적 동력으로 작동한다. 그래서 베버는 이념형을 만들어 잡종적 세계를 분석하고자 했던 것이 아닌가?

이주와 이동이라는 본능적 욕구를 지닌 인간들은 새로움과 미지의 세계를 찾아 끊임없이 잡종화한다. 탈서구 사회학자는 이 세계적 잡종화 가운데서 어떤 공통적인 것을 발견하여 잡종화의 구심적 혹은 원심적 기능을 설명해야 한다. 공통성이란 이질적 존재/현상들을 하나로 연결, 소통, 결합시켜주는 현실/현상의 존재론적 특성으로서 모든 하나하나의 존재가 공통적으로 지니는 하나라는 특성으로 인해서 드러나는 것이다. 그러므로 하나로부터 파생된 존재들 간의 잡종화는 새로운 하나를 산출하는데, 이 하나는 기존의 다른 하나와 존재론적 공통성을 지닌다.

잡종화 가운데 존재하는 공통성이 바로 하나논리의 현실적 표출이다. 새로운 하나의 생성을 목표로 잡종화가 끝없이 진행된다면 종국에는 더 이상 잡종화가 불필요하거나, 불가능한 시점이 온다. 잡종화는 존재론적으로 하나로부터 파생된 다양한 하나들이 서로 결합하여 새로운 하나를 만들어내면서 궁극적으로는 다시 하나의 세계로 귀일하는 과정으로 이해할 수 있다. 불가의 만법귀일이다.

3) 서구 이론의 동아시아적 차원

서구 학자들은 주지하듯 과거부터 현대에 이르기까지 오랜 기간에 걸쳐 동아시아의 지혜와 사상으로부터 많은 지적 자극을 받았다. 라이

프니츠, 스피노자, 쇼펜하우어, 니체를 거쳐 그 흐름은 계속된다. 하이데거를 읽으며 나는 동아시아적 존재론을 자주 연상한다.[12] 비트겐슈타인이나 루만은 분명 불가와 도가의 흔적을 보인다(라우, 2020). 파슨스가 그의 체계이론에서 언급한 정보와 에너지의 개념 또한 리와 기의 운동을 연상시킨다(김경동, 2022). 최근 각광을 받으며 대두한 사회이론인 행위자 네트워크 이론(actor-network theory. Latour, 2005)이나 신유물론(Fox and Alldred, 2017)의 (인간과 사물/비인간의 경계 구분을 넘어서는) 물아일체적 사물관은 바로 동아시아 사고의 진수를 반영한다. 천지인합일의 논리가 바로 물아일체의 논리이다.

근대의 동아시아가 서구 이론을 수입, 모방, 변용하는 과정을 통해 학문적으로 성장하였다면, 근대의 초기에는 서구 이론이 동아시아 지혜를 적극적으로 수용하였고, 서구에 의한 동아시아 이론의 서구화는 지금도 계속되고 있다.

서구 이론과 동아시아 논리 간에는 물론 차이도 있다. 동아시아의 인간주체론은 기존 서구식 인간중심주의와는 그 이론적 출발이나 내용 그리고 목표가 상이하다. 서구의 인간중심주의는 인격화된 하나님(신인동형동성설)의 아들로서 특권적 존재인 인간을 상정하지만, 동아시아 지혜에 따르면 인간은 천지와 동등한 (하나로부터 분화·파생된) 생성물일 뿐이다. 천지인 간에는 우월·열등의 관계가 존재하지 않는다. 오히려

---

[12] 유튜브(https://youtu.be/Owa40_N8uUs 및 http://cafe.daum.net/cybershinsi 등등)에 실린 하이데거와 『천부경』 그리고 박종홍에 관한 흥미로운 에피소드가 만약 사실로 공식 인정된다면 『천부경』의 세계적 가치는 한층 높아질 것이다. 『천부경』의 실존에 관한 신빙성을 더욱 높여줄 뿐 아니라, 세계적 철학자의 존경까지 더해지기 때문이다. 하이데거의 존재론과 『천부경』의 원리가 상통한다는 주장은 더욱 체계적으로 논의될 필요가 있다.

인간은 중(중도나 중용)을 이루어 천지와 하나가 되어야 하는 주체적 책임성을 부여받은 규범적 존재이다. 인간의 편의를 위해 비인간 물질계인 천지를 인간 마음대로 약탈, 파괴, 변형해도 좋다는 식의 인간중심주의는 하나논리의 인간주체론과는 전혀 상이한 것이다.

물론 현재의 신유물론이나 행위자 네트워크 이론은 파괴적-약탈적 인간중심주의와는 상이한 이념적 지향을 갖지만, 과연 인간의 주체성, 주도성, 규범성을 어떤 식으로 설명할지는 두고 보아야 할 것이다. 서구의 근대 역사는 신을 추방하거나 죽이는 대신, 근대 국민국가 형성과 시민사회의 성립을 통해서 국가와 사회라는 새로운 신을 발명하고, 르네상스와 민주주의를 통해서 인간의 존엄성을 발견한다. 이처럼 교회가 독점한 종교적 신을 쫓아버린 대신에 서구는 국가, 사회, 인간이라는 새로운 정치적, 사회적 신을 추구하게 된다. 그런데 국가/사회/인간의 물신화가 확산되면서 그 부작용 또한 심각하다.

국가에 의해서 대규모의 야만적인 전쟁이 계속 발생하고, 민주주의, 자유, 평등이라는 이념과 동떨어진 사회적 갈등과 분열이 만연하고, 규범적 가치지향을 상실한 인간들의 비인간화나 아노미 상태가 세상을 지배하기 시작한다. 국가에 대한 불신, 사회에 대한 실망, 인간에 대한 증오가 돌출한다. 그리하여 서구에서는 사회(적인 것)의 죽음과 인간 주체의 죽음이라는 탄식이 여기저기서 터져 나온다.

21세기 현재 개인들은 그야말로 무기력하고 변화 의지를 상실한 측면을 보이지만, 하나논리는 모든 개인에게 잠재된 자각과 변화의 가능성을 외면하거나 무시하지 않는다. 다만 그 각성과 전환의 계기를 국가 발전이나 민족의 영광 혹은 사회정의나 사회통합과 같은 외향적인 거창한 가치에서 찾지 않는다. 나 자신의 내면적, 일상적 안락이라는 사소하면서도 가장 절실하고, 가장 실현 가능한 개인적 목표로부터 시작한다. 최소한 이 개인적 안전과 쾌락이라는 목표는 거의 모든 개인이 공감하면서 공유하는 가치지향이다. 개인 의지라는 티끌이 모여 태산이 되면 사회도, 국가도, 세계도 변화시킬 수 있다. 최소한 내 마음과 나의 가치와 목표에서부터 출발해야 한다.

6. 2010년대 초반부터: 잡종화/잡종사회 개념 수용 → 아나키스트 자유주의 문명전환론 제안
2010년대 초중반부터: 동아시아 개인주의 탐구 → 유아유심 개인주의 제안

세계화가 점차 확산되고 이른바 동아시아 시대가 도래하면서, 나아가 삼성전자, 현대자동차 등 한국 기업의 위상이 세계적으로 높아지고 한류 열풍이 확산되면서 나도 자연스럽게 서구 이론의 토착화라는 이론적 과제를 서구 이론에 대비되는 동아시아적(的) 혹은 동아시아형(型) 혹은 동아시아발(發) 세계 수준의 이론(a global East Asian theory)으로 구축해보겠다는 기획을 적극적으로 모색하기 시작했다. 그 시도가 『잡종사회와 그 친구들: 아나키스트 자유주의 문명전환론』이었다. 자유주의자 포퍼(Karl Popper)가 공산주의의 위협이 가시화되고 동서냉전이 시작된 1950년대 전후의 상황에서 『열린사회와 그 적들』을 출간한 사실을 상기하면서, 세월의 흐름과 변화를 고려하여 대비적으로 『잡종사회와 그 친구들』을 출간한 것이다. 동아시아의 고전적 지혜에 많이 의존하면서 탈국가주의, 탈물질주의, 개인주의,[13] 상대주의, 신비주의와 같

---

13   서구 개인주의와 대비되어 수신과 수행을 중시하고, 깨달음과 중생구제로 나아가

은 동아시아적 가치지향을 제시하였다. 그리고 서구 이론의 역사에서 동일한 이념적 계열이라고 볼 수 있는 자유주의와 아나키즘, 개인적 아나키즘과 사회적 아나키즘의 현실적 적대/소원 관계를 해소하고자 아나키스트 자유주의라는 새로운 잡종적 이념을 제안하였다. 새로운 문명의 형성에 필요한 새로운 가치와 이념이다.

이 책은 동아시아 사회이론의 구축을 향한 나의 두 번째 본격적인 시도이다. 2003년의 첫 번째 시도(「탈근대 아나키스트 사회이론의 모색」)가 초기 단계의 예비적 시론이었다면, 2015년의 두 번째 시도는 이념적 차원에서 아나키즘과 자유주의를 통일(通一)하여 아나키스트 자유주의 문명전환론을 제시한 것이다. 현재의 하나논리에서는 구체적으로 다음과 같은 내용이 수용된다.

1) 유아유심 개인주의

서구와 비교하여 동아시아가 지니는 가장 대비적인 특성은 탈물질주의 혹은 관념주의적 성향, 신비주의적 깨달음을 향한 유아유심 개인주의, 깨달음과 동시에 추구되는 자기 확대적 개인주의라고 생각한다. 동아시아의 최고 가치인 깨달음, 득도(得道), 도통(道通), 성불(成佛) 등은 육신을 지닌 개인으로서 유아(唯我)가 수신수행을 지속적으로 행하면서 유심(唯心)이라는 자신의 마음속에서 일종의 신비주의적 깨우침을 얻는 것이라는 의미에서 유아유심 개인주의라 할 수 있다. 유아유심 개인주의는 깨달음의 가치를 최고로 간주하는 이론이다.

유아유심 개인주의는 기존 서구 사회학의 정통 혹은 주류를 형성했

는 동아시아 개인주의를 의미한다.

던 뒤르케임 학파의 사회중심주의 혹은 사회실재론 그리고 반심리학주의와는 비판적으로 대면한다. 사회란 개인들의 집합을 지칭할 뿐 실재성을 갖지 않는다. 오직 내 마음속에 하나의 개념으로 존재할 뿐이다. 개인은 각자 개인의 사회를 가질 뿐이다. 물론 사물이 객관적으로 혹은 유물론적으로 여기저기에 존재하는 것은 사실이다. 그러나 이 사물의 존재성은 그것이 오직 나의 마음/의식 속에 대상화되었을 경우에만 의미를 지닌다. 객관적 실재성 그 자체는 큰 의미가 없다. 나의 의식이 실재성을 인식하여 의미를 부여한다는 사실이 결정적으로 중요하다. 다른 말로 표현하자면 내가 죽어도 세상은 굴러가며, 그 세상은 나와는 아무 상관이 없다. 그때 존재하는 세상은 나에게는 아무 의미가 없다. 내가 있어야 이 세상은 의미 있는 존재가 된다.

2) 개인 중심의 마음사회학

기존 주류 사회학은 '개인 대 사회'라는 구도를 설정하여 (정체불명의) 사회를 물신화하는 사회중심주의로 흐르며 '개인의 사회화'라는 사회 중심적 통합과 질서를 강조했다. 파슨스의 사회구조나 루만의 체제 개념을 보라. 구조나 체제는 지금도 매우 유용한 사회학적 분석 도구로 사용된다. 그러나 전혀 다른 시각에서 이 개념들을 한번 바라보자. 그것들은 마치 요술 방망이처럼 모든 것을 분석하고 설명한다. 그렇지만 그 실체나 형체가 무엇인지는 오리무중이다. 체제가 무엇인지 파고 들어가면 최종적으로 남는 것은 무엇일까? 체제나 구조의 맨 밑바닥에는 세상천지에서 과거부터 현재에 걸쳐 혹은 미래까지 살아갈 개인들이 모여 있는 것이 아닐까? (사회라고 불리는) 삶의 현장을 누비는 개인들이 바로 사회학의 시작이자 끝 그리고 모든 것의 핵심이 아닌가? 이제부터 나는 구조나 체제 혹은 사회라는 추상적 고정관념을 버리고 나 자신이 개인으로서 만들어내는 내 마음속 현실로서의 개인화된 사회에 관심을 집중할 것이다. 사회는 사회이되, 내 마음속에 있는 사회이다. 무엇이 달라지는가? 사회의 존재론적 위치가 저기 저 바깥의 객체화된 사회로부터 내 의식 속의 주체적 사회로 이동한다. 사회에 대한 혁명적 인식 전환이다. 저기서 나를 지켜보는 타자로서의 사회는 내 의지의 외부, 내 능력의 밖에 그리고 내 소망과 관계없이 존재한다. 그러나 나의 사회는 내가 주체적으로 조형할 수 있다. 물론 소위 사회의 권위자들이 만든 타자로서의 사회도 사회화 과정을 통해 내 마음에 자리잡고 있지만, 필요하면 나는 그것을 인정하되, 무시할 수 있다. 세상 돌아가는 꼴이 마음에 들지 않으면 세상만사에 관심을 끄거나 외면할 수 있는 법이다. 아무튼 사회와 나 개인의 관계에서 주도권은 항상 나에게 있다. 사회가 나에게 함부로 '이래라저래라' 하는 것을 거부할 수 있다. 마음이 약한 개인은 물론 휘둘릴 것인가. 그러므로 마음 단단히 먹고, 부지런히 챙겨야 한다.

  사회는 더 이상 저기 저 바깥에서 개인을 노려보고, 요구하고, 감시하며, 채찍을 들고 판단하는 객체가 아니다. 사회나 국가의 실체란 무엇일까? 기껏해야 국가 혹은 사회라는 것을 자신들이 대표/대변한다고 설쳐대는 기득권자들의 명령·감시·평가일 뿐이다. 법치라는 것의 핵심도 다를 바 없다. 아무리 명목상 훌륭한 법조문이라 할지라도 권력이 개입하면 객관성을 잃고 자의적으로 해석될 뿐이다.

3) 사회의 개인화

  동서고금에 걸쳐 개인적인 것은 사적인 것으로 간주되어 공적인 집합체(국가, 사회, 가족, 민족, 계급 등등)에 귀속되거나 종속되어야 할 부차적인 것으로 여겨졌다. 특히 전통적인 유가에서는 개인적인 것의 진정한 의미를 일방적으로만 해석하여 수기치인, 극기복례, 천하위공 등의 의미를 개인적인 것의 억제와 극복, 공적-집합적인 것의 추구와 숭배라는 집단적 질서를 위한 통치 논리의 측면에서 해석한다. 이와 같이 일면적으로 잘못 해석된 공선사악(公善私惡) 관계를 이제는 역전시켜야 한다. 사적인 것(personal or private)은 공적인 것보다 더 중요하다. 그러나 양자가 조화를 이루면 금상첨화이다. 그래서 나는 이제부터는 선공후사가 아니라 선사후공(先私後公)을 출발점으로 하면서 사공동주(私公同舟)를 추구하는 사회학(私會學)을 제창하고 싶다.

  사적인 것이 존경받아야만 사적인 것들의 집합으로서 공적인 것이 의미를 지닌다. 과거 오월은 견원지간이었지만 오늘날의 사공은 일심동체로 노를 저으며 한배를 탈 수 있다. 사회학은 사적 개인들이 중심이 되어 만든 결사에 관한 학문으로서 사회학(私會學)의 성격을 적극 발굴해야 한다. 중국의 20세기 초 신문화운동기 엄복(嚴復)이 중국과 서양의 회통을 추구하면서 sociology를 번역한 군학(群學)이라는 개념의 적실성을 재인식할 필요가 있다. 사회(社會)라는 개념은 이미 질서라는 의미 함축을 갖지만, 군(群)은 자유분방과 갈등·혼란이라는 뉘앙스를 풍긴다. 공이란 사의 단순한 집합일 뿐 그 자체로 고유한 의미를 지닐 수 없다. 사 없는 공은 오직 사상누각(沙上樓閣)일 뿐이다. 공의 토대도 사요, 공의 목적도 사이다. 단지 공은 사의 파행을 막기 위한 하나의 상징적 경고판 정도로 간주하면 된다.[14] 대체로 공은 기득권자들에 의해서 독점된다.

---

14 부라보이(Michael Burawoy)는 공공사회학(public sociology)을 현대사회학의 새로운 지평으로 제시한다. 그의 지식 유형과 지식 대상(누구를 위한 사회학인가?)의 교차에 기

4) 리기심 일원의 심주도 마음사회학

하나논리는 유아유심 개인주의를 일심(한마음)이라는 불가적 관점과 연관시키면서 인식주체론으로 활용한다. 이 과정에서 성, 리, 기, 심의 상호 관계에 대한 유가의 오랜 논의를 하나논리에 입각하여 내 나름대로 성즉리, 심즉리, 심즉기 논의를 토대로 성=리=기=심이라는 주심(主心) 일원론으로 정리해보았다. 비록 내 마음이 태초에는 하나로서의 성에서부터 시작되었겠지만, 그 태초를 포함하여 끝이 없는 무한 미래를 인식하는 주체는 오직 지금 여기의 유아유심인 나의 일심이라고 판단하여 주심적 성=리=기=심 일원론을 제기해본다. 물론 인일(人一)로 대표되는 일심(一心)은 하나논리의 다른 본체론적인 속성 천일(天一)을 대표하는 일리(一理)와 지일(地一)을 대표하는 일기(一氣) 없이는 그 존재 의미가 사라질 뿐이다. 리기심 삼자는 성의 분화로서 오직 전체적인 상호 연관 속에서만 그 역할을 수행한다고 가정하기 때문이다.

반한 네 가지 종류의 사회학 구분(전문사회학, 비판사회학, 정책사회학, 공공사회학)은 흥미롭다. 그러나 그는 개인 대 사회, 보수 대 진보, 전문성 대 대중성이라는 근대 서구의 이분법적 사고 틀에 갇혀 있는 것 같다. 각 사회학은 각각의 관심과 전통에 충실하면서 서로 상보적일 뿐이지, 공공사회학이 가장 바람직한 것은 결코 아니다. 동아시아의 천지인합일은 천지와 인간의 대립적 관계가 아니라 천지와 인간이 동행하는 상보적 관계를 전제한다.

7. 2010년대 중반부터: 카프라 재독 → 동아시아 신비주의의 유용성 확인
2010년대 후반부터: 『천부경』 및 유불도 연구 → 하나논리의 가능성과 선가의 독자성 확신

2015년 『잡종사회와 그 친구들』을 출간한 이후 나는 산발적으로 제시된 잡종화, 동아시아 개인주의로서 유아유심 개인주의, 하나와 사랑 등의 개념을 일반이론의 차원에서 '하나'라는 핵심 논리를 중심으로 보다 체계적으로, 더욱 분명하게 동아시아적으로 정립해야 할 필요성을 느꼈다. 아래에서 논의할 카프라(Fritjof Capra)의 책은 내 자신감을 북돋아주었고, 『천부경』의 집중적 연구를 통해 필수적인 논리와 근거를 확보할 수 있었다.

1) 카프라의 재인식

1980년대 초 카프라의 『현대 물리학과 동양사상』을 읽으며 동아시아 지혜에 대한 자부심을 느꼈다. 일찍이 불교와 맑스주의의 연관에 대한 레비스트로스의 설명을 접했을 때 가졌던 느낌의 연속이었다. 특히 카프라는 동아시아 지혜의 특징을 신비주의(eastern mysticism)라고 규정하면서 현대물리학의 발견과 비교·분석하여 상호 간의 유사성을 아홉 가지로 정리한다. 만물의 통일성(the unity of all things), 대립적 세계의 초극(beyond the world of opposites), 시공간 결합(space-time), 역동적 우주(the dynamic universe), 공과 색(emptiness and form), 우주적 율동(the cosmic dance), 쿼크 대칭-새로운 안(symmetries-a new Koan), 변화 유형(patterns of change), 상호 관통(interpenetration)이다. 최근 『현대 물리학과 동양사상』의 영문판 *The Tao of Physics: Exploration of the Paralles between Modern Physics and Eastern Mysticism*을 다시 읽으며, 카프라의 선견지명으로부터 하나논리의 과학성 혹은 신비주의적 과학성을 확신하게 되었다.¹⁵

이미 양자역학의 신비스러운 발견으로부터 동아시아 지혜의 빛을 보고자 하는 시도가 여기저기서 이루어지고 있다. 현실적으로 신비주의는 인간 지식의 불완전성, 혹은 인간의 무지, 부지, 미지라는 원천적 한계와 밀접히 관련된 것이다. 양자역학의 선도자 중 한 사람인 하이젠베르크(Werner Karl Heisenberg)는 불확정성원리를 통해서 우주에 대한 인간의 혹은 과학의 무지는 자연의 근본원리로서 본질적 무지라고 말한다. 과학은 오직 확률적이고 주관적인 세계를 파악할 뿐이다. 양자역학은 자연이라는 존재 세계에서 서로 양립할 수 없는 두 논리적 사실 혹은 개념이 공존 혹은 혼재하는 현상에 직면하여, 그것도 관찰자의 주관적-심적 관점에 따라 변동한다는 사실을 알고 이를 (대립물의) 상보성(complementarity)이라는 개념으로 설명한다. 아리송하지만 놀랍다. 그러나 이 사실을 불가의 색즉시공 공즉시색 일체유심조라는 관점에서 보자면 매우 자연스럽다. 모순과 대립에서, 차이와 변별에서 통일(通一)을 발견하는 동아시아 하나논리는 신비주의적이면서도 과학적인 논리이다. 양자역학의 선도자였던 닐스 보어(Niels Bohr)가 자신의 예복에 태극 문양을 새기

---

15 한국어 번역판은 카프라의 oneness를 전일성(全一性)으로 그리고 unity를 통일성(統一性)으로 번역한다. 나는 이 번역을 긍정적으로 수용하지만, 이 책에서는 oneness를 하나(성)로 그리고 unity를 통일(通一)로 번역해 사용할 것이다. 전일(全一)이나 통일(統一)이라는 개념도 통상적으로 사용되는 좋은 해석이지만, 나는 전(全)이나 통(統)의 의미가 개별성이나 개체성 혹은 고유성을 일방적으로 압도하는 강한 느낌을 준다고 판단한다. 나아가 하나는 모든 것을 통괄·포섭하는 하나의 전체로서 전일(全一)이지만, 동시에 그 하나는 수많은 것이 존재론적으로 독립된 상태로 포함되어 있는 다일(多一)이요, 잡일(雜一)이다.

고, 거기에 "Contra Sunt Complementa(대립적인 것은 상보적인 것이다)"라는 글귀를 넣었다는 사실은 그가 동아시아 지혜의 상징인 태극의 신비주의적 이치를 분명하게 인식하였음을 입증한다.

나는 신비주의를 하나논리의 귀중한 특성으로 규정한다. 하나논리는, 다소 확대해석해보자면, 『주역』이나 불가의 세계가 표상하듯 과학적 신비주의 혹은 신비주의적 과학의 세계이다. 향후 동아시아의 미래 예측학으로서 『주역』이나 명리학, 풍수학 등을 얼마든지 현대 과학의 논리와 접합시키면서 발전시킬 수 있다. 동아시아 신비주의는 이미 현실세계에서 오랜 기간 귀납적으로 축적한 자료를 토대로 과학화의 길로 들어섰다고 해도 과언이 아니다. 그런데 참으로 안타깝고 슬프게도 많은 동아시아의 연구자는 동아시아 지혜의 특성이 신비주의라고 규정하면 그것을 부정하거나 외면하기에 급급하다. 아마도 신비주의에 대한 오리엔탈리즘의 왜곡으로 인하여 신비주의에서 마술이나 주술의 정원을 연상하기 때문일 것이다.

매우 흥미롭게도 카프라(1979: 90-91)는 (동아시아의 유불도에서는 언급되지 않지만) 힌두교의 탄트라 밀교나 시바 여신 숭배로부터 에로틱 신비주의도 발견한다. 영육일체를 추구하는 논리는 육욕(the desires of body) 혹은 감각적 쾌락(sensuous pleasure)을 의식적으로 억압하거나 통제해야 한다는 규율을 세울 수 없다. 하나논리는 물질적·육체적 쾌락주의를 거부하지 않는다. 오히려 그것을 적극 추구하라고 권하되, 다만 안심 속에서 안전하게 추구하라는 의미에서 안락주의(安樂主義)를 제시한다(이 책 제4장과 제5장). 재가자(在家者)에게 필요한 것은 단음(斷淫)이 아닌 불사음(不邪婬)의 계를 지키는 쾌락주의다.

카프라(1979: 80, 130)는 분명하게 그리고 정확하게 동아시아의 신비주의와 하나논리의 연관성을 다음과 같이 지적한다. "[동아시아 지혜의] 주된 목표는 현실로부터 직접적인 신비체험을 하는 것이다. 이 체험은 종교적인 것이므로 동아시아 지혜는 종교와 분리될 수 없다. 동아시아 지혜의 가장 주요한 특성 혹은 본질은 세상 만물과 만사의 통일(unity)과 상호 연관성(mutual interrelation)을 깨닫는 것이다. 다시 말해 세상의 만물만사를 기본적 하나(a basic oneness)의 표상으로 체험하는 것이다."[16]

나의 하나논리의 하나와 카프라의 'oneness'는 근본적으로는 동일한 의미를 공유한다. 그럴 수밖에 없다. 왜냐하면 하나라는 개념 자체가 모든 사소한 차이를 융합시키기 때문이다. 사실 '하나'를 이야기하는 연구자는 적지 않다. 모두가 비슷한 관점에서 유사한 취지로 논의한다. 다만 나의 하나논리는 구체적으로 『천부경』의 천지인합일을 동아시아의 지혜인 유불도와 직접 연관시켜서 하나에 집중하여 하나를 더욱 체계적으로 사회이론화할 뿐이다.

2) 최치원의 삼교포함과 『천부경』

『천부경』은 카프라의 책을 읽은 후 10여 년이 지난 뒤에 처음 접했다. 1990년대 초 아나키즘에 입문하는 과정에서 당대 최고의 아나키스트 이론가이자 실천가였던 허유 하기락 선생으로부터 『조선철학사』를 하사받았다.[17] 거기에서 『천부경』과 하나를 처음 대면하였다. 이해하기

---

[16] "Their main aim is the direct mystical experience of reality, and since the experience is religious by nature, they are inseparable from religion. ⋯ The most important characteristic of the Eastern world view – could almost say the essence of it – is the awareness of the unity and mutual interrelation of all things and events, the experience of all phenomena in the world as manifestations of a basic oneness."

[17] 하기락 선생은 하르트만 연구로 박사학위논문을 쓴 서양철학 전공자이다.

어려웠지만 무언가 신묘한 마력에 끌리듯 틈틈이 읽으며 내 나름대로 생각하고, 해설서를 찾아 공부하였다. 『천부경』에 무언가 오묘하고 깊은 철리가 있다는 판단이 서면서 한국사회학회 회장 취임 논문의 끝부분에 아주 짤막하게나마 그 존재를 알린다는 의미에서 『천부경』을 언급하기도 했다. 주위의 동료 학자들에게도 기회만 되면 『천부경』을 읽어보라고 권유하였다. 그런데 이후 그 책을 읽었다는 사람은 한 사람도 못 만났다. 자기의 주 전공 분야를 공부하기에도 겨를이 없을 터이니 당연하다. 어쨌든 나는 차츰 그러나 매우 느리게 『천부경』이 시사하는 하나논리를 생각하고 구상하면서 연구를 계속하다가 지난 5년 동안 서서히 빠져들었고, 마침내 하나논리의 구축 가능성을 확신하고 작업을 시작하게 되었다.

하나논리의 하나는 천지인합일로서의 하나이다. 『천부경』의 "인중천지일(人中天地一)"이 바로 천지인합일의 다른 표현이다.[18] 『천부경』의 논리적 가치에 대해서는 『주역』의 대가 김석진(2010: 89-90)이 다음과 같이 명확하게 전달한다. "『주역』 14권 24,000여 자가 오로지 천지인 삼재가 하나라는 것을 설하기 위한 것이라면, 우리 『천부경』은 81자로 이 인중(천지일)의 극처(極處)를 설하고 있다. 이렇게 인중천지일은 사람이 하늘 땅 가운데에 들어서서 하나가 될 뿐 아니라, 사람 속에 하늘 땅이 있어 하나가 되기도 하는 것이다."

다음의 〈그림 2-2〉는 나의 하나논리의 이론적 형성 과정을 제시한다. 사후적 논의인 만큼 다소 인위적으로 연관성을 발견하려고 했을 가

---

[18] 김석진(2010: 89)은 "(오늘날의 표현인 천지인합일이라는) 말보다는 인중천지일이라는 말이 더 역동적이고, 능동적이지만 당분간 혼용하여 쓰는 것이 무방할 것이다"라고 표명한다. 동의하지만 인간의 지위와 역할이 너무 강조되지는 않을까 저어된다.

능성이 없지 않다. 그러나 나의 기본 의도는 하나논리가 장기간의 이론적 탐구 과정과 축적된 이론적 지식의 기반 위에서 형성·구축되었다는 사실을 강조하는 것이다. 나아가 하나논리는 동아시아의 고전적 지혜인 유불도와 한국의 선가를 핵심적인 이론적 기반으로 삼지만, 서구 이론과의 접합으로부터 상당한 이론적 성과(예컨대 잡종화론이나 유아유심 개인주의 등)를 얻을 수 있었다. 하나논리가 '동아시아적' 특성을 보여주면서도 동시에 '세계적' 수준의 설득력을 지닐 수 있을 것으로 기대하는 근거가 된다.

〈그림 2-2〉 하나논리의 이론적 형성

```
자유
주의 → 중산층사회/시민사회론 → 상잡으로서 잡종사회/잡종화론 →      하
  ↗  ↘  아나키즘 → 아나키스트 자유주의 → 자유해방 →              나
실존
주의 → 개인주의 → 동아시아 개인주의 → 유아유심 개인주의 →         논
  ↕    탈근대주의+과학기술혁명 → 후천 정신개벽의 문명전환 →        리
구조주의 → 세계체제론/맑스주의 → 이분법적 모순/투쟁과 결정론 비판 → 체용(일여)론 ┘

            ↗↗↗↗
동아시아 지혜 → 『주역』(천지인 삼재+태극양의) →        음양오행론 ┘
  ↘ 유가(육왕 심학+리기 논쟁) →              심주도 리기심일원론, 중용인애론 ┘
  ↘ 불가(만법귀일, 공즉시색, 무아일심) →        유아유심론, 중도자비론 ┘
  ↘ 도가(도생일/삼생만물) →                  도생일, 무위자연 부쟁 ┘
  ↘ 선가(『천부경』) → 삼일논리 → 천지인합일(깨달음) → 通一(인간 주체성) ┘
```

제3장
하나논리의 구축:
자료, 가치전제, 분석틀

1. 연구 자료

⟨그림 3-1⟩ 구축 자료

```
                                    ↗ 문명론
하나논리 ← 동아시아 지혜(+ 서구 이론) ← 자료 ← 『주역』과 유불도
                                    ↖ 『천부경』과 선가
```

　이 책의 집필 과정에서 많은 참고문헌을 활용했으며, 인터넷과 유튜브를 통해서도 큰 도움을 받았다. 그러나 나의 문헌 연구 수준은 이 책에서 논의하는 유불도선 관련 주제의 심원 방대한 다양성을 충족시키기에는 여전히 태부족이다. 사회학자들의 연구를 중심으로 주요 전거로 사용한 몇몇 동양사상 관련 연구 자료만을 소개한다.

1) 문명론[1]

사회학자로는 그간 문명론 연구를 지속해온 김경동, 신용하, 김문조, 김상준을 대상으로 거론해본다.

김경동(2002; 2019; 2022)은 사회학적 문명론 연구의 선구자로서 일찍부터 동아시아 고전적 지혜의 현대적 적실성과 그 활용 방안을 탐구해왔다.[2] 김경동(2022: iii)은 "1981년부터 본격적으로 국제회의 등에서 한국 및 동아시아의 성취와 유교의 관련성에 관한 논문을 발표하기 시작하였다." 김경동은 서구의 근대화론에서 출발하나 이를 동아시아적 가치나 정신문명의 차원에서 비판적으로 발전시키는 신근대화론을 제시하면서 '문화적 교양으로 정화되어 성숙한 사회'라는 비전을 제시하며 문명론적 성찰을 펼친다(김성국, 2022).

김경동의 최근 연구 세 가지를 살펴보자. 김경동(2002)은 『한국사회변동론』에서 미래를 위한 새로운 발전인 선진문화사회론을 제안하면서 문화적 교양을 중시하고 그 토대를 동아시아 고유의 육덕(六德)에 따른 육예(六藝)인 예악사어서수(禮樂射御書數)[3]에서 발견한다. 구체적으로, 육덕을 중시하여 인의예악지신(仁義禮樂智信)을 논의한다. 김경동(2002: 450-468)은 미래 사회에 동방의 덕목이 중요한 이유를 "이제야 우리가

---

[1] 동양사상이나 동아시아 문명론을 직접적으로 논의하지는 않지만, 한국인의 문화적 문법, 즉 의식이나 가치 구조의 특성을 유교와 관련하여 역사적·체계적으로 분석한 정수복(2007)의 연구가 있다. 개인주의의 긍정적 의미를 제시하는 그의 관점은 나의 입론에 큰 지지 기반이 된다. 이에 관한 간략한 해설로 김성국(2015: 455-458) 참조.

[2] 나의 동아시아 문명론 연구는 그의 연구로부터 자극받고 촉발되어 지금에 이르렀다고 생각한다.

[3] 예는 예절과 의관을 갖추는 것이고, 악은 음악을 아는 것이며, 사는 활쏘기, 어는 말타기, 서는 붓글씨와 읽고 쓰기, 수는 수리 혹은 과학의 이해를 의미한다.

무심코 버렸던 전통이 오히려 오늘의 서양이 존중하는 가치들을 더 함축하고 있다는 역사의 아이러니와 직면"하기 때문이라고 한다. 그러나 전통의 부활과 복원에서만 끝나서는 안 되고 창조적 재구성을 시도해야 한다. 김경동은 고전적 가치의 현대적 재해석의 필요성을 지식정보사회와 불신사회의 대두, 인간 정감/사랑의 왜곡과 일탈, 미적 추구 혹은 심미의 일상화 등의 관점에서 설득력 있게 제시한다. 고전적 가치의 대표적 형태인 충과 효를 제외한 것은 매우 적절한 판단이다.

『사회적 가치: 문명론적 성찰과 비전』에서 김경동(2019: 6)은 "지금까지 우리나라의 사회과학이 주로 서구 학문의 이론적, 방법론적 패러다임에 의존해왔다"는 점을 상기시키면서, "우리 나름의 독자적이고 자주적인 문명론적 관점에 기초하는 대안적 담론(alternative discourse)을 제시"한다. 그 대안적 담론의 주류는 "동방의 주요 사상적 조류[4]에서 추출하는 내용이 될 것"이며 자신이 구상하는 미래 사회를 "문화적 교양으로 정화한 성숙한 선진사회"라고 명명한다. 하나논리의 정신개벽과 문화적 교양으로 정화한 성숙한 선진사회는 상호 동일한 문명사적 지향점을 갖는 것으로 이해된다. 김경동(Kim, 2017a; 2017b)은 유교와 근대화의 연관성을 이론적, 역사적 관점에서 독자적 방법론을 사용해서 분석한다. 나아가 김경동(2022)은 전술한 대안적 담론을 한국의 선비문화 연구를 통해서 구체적으로 제시한다. 현대의 문명적 위기는 "도덕성의 마비"로부터 초래되었다고 파악하면서 한국 특유의 선비문화 전통을 재인식하여 그 지적 책임감과 실천성을 활용함으로써 현대사회가 당면한 각종 문제에 "문명론적 인식"의 차원에서 대처하자고 주장한다.

김경동은 선비문화를 문명사적 대변환의 충격으로부터 인류의 장래

---

[4] 특히 유학의 주요 사상 체계인 음양변증법의 기본 원리를 활용한다.

를 선도할 새로운 시대정신으로 간주한다. 동아시아 지혜의 특성인 "반의 원리", "중용의 원리", "유연성의 원리"를 강조하고, 특히 "인간과 자연이 하나되는 세상"으로서 천인합일 혹은 천지인합일을 거론한다. 나의 하나논리와 동일한 문제의식이 제기되고 있어 든든한 이론적 지지기반이 된다. 매우 흥미롭게도 김경동 또한 하나논리의 형성에 큰 영향을 주었던 카프라(Capra, 1979)를 언급한다. 물론 하나논리는 공동체주의, 집합주의, 자아(극복), 공사 구별 등의 쟁점에 있어서 현재로서는 김경동과 상이한 길로 나아가는 듯 보이지만 향후 화쟁을 통해서 통일(通一)될 수 있을 것으로 믿는다.

요컨대 전통 문명과 현대 문명의 적극적 재결합을 추구하는 김경동은 (동서 사상의 잡종화와 통일을 추구하는) 하나논리의 문명사적 역할을 제시하는 나에게 큰 격려가 된다. 구체적으로 김경동은 음양오행의 원리라든가 역의 변동론에 주목하여 서구 변증법의 논리를 보완할 수 있는 가능성을 지적하고, 파슨스의 AGIL(economic Adaptation, political Goal attainment, social Integration, cultural Latency) 모델을 동아시아 논리와 비교한다. 이와 같은 김경동의 시도를 참고하면서 나도 몇 가지 연구 주제를 발전적으로 계승·분화시켜보고자 한다. 구체적으로 나(김성국, 2015)는 오행에 관한 정통 유가의 해석과는 달리 목화토금수를 인의예지신으로 대응시키며, 기능적으로는 목-인-정치, 화-의-경제, 토-예-사회, 금-지-문화, 수-신-종교의 개념적 짝을 만든다. 이에 적합하도록 파슨스의 AGIL에 종교(religion)를 첨가하여(AGILR), 수-신-종교와 균형을 이루도록 하였다.

"선비의 풍류 문화"에 관한 김경동의 논의는 시의적절하다. 유교의 도덕주의적이고 금욕주의적인 성향을 재고찰하는 균형적 역할을 할 뿐 아니라, 온유돈후를 풍류 사상의 중심에 둠으로써 풍류의 일탈을 경고

한다. 나의 하나논리는 최치원이 언급한 선가적 전통의 풍류도를 "자기조직적 쾌락주의" 혹은 "안락주의"라는 개념으로 현대화시키고자 한다. 나아가 정통 유가에서는 일탈적 조류로 파악하는 양명 좌파 이탁오(李卓吾)의 인욕긍정론(人欲肯定論)을 적극적으로 인식한다. 깨달음의 자유해방적 차원을 개인의 본능적인 혹은 자연스러운 쾌락 추구 욕구와 연결하면서 쾌락을 고해의 바다를 건너려는 만인의 목표이자 적극적 방편의 하나로 논의할 것이다.[5]

신용하(2010; 2017; 2018; 2019a; 2019b)는 『고조선 국가형성의 사회사』, 『한국민족의 기원과 형성 연구』, 『고조선 문명의 사회사』, 「인류 5대 고조선 문명」 등을 통해서 고조선 문명에 관한 획기적 연구로 학계에 신선한 충격을 주었다.[6] 고조선에 관한 연구는 그간 희소한 역사적 사료나 사실에 근거하여 추론적으로 전개되었는데, 신용하(2010: 7)는 이와 더불어 새로운 방법론으로서 "사회학과 민족학 및 문화인류학"을 위시하여 "고고학, 언어학, 사회사학, 미술사학, 정치사학,[7] 경제사학, 민속학, 신화학, 일부 자연과학"도 포함하는 "협동적 통합 연구 방법"의 모색을 강조한다. 신용하는 기존의 어떤 연구보다도 체계적이며 객관적인 방법론에 의거하여 고조선 문명의 실체를 확인시켜주었을 뿐 아니라, 한강, 대동강, 요하를 중심으로 하는 고조선 문명을 기존의 세계

---

5 김경동의 문명론에 관해서 나(김성국, 2022)는 더욱 확대된 논의를 시도하였다.

6 이와 관련해서 우실하(2019)의 선구자적인 요하 문명 연구 또한 주목해야 한다. 그의 연구를 별도로 소개하지 못해 아쉽다. 동북아 및 유라시아 모태 문화의 기축으로서 삼수분화의 세계관을 제시하는 우실하(2012)의 관점을 적극 지지한다는 의미에서, 하나논리의 이론적 구성도 『천부경』의 삼일논리에 따라서 삼수분화를 기반으로 전개하였다.

7 최근 김석준(2020)은 『한국고대국가학: 고조선의 국가와 행정』을 출판했다. 신용하의 선구적 노력을 기반으로 하는 연구이다.

4대 문명인 티그리스와 유프라테스강의 수메르문명, 나일강의 이집트 문명, 인더스강의 인더스문명, 황허강의 황허문명에 이어 세계 5대 문명의 하나로 당당히 확립시킨다. 신용하의 업적을 두고 "학문적 스케일로 보아 토인비에 버금가는" 것이라고 찬탄하는 이상용(2020)의 기사는 전혀 과장이 아니다. 스케일뿐 아니라 논리의 독창성 그리고 방법론과 자료 수집의 치밀함이 두드러진다.[8]

신용하의 고조선 연구는 나의 연구에 참으로 필수적인 토대를 제공한다. 『천부경』과 관련된 선가 전통의 맥락을 기반으로 하는 하나논리는 (환국-배달-)고조선 문명이라는 역사적 사실의 근거 위에서 성립하기 때문이다. 정통 역사학자가 아닌 사회학적 사회사(社會史) 연구자인 신용하가 제시하는 고조선 문명론을 나는 더욱 신뢰한다. 최근 『환단고기』를 중심으로 하는 고조선 및 그 이전 시대의 논의가 열풍을 타는 배경에는 모두가 인정하는 신용하의 학문적 권위와 놀라운 업적이 있다.

하나논리는 신용하를 따라서 향후 고조선 문명의 고유한 정신적 우월성 내지 전 세계적 차원의 설득력을 입증해보고자 한다.[9] 고조선 문명은 물질적으로는 청동기시대의 자급자족 수준에 머물렀을지 모르나 정신적으로는 고도로 개화된 수준에 이르렀을 수 있다. 신용하의 지적처럼, 강요된 노동집약적인 생활과 물질만능주의의 삶을 추구할 필요

---

[8] 나(김성국, 2003)는 한국사회학회 회장 취임 논문에서 내 논문의 사회학사적(社會學史的) 맥락을 10여 년 전 신용하(1994: 1, 5)의 회장 취임 논문,「'독창적 한국사회학'의 발전을 위한 제언」에서 발견한다고 밝힌 바 있다. 신용하는 이제 명실상부하게 독창적 사회학을 완성하였다.

[9] 신용하(1994)는 「'독창적 한국사회학'의 발전을 위한 제언」에서 기존 서구 중심의 사회학 이론의 보편성이 흔들리는 때일수록, 역사적 시련을 많이 겪은 연유로 독창적 학문의 토양이 풍부한 한국의 사회학자들이야말로 새로운 보편성을 제시할 수 있다는 자신감을 피력하였다. 이 자신감을 후학들은 현실화시켜야 한다.

가 없던 환경에서 사람들은 정신적 풍요와 성숙을 도모할 수 있었을 것이다. 정신의 고도화는 철리나 생존 기술의 고도화를 수반한다. 고조선 문명이 치수나 천문역법, 역과 상수 등을 홍수와 내란으로 시달리던 중국 한족에게 전파하였다고 추론할 수 있다. 『천부경』과 같은 '최고 수준'의 혹은 '순박하여 순수하기 그지없는' 정신적 결실이 이루어지고 통용될 수 있는 여건을 고조선 사회는 유지했을 것이라 믿고 싶다.[10]

김문조(2013b)는 『융합문명론: 분석의 시대에서 종합의 시대로』에서 기존 서구의 여러 문명론(진보, 퇴행, 순환 과정으로서 문명론)을 간명하게 정리·검토한 후, 정보혁명이라는 과학기술혁명의 문명사적 영향에 주목하면서 "패러다임으로서의 문명"을 설파한다. "전환과 연속의 이중성을 포괄하는 단계적 진전 과정으로서의 문명관"은 미분화-분화-탈분화, 산포-분할-혼융과 같은 특성을 지니는 농업 문명기, 산업 문명기, 융합 문명기라는 3단계의 문명 연속/전환을 체계적으로 제시한다. 융합에 관한 김문조(2013b: 65)의 설명은 매우 흥미롭고도 참신하다. 그에 따르면 "융합 문명은 이질적 문명 요소들이 뒤섞여 혼재하는 잡탕[11] 상황이 아니되, 그렇다고 다양한 문명 요소들이 균질적 상태로 귀일하는

---

[10] 20세기 초 일제에 대한 독립투쟁이 가열되던 무렵, 독립운동가들은 그들의 종교나 이념을 넘어 대다수가 대종교의 깃발 아래 민족의 시원이자 구심점으로 단군을 역사적 사실로 존숭하였다. 조소앙이 기초하고 (단군을 경배하는) 신채호와 박은식 등의 대종교인을 비롯하여 이승만, 이동녕, 안창호, 이동휘 등이 서명한 「대한독립선언서」에는 "아 우리 마음이 같고 도덕이 같은 이천만 형제자매여! 우리 단군 대황조께서 상제에 좌우하시어 우리의 기운을 명하시며, 세계와 시대가 우리의 복리를 돕는다"라고 단군의 존재를 명시하였다.

[11] 미분화-분화-탈분화가 동시다발적으로 잡탕을 이루며 전개되는 것이 잡종화의 세계이다. 마치 전근대, 근대, 탈근대라는 비동시적 존재들의 동시적 존재 혹은 하나 논리가 깨달음과 관련해 논의할 생존-실존-탈존이라는 이질적 존재양식의 존재 내적 공존이라고나 할까.

동질화 경향을 지칭하는 것도 아니다. … 융합은 분화와 통합의 변증법적 순환을 속성으로 한 일련의 접합 과정(condivergence)"(김문조, 2013b: 65) 혹은 "통합이나 수렴이 아니라 양자 모두를 포괄하는 초분화 과정"이다.[12]

나의 하나논리는 융합과 분화를 하나의 중첩적 과정으로 포괄하는 '잡종화'를 문명 그 자체의 속성으로 규정하기 때문에 김문조와 충분한 이론적 친화력을 가질 수 있다. 나는 융합을 천지인 통일(通一)이라는 본체론적 수준과 가치수행의 차원에서 재구성한다. 융합이라는 현상도 기본적으로 차이를 지닌 존재들이 상호작용하여 기존의 차이는 해소하지만 또 하나의 새로운 차이를 생성한다는 점에서 기존 분화의 탈분화와 재분화를 동시에 수행한다. 하나논리는 이와 같은 동시적 혹은 양면적 생성·소멸을 일-삼-일이라는 삼일논리 혹은 체용론으로 이해한다. 다만 하나논리는 모든 (분화와 통합을 수행하는) 현상 존재의 근원적 혹은 본체론적 하나성에 주목하고, 융합/혼융이 초래할 미래 현상 존재는 (귀일, 합일 혹은 통일이라는) 규범 지향성을 내재한 잡종화를 통해서 다시 하나로 돌아간다는 회귀성을 강조한다.

김상준(2021)은 『붕새의 날개 문명의 진로』를 통해서 우리에게 어떤 문명전환이 필요한지를 장대하고도 유려하게 그리고 치밀하게 제시한

---

[12] 의미 함축이 꽤 강력한 혼융이나 융합을 구체적으로 의미하는 탈분화나 초분화에 관해 약간의 추가 설명이 있었다면 더욱 명료하게 이해할 수 있을 것이다. 불가에서 원융무애 혹은 원융회통이라는 표현을 사용하여 존재와 존재의 신비로운 상호 융합을 설명하는데 이는 마음이 일심 혹은 깨달음의 경지에 들면서 지니게 되는 속성이다. 그러므로 현실적 경험세계에서 문명의 융합을 논의하기 위해서는 이를 이끄는 어떤 강력한 가치와 실천에 대한 설명이 필요한 것 같다. 참고로 하나논리는 균질성과는 연관이 없고, 오히려 현실적 잡탕성을 잡종성의 한 특성으로서 강조한다. 잡탕과 융합의 차이 혹은 거리는 생각만큼 뚜렷한 것이 아닐 수 있다. 나는 잡탕 요리를 즐긴다.

다. 동아시아 내장문명의 문명사적 특성과 기여를 동서고금의 역사와 이론을 체계적으로 섭렵하면서 정치하게 서술한다. 문명전환론 연구에 있어서 세계적 수준의 기념비적 저작이라고 평가할 수 있다. 김상준에 의하면 미래의 세계 문명은 동아시아 내장문명에 의해 주도될 것이다. 하나논리가 후천 정신개벽이라는 문명전환에 기여할 것이라는 나의 주장과 맥락을 같이한다는 점에서 매우 고무적이다.[13] 김상준의 관점과 유사하게 나(김성국, 2021) 역시 서구 팽창문명의 내장적 속성도 강조하고, 동아시아 내장문명의 팽창적 속성에도 주목한다. 팽창과 내장은 음양을 연상시키는 논리구조를 가지고 전개된다. 김상준이 이 전개 과정의 결말을 서구 변증법과는 다소 상이하게 내장문명의 귀환으로서 제시하는 것은 일종의 순환론이 아닌가 싶다. 하나논리도 기본적으로 물극필반(物極必反)이나 반자지도(反者之道)라는 순환론을 수용한다. 음 속에 양이 있고, 양 속에 음이 있어 일음일양의 순환 법칙이 세상만사의 이치가 된다. 따라서 우리는 진보나 발전이라는 개념을 사용할 경우, 그 배후나 저변에 깔린 반대 방향의 반진보나 반발전 혹은 비진보나 비발전이라는 움직임을 고려할 필요가 있다.

김상준(2021: 911)은 놀랍게도, 어쩌면 당연하게도, 내장문명의 새로운 흥기를 선도하고 주도할 수 있는 지역으로 동아시아와 대한민국에 주목한다. 일찍이 공자가 「계사전」에서 "만물이 끝나고 만물이 새로이 시작할 때, 간방보다 더 번성할 곳이 없다[終萬物 始萬物, 莫盛乎艮]"고 한 말씀이 떠오른다. 후천 정신개벽의 중심지가 한국이라고 예언한 민족종교의 창시자들(예컨대 동학의 수운 최제우, 일부 김항, 증산교의 증산 강일

---

[13] 김상준의 책에 대한 서평을 쓰던 2021년 초 나는 이미 이론적 틀로서 하나논리를 구축하고 있었다.

순, 원불교의 소태산 박중빈 그리고 단군교/대종교의 홍암 나철 등)도 동일한 주장을 한다. 하나논리도 『천부경』을 중심으로 하는 선가의 부활과 강조를 통해서 대한민국의 문명사적 역할을 기대한다. 동아시아 내장문명의 문명사적 복귀 혹은 후천 정신개벽을 위해서는 동서가 공유할 수 있는 혹은 팽창과 내장을 아우르며 잡종화할 수 있는 논리, 예컨대 하나논리가 필요할 것 같다.

2) 유가, 불가, 도가[14]

동아시아발 사회이론의 탐구에 있어 그간 동양사회사상학회는 참으로 지대한 기여를 해왔다. 동양사회사상학회가 축적한 연구 전통은 그 주제의 중요성이나 시대적 요구를 고려한다면 21세기 탈근대, 동아시아 시대, 문명전환기의 한국 사회학을 위한 그야말로 선구자적 업적이 아닐 수 없다. 그 가운데서 몇 가지만 선택하여 소개한다.

사회학자에 의한 대표적 연구로 홍승표의 『깨달음의 사회학』과 『동양사상과 탈현대』, 이영찬의 『유교사회학』과 『유교사회학의 패러다임과 사회이론』, 유승무의 『불교사회학』과 『마음사회학』(박수호, 신종화와 공저), 김재범의 『주역사회학』과 (동양사회사상학회와는 직접적 연관이 없는) 정창수(Chung, 2000)의 『주역과 인간사회(The I Ching on Man and Society)』를 들 수 있다.

홍승표(2002)는 『깨달음의 사회학』을 새로운 문명을 추구한다는 의

---

[14] 아직 도교사회학에 대한 본격적인 저술이 없다는 사실은 그만큼 한국에서 도교의 위상이 그 필요성에도 불구하고 미약하다는 반증이다. 나는 (본문에서 인용될) 노자와 장자에 관한 몇 가지 참고도서와 잔스촹(2011)의 『도교문화 15강』을 참고하였다.

미에서 동양사상을 바탕으로 한 탈근대 사회학의 성립을 위한 시도로서 제시한다.[15] 하나논리의 실천적 최종 목표 또한 깨달음이다. 홍승표(2002: 19)는 이원적 세계관을 넘어서는 통일체적 세계관을 제시하면서, 사회를 "각각의 개인에 내재해 있음과 동시에 모든 개인을 포함하는 독자적 실재"라고 규정한다. 얼핏 보기에는 여전히 뒤르케임식의 사회 내적 개인이라는 사회중심주의와 제대로 결별하지 않고 있는 것 같다. 이와는 대조적으로 하나논리는 유아유심 개인주의적 관점에서 사회란 하나의 고정관념으로서 마치 실재성을 지닌 것처럼 보이지만, 단지 하나의 추상적 허구 혹은 내 마음속의 관념적 실재에 불과하다고 판단한다. 홍승표의 통일체적 세계관에 동의하고 그것을 수용하지만, 나는 통일(統一)보다는 통일(通一)을 더 선호한다.

홍승표는 "『주역』의 탈현대 문명 건설의 원칙"을 통하여 『주역』과 새로운 미래 문명의 건설을 논의한다.[16] 『주역』에는 '후천 정신개벽'이라는 표현이 없지만, 홍승표는 '탈현대 문명 건설'을 통하여 나의 하나논리가 지향하는 후천 정신개벽과 친화력이 강한 내용을 제시한다. 『주역』에서 택화혁괘(澤火革卦)나 산수몽괘(山水蒙卦) 등의 여러 괘를 활용하여 탈현대 문명 건설에 필요한 세계관의 혁명, 기초와 원칙을 논의한다. 나는 이 가운데서 "나로부터의 변화"에 주목한다. 지금까지 "인류는 내 밖에 있는 세계를 바꾸어 현대 문명을 건설했지만, 탈현대 문명 건

---

[15] 구체적으로 소외이론, 사회관계론, 사회질서론, 사회발전론 등을 새롭게 정립한다.
[16] 홍승표(2012: 61, n1)가 사용하는 '탈현대'는 나의 탈근대와 대동소이한 것으로 이해된다. 탈현대는 "후기 현대가 아니라 현대 이후의 새로운 시대를 지칭하는 용어"이고, 나(김성국, 2003)도 오래전부터 탈근대를 근대와는 상이한 새로운 문명전환의 과정으로 인식하였다. 하나논리의 후천 정신개벽이 바로 탈근대문명의 전개라고 간주한다.

설은 이와 반대로 나의 변화에서부터 시작한다."(홍승표, 2012: 75) 하나논리의 정신개벽도 바로 나라는 유아유심적 개인의 내면적 성통공완 혹은 깨달음을 의미한다. 나의 변화를 통한 세계의 변화가 가능한 것은 나=세계=우주이기 때문이다. 홍승표는 "세계와 시공간적으로 분리된" 현대적 인간관의 '나'인 에고(ego)와 "영원한 시간과 무한한 공간을 자신 안에 품고 있는 우주적인 존재로서" '나'인 셀프(self)로 나에 대한 매우 유익한 구분을 시도한다. 불가적으로 이해한다면 유아(有我)와 무아/진아(無我/眞我)의 구분에 상응한다. 다만 하나논리는 에고와 셀프를 유아유심의 분리 불가한 두 차원 혹은 체용적 관계로 이해한다. 에고와 셀프는 통일(通一)의 관계이다.

　홍승표(2005)는 『동양사상과 탈현대』에서 도가와 유가를 중심으로 동양사상과 탈현대의 상호 연관성을 논의한다. 그는 서구 근대문명과 이분법적 논리의 부정적 측면을 다소 일방적으로 지적하지만, 동양사상의 탈근대적 차원을 여러 가지 면에서 매우 유용하게 논의한다. 나는 이분법의 분석적 필수성과 유용성을 적극적으로 인정한다. 문제는 항상 중도를 지키지 못하는 지나침에 있다. 그래서 공이나 깨달음 혹은 중도 그 자체에도 집착하지 말아야 한다. 최근 홍승표(2019)는 「왜 동양사상과 인공지능 시대의 가족인가?」라는 글에서 탈현대 가족의 바람직한 소임을 논의한다. 유가적 가족관을 배경으로 탈가족화의 추세에 대응하는 의미 있는 작업이다.

　이영찬(2001; 2008: 4)은 『유교사회학』에 이어 『유교사회학의 패러다임과 사회이론』을 출간한다. 그의 언급대로 두 책은 "서구 사회학과의 소통을 전제로 한 비교, 즉 유교사상의 서구 사회학적 함의를 밝혀 상호보완의 가능성을 모색"한다. 하나논리 또한 서구 이론과의 대화 가능성을 목표로 한다. 이영찬은 서구 이론의 '토착화'에 관심을 가지면서도 그것보다는 매우 신선하게 "자생화"를 제안한다. 하나논리는 토착화 속에 자생화가 움트고, 자생화는 토착화에 의해서 자란다는 이론적 잡종화를 선호한다. 흔히 동양사상으로 유불도를 거론하지만 삼자는 오랜 기간에 걸쳐 상호 습합의 과정을 거쳤다. 당나라 시대에는 한때 삼교 통일 운동도 활발하였다. 하나논리의 시도처럼 만약 유불도에 한국 고유의 선가를 포함시킨다면(유불도선), 불가의 인도적 뿌리에 주목한다면, 나아가 21세기라는 상호연결(networking)의 시대적 조건을 감안한다면, 이영찬이 추구하는 이론의 자생화는 하나논리의 이론적 잡종화와 공존·공생할 수 있을 것 같다. 그가 유교사회학의 패러다임으로서 리기론과 (특히) 음양오행론에 주목하는 것은 당연하지만 매우 반갑다.

나아가 이영찬은 유교사회학 이론을 독창적으로 신체론, 행위론, 규범론, 구조론, 제도론 등으로 구분하여 경험적 수준의 이론으로 제시한다. 신체론은 참으로 신선한 창의적 발상이다. 기존의 유교 논의는 대부분 마음에 집중하였는데, 심신일체라는 관점을 취하면 신체론의 보완이 필수적이다. 또 제도론에서 가족, 국가, 신분을 다소 이상적 당위론의 차원에서 논의하지만 그것들을 시대에 맞도록 개선해야 할 필요성은 절실하다. 앞으로 이영찬이 현대사회에서 보다 적실성을 지니는 급진적 차원의 비판적 논의를 양명학[17]의 활용을 통해서 보완할 수 있기를 기대해본다.[18]

---

17 양명학에 관해서는 특히 유명종(1994)의 『성리학과 양명학』 그리고 임홍태(2019)의 『주체적으로 산다: 왕양명의 《전습록》 읽기』를 참고하였다.
18 2023년 2월 3일 부산 부경대학교에서 개최된 동양사회사상학회의 학술대회("포스트 코로나 시대의 사회학과 동양사회사상의 새로운 모색")에서 이영찬은 이 책에 관한 나의 발표에 대해서 지정 토론자로서 "성리학에 대한 논의가 상대적으로 부족하다"는 의견과 함께 차후 보완 사항을 지적해주었다. 정확한 논평이다. 나는 유가 전반에 대해 연구가 부족함은 물론이고 성리학에 대해 다소 편향된 시각을 지니고 양명학에

1920년대부터 2010년대까지의 중국 현대 신유학에 관해서는 원영호(2012)의 「현대 중국의 유학연구 동향과 전망」으로부터 유익한 개괄적 정보를 얻었다. 특히 신유학의 제4세대라 할 수 있는 문화보수주의자들이 전개한 서구 민주주의에 대한 전면적 비판과 전통적 유가 질서와 가치(권위주의나 왕도정치 등)의 부활은 현금의 중국 정치체제를 미리 예견하고 준비한 논리가 아닌가 싶다. 하나논리도 제5장에서 서구식 민주주의에 대한 비판을 제기하지만 중국의 문화보수주의와는 그 맥락과 배경 그리고 지향점이 상이하다. 현대에 들어와 유교와 정치권력의 상호 관계는 합리화라는 수준에서 때로는 어용화 혹은 도구화의 길을 걷기도 하고, 때로는 반성적-비판적 수단으로서 새로운 조류를 수용하기도 하는 곡학아세와 유연성을 동시에 보여주는 것 같아 착잡하다.

　유승무(2010)는 『불교사회학: 불교와 사회의 연기법적 접근을 위하여』에서 연기체(緣起體) 사회학을 탐구하며 상즉상입(相卽相入)이나 중도와 같은 개념을 활용한다. 이 과정에서 "또 다른 진보"의 연기체라는 개념을 사용하는데 "또 다른"이라는 제한에도 불구하고 진보라는 말이 부담스럽다. 불교의 기본 정신과 유물론적 진보는 제대로 어울리지 않는 것 같다. 문제의 근원을 자본주의나 서구 가치관의 파행에서 찾으려 하기보다는 심층적으로 모든 인간의 이념과 가치에 내재하는 탐욕과 어리석은 집착에서 벗어난다는 탈물질주의로 눈을 돌리면 불교의 기본 지향에 더 근접하지 않을까? 마찬가지로 레비스트로스의 경우처럼 불교와 사회변혁의 시발점을 붓다와 맑스의 공존 가능성에서 찾는 것은 유용한 시도이기는 하지만, 참여 불교라는 대안은 그 집단 구원의 지향성에도 불구하고 대중 영합의 세속주의나 자본주의적 물질주의에 휘말릴 위험

　기울어져 있다.

성이 높으므로 엄격한 자기규제의 논리 위에서 전개되어야 한다.

최근 불교사회학의 논의는 유승무·박수호·신종화(2021)의 『마음사회학: 마음과 사회의 동행』으로 발전한다. 이들의 마음사회학은 내(김성국, 2018)가 강조하는 유아유심으로서의 개인 마음 그리고 사회의 허구성 혹은 개인 마음에 의한 집합적 사회의 조형, 변형, 재구성 가능성 혹은 사회의 개인화라는 주장과 충분히 동행이 가능할 것으로 기대한다.[19] 수행의 차원이나 중도·화쟁·일심의 길에서 나의 하나논리는 유아유심으로서의 마음과 (여러 유형의 연기로서의) 사회가 동행하면서 통일(通一)하리라 믿는다.

상기 언급한 연구들에는 해당되지 않지만, 여기서 많은 동양사상 연구자가 쉽게 빠져드는 (서구 사상은 이제 끝장을 보이고 있으니, 동양사상이 미래의 길잡이가 된다는) "자화자찬의 자기도취적 자신감"에 관해 자성의 기회를 갖고 싶다. 동양사상은 절대 불변의 진리도 아니고 인간을 위한 영원한 길잡이도 아니다. 그간 시대 조건이 엄청나게 바뀌었고, (서구화된) 인간과 (파괴된) 천지자연 또한 과거와는 판이하다. 그럼에도 불구하고 시공을 초월하여 고전적 동양사상의 유효성과 설득력을 '지나치게' 강조하려는 경향이 두드러진다. 가족과 효, 공동체적 질서와 예 등의 가치는 여전히 아름답지만 그 규범적 설득력은 시대의 변화와 함께 매우 약화된 상태이다. 동양사상의 탈근대화 혹은 동양사상에 기반을 둔 새로운 문명의 수립이라는 작업을 하자면 동양사상에 대한 급진적 해석과 과감한 변용이 필요하다. 현대 문명의 도덕적 혹은 규범적 붕괴

---

19   젊어 독실한 불도였던 안병철 선생이 최근 내게 선사한 이운허(1972)의 『불교의 깨묵』은 125쪽의 소책자로 불교의 복잡다단한 논의를 일목요연하게 압축적으로 정리한다. 불가는 참으로 복잡하고 어렵다. 그래서 쉽게 회의의 유혹에 빠지지만, 뿌리치며 떠날 수 없다. 계속, 특히 마음으로 공부할 것이다.

를 막기 위해서는 고전적 동양사상의 집합주의적 혹은 비현실적 공동체주의 도덕윤리관에 대한 상당한 수준의 해체와 재구성 작업이 절대적으로 필요하다. 새로운 개인주의가 지배하는 시대가 도래하고 있다. 예를 들자면 유가의 인의예지 그 자체가 부적합하다는 것이 아니라, 탈근대라는 현실세계에서 그것이 어떻게 작동할 수 있는지 구체적으로 그 방안을 제시해야 한다. 이미 현대 서구 이론도 인의예지에 상응하는 사랑과 자선/사회적 책임, (분배적) 정의와 형평, 질서와 통합, 지식과 정보에 관한 풍부하고도 수준 높은 현실적 논의를 엄청나게 제시하고 있다. 특히 서구 기독교는 어마어마한 정신적-지적 자산과 실천적 규범을 내장하고 있다는 사실을 명심해야 한다. 자칫 잘못하면 한때 일본의 흥기에 따라서 "일본이 세계 최고"라 하면서 서구인들이 초밥과 사시미를 특식으로 즐겨 먹게 된 것처럼 동아시아 사상도 건강증진용 참선이나 (기)호흡법이 서구에서 최근 유행하는 것처럼 일시적 취미생활이나 기호품으로 수용될 수 있다. 물론 이와 같은 추세도 초기 단계에서는 동양사상의 가치를 재인식시킨다는 점에서 나쁘지 않다. 그렇지만 우리는 더욱 분발해서 새로운 문명에 걸맞은 정신적 가치로서 동아시아 지혜의 현대적 재구성을 모색해야 한다.

금인숙(2006)은 불교, 도교, 선도를 신비주의와 관련해서 간명하지만 매우 유용하게 설명한다. 동아시아 지혜의 신비주의를 부각시키려는 하나논리가 매우 필요로 하는 연구이다. 이 내용은 이 책 제5장(1절)에서 다시 논의할 것이다.

도가(특히 『도덕경』과 『장자』)에 관한 연구, 특히 대중을 위한 교양서는 노장사상의 유행과 더불어 폭발적으로 양산되었다. 나는 전문 연구서로 기존의 해설서(왕필이나 감산의 노자 풀이 등)를 비롯하여 최근의 전문 연구서, 그중에서도 『노자 도덕경 하상공장구』와 유소감(2000)의 『노자 철학』 등을 참고하였다. 『장자』에 대한 해설과 텍스트로는 그레이엄(2014)을 가끔 활용하나, 그의 해설은 유보적으로만 수용한다.

정치학자이자 나의 오랜 아나키스트 동지이며 진지한 불자인 방영준(2020)의 『붓다의 정치철학 탐구』는 호소력이 크다. 불교 정치철학의 핵심을 "연기법과 중도 그리고 자비"라고 규정하는 그의 입장은 나의 하나논리가 가치수행론을 대표하는 것으로 중도자비론을 선택하는 데 힘을 실어준 동시에 연기의 심오한 의미를 현실적 집종화 혹은 『주역』의 상잡과 연관시키는 데 큰 시사점을 제공하였다. 그가 불교의 정치철학을 논의하면서 제시한 염세적 낙관주의, 중도와 개방성, 대자유인 지향 등은 내가 하나논리를 구축하면서 적극적 비관주의, 자유해방으로서의 깨달음을 등을 논의하는 데 든든한 격려가 되었다. 그는 현대 정치 이념의 불교적 차원을 거론하면서 아나키스트 붓다를 비롯하여 자유주의, 민주주의, 자본주의, 사회주의, 민족주의, 파시즘, 공동체주의, 페미니즘, 녹색주의와 불교 간의 잘 알려지지 않은 상호 관련성을 간명하게 제시하며 불교의 현대적 적실성과 미래 가능성을 다시금 확인시켜준다.

동아시아 지혜의 발전 과정을 중국 정치사상사의 관점에서 설명한 소공권(1998)의 『중국정치사상사』는 전체적 배경과 맥락을 잡기 위하여 수시로 애용하였다. 특히 초기 유불도의 흥기 과정에 대한 설명과 더불어 근대 여명기 중국의 학자들이 전통적 유가를 어떻게 보전·개신하느냐를 두고 고민한 사상적 여정을 보노라면 그 스케일의 장대함과 논리의 정치함에 탄복하지 않을 수 없다. 현대 유학에 관해서는 펑유란(2006)의 『현대중국철학사』로부터 큰 도움을 받았다.[20]

20 중국의 캉유웨이와 량치차오를 비롯하여 탄스퉁, 옌푸, 장빙린, 류스페이, 하진 등의 활약을 당대 우리나라의 걸출한 인재들인 실학파와 개벽사상가를 비롯한 박은

3) 『주역』

정창수(1980; Chung, 2000)는 일찍부터 『주역』을 사회적 차원에서 해석하고자 노력한 『주역』의 사회학적 연구의 선구자이다. 흥미롭게도 동양사상에 대한 모든 사회학자의 연구 관심은 현대 문명의 위기를 제대로 파악하고 거기에 효율적으로 대처함에 있어 (창조적 생각이 고갈된) 현대 서구의 사회(과)학 이론은 한계를 지닌다는 인식에서 출발한다. 정창수(Chung, 2000: 1-16, 397) 또한 서구적 패러다임을 철저하게 갱신한다는 의미에서 『주역』을 활용한다. 그는 구체적으로 64괘를 대상으로 유사한 사회적 특성을 지니는 4-5개의 괘를 모아서 한 집단을 이루게 한 다음 그렇게 이루어진 14개의 집단별로 이론적-경험적 제안 혹은 대처 방안을 요약하여 제시한다. 매우 의미 있는 작업이다.

정창수(Chung, 2000: 363-381)는 레빈(Kurt Lewin)의 장이론(Field Theory)과 『주역』의 원리를 상호 유사한 관점이라고 이해한다. 양자의 관련성을 설명하는 부분은 매우 유용하면서도 적절하다. 행위='삶의 공간'의 기능='개인의 상호작용+환경'의 기능(behavior=function of life space=function of the interaction of person and environment or $B=F(LS)=F(P.E)$)이라는 공식으로 표현되는 장이론은 인간사를 천지인 삼재나 음양오행으로 구성된 6효 작용으로 설명하는 『주역』과 상통할 수 있는 여지가 적지 않다. 흥미로운 사실은 정창수가 서구 이론의 한계를 강하게 지적했음에도 불구하고 레빈의 이론을 적극적으로 활용한다는 점이다. 정창수는 나아가 그의 『주역』 해석이 서구 사회학 이론가들(앤서니 기든스, 표트르 슈톰프카, 브라이언 터너, 마가렛 아처, 랄프 다렌도르프, 루이스 코저,

식, 신채호, 조소앙, 김교헌, 서일 등과 비교 연구해야 한다.

게오르크 짐멜)의 이론과 폭넓게 공명함을 지적한다.

하나논리는 김경동이나 정창수를 비롯한 여러 동아시아 지혜의 연구자들이 추구하는 것처럼 서구 이론을 체계적으로 비교하고 비판적으로 활용하면서 서구의 개념을 동아시아적으로 재구성하는 작업을 시도한다. 예컨대 서구의 잡종화(hybridization)론을 『주역』의 물상잡(物相雜)과 연관시키고, 본체론적으로는 지일(地一)의 일기(一氣)가 작용하는 것으로 이해한다. 서구의 개인주의도 동아시아 개인주의의 특성인 불가의 유아유심과 연관시켜 유아유심 개인주의로 발전시키고, 선가의 홍익인간, 불가의 중생구제와 대자대비, 유가의 수신제가치국평천하와 인애, 도가의 수선리만물(水善利萬物)과 자애와 연결시켜 수신수행을 지속하는 자기 확대형 개인주의로 성숙시킨다.

김재범(2001)의 『주역사회학』에 의하면 『주역』은 "시대를 뛰어넘어 현실을 파악하는 인식 원리와 현실의 삶을 살아가는 실천적 행위 원리를 제시"하므로 오늘날 사회학의 위기를 극복하는 자기 논리를 제공한다. 그는 『주역』의 세계관과 인간관을 기일원론적 유기체론, 대대와 유행의 원리에서 발견한다. 나의 하나논리는 리기심일원론이면서 주심론(主心論)을 취하고, 유기체론에 대해서는 부정은 하지 않되, 적극적으로 긍정하지도 않는다. 어떤 유기체론은 존재의 생명 가치를 일방적으로 존중하고, 그 체계적 작동성을 과장하는 경향이 있기 때문이다. 김재범은 방법론적 쟁점으로 존재론, 인식론, 가치론을 구분하여 논의한다. 나의 하나논리는 『주역』과 유불도를 포함하면서 『천부경』/선가 전통에 입각하여 존재론 그 자체를 이론적 기본 틀로 삼으면서 출발하고, 존재론을 체용론의 관점에서 본체론과 변용론으로 구분하고, 다시 변용론을 형상론(기능변화론, 인식주체론, 가치수행론)과 경험론(음양오행 잡종화론, 유아유심 개인주의론, 중도자비 수신수행론)으로 연결시키면서 접근한다.

부끄럽지만 『주역』을 제대로 공부한 적은 없다. 노태준의 해제 번역서(『주역』)를 대충 읽어보았을 뿐이다. 아래의 해설이 마음에 들어 지금도 틈틈이 참고로 한다.

> 고전으로서 『역경』의 생명은 신비적인 점에 있는 것이 아니고, 반대로 주술을 인간화시켜서 실행한 점에 있었고 … 그 과정에서의 사색이 오늘날 우리들에게 많은 암시를 주고 있는 것이다. … 선입관념을 버리고 … 겸허한 마음으로 『역경』을 대하면 독자는 의외로 신선한 인간능력에 대한 신뢰를 찾아내게 되는 것이다. 『역경』의 점은 귀신의 조화가 아니다. 그리고 『역경』에 나타난 길흉은 변할 수 없는 숙명으로서 주어진 것도 아니며, 마땅히 순종하고 따라야만 할 법칙을 나타내줌으로써 운명 개척의 노력을 촉진시켜주는 것이다. 전화위복이라는 말이 곧 『역경』의 도인 것이다. … 특히 『역경』은 독자의 적극적인 참여를 필연적인 요소로 삼고 있다. … 『역경』은 신성한 경전도 아니고 신비를 말해주고 있는 기서도 아니다. … 『역경』의 말은 하나의 암시인 것이다. 사람은 그 암시에서 자유로운 연상을 일으켜서 자기가 지니고 있는 문제를 생각하고 해결해나가야 하는 것이다(『주역』: 12-13).

『주역』 공부란 잠깐 몇 년 한들 망망대해의 일엽편주 신세도 될까 말까 할 것이라고 자위한다. 그래서 최근 (나를 선가 및 동양사상 공부로 이끈) 제자 정승안 교수가 추천한 남회근(2013; 2011)의 『역경잡설』과 『주역계사 강의』를 수시로 이용하고, 황태연(2008)의 『실증주역』도 가끔 참고하는 "2차 자료 전적 의존"의 수준이다. 남회근(2013: 55)이 『주역』의 특성 한 가지로 "착종복잡(錯綜複雜)"을 규정하는 것을 보고 『주역』

「계사」(10장)의 "물상잡 고왈문(物相雜 故曰文)"을 연상하면서 이를 하나논리의 잡종화론과 연결시키게 되었다.[21] 『주역』의 변화도 잡(종)화의 작용으로 이해할 수 있다.

『주역』의 상수학적 전통은 『천부경』과 직접 연결될 수 있다.[22] 하나논리도 본체론의 수준에서 수리철학적 논의를 시도한다. 불가의 공(空)을 비유비무(非有非無)라고 규정할 수 있다면, 하나 또한 일시무시일이요 일종무종일이므로 공처럼 무와 유 사이에 걸쳐 존재하는 모든 것이 된다. 수리(數理)는 문리(文理)만큼이나 인간 지혜의 원천이자 그 견인차이며, 놀라운 성과이다. 하나논리의 리(理)는 수리와 문리/철리(哲理)를 모두 포괄한다. 『천부경』이 일(一)에서 십(十)까지의 수로 천지인 우주의 원리를 설명한다는 사실은 경이로울 뿐 아니라 경외감을 불러일으킨다.

---

21 hybridization의 번역어로 생물학으로부터 유래된 서구적 사용법을 따른다는 의미에서 잡종화(雜種化)를 선택하였다. 잡종강세(雜種强勢)라는 의미 함축이 좋다. 그런데 종(種)이라는 표현이 가끔 부담스럽다. 생물계만을 지칭하는 느낌이다. 물론 최근에는 하이브리드 카에서부터 각종 하이브리드 제품이 속출하므로 큰 문제가 되지는 않는다. 그러나 순 동아시아적 표현법을 사용하자면 『주역』에서 사용된 상잡(相雜)이나 남회근(2013)의 착종복잡(錯綜複雜)을 축약한 잡종(雜綜)이라는 표현도 고려해볼 수 있겠다.

22 『주역』연구에서 이론 중심의 의리학적 접근에 못지않게, 현실적 응용에 관심을 두는 상수학적 전통을 적극적으로 발전시킬 필요가 있다. 아울러 『천부경』과 『주역』이 서로 상당한 논리적 상응성을 지닌다는 점을 지적해두고 싶다. 그리고 『역』가운데서 특히 일부 김항이 완성한 『정역(正易)』은 가히 혁명적 역사상이라 부를 수 있을 만큼 획기적 연구 성과이고, 또 미래 후천 세상에 관한 논의라는 점에서 우리는 계속하여 『정역』의 논리를 계승·발전시켜야 한다. 『정역』공부를 위해 양재학(2022) 및 관련 연구들을 참고하는 수준이지만, 나는 『정역』의 무극태극황극일원론(無極而太極而皇極)은 하나논리의 천지인 삼수분화 및 삼일논리와 접합·상통할 수 있다고 생각하나, 『정역』을 결정론이나 절대주의의 관점에서 독해하는(양재학, 2022: 44-55) 것은 수용하기 쉽지 않다.

4) 『천부경』 및 선가 연구

최근 『환단고기』에 대한 관심의 폭발과 함께 『천부경』과 선가에 관한 연구도 증가하는 추세이다. 물론 예전부터 선가와 『천부경』에 대한 관심은 꾸준히 지속되어왔다. 특히 국학연구소의 『국학연구』와 국제뇌교육종합대학원대학교 국학연구원의 『선도문화』, 증산도 상생문화연구소 등이 관련 연구를 지속적으로 수행하고 있다.

『천부경』은 하나논리에 필수불가결한 이론적 토대를 제공한다. 천지인합일이라는 우주론적 관점과 가치를 제공할 뿐만 아니라 우주의 생성 원리와 인간의 주체적 역할을 명확하게 제시하는 경전이다. 동서고금을 통틀어 단 81자로 그토록 광대무변의 심오한 뜻을 전달하는 문건은 찾아볼 수 없을 것이다. 『천부경』이 고조선 이전부터 우리에게 전해 내려왔고 그것과 관련된 제천의식, 예컨대 영고(迎鼓), 동맹(東盟), 무천(舞天), 시월제(十月祭)나 화랑도(花郎道)와 같은 제도화(制度化)가 있었으며, 팔관회(八關會)는 고려 때까지 지속되었고, 각종 관련 풍습이 지금까지도 전래된다는 사실(김석진, 2010)은 우리에게 자부심의 원천이 된다.

『천부경』 풀이는 그야말로 각양각색으로 엄청 많다. 어슷비슷한 부분도 있지만 각각 독특한 관점과 취향으로 해설한다. 나도 여기서 이 책의 전개상 필요한 선에서 그야말로 시론적 차원에서나마 절충적으로 『천부경』을 풀이해보고자 한다. 내가 주요 참고 자료로 활용한 해설은 다음과 같다.

서양철학자 하기락(1993)의 해설을 시작으로, 기독교인 류영모(https://www.youtube.com/watch?v=w60oJB3Bccc&t=49s)와 불자 탄허(https://www.youtube.com/watch?v=nR6cyRnRyOc)의 해설, 여기에 더하여 역학자

김석진(2010), 정치학자 최민자(2006), 대종교인 봉우 권태훈(1989),[23] 동양사상 연구자 윤석홍(https://www.youtube.com/watch?v=G4DLk0JnMFE)의 (『천부경』1강-15강) 풀이, 『천부경』과 하이데거를 영역 문제를 중심으로 비교하는 황경선(2021) 등으로부터 큰 도움을 받았다. 특히 최민자와 김석진의 해석은 여러 차례 정독하였다. 『삼일신고』와 『참전계경(參佺戒經)』까지 해설하는 최민자의 사통팔달 종횡무진 논리정연한 해설이 압권이라면, 김석진의 간단명료 박람강기 이심전심의 풀이는 정곡을 찌른다.

뒤늦었지만 다행히도 2022년 9월 29일 김재범(2014)의 논문, 「『천부경』의 종교사회학 및 사회사상사적 의의」를 읽게 되었다.[24] 『천부경』 관련 사회학자의 논문으로는 처음이라 참으로 반가울 뿐 아니라 그 내용이 매우 견실하고 적확하다고 여겨 여기에 논문의 초록을 인용한다.

> 『천부경』은 유래의 고증 문제로 위작 여부가 논란이 되고 있다. 그러나 종교사회학적 관점에서는 진위의 문제보다 이미 민족종교와 수련 단체 등에서 『천부경』이 경전으로 받아들여져, 구성원들의 사

[23] 대종교의 관점에서 『천부경』의 수용과 연구를 상세히 소개하며 분석하는 최윤수(2020: 150-152)는 "인간으로서 『천부경』을 해석하는 것이 불가능할지 모른다. 그러므로 논리적인 해석을 멈추고 수도를 해서 깨달으며 그 의미를 알아내는 것이 합당할지 모른다"라고 자신의 소회를 밝힌다. 동아시아 신비주의를 제대로 이해하자면 과학적 논리에만 의존해서는 안 되고 신비주의적 깨달음이 요구될 수 있다. 논리적으로 명확한 점만을 정리한 그의 연구는 큰 도움이 되었다.

[24] 정승안 교수의 차로 안동의 학술대회(제9회 21세기 인문가치포럼, '대전환, 그 너머의 세상: 인류를 위한 질문')에 참석한 후 당일 귀가하는 차 안에서 정 교수가 그 논문을 언급한 지 일주일 후이다. 나의 제자인 정승안 교수는 동양사회사상학회에 오랫동안 참여하였으며, 개인적으로는 『주역』 공부와 함께 선가 수련을 병행한 불자이기도 하다. 나의 동양사상 연구에 큰 도움을 주고 있다.

회적 행위의 원리로서 작용을 하고 있다는 현실이 더 중요하다. 또 사회사상사적 측면에서는 『천부경』이 우리 민족의 고유 사상을 어떻게 나타내고 있으며, 다른 사상과 어떻게 비견(比肩)될 수 있는지, 새로운 전망을 담고 있는지 등이 더 중요하다. 사상사적 검토에는 『천부경』 81자가 워낙 함축적이라 다의적 해석이 가능하여 필연적으로 해석의 관점의 문제가 함께 논의되어야 한다.

『천부경』의 가장 핵심적인 사상을 나타내는 부분은 바로 첫 구절 "일시무시일(一始無始一)"과 마지막 구절 "일종무종일(一終無終一)"이라 할 수 있다. 여기서 한사상의 가장 기본이 되는 '한[一]', 혹은 '하나[一]'의 특성이 규정될 뿐 아니라, 존재론적 근거가 규정되는 '일(一)'과 '무(無)', 즉 '있음[有]'과 '없음[無]'의 관계가 설명되기 때문이며, 그 관계의 파악을 통해 인식론적 관점과 가치론적 지향이 도출되기 때문이다.

이 글에서는 "하나[一]=없음[無]=있음[有]"이라는 입장에서 『천부경』을 해석하는 것이 한사상으로서의 고유성과 인류 보편 사상으로서의 가능성을 제대로 살려낼 수 있음을 논증한다. '없음'의 '있음'이 처음 '하나'가 있는 것이므로 '없음'과 '있음', '하나'는 선후관계나 상대되는 관계에 있는 것이 아닌 근본에서 본래 '같은 것'이라는 의미이다. 논리적으로나 사실적으로 '유'와 '무'는 불이(不二)로서 항상 함께 있는 동체일 수밖에 없다. 이러한 상태를 나타내는 말이 시작도 없고 끝도 없는 하나라고 하는 것이며, 그것이 바로 '한'사상의[25] 특징이다.

25　김상일(1990; 2014a; 2014b)의 유명한 한사상 혹은 한철학도 한의 속성으로서 "하나"의 의미(일)를 거론하면서 방대한 이론적 체계를 완성한다. 탁월한 기념비적 연구 성과로 생각한다. 그의 한은 일다중동혹행(一多中同或行)의 매우 폭넓은 의미를 보유한다. 그러나 나의 하나논리와는 이론적/이념적 맥락과 출발점 그리고 지향성이

『천부경』의 "하나[一]=없음[無]=있음[有]"이라는 사상은 '한'이 존재하는 방식을 밝히는 것이라는 점에서 세계의 근원이 무엇인가 하는 존재론적 근거를 밝히는 것이자, 무와 하나, 유와의 관계를 동시적이며 동일한 근원이면서, 시작도 끝도 없이 무한히 변용하며 순환하는 관계로 파악한다는 점에서 세계를 어떻게 인식할 것인가 하는 인식론적 관점의 근거를 밝히는 것이 된다. 또한 그러한 존재론과 인식론적 관점이 현실적 행위 원리와 실천의 문제로 연결될 때, 가치론적 지향으로서 이원론과 직선적 사고에서 파생된 대립과 모순, 갈등을 넘어 상생(相生)의 길을 모색하는 근거를 제시하게 되는 것이다.

나의 하나논리는 『천부경』의 핵심을 인중천지일의 천지인합일에서 발견한다. 나아가 나는 김재범의 "하나-없음-있음"과는 변별되는 존재론적 관점에서 하나를 합일(合一)=통일(通一)의 관점에서 하나로 규정한다. 모든 존재는 "유적(有的) 존재"이다. "없다[無]"는 있음[有]과 "있다[有]"는 있음[有]은 형이상학적, 관념적, 의식적, 개념적 차원에서 반드시 "있음[有]"으로 전제되어야만 하기 때문이다. 인식의 대상이 되는 순간 그것은 존재론적 실재성(有 혹은 無)의 여부와 관계없이 "있음[有]"으로 존재한다. 전형적인 유아유심적 존재론이다. 저 유명한 불가의 색공여일이 가리키는 "색즉시공"의 색공여일이나 유무가 불일불이(不一不二)로서 존재한다는 중관의 이치가 바로 『천부경』의 무시일과 무종

상이하고 그 내용과 전개 또한 다르기 때문에 나의 차후 연구 과제로 남겨놓는다. 이와 관련하여 최근 『환단고기』 대열풍은 매우 바람직한, 아니 필요불가결한 실천적-학술적 '역사복원운동'이지만, 이 책에서 거론하지 않는 이유는 관련 학계의 동향과 추이를 좀 더 지켜보고자 하기 때문이다. 열광이나 찬탄의 시절을 지나 냉정한 자기성찰의 시간을 겪으면서 더욱더 성숙하고 설득력 있는 연구가 나온다. 시류를 타고 기회를 포착하는 것이 중요한 만큼이나, 시류를 대세나 주류로 만들기 위한 장기적 비전이나 기초 작업도 중요하다.

일이다. 불일불이, 비일비이, 무시무종이라는 하나! 나아가 하나논리의 하나는 존재 관계의 통일(通一)로서의 하나이다. 모든 존재를 존재론적으로 소통하여 연결시킨다는 의미에서 하나이다. 이와 같은 통일의 작용을 가능하게 하는 이유는 본체로서의 하나가 내재적으로 이미 천지만물의 존재, 즉 (리기심 혼연일체로서의) 천지인 셋을 포함하고 있기 때문이다. 일집함삼이요, 회삼귀일이다. 일즉다 다즉일이다. 다만 우리의 인간적 바람과는 달리 통일이 세상만사를 반드시 상생으로 이끌고 가지는 않는다. 상극이 있어야 상생이 존재하기 때문이다. 그럼에도 불구하고 혹은 바로 그것이 세상 현실이므로 우리는 세상의 모든 위대한 종교가 추구하듯 상생을 규범적으로 지향한다.

물론 하나논리와는 다소의 변별성을 지니지만, 김재범의 해석과 그가 배경으로 삼는 김상일의 한사상 해석을 나는 존중한다. 사회학도라면 김재범의 글을 필독하기를 권한다. 그는 이 책에서는 간단히 언급만 한 『천부경』의 배경, 의의 그리고 가치를 일목요연하게 정리하고 있다. 2003년 내가 『천부경』을 공식 언급한 이후 10년 만에 처음 등장한 매우 유의미한 사회학적 논문이다.

선가 연구는 선도 문화와 국학 연구 등을 통해서 활발하게 이루어지고 있다. 나는 봉우 권태훈 선생의 한국 선도 이야기가 대담 형식으로 실린 『선도공부』(정재승, 2006)를 참고하였으며, 국학 수립의 차원에서 선가 전통의 복원을 대종교를 중심으로 강조하는 김동환(2011)으로부터도 강력한 시사를 받았다. 나는 하나논리의 한국적 토대를 분명히 하고 싶다. 그러나 『천부경』은 한국적이면서 세계적이라는 사실이 더욱 중요하다. 한국이 자랑할 수 있는 민족적 고유자산이면서 동시에 동아시아 지혜가 함께 발전시킨 인류의 공유 자산이다. 꼭 필요한 경우가 아니면 가능한 한 모든 경계와 구분을 떠나라는 것이 동아시아 지혜의 가르침이 아닌가?

이미 언급하였듯이 나는 하나논리의 사상적 토대인 선가를 유불도와 함께 동아시아 4대 지혜에 포함시킨다.[26] 즉 유불도선이다. 가장 늦게 진입하였다는 의미에서 가장 후미에 위치하지만, 그 사상적 연원이나 영향을 생각하면 맨 앞에 두는 것이 순리이다. 도가와 선가는 신선사상을 매개로 공통성과 공유점이 많지만 뚜렷한 대비성도 지닌다. 선가는 무위가 아니라 홍익인간이다. 자연이 아니라 인간 책임으로서 천지인 합일이다. 선가는 도가의 소요유를 포함하는 풍류도이다. 이미 관련 연구도 속속 나오며, 향후 상호 연관성과 더불어 독자성을 더욱 넓고 심층적으로 규명해야 한다. 선가는 의심의 여지 없이 "한국적"이다. 물론 선가는 이론적으로 유불도와 연관되지만 독자적 전통과 성격을 지닌다. 앞으로 한국이 문화예술적 차원의 한류와 함께 세계 문화를 선도하는 정신적 지주의 역할을 수행하자면 한국판 불교와 한국산 선가를 이론적, 규범적 차원에서 더욱 체계화시키고 발전시켜야 한다. 유가는 중국이 종주국이라며 이미 독점해버렸다. 도가도 독립적으로 선가와 분리된 이상 도가를 한국산이라 하기도 어렵다. 한국의 선가에서 중국의 도가를 한국식으로 흡수하여 선가에 융합시켜야 한다. 불교는 인도가 원산지이나 이미 고향을 떠났고, 중국의 유가는 불가와의 친화력이 소원한 편이므로 그간 독자적으로 찬연한 발전을 이룩한 한국형 불가를

---

[26] 현시점에서는 돈키호테식 만용이 아닐까 싶기도 하다. 그렇지만 『천부경』을 중심으로 하는 선가 전통의 심원(深遠) 신묘성(神妙性)과 (비록 고대 중국에서 개화되었지만) 그 다양하고도 풍부한 역사적 변용을 감안한다면 결코 무리한 제안이 아니다. 고조선을 포함한 동이족이 고대에는 중국의 상당 지역에 거주하였다는 사실이 점차 정설로 인정되고 있다. 고대 중국의 시조 황제들과 고조선의 관계도 거론되며, 공자와 동이의 관계 또한 여러 가지 차원에서 논의되고 있다. 진실이 빛을 보자면 부단한 노력과 오랜 세월의 기다림이 있어야 한다.

더욱 발전시킬 필요가 있다. 가능하다면 한국형 불가와 한국산 선가를 융합할 수 있는 길도 진지하게 모색할 필요가 있다.

기독교인 유동식(1996; 1997)의 역할 또한 언급되어야 한다. 최근의 풍류신학에 이르기까지 유동식은 한국 고유의 선가적 전통(『천부경』, 풍류도)을 기독교 교리나 개념과 연관시키면서 류영모나 함석헌이 일찍부터 일군 기독교의 동아시아화/한국화, 혹은 한국적 기독교의 세계화를 추구한다. 풍류신학의 탄생에서는 풍류도맥론을 탐구한 변찬린(2019)의 역할에 또한 주목해야 한다. 한국은 영성의 나라인지 기독교, 불교, 노장사상 등에 선구자적 예지인(叡智人)이 많다. 한국의 유가 전통은 명이 망한 뒤에도 소중화를 자부할 만큼 강력하다.

풍류신학의 개념은 하나논리의 (최치원의 풍류도와 연관되는 쾌락주의로서) 안락주의와 연결된다. 금욕적 제도 종교의 시대에서 자기조절적 쾌락을 추구하는 자유해방적 영성의 시대를 열어가려는 노력이다. 쾌락은 인간 삶의 최고 목표 중 하나이고, 앞으로도 쾌락 추구는 개인주의적 자유해방의 추구와 함께 매우 자연스럽게 더욱 거세어질 것이다. 쾌락주의에 대한 다양한 적극적 해석이 필요하다. 어설픈 도덕론에 입각하여 쾌락을 금지하면 그 부작용이 훨씬 더 크다. 하늘이 준 본능적 욕망을 금지하기보다는 순치(順治) 혹은 순화(馴化)시키는 것이 더 적절하다. 양명 좌파의 급진주의자 이탁오를 따라서, "남녀 사이의 정욕(情欲)은 천(天)이요, 예법(禮法)은 성인(聖人)이 정한 것이다. 나는 천을 따르지 성인을 따르지 않겠다"고 외치며 허위의 부유(腐儒)를 질타한 시대의 이단아 허균의 일갈은, 거인 소설가 이병주(2019)의 예측대로,[27]

---

[27] 이병주는 그의 소설 『허균』에서 허균에게 "내가 생각하기론 허균 당신은 500년쯤 일찍 이 세상에 태어난 것 같소. 말하자면 21세기에나 태어나 마땅한 사람이 16세

21세기 오늘날에는 한번 진지하게 되씹어볼 만하지 않은가?

『천부경』은 다른 동아시아 지혜의 경전들과 마찬가지로 현대 서구 이론과의 연관 속에서 재조명되고 있다. 특히 (노자의『도덕경』에 친숙한) 하이데거와『천부경』의 이론적 친화력은 결코 과소평가할 수 없다. 서구적 일자와 동아시아의 하나가 만나는 중요한 접점을 제공한다.

하나논리의 이론 구축 과정에서『천부경』은 가장 핵심적인 토대를 제공한다. 본격적으로 논의하기 전에『천부경』의 전문을 제시하고, 간명한 (문자 풀이에 충실한) 단순 해석을 제시해본다.

一始無始一	하나는 시작 없는 하나에서 시작한다
析三極 無盡本	셋[삼극]으로 나뉘어도 그 근본은 다함이 없다
天一一 地一二 人一三	하늘 하나가 처음 생기고, 다음이 땅 하나, 마지막이 사람 하나이다
一積十鉅 無櫃化三	하나가 열로 커져도, 다시 셋으로 돌아오는 데 어려움이 없다.
天二三 地二三 人二三	천 하나에 둘[28]이 더해져 셋, 땅 하나에 둘이 더해져 셋, 사람 하나에 둘이 더해져 셋이 된다.
大三合六 生七八九	큰 셋이 합해져 여섯이 되고, 일곱 여덟 아홉이 나온다.

기 봉건시대에 태어났단 말이오"라고 말한다. 허균은 선구자의 파란만장한 운명을 살 수밖에 없었다.

28 둘은 음양 혹은 자신 이외의 천지인 중 다른 두 극, 혹은 수리적으로 1과 3의 자연적 연결 수로서 2를 의미하는 것 등으로 여러 가지 해석이 존재한다. 음양 이수분화(二數分化) 논리를 취하면 유가 및 도가와의 연관적 해석이 가능하므로 이를 선호한다.

運三四 成環伍七	셋과 넷을 운용하여 다섯과 일곱을 만들며 연결고리를 이룬다.
一妙衍 萬往萬來	하나가 신묘하게 움직이니, 만물이 오고간다.
用變不動本	작용과 변화가 있어도 그 근본은 움직이지 않는다.
本心本太陽	사람의 근본 마음은 태양에 근본을 두고,
昻明 人中天地一	밝음을 추구하면서, 사람은 중도를 취하여 천지와 하나가 된다.
一終無終一	하나는 끝이 없는 하나에서 끝난다.

나의 해석에서 다소 돌출적인 부분은 앙명(昻明)을 본문에서 독립적으로 분리하여 해석하고, 인중천지일의 중을 중도로 확대해석한 것이다.[29] 명(明)과 중(中)은 동양사상에서 핵심적인 의미를 지니므로 두 개념을 강조하기 위한 것이다.

---

[29] 방건웅(2000)은 『천부경』, 『삼일신고』와 더불어 대종교 삼대 경전의 하나인 『참전계경』의 연구에서 중을 "천부 중일(天符 中一)"의 개념으로 상세히 논의한다. "천부 중일의 이상은 하늘에 들어맞는 중을 기준으로 하여 큰 하나를 이루어나가는 이상"으로서 "하늘의 도, 곧 중도"를 의미한다(방건웅, 2000: 113). 중도(자비)를 천리(天理)의 원리로 삼는 하나논리의 수신수행론에 상응한다. 나는 이 책 제4장에서 선가를 짧게 논의할 것이나 『참전계경』은 연구 부족으로 서너번 인용은 하나 본격적으로 검토하지는 않았다. 하나논리의 구축에 별다른 문제를 초래하지 않을 것으로 판단한다.

2. 가치전제: 천지인합일로서 하나

〈그림 3-2〉 가치전제

천지인합일로서 하나 → 하나논리 → 삼일논리(존재론적 동등성과 일체성)
　　　　　　　　　　　　　　　　　통일논리(소통성과 연결성)
　　　　　　　　　　　　　　　　　귀일논리(깨달음)

하나논리는 한국 고유의 경전인 『천부경』에 명확히 제시되고 있는, 동아시아 특유의 우주관이자 가치관인 천지인합일에서 출발한다.[30] 인간을 포함하여 하늘과 땅이 모두 하나라는 동일한 뿌리에서 나왔으므로 나라는 인간존재를 포함하여 나 이외의 모든 타자로서의 (다른 인간과 비인간존재인) 사물이 모두 '하나'라는 천지인합일의 논리는 그 의미 함축이 심원하다. 참으로 위대한 깨우침이요, 만고불변의 가르침이 아닐 수 없다. 왜냐?

『천부경』에 명확히 제시된 천지인합일의 논리는 우주 만물의 생성·소멸의 원리와 인간존재의 위상과 의미를 설명해주기 때문이다. 하나의 전체로서 천지인은 우주를 의미한다. 그런데 이 우주는 비록 천, 지, 인으로 나뉘어 드러나고 있지만 그 근본은 신묘한 하나에서 비롯된 것이다. 즉 하나는 우주이자 천지인이다. 이 근본으로서의 하나는 어떤 초월적이며 신령한 힘으로서 천지인 각각을 생성시키는 창조적 존재

---

30 천지인합일을 (음양) 이분법적 논리에 따라 유가에서는 천인합일로 축약해 부르나, 하나논리는 하나의 삼수분화와 삼일논리를 강조한다는 의미에서 천지인합일을 사용한다.

생성력을 지닌다. 이와 동시에 존재력으로서 하나는 천지인 각각에 내재하여 천지인이 하나로 소통하여 통일(通一), 통일(統一), 합일(合一)할 수 있고, 소통해야만 하는 필연적 당위성을 부여한다. 천지인합일을 자각하는 (내 마음으로 깨우치는) 나라는 인간존재는 우주의 한 구성으로서 천지와 일심동체(一心同體)라는 사실을 항시 명심하여, 천지와 한마음 한몸이 되도록, 즉 천지인합일을 이루도록 노력해야 한다. 개별적 하나는 전체로서의 하나와 동일 혹은 동등하다. 하나논리는 '개별 하나가 곧 전체 하나이며, 전체 하나는 개별 하나에 내재한다'라는 전일(全一) 사상과 연결된다. 동시에 '하나는 셋으로 나누어지나(혹은 하나는 셋을 품고 있으며), 그 셋은 각각 하나를 지니며, 다시 하나로 돌아간다'는 삼일논리, 즉 일즉삼 삼즉일의 논리가 된다.

천지인합일에서 하나는, 혹은 하나논리의 하나는 존재론적으로 더 이상의 바깥이 없는 우주를 의미한다. 만약 우주가 여러 개 있다면 이 모든 우주를 포함한 우주 전체로서 전일(全一)을 의미한다. 무시무종의 시공간으로서 무한이요, 완전이라는 의미에서 전을 의미한다. 그것이 오직 하나라는 의미에서 전일이다. 전일 속의 수많은 하나, 즉 개일(個一)은 전일의 변용으로서 전일의 속성을 공유한다. 다시 말해 천지인합일로서의 전일은 천일, 지일, 인일로 분화하고, 이 삼자는 상잡 혹은 잡종화하면서 만물을 창생한다. 이미 전일 속에 천지인이라는 개일이 내재하고 있기 때문에 천지인 삼분화가 가능하다. 그렇지만 전일은 천일, 지일, 인일이라는 변용으로서의 각각의 개일과는 다른 본체이므로 개일을 초월한다.

왜 인간은 천지인과 합일해야 하는 당위성 혹은 규범성을 부여받는가? 인간의 원래 혹은 근원적 본성 혹은 본체는 천지와의 합일 속에서 그 참모습을 발견할 수 있기 때문이다. 참나 혹은 진아라고 불리기도

하는 진정한 나를 발견하자면 천지와 합일되어야만 한다. 천지인합일로서의 나라는 인간존재는 분명 "어디서 왔는지도 모르고, 어디로 가는지도 모르는" 신세의 정체불명 인간보다는 더욱 의미 있는 존재가 아니겠는가? 흥미로운 사실은 인간은 본인의 의식이나 관심 여부와 관계없이 천지인 속에서 천지인과 함께 합일을 추구하며 살 수밖에 없다. 부처님 손바닥 아래 신세일 뿐이다. 인간의 운명이요 숙명이며 인간 조건이다. 그렇다면 보다 명확한 인식과 굳건한 의지로써 천지인합일을 추구하는 것이 마땅할 뿐 아니라 더욱 유용하지 않겠는가? 이상의 논리적 설명을 수용하느냐 마느냐의 여부는 개인 각자의 몫, 즉 깨달음의 문제이다. 여기에는 어떤 신비주의적 각성이 요청된다.

마지막으로 하나와 서구 기독교적 의미의 하느님, 혹은 창조주인 인격신과의 관계는 어떻게 설명할 수 있는가? 일반적으로 동아시아 종교인 불교, 도교, 유교는 서구적 의미의 인격신을 상정하지 않는다고 한다. 그러나 옥황상제를 비롯하여 각종 황제나 대왕이 등장하기도 한다. 천지신명이나 천인합일의 의미도 의인화되어 추구된다. 그러나 동양의 인격신은 서구와 비교해볼 때 그 위상이 상대적으로 비체계적일 뿐 아니라 매우 제한적이다. 그렇다면 『천부경』이나 선가에서 추구하는 하나와 인격신의 관계는? 단언할 수는 없지만 그 상관관계를 부정하기 어렵다. 우선 선가 전통의 대종교를 비롯한 민족종교에서는 인격화된 신이 존재한다. 창시자는 지상에 강림한 신적 존재, 신의 대리인으로 자처하거나, 간주된다. 대종교에서는 단군을 신으로 모신다. 『천부경』의 해설이라고 할 수 있는 『삼일신고』에는 분명히 신의 존재와 만물 창조, 특히 인간과의 관계에 관한 설명이 있다. 다시 강조하지만, 이와 같이 하나(논리)가 인격신으로 고양 혹은 변신할 수 있는 가능성은 충분히 존재하였지만, 하나(논리)는 문명사적 전개 과정에서 형이상학적 혹은 신학적 체계화나 종교 제도화의 기회를 갖지 못한 채 지금까지 흘러왔다. 나는 이 사실을 매우 다행스럽게 생각한다. 역사적으로 신성한 존재 혹은 신성한 가치는 종교로 제도화되고 발전해나가는 과정에서 온갖 세속화의 시련과 유혹을 받기 마련이다. 특히 정치권력과의 결탁 혹은 화합이라는 현실적 요구로 인해 끔찍한 결과가 초래되곤 한다. 이러한 맥락에서 향후 하나(논리)의 종교화 혹은 제도화는 과거의 시행착오를 최대한 방지할 수 있는 방향으로 전개되어야 할 것이다. 다만 현재의 하나논리는 종교화나 제도화와는 아무런 관계없이, 혹은 그러한 경향을 철저히 경계하면서 오직 사회이론으로서 구축될 뿐이다.

천지인합일이라는 논리는 아래와 같은 세 가지 논리적 특성, 즉 삼일논리, 통일논리, 귀일논리를 지닌다. 삼일논리는 하나의 존재론적 특성을, 통일논리는 기능론적 특성을, 그리고 귀일논리는 가치론적 특성을 대변하는 것으로 이해할 수 있으나, 이 세 가지 논리는 그 개별적 특성에도 불구하고 하나논리라는 전체성을 전제로 해야만 한다는 점에서 전일성(全一性)을 공유한다.

1) 삼일논리: 존재론적 동등성과 일체성으로서의 합일

인간은 이 우주에서 천지와 동등한 지위를 가지고 우주를 구성하는 소중한 존재이다. 그렇지만 천지를 능가하는 우월적이고, 예외적이며, 특권적인 존재는 결코 아니다. 전통적인 천지인합일의 가치에 따르면 오히려 인간은 항시 천지의 뜻과 이치를 공경하는 겸손한 자세를 가져야 한다.

인간은 천지와 마찬가지로 하나(the oneness)에서 파생되어 천지와 더불어 '하나임(being the oneness)'을 의식하고, 천지와 함께 '하나됨(becoming the oneness)'을 지향해야 한다. 그것이 바로 인간존재에게 부여된 과제이자 어쩌면 자유와 해방의 길이다. 인간존재와 동등하게 하늘과 땅 또한 존재(자)로서 존재권을 지닌다. 인간 예외주의, 인간 특권주의는 애초부터 하나논리에 설 자리가 없다.

천지도 인간과 마찬가지로 자신을 지키고 천지인합일을 유지하고자 작용한다. 인간처럼 그 나름대로 환경에 적응 혹은 변화할 수 있다. 하나논리는 우주의 모든 존재는 ― 생물체든 비생물체든 ― 각자의 방식으로 변화할 수 있고 실제로 변화한다고 가정한다. 천지만물의 변용/작용이다. 천지만물은 자신의 존재를 지속시키는 능력과 당위성을 자신의 존재론적 본체인 하나로부터 부여받고 있다. 천지도 그 나름대로 자신의 존재 유지를 위한 (인간 유전자와 같은) 존재력을 보유하고 있다고 생각하지 못할 어떤 과학적 근거라도 있는가?

천지인합일로서의 하나는 이미 (본체론적으로) 천지인이라는 셋을 포함하고 있다. 그러므로 (변용론적으로) 하나로부터 분화된 천지인은 내재적으로 각각 하나를 포함한다. 다시 말해 일즉삼 삼즉일이요 집일함삼 회삼귀일이다. 하나이자 셋인 천지인은 만물만사를 생성·소멸시키므로 일즉다요 다즉일이 된다. 이것이 바로 삼일논리이다. 이처럼 하나논리는 모든 존재의 존재론적 동등성과 일체성을 주장한다.

2) 통일논리: 소통과 연결로서의 합일

천지인합일에서 천지인이 우주의 구성적 차원을 제시하는 존재론적 수준을 가리키는 것이라면, 합일은 이 존재(들)의 기능변화론적이고 가치행위론적인 수준을 지적한다. 이것은 천지인합일을 하나논리의 가치전제로서 수용할 수 있는 충분조건이 된다.

합일을 어떻게 설명하는 것이 좋을까? 하나로 합쳐짐? 하나로 변화됨? 천지인이라는 존재론적 수준의 독자적 '하나'의 존재인 천 하나(천일), 지 하나(지일), 인 하나(인일)가 어떻게 새로운 혹은 다른 어떤 '하나'가 될 수 있는가? 천지인이 실재론적 의미에서 물리화학적으로 혹은 생물학적으로 하나(의 동일한 실체)로 변화한다는 것은 불가능하다. 우주에 다시 한번 빅뱅이 일으나 모든 것이 사라질 경우에나 가능한 일이다. 합일은 우주의 대폭발 이전이나 직후처럼 아무것도 없는 허허막막의 상태가 되는 것을 의미하지 않는다.

나는 합일의 진정한 의미는 내 마음의 문제, 즉 일심의 문제라고 생각한다. 하나를 지향하고 하나를 이룩하려는 일심의 경지에서 천지인합일이 나타난다. 마음의 한 작용으로서, 즉 인식능력으로서 일심은 대상과의 소통력이 최고의 완전한 수준에 이른 것을 지칭한다. 만물은 또한 (심과 심을 연결시키는) 기로 구성되어 있으므로 내 마음의 기는 대상으로서의 존재가 지닌 기와 소통하여 서로가 하나로 연결된다. 바로 이 마음의 소통 능력에 의해서 인간이 천지와 하나로 연결되는 것이 천지인합일이다. 합일이란 내 마음의 소통 능력에 의한 통일(通一)이다. 일체유심조(一切唯心造)이다. 천지인합일 또한 유심조이다. 하나논리가 유아유심 개인주의를 인식주체론으로 사용하는 이유가 바로 여기에 있다.

'합일의 실질적, 현실적, 구체적 의미'라는 문제를 이론적으로 설명하기 위해서 나는 동아시아의 형이상학적 개념인 리, 기, 심을 일원론적 관점에서 리=기=심으로 통일하고, 여기에 (가치 및 행위 개념으로서) 유가의 중용과 불가의 중도를 활용하여 (일기, 일심, 일리의 혼연 상태인) 하나의 질적 구성에 관한 추론을 시도할 것이다. 나아가 리, 기, 심에 각각 중도, 음양, 화쟁이라는 수식어를 첨가하여 세 가지 원리의 특성을 중도일리(中道一理), 음양일기(陰陽一氣), 화쟁일심(和諍一心)으로 더욱 명확히 한다. 음양일기는 비록 혼돈 상태로 (혹은 뒤섞인 잡종화 상태로) 존재하지만 하나라는 근원적 속성 혹은 구심력에 의해서 균형/질서(혹은 혼돈 속 질서)를 유지하면서 하나로 조화를 이루려는 특성을 의미한다.[31] 화쟁일심은 불가적 맥락에서 원효대사가 설파한 화쟁을 통해서 도달하는 하나(의) 마음, 즉 일심으로서 인간의 경우 일체유심조의 유심을 의미한다. 일심은 천지만물의 생성 변화력인 일기가 인간의 인식능력 혹은 소통 능력으로 전화한 것이다[氣卽心]. 역으로 소통 능력인 일심은 존재들 간에 상호 관계를 형성하고, 존재들 간의 상호작용을 이루는 생성력으로서의 일기로 변화할 수 있다[心卽氣]. 끝으로 중도일리는 인간이 천지인합일의 주체가 되어 그 마음을 조화와 균형이라는 가치, 즉 불가의 중도, 유가의 중용, 도가의 무위자연을 추구하도록 요구하는 규범성이다.[32] 인식능력으로서 마음이 지향해야 할 가치 행위로서 중도·중용의 조화, 즉 중화(中和)를 가리킨다. 천리는 내 마음속에 있고, 또 내 마음은 천지의 도리를 따른다는 의미에서 일리라고 표현하였다[心卽理].

천지인합일이란 내 마음속에서 천, 지, 인이 하나로 연결, 연관되는 소통으로서의 하나됨, 즉 통일(通一)이다. 합일(合一)은 통일(通一)이다. '통

---

31 음양일기의 특성은 뒤이어 지일과 결부되어 천지만물의 작용인 기능변화로 발전하고, 경험적 수준에서는 잡종화 혹은 상잡으로 규정된다. 즉 음양오행론은 하나논리의 기능론이 되고, 다시 잡종화론의 원리가 된다.

32 하이데거에 의거하여 설명해보자면, 천지인합일에서 인은 인간으로서 두 가지 존재성, 즉 전재자(前在者)와 용재자(用在者)의 속성을 공유한다. 전재자로서의 성격은 본체로서 하나를 구성하는 인(일)으로(존재 일반으로) 존재할 경우이며, 천지인합일의 인식론적 주체요 가치론적 행위자일 경우에는 용재자로서 현존재가 된다. 하나논리의 체용론은 존재 일반으로서의 인간과 개별적-상황적 인간존재로서 구체적 개인이라는 인간의 두 가지 속성을 동시에 내포한다.

일(通一)한다'는 의미는 『장자』가 「제물론」에서 "도는 통하여 하나가 된다[道通爲一]", "모두가 통하여 하나가 된다[復通爲一]", "오직 깨달은 자만이 통하여 하나가 됨을 안다[唯達者知通爲一]"라고 했을 때의 "통(위)일(通(爲)一)"과 같다. 이와 같은 설명 방식은 내가 철저하게 그리고 일관되게 나의 유아유심 개인주의론에 의존하기 때문이다. 마음으로서, 의식 상태로서의 통일 이외의 어떤 다른 합일도 있을 수 없다. 비인간적 존재인 사물과 나라는 몸 덩어리[肉身]를 가진 (관념적 구성으로서) 자아가 서로 합일 혹은 일체가 된다는 의미의 물아일체(物我一體) 또한 천지인합일과 마찬가지로 오직 통일(通一)의 관점에서 이해해야 할 것이다.

여기서 우리는 통일의 대상 혹은 다른 주체적 존재라고 불리는 비인간적 사물로서 천과 지는 과연 인간이 지닌 소통 능력으로서 마음과 유사한 그 무엇을 어떻게 갖는가 하는 문제를 당연히 제기해야 한다. 아마도 이 문제는 과학적으로 설명하기에는 많은 무리가 있을 것으로 생각된다. 초과학적이며 초합리적인 동아시아의 신비주의적 논리가 동원되어야 한다. 즉 혼원일기(混元一氣)가 인간존재의 경우에는 화쟁일심의 인식/소통 능력으로 전화한다고 했지만, 여타 만물의 경우에는 일기의 작용에 의한 각각의 존재성 혹은 존재 능력 그 자체가 바로 인간과 소통할 수 있는 가능성의 문을 열어준다. 인간을 포함한 만물은 물리학적 존재라는 관점에서 일기를 지닌다. 그러나 비인간적 만물도 과연 인간과 유사한 심을 지니는가에 관해서는 알 수 없다. 그러나 심즉기의 논리에 따라 인간과 사물은 비언어적 소통이 가능하리라고 추론할 수 있다. 비록 만물의 존재성은 체용론적으로는 혼원일기의 작용에 의한 것이지만, 인식론적으로는 인간의 일심에 의해서 규정되기 때문에 인간과 사물 간에는 최소한 인간 → 사물이라는 일방적 소통은 이루어진다.

그렇다면 사물 → 인간의 소통은 어떻게 이루어지는가? 물자체(物自

體)의 세계를 알 수 없다는 칸트의 유명한 결론처럼 우리는 그 소통 방식을 전혀 알 수 없는 것일까? 동아시아에서는 격물치지(格物致知)를 논하고, 지성(至性)이면 감천(感天)이라고 하며, 인도에 상응하는 천도와 지도가 있는 것으로 상정한다. 죽은 인간의 영혼(귀신), 동식물(각종 잡신) 혹은 산(산신), 하늘(인격화된 천신 혹은 하느님)과 대화하였으며, 대화할 수 있다는 사람들이 여기저기에 존재하지 아니한가? 나아가 참으로 절묘하게도 동아시아 지혜는 깨달음으로서 천인합일을 이야기하고, 인내천이요, 내가 부처요, 처처에 부처가 있다고 이야기한다. 세상 만물 모두가 부처요, 모두가 하나로서 하나성을 지니고 있다면 어떤 형태로든 만물과의 소통은 가능해질 수 있는 것이다. 인간이 만든 언어만이 유일무이의 소통 수단은 아니다. 동아시아 특유의 직관의 세계, 돈오의 경지, 신비주의적 인식의 필요성이 이 지점에서도 드러난다.

가장 손쉽고 그러나 가장 간단명료한 인간-비인간 소통 방식은 인간이 존재로서 절실히 원하는 것, 예컨대 존재론적 생존 유지를 사물도 마찬가지로 원할 것이라는 지극히 인간적이면서도 철저히 논리적인 추론이다. 천지만물이 공생하는 길은 인간이 살생을 함부로 하지 않고, 길의 돌멩이 하나라도 함부로 다루지 않는 것이다. 공기나 강물이나 바닷물을 오염시키지 말아야 한다는 전일적 생태주의 논리가 자연스럽게 도출되는 것이다. 이와 같은 논리를 더욱 발전시키면 천지도 생명과 의식 그리고 욕구를 보유한 유기체라는 만유생명주체론(滿濡生命主體論)으로 나아간다. 레비스트로스가 언급했던 원시인들의 야생적·원형적 사고방식(pensée sauvage)이다. 샤머니즘이라고도 부른다. 원시적인 것을 미개한 것 혹은 야만적인 것과 동일시할 수 없다는 사실이 자명해진 오늘날 천지인합일이나 물아일체는 심원·신묘하면서도 더욱 현실적이고 실질적인 의미로 느껴진다. 그래서 샤머니즘을 천지인합일의 상태에서 살던 인간 사고의 원형이라고 부른다.

우리는 사물과 하나가 되도록 소통해야 한다. 사물도 그러한 소통을 원한다. 신성, 불성, 도, 영성으로서의 하나는 인간과 사물에게 모두 존재한다. 단 우리 인간의 인식능력 부족으로 그 구체적인 소통 방법을 알지 못하여 사물의 의식과 욕구를 인간적으로만 추론할 뿐이다.

다시 한번 강조하자. 비인간적 사물이 과연 소통 능력을 갖느냐 하는 문제에 대해 하나논리는 초과학적 혹은 신비주의적 추론을 도입한다. 세상 만물이 모두 타 사물과 소통하는 능력을 가졌다는 혹은 가질 수 있다는 생각은 참으로 흥미롭고 유용한, 그리고 필요한 상상력이 아닐까? 이것이 바로 하나의 신묘한 작용이다. 하나논리가 우리 인간들에게 요구하는 새로운 창조적 상상력으로 언젠가는 당연시될 수도 있는 물아일체의 소통이다.

끝으로 통일은 (뒤에서 논의될) 하나의 질적 속성인 중도일리에 의해서 논리적으로 정당화된다. 중일은 대상과 대상 혹은 극단과 극단의 중간에서 균형과 조화를 취하여 양자를 중정(中正)으로 포섭·연결·회통시키는 것이다. 천지인합일은 다른 말로 인중천지일을 의미하는 것이므로 합일은 다시 중일을 의미한다. 바로 위에서 설명한 것처럼 중일은 대립 혹은 상대 관계의 중에 위치하여 상대를 하나로 통일시킨다. 이와 같이 합일은 합일 → 중일 → 중도 → 통일로 자연스럽게 발전한다.

3) 귀일논리:[33] 깨달음으로서의 합일

궁극적으로 인간을 포함해 모든 것이 하나로 돌아간다는 귀일논리는

---

[33] 불가의 만법귀일로부터 직접적인 시사를 받고 그로부터 도출한 개념이므로 그 맥

깨달음의 세계를 설명한다. 여기서 "돌아간다[歸]"는[34] 의미에 주목할 필요가 있다. 이는 새롭게 무엇을 만들어내거나 발명하는 것이 아니라 "원래 있던" 근원적 상태를 깨우친다는 의미이다. 천지인합일은 우주 창생과 함께 자연으로 존재하는 것이나, 우리 인간이 잠시 그것을 망각해버리고 합일을 파괴한 것이다. 나라는 개인 또한 처음부터 천지인합일의 존재이나, 이 참으로 소중한 사실을 잊어버린 상태로 살아가고 있는 것이다. 그러므로 인간은 자신의 원초적, 본원적, 근본적, 우주론적 합일의 존재성을 깨우쳐야 한다. 나라는 존재의 본래적 존재성을 인식함으로써 인간은 불필요한 고민과 고통, 예컨대 죽음에 대한 공포나 세속적 성취에 대한 갈망으로부터 해방될 수 있다. 죽음이 새로운 탄생이니, 생에 대한 집착이 부질없는 구분이라는 지혜를 얻게 된다.

천지인합일은 인간세계에서 우리 인간이 어떤 행위로써 어떤 상태에 도달하는 것을 의미할까? 동아시아 지혜는 한결같이 말한다. 그것은 바로 '수신수행'에 의한 '깨달음'이다. 천지인합일은 인간에 의한, 인간을 위한 깨달음을 통해서 가장 완벽하게 구현된다. 나아가 깨달음은 이미 언급하였듯이 마음의 문제로 귀결된다. 깨달음을 얻고자 하는 마음과 깨달음을 이룬 마음이 바로 천지인합일의 가장 구체적이고 실질적인 의미이다.

내 마음은 나의 삶, 즉 나의 (살아서 움직이는) 생활 속에서 생성·유지된다. 마음의 원천이 생활이니 내 마음의 어떤 상태로서의 깨달음 또한 나의 생활 가운데서 얻어지는 것이다. 종교 신자라면 종교생활에서

락을 무리 없이 유지하고자 한다.

[34] 도가(『도덕경』 40장)는 "돌아감은 도의 움직임[反者道之動]"이라며 도를 귀와 유사한 반으로 해석하고, 유사하게 선가의 『삼일신고』에서도 "진리로 돌아가 하나가 된다[返眞一神]"를 제시한다. 여기서 반(返 또는 反)은 귀(歸)와 같은 의미로 해석한다.

깨달음을 구하면 될 것이고, 무종교자라면 본인이 원하는 생활 속에서 (명상, 기도, 반성 등을 통해) 틈틈이 혹은 우연히 깨달음을 얻게 될 것이다. 그 깨달음은 그 자체로 완전한 것이 아닐 수 있다. 또 다른 (더 큰 혹은 더 높은 경지의) 깨달음과 이어질 수 있다. 여러 종류의 깨달음이 존재할 수 있다. 세상을 떠날 때까지 이 깨달음의 과정은 면면히 이어진다. 깨닫고 나서도 깨달음의 지혜를 망각하게 되는 경우도 빈번하다. 깨달음이라고 생각했는데, 진정한 깨달음이 아니라는 깨달음을 얻을 수도 있다. 사람마다 천차만별의 깨달음을 여러 장소에서, 여러 순간에, 여러 방식으로 얻는다. 깨달음의 어떤 절대적 원리나 법칙 같은 것은 있을 수 없다. 깨달음을 지향하는 하나논리의 개별 하나는 각양각색으로 하나를 구현하기 때문이다. 일즉다 다즉일이다.

　하나논리는 깨달음(이나 그 마음의 상태인 일심)의 문제를 세속화, 일상화시킨다. 많은 사람이 어느 정도 인내심을 가지고 지속적으로 노력하면, 그 수준과 깊이의 차이는 있을지 몰라도, 누구나 얻을 수 있는 삶의 유용한 지혜로 깨달음을 간주하고 싶다. 심산유곡에서 오랜 고행과 금욕의 시련을 겪은 구도자들의 대오각성 득도나, 돈오돈수의 불가적 득도나, 무위자연으로 살아가는 도가적 도통이나, 나의 하나논리가 제시하는, 일상의 번잡함과 아귀다툼 속에서 틈틈이 심신수행을 하면서 때때로 얻게 되는 혹은 마주치는 찰나의 깨달음('아, 이렇게 살아서는 안 되겠구나', '이것이구나', '아, 이래야 하는구나' 등등)이나, 근본적으로 그 깨달음이 인간에게 전하는 메시지는 동일한 것이라고 감히 말하고 싶다. 그렇다고 종교에서 신성시하는 깨달음의 위상과 가치를 격하시킬 의도는 전혀 없다. 오히려 깨달음의 일상화는 중생구제나 만인구원의 가능성과 범위를 훨씬 확대시킨다.

　하나란, 도란, 불이나 부처란, 하나님이란 혹은 그 모든 진실되고 좋은 것이란 나의 바깥에 있는 것이 아니고, 나 자신의 마음속에서 찾고 발견해야 하는 것이다. 그리고 그 깨달음은 내가 필요로 하고, 나의 삶에 도움이 되기 때문에 나는 그것을 얻고자 한다. 내 마음과 내가 원하는 것이 바로 깨달음이다. 그 이상도 그 이하도 아니다.

그런데 바로 이 지점에서 깨달음과 관련하여 가장 엄중하고도 난해한 과제가 등장한다. 과연 내가 원하는 것이 무엇인가? 내가 현재 원하는 것이 진정으로 내가 원해야 하는 것인가? 내가 원하는 것은 바른 것인가? 여기서 신성과 세속의 갈림길이 등장하여 점차 깨달음을 오직 종교의 영역 내로 제한·구속시켜버리는 "종교의 깨달음 독점 현상"이 역사적으로 발생하였다. 물론 거기에도 합당한 이유가 있다. 성직자라는 고도의 전문가들이 성스러운 장소(교회나 사찰 등)에서 성스러운 예식을 통해서 각종 성스러운 경들에 실린 깨달음의 방법과 교리를 전수하기 때문이다.

무종교자도 포용하는 하나논리는 보다 세속화된 그러나 접근하기 쉬운 일상적인 방식으로 깨달음의 길을 따르라고 조언한다. 다소 무책임하게 들릴지 모르나, 하나논리의 조언은 "진지하게 고민한 후, 네가 지금 원하는 대로 너의 길을 가라. 그 길이 틀렸다는 생각이 들면 그때 다시 다른 원하는 길을 가라. 모든 길은 깨달음의 길로 통한다. 어느 길을 가게 될지는 너의 운명이 반을 정하고, 나머지 반은 너의 몫이다." 인생살이에서 참으로 허망한 것은, 아니 어쩌면 위로의 원천이 되는 것은 행운이든 불운이든 운이 인생행로에 결정적 영향을 미친다는 사실이다. 생로병사와 부귀빈천의 인생살이를 살펴보라. 운의 작용이 엄청나다. 이것은 경험적으로 사실이다. 그래서 그 운을 미리 알아내 바꾸어보려고 혹은 액운을 쫓고 복운을 얻고자 사주팔자 관련 명리학이 생기고, 천지자연의 도움을 얻고자 풍수가 나오고, 천문지리를 연구하고,

관상이나 수상이 발전하지 않았겠는가? 인간의 절실한 욕구를 그 나름의 방식으로 합리적으로 채워주는 이러한 동아시아 미래 예측학을 미신이라고 폄하하는 것은 아주 잘못된 관행이다.

소위 동아시아 신비주의의 한 기둥으로 음양오행론에 기반하여 전개되는 역리와 점술은 향후 귀중한 인류의 자산으로 계속 탐구·발전되어야 할 영역이다. 최소한 신뢰성과 정확성이라는 차원에서 확률적으로 상당한 성과가 없었다면 왜 이 21세기 과학의 시대에도 수많은 사람이 여전히 여기에 매력을 느끼고 관심을 갖는가? 사이비 무자격 술사나 엉터리 역학자의 혹세무민을 방지할 수 있도록 체계화된 전문가 양성 과정과 자격시험 및 수련 기간 제도가 필요하다. 참으로 복잡다단하고 불확실한 인생살이에 도움과 위안을 줄 수 있는 신비주의 전문가의 등장이 필요하다. 인간은 육체적으로뿐만 아니라 정신적으로도 생각보다 매우 나약한 존재이다. 신비주의 혹은 초과학적 상상력은 인간의 정신을 고양시키고 활성화시킬 수 있다.

끝으로, 참으로 다양한 대답이 가능한 질문이지만, 누군가 나에게 깨달은 사람이 살아가는 삶의 가치가 무엇인지 말해 달라면 나의 사회학적 대답은 "착하게 살라. 적선적덕의 삶을 살라"이다. 권선징악을 위한 강력한 규범 지향이 절실히 필요한 세상이기 때문이다. 악이 선을 위협하거나 압도하는 세상이다. 적선(積善)은 남을 돕는 행위일 뿐 아니라 더욱 중요하게 나 자신(의 사람됨)을 도우면서, 남과 나를 선의 길[善道, 禪道, 仙道]로 이끄는 사회 개선(社會改善)의 길이다.

천지인합일의 우주관과 가치관에 입각한 하나논리는 문명전환이라는 역사적 과제를 안고 있는 우리에게 어떤 분명하고도 믿을 만한 좌표와 방향을 제시해준다. 천지인합일에 대한 자각이 바로 깨달음이요, 이 깨달음은 천지만물이 인간과 동등한 자기 주체적 존재권과 존재 욕구를 지닌다고 생각하는 것이다. 인간은 수신수행을 통해서 정신적 가치로서 선을 함양하고, 확산시키면서 깨달음의 길을 추구해나간다.

이상의 논의를 통해서 명확해졌겠지만, 하나논리는 결코 절대적으로 군림하는 자기중심적 절대논리가 아니다. 하나 자체는 어떤 궁극적 실재를 지칭하고 의미하지만, 그것으로부터 도출되는 이론적 논리는 결코 절대적인 것이 아니다. 오히려 만물만사의 개별적이고 독립적인 가치를 존중한다는 의미에서 상대주의에 더욱 가깝다. 나와 타자 그리고 자신과 만물을 있는 그대로, 즉 존재 그 자체로 인정하고 수용한다. 이와 같은 맥락에서 하나논리는 상대에 대한 관심과 배려를 함축하는 상대(존중)주의를 지향한다. 상대가 있어야 하나논리가 필요하다.

3. 이론적 분석틀: 체용론적 존재론

〈그림 3-3〉 체용론의 이론적 분석틀

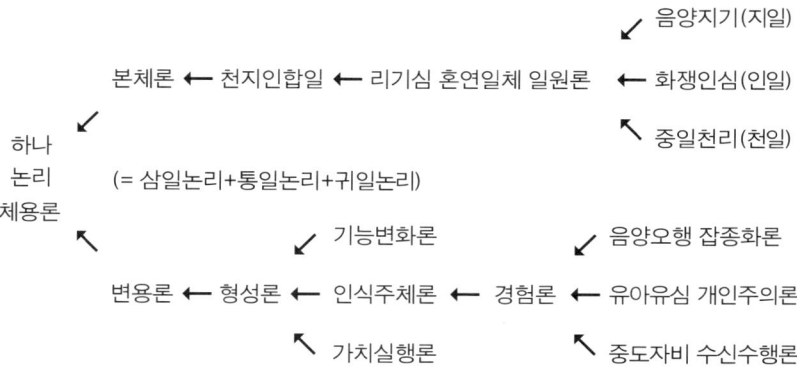

나는 모든 이론은 (현실적이든 비현실적이든, 현존이든 비현존이든) 존재

에 관한 이론으로부터 시작해야 한다고 생각한다. 내가 태어나기 전부터 존재하는 천지인, 나의 생애와 함께하는 천지인, 그리고 내가 죽은 후에도 지속할 천지인이라는 과거, 현재, 미래의 존재가 이론 연구의 가장 근원적 대상이다. 물론 연구자인 나도 연구 대상에 포함된다. 나는 내 생전인 과거에 살지 않았고, 내 사후인 미래에도 살지 않겠지만, 기존의 연구 성과를 통해서 과거, 현재, 미래를 연구할 수 있다. 객관적 실재로서 내 앞에 명멸하는 만물만사도 존재요, 나의 주관적 관념/의식/마음속에 나타나는 비실재적인 것들도 존재이다. 그러므로 이론의 출발은 존재가 되지 않을 수 없다. 그러나 유아유심론자인 나는 내 의식 속의 관념적 존재를 실재로 인식하는 관념적 실재론자이다. 일체유심조를 의심의 여지없이 신뢰하기 때문이다.

　존재는 여러 가지 방식으로 혹은 천차만별의 형태로 그 존재성을 드러낸다. 하나논리는 내 마음/의식 속에 등장하는 혹은 생성·소멸하는 존재를 가장 의미 있는 존재로 간주한다. 설령 내 마음과 관계없이 여기저기서 소위 객관적으로 존재하는 존재라 하더라도 내가 그 존재를 의식하지 않는다면 그 존재는 지금의 나에게 무의미하다. 이 말을 조금 더 확대해서 설명하자면 내 마음의 세계 속에 존재하는 존재만이 유일하게 유의미한 존재이다.

　나는 존재를 오직 내 마음으로만 인식할 수 있다. 내가 없으면 내 마음도 없고, 이 세계와 이 세계 내의 모든 존재도 "나에게서는" 없어진다. 나와 상관없이 존재하는, 즉 내가 의식하지 못하는 존재에 대해서 (최소한 그 순간) 나는 알지도 못하고, 당연히 관심이 없다. 유아유심론이 나의 인식론적 출발이자 끝이다.

　최근에는 하기락 선생을 따른다는 의미에서 하이데거와 대비되는 하르트만의 비판적 존재론도 공부해보았다. 당연히 하나논리를 구축하는 입장이기 때문에 양자의 대비점이나 차별성보다는 통일성을 발견하고자 연구를 진행 중이다.

1) 체용론

동아시아에는 존재에 관한 매우 유용한 연구 방식으로 체용론이 있다. 체용론은 본체로서의 존재에 관한 본체론과 그 작용/변용으로서의 존재에 관한 변용론을 상호 분리 불가능한 통일적 관계로 파악한다. 따라서 체용은 동일한 하나의 본체와 그것의 변화·작용인 변용을 의미한다. 체와 용은 분리 불가의 하나라는 점에서 체용론은 하나논리에 정확히 부합한다. 체용론은 하나논리를 통해 그 근거와 주장이 논리적으로 정당화·체계화된다. 하나논리에 입각해서 체용론이 도출된 것이 아닌가 싶다.

본체와 (그 변화·작용으로서) 변용은 하나의 두 가지 차원, 즉 (근)본체와 그것의 변용/작용이므로 분석적으로는 양자를 분리해서 파악하는 것이 유용하기는 해도, 그 둘은 독립적-개별적이면서도 항시 상호 밀접히 연관된 하나라는 점을 분명히 인식해야 한다. 체와 용은 서구의 기존 이론에서 사용되는 구조와 기능, 본질과 현상이라는 이분법적인 개념과 유사한 성격을 공유하기도 한다. 그러나 체용은 하나라는 초월적이면서도 현실적이고, 객관적이면서도 주관적이며, 단일하면서도 잡다한 차원을 동시에 포괄하는 독특한 논리적 기반 위에 성립된다. 구조와 기능 혹은 본질과 현상이 인간 사회라는 경험적 세계에 집중된 중립적-분석적 존재론이라면, 체용론은 우주론적 관점에서 자연적 존재와 규범적 당위가 통일된 신비주의적 차원을 지닌 규범적-통일적 존재론이라고 할 수 있다.

체와 용의 관계가 불이(不二)라는 점에서 체용론은 하나논리의 가치 전제인 천지인합일과 직결된다.[35] 천지인이라는 (하나로부터 파생된) 변용은 하나라는 본체의 속성을 공유하는 대등한 것이기 때문이다.[36] 나는 천지인합일의 『천부경』에서 사용되는 "본"과 "용변"의 의미를 부각시키기 위해서 체용론을 본체론과 변용론으로 작명하여 구분한다.[37] 간혹

[35] 신리학(新理學)의 주창자 펑유란(馮友蘭)과 진위에린(金岳霖)과 함께 중국 현대 신유학을 대표하는 학자의 한 사람인 신심학(新心學)의 슝스리(雄十力)도 체용불이(體用不二)를 주장한다. 체와 용의 근원이 하나로서 그 드러남과 은미함에 간격이 없고 [體用一源, 顯微無間], 법성과 법상도 하나[性相一如]라는 것이다. 운동성을 갖는 본체는 스스로 존재하지만, 작용으로서 자신을 완전하게 드러낸다. 따라서 본체의 유행(流行)이라 할 수 있는 작용은 자성(自性)을 갖지 못하므로 본체에 의존하지만, 작용은 천변만화의 현상을 창생시키므로 무(無)나 공(空)이 아니다. 불가의 색즉시공 공즉시색에 의거하는 주장이지만, 슝스리는 작용으로서의 현상에 대해 매우 긍정적이고 적극적인 의미를 부여한다. 나아가 슝스리는 육왕심학(陸王心學)을 승계하여 본체를 본심으로 파악하여(심즉리), 마음속에 본체가 내재되어 있는 것으로 간주한다. 그러나 그의 심학은 사물의 존재를 부정하거나 무시하는 것이 아니라 리즉심이면서도 리재물을 동시에 수용한다. 하나논리가 추구하는 유심론적 실재론(唯心論的 實在論)과 거의 동일한 관점이다. 하나논리에서 유심이라는 의미는 심을 중심으로, 심을 강조하면서 가치를 부여하고 논리를 전개한다는 의미이고, 심외무물이라는 뜻도 문자 그대로 '사물이 존재하지 않는다'고 해석할 것이 아니라, 마음속에 혹은 마음에 의해서 사물이 대상으로 존재해야 사물의 존재성과 존재가치가 드러난다는 것으로 이해해야 한다. 나의 유심론은 결코 심으로써 물의 존재 혹은 실재성을 부인하거나 소멸시키지 않는다. 아울러 하나논리는, 슝스리의 신심학과는 달리, 본체의 운동성을 설명하기 위해서 기를 독립적으로 본체의 속성으로 추가하여 (천지인합일의 형이상학적 표현이라고 할 수 있는) 리=기=심의 리기심 일원 혹은 합일으로서 혼연일체의 본체를 가정한다.

[36] 천지인 셋이 모여 하나가 되고[會三歸一 혹은 三一], 하나는 셋으로 나누어지는[執一哈三 혹은 一三] 이치를 삼일논리(三一論理)라고 부른다. 여기서 삼일(三一)을 본체로, 일삼(一三)을 작용으로 파악할 수 있다(김석진, 2010: 73).

[37] 체용론을 본체론과 변용론으로 구분하여 작명한 까닭은 하나논리의 핵심 토대인 『천부경』의 원초적 선견지명을 부각시키기 위한 것이다. 즉 『천부경』의 "무진본(無盡本)", "부동본(不動本)", "본심본(本心本)"의 "본"을 사용하여 본체론이라고 하였다. 『천부경』의 본은 체의 특성을 가장 정확하고 명확하게 나타낸다. 변용론의 작명 또

형이상학적 차원의 본체는 순수하고 선하며 바른 것 혹은 바람직한 것으로 상정되는 반면, 변용론 차원의 현실 경험세계는 타락하고, 사악하며, 비정상적인 것으로 부정과 극복의 대상으로 상정되는 이분법적 구분이 시도되기도 한다. 가능한 추론일 수는 있으나, 본체의 세계는 당위이며 변용의 세계는 존재라는 식의 이해는 두 세계를 지나치게 대립적으로 단순화하는 오류를 범하는 것이다. 변용은 본체의 분화/변화/복잡화이므로 이 과정에서 본체가 지닌 속성이 왜곡·변질되어 세상이 부정적으로 전개될 수 있다. 『삼일신고』가 지적하듯 변용의 세계에서 인간은 미혹에 빠져 선악, 시비, 청탁의 세계를 만들어내지만, 본체에서는 이러한 선악의 구분이 존재하지 않으므로 우리는 본체를 선의 세계라고 생각한다. 그렇게 볼 수도 있다. 그러나 본체의 세계는 선과 악의 분화가 없는 선악 초월의 세계라는 것이 더 정확한 표현일 것이다. 본체는 분화나 파생 혹은 생성 이전의 세계이므로 모든 것이 융합 혹은 잡종화되어 있는 혼돈의 세계이다. 선악의 가치판단이 개입할 여지가 없는 것이다. 『주역』에서 언급하듯 선악의 문제는 인간세계가 전개되면서 길흉이 발생함에 따라 (물상잡 고왈문 문부당 길흉生物相雜 故曰文 文不當 吉凶生) 선악의 구별이 수반된다. 세상은 선악병진하며 굴러가는 것이다. 이를 두고 현실을 비선 혹은 악의 세계라고 규정하는 것은 지나치다. 악의 일상화도 가능하다. 악을 모르면 선도 모른다.

무한히 넓은 우주 속에서 지구상의 인간세계에서 논해지는 선악이 무슨 의미가 있으랴. 이처럼 하나논리에서 본체는 세상의 모든 구분과

한 『천부경』의 "용변"에서 "용"과 "변"을 합성한 것이다. 흔히 작용론으로 표기하기도 하나, 변용은 변화와 작용을 동시에 포함하므로 더욱 포괄적이면서도 구체적이다.

경계, 차이와 분화, 대립과 모순을 하나로 연결하고 통일시키는 하나성의 세계이다. 거기에는 선과 악의 구분이 없다. 오직 하나가 존재할 뿐이다. "하나"라는 말, 개념, 의미 자체가 그것의 무한히 다양하고 신비로운 내용과 기능을 가리키지 않는가? 언어는 인간, 세계, 우주의 한계이자 그것들에 도달하기 위한 가장 효율적이고 강력한 매체이다. 인간의 마음도 심적 언어를 통해 작동한다. '하나'라는 말의 신묘한 성격을 느껴보자.

〈그림 3-4〉 체용론의 전개와 내부 구성

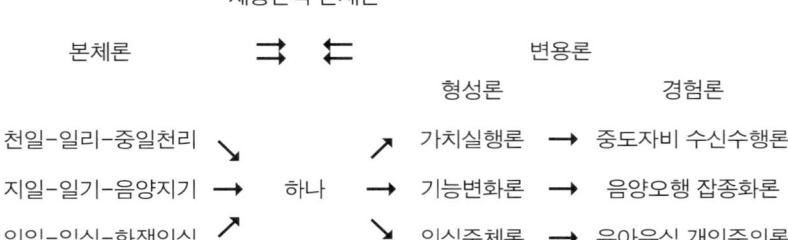

모든 학문은 연구자가 연구하는 온갖 실체적, 관념적, 상징적, 상상적 현상으로서의 존재를 그 대상으로 한다. 연구 대상으로서의 존재는 시간적으로는 과거, 미래, 현재에 걸쳐 나타난 존재와 공간적으로는 우주 전체에서 발생한 존재를 포함한다. 요컨대 모든 연구는 존재에 관한 연구이다. 존재에 관한 연구인 존재론을 나는 첫째, 존재 그 자체의 성격에 관한 이론인 본체론으로부터 시작하여 둘째, 본체로서의 존재가 변화 작용하는 변용론으로 나아간다. 그리고 이 본체와 변용을 접합시키는 매개 단계로서 본체인 존재가 존재자로 그 형상을 드러내며 구체적 경험 현상으로 나아가기 이전의 단계로 형상론을 세운다. 다음 단계인 경험적 수준의 변용론은 상호 밀접히 연관된 세 가지 차원으로 구분한다. 첫 번째는 형상적 존재자가 존재 세계에서 수행하는 작용 혹은 기능에 관한 기능론이다. 두 번째는 이와 같은 존재 현상으로서의 존재 기능에 대한 인간의 인식에 관한 인식주체론이다. 마지막으로 인식의 결과로서 인간이 추구하는 삶의 목표나 의미에 관한 가치수행론이다.

요컨대 나의 존재론은 존재의 본체에 관한 본체론과 이 본체로서의 존재가 수행하는 작용과 변화에 관한 변용론으로 구성된다. 그리고 변용론의 시작 단계로서 본체론과 변용론을 접합 매개하는 중간단계로서 본체가 변용을 위한 형상화를 수행하는(존재가 존재자로 전화하는) 형상론을 위치시킨다. 첫 단계인 본체론은 형이상학적 수준에서 존재의 본성을 탐구한다. 두 번째 단계인 변용론의 시작 단계로서 형상론은 형이상학적 수준과 경험적 수준 사이에서 양자를 매개하면서 존재의 기능에 관한 기능론, 존재에 대한 인간의 인식에 관한 인식주체론, 존재 의미의 추구라는 가치수행론으로 구성된다. (형상적 수준이 더욱 분화하여) 변용론의 본격적 차원이 되는 경험적 수준에서는 현실세계에서 구체적으로 혹은 사실적으로 표출되거나 포착되는 존재 현상에 관한 이론인 (형상적 수준의 매개 작용에 부응하는) 경험론을 각각 제시한다. 존재의 작용에 관한 기능론으로서 음양오행 잡종화론을, 인식주체론으로서 유아유심 개인주의를, 가치실행론으로서 중도자비 수신수행론을 제시한다.[38] 형상적 수준의 중일천리(中一天理), 음양지기(陰陽地氣), 화쟁인심(和諍人心)이

---

[38] 하나논리의 경험적 수준의 주축 이론인 잡종화론, 유아유심 개인주의 그리고 중도자비론은 하이데거의 실존적 존재론과 강한 이론적 친화성을 갖는다. 하이데거의 본질로서의 실존과 비트겐슈타인의 유아론적 순수실재론은 상통하는 연결 지점을 공유한다고 이해하고 싶다.

각각 경험적 수준에서도 일관되게 작용함을 보여주기 위한 것이다.

2) 하나의 본체론: 리기심 혼연일체 일원론

하나논리의 하나에 관한 본체론은 형이상학적 수준에서 하나의 질적(質的) 속성과 수리적 특성을 천지인합일과 연관시켜 논의한다.

(1) 질적 속성: 중도일리, 음양일기, 화쟁일심

나는 천지인합일로서 하나의 본체가 리, 기, 심의 세 가지 속성을 혼연일체로 지닌다고 전제한다.[39] 나의 주심론적 리기심일원론으로부터 도출된 전제이다. 리기심일원론은 근본적으로는 하나논리의 통일적 구심력에 의하여 성립된 것이지만, 유가에서 전개된 도학과 심학의 발전 그리고 리기심에 관한 오랜 논쟁을 전일적 관점에서 바라보면 자연스럽게 그리고 당연히 하나로 통일된다.[40] 하나가 천지인을 내재적으로

---

[39] 하나논리에서 리기심(理氣心)은 『천부경』의 삼본(三本)인 무진본(無盡本), 부동본(不動本), 본심본(本心本)과 각각 연결되어 리=무진본, 기=부동본, 심=본심본으로 짝을 이루고, 이는 다시 각각 천리, 지기, 인심으로 완성된다. 『천부경』의 구성이 처음에는 존재/우주 생성의 원리를 다루고, 다음에는 천지만물의 작용, 즉 기의 기능을 설명하고, 마지막에는 인간 마음의 가치지향 혹은 실행 과제를 제시하므로 위의 설명과 같이 삼본을 천리, 지기, 인심의 세 가지 질적 속성과 연관시킬 수 있다. 김석진(2010: 71-73)도, 비록 나와는 다른 맥락이지만, 삼일논리에서 삼(본)일을 본체론과 일(석)삼을 작용/변용론과 각각 결부시킨다.

[40] 도학과 심학에서 전개된 성리기심 관련 논쟁을 살펴보면, 성즉리에서부터 양명의 심즉리가 나오고 다시 퇴계, 율곡, 허옥, 이간 등에 의해서 심합리기, 심시기, 리기일체설, 심성일체론/심즉성 등이 제시된다. 주종과 선후 그리고 내외 등의 관점에서 각자 핵심을 어디에 두느냐에 따라서 상이할 뿐 기본적으로 모든 이론은 성리기심의 상호 연관성을 인정한다. 형이상학적 추상의 수준에서, 구슬을 꿰어 보배로

초월하듯이 유가의 성도 리기심을 초월적으로 내재한다.

리는 간접적으로 『삼일신고』에서 성으로 표현되고 있다. 정통 유교 논리가 성즉리이므로 성에서 리를 찾는 것은 타당하다. 자성구자(自性求子, 이미 네 속에 내려와 있는 하나의 씨를 찾아라)나 성통공완(性通功完, 이 본성에 통달하는 공을 완수하라)의 표현 속에서 성=리를 발견할 수 있다. 굳이 『천부경』에서 이에 상응하는 표현을 찾으라면 본심본태양 앙명 인중천지일(本心本太陽 昂明 人中天地一)에서의 명과 중에서 발견하고 싶다. 밝음[明]은 천리의 상태[靜]요, 중(中)은 천리의 움직임[動]으로 간주해볼 수 있다. 인중천지일(人中天地一)을 축약한 중일(中一)은 사람이 중도를 취하여 천지와 하나가 된다는 의미로서 천지만물 우주의 이치[天理]를 깨닫는 중일의 리(理)가 된다.

심은 『천부경』에서 본심, 즉 일심으로 규정되고 있다. 이 마음은 태양처럼 밝은 것을 지향하여 무명을 벗어나려고 한다[本心本太陽 昂明]. 이처럼 밝은 마음이 되자면, 원효의 가르침을 따라서 화쟁을 통해 모든 대립과 갈등을 넘어서는 화쟁일심을 추구해야 한다.

기는 음양의 상생상극 작용에 따라서 천지만물의 기능과 변화를 주도하는 음양일기로 규정할 수 있다. 『삼일신고』(최민자, 2006: 171)에서

만들듯, 통일적(通一的) 리기심일원론은 논리적으로 충분히 가능할 뿐 아니라 필요한 과제이다. 도일원론(道一元論)의 관점에서는 체용론적으로 체는 리, 용은 기라고도 설명한다. 체용불이(體用不二), 성상일여(性相一如), 체용일원(體用一源)이므로 리=기이다. 끝으로 이미 정도전이 『삼봉집(三峯集)』 「심기리편(心氣理篇)」에서 시사하였듯이 불교는 심을 근거로 하고, 도가는 기를 근거로 하나, 유가는 리를 핵으로 삼는다고 '개괄적으로' 말할 수 있다(유명종, 1994: 112). 하나논리는 유불도를 하나로 통일시키는 논리이므로 리기심 또한 하나로 혹은 일원론적으로 파악할 수 있다. 나는 리기심을 하나논리의 천지인합일이라는 통일적(通一的) 관점에서 일원론으로 파악하여 천리, 지기, 인심의 혼연일체로서 하나라는 이론적 가설과 개념을 제안한다.

는 "신이 온 세상을 창조하는데[一神造群世界]", 구체적으로 "신이 기(운)를 불어넣으니, 땅바닥을 감싸고, 햇볕으로 따스하게 만들어, 온갖 생명체가 걷고, 날고, 탈바꿈하고, 헤엄치고, 번식하도다[神呵氣包低 煦日色熱 行翥化游栽物 繁植]"라는 표현으로 지구상 만물의 생성·소멸을 이루는 하나(님) 혹은 신이라는 본체의 기를 거론한다. 최민자(2006: 173-174)는 이를 "혼원일기"로 명명하면서 "지구의 형성 과정"과 결부시킨다. 혼원일기는 음양일기가 혼돈 속에서도 하나로 조화를 이루려는 특성을 표현한다. 나는 『천부경』에서 일묘연(一妙衍)의 묘연이 기의 변화·작용을 가리킨다고 해석하고 싶다. 묘연으로 만왕만래(萬往萬來)하기 때문에 천지에서 생성·소멸이 발생한다.

하나논리의 질적 구성은 나의 리기심일원론에 따라서 조화롭게 체계화된다. 나는 리기심을 논리적으로 확대하여 리=천, 기=지, 심=인으로 연관시킨다. 리기심은 천지인 각각에 골고루 내재한다.[41] 천리, 지리, (인간의) 심리가 있고, 천기, 지기, (인간의) 운기나 생기도 있으며, 천심, 지심, 인심 또한 널리 사용된다. 삼재로서 천지인이 천도, 지도, 인도를 각각 보유하나 그 도의 본성은 동일한 것이라는 사실을 알면, 리기심의 일즉다 다즉일의 관계를 바로 이해할 수 있다. 다만 천지인은 각각 특유의 개별 속성을 지니고 작용하는 것이므로 경험적 현실세계에서 이들 각각의 성격을 특정화 혹은 구체화한다는 의미에서 나는 천을 리와,

---

[41] 여기에는 한 가지 조건이 따른다. 하나논리는 『삼일신고』의 설명을 따라서, "천지인이 하나의 본체로부터 모두 성명정을 부여받았으나, 사람은 이 모두를 온전하게 받고, 기타 만물은 치우치게 받은 것[人物 同受三眞, 曰性命精, 人全之 物偏之]"으로 간주한다. 인식의 주체이자 천지인합일의 주체라는 인간의 역할에 주목하기 위한 것이다. 물론 여기서 리기심과 성명정을 동일한 것으로 규정할 수는 없지만 본체의 근원적 혹은 진정한 속성이라는 관점에서 그 논리적 대등성을 찾을 수 있다.

지를 기와, 인을 심과 직결시키려 한다. 전통적으로 그리고 일상적으로 천은 지고지선의 존재로 간주되며 하늘의 뜻이나 이치로 숭앙된다. 그러므로 천은 리를 대표한다고 간주할 수 있다. 이에 비해 지는 만물과 만사가 생성·소멸하는 작용과 변화의 장(場)이므로 자연스럽게 존재의 역동성 혹은 생명력이라고 할 수 있는 기를 대표한다. 끝으로 심은 인식주체인 인간의 특성이 된다. 모든 인간은 마음을 지니고 있으며, 이 마음을 통해서 천지를 인식하고, 천지와 하나가 되기 때문이다. 우주를 지배하는 네 가지 힘인 중력, 전자기력, 강(한 핵)력, 약(한 핵)력이 처음에는 서로 뒤섞여 합쳐진 상태(대통일 시기)로 있다가 어느 순간 분리된 것처럼, 하나의 본체론적 구성력이자 변용론적 작용력이라 할 수 있는 리, 기, 심도 마찬가지로 혼연일체의 상태로 하나의 본체를 구성하는 것으로 이해하면 될 것이다.[42]

---

[42] 하나논리는 리기심일원론에 입각하면서도 심의 주도성을 강조한다는 점에서 주심적 일원론이라고 규정해볼 수 있다. 천지인합일의 주체가 인이요, 그 인이 밝음을 우러러[昻明] 찾는 일심을 가지고 중도라는 깨달음을 얻으면서 합일에 이르기 때문이다. 이 점에서 나는 일체유심조를 매우 강력하게 지지하는 유아유심론자이다. 논리적 순수성과 명증성은 그 극단의 한계에서 가장 아름답게 그리고 정밀하게 드러난다. 비트겐슈타인의 지적처럼 인간의 언어가 논리의 한계, 즉 세계의 한계를 마주한다면 각종 형상적 언어와 합정합리(合情合理)로 세계를 대상화하는 인간의 마음 또한 논리의 한계를 드러내기 때문이다.

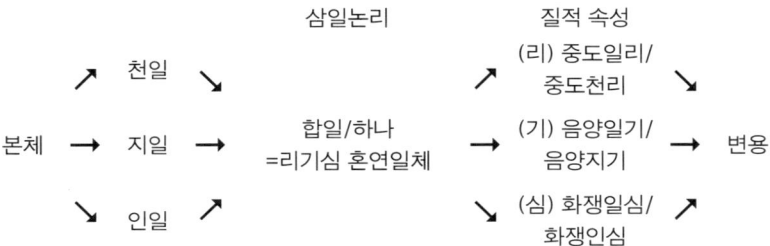

〈그림 3-5〉 본체로서 하나의 질적 속성

　본체로서 하나에 이미 천지인 세 가지의 변용적 속성 혹은 잠재력으로서 씨앗이 내재하기 때문에 체는 용을 드러내고, 용은 체와 하나가 되는 초월적 내재성을 구현함으로써 체로서의 근원성을 확인한다. 이것이 바로 삼일논리요 전일논리이다.

　그렇다면 왜 본체는 변용을 필요로 하며, 변용은 왜 다시 본체로 귀의하는가? 알 수 없다. 논리의 한계이다. 원래부터 그런 것, 바로 자연(自然)이다.

　다만 하나논리라는 이름/규정/의미/가치 그 자체가 유(하나 있음)-무(하나 없음), 유(하나임)-비유(하나가 아님)와 하나(명명)-둘(파생 명)이라는 관계/구분/경계를 만들어내기 때문에 하나는 논리적으로 필히 그것과 다른 무엇을 전제로 하고, 다른 그 무엇은 존재의 소멸과 함께 원초적 시작으로서의 하나로 '되돌아가야만 하는' 혹은 '되돌아갈 수밖에 없는' 것이 아닐까? 신비주의적 차원의 논리적 추론이다. 아니면 인간의 인식 구조 자체가 이분법적 구분과 삼분법적 완성/합일을 선호하도록 설계되어 있는 것일까? 알 수 없다.

① 음양일기

체와 용이 상호 연관되어 변화·작용을 하자면 그 작용을 가능하게 하는 어떤 생성·소멸의 힘(생성력)이 전제되어야 한다. 우주에 꽉 차 있으면서 만물에 내재하는 이 무형의 신비로운 힘을 동아시아에서는 기(氣)라는 개념을 통해 설명한다. 모든 존재의 기능(機能)은 이 기(氣)의 능력, 즉 기능(氣能)과 다름없다. 하나가 본체로서 함유하는 이 기의 속성을 일기(一氣)라고 부른다. 일기는 음양으로 구성되어 있으며 또 천지인 가운데서 지와 밀접히 연관되어 있으므로 음양일기 혹은 음양지기라고도 부른다. 일기는 천지인합일이라는 하나의 변용 과정에서 지일(땅 하나)로 분화하여 만물만사의 작동을 설명하는 기능론과 연결된다. 나아가 이 일기는 하나라는 생성·소멸의 혼돈 상태로 표출되기 때문에 일종의 혼잡성 혹은 잡종성을 가진다. 그래서 일기에서 도출된 기능론은 경험적 수준의 잡종화론에 의해서 분명하게 설명될 수 있다.

동아시아 지혜는 기를 음양의 작용으로 이해한다. 그러나 음양은 본체인 태극/하나 속에 혼돈 상태로 내재하며 운동성 혹은 역동성을 지닌다. 하나의 본체적 속성으로서 음양일기는 혼돈 속에서도 일체를 이룬다는 의미에서 혼원일기라고 부를 수 있다. 혼원일기는 기의 운동적 속성을 바탕으로 변용론적 수준에서 기능변화 차원의 음양오행 잡종화로 전개된다.

이론적으로 기와 관련한 논의는 복잡다단하다. 나는 중국 양명학과 조선 화담(花潭)학파를 따라 주기설의 입장을 취하여 리는 기 속에 내재한다고 파악하였다. 리 없이도 기는 존재할 수 있으나, 기 없이는 리가 존재할 수 없다는 점에서 주기설을 따랐다. 기의 선차성에 주목하기 때문이다. 그러나 이미 언급했듯이 최근에는 기의 개념을 확장하여 심=리=기라는 삼위일체의 일원론을 선호하는 경향이 있다. 굳이 나의 선호를 밝히자면 유아유심론을 따라서 주심론 혹은 심주도론이지만, 리, 기, 심의 인과론적 혹은 행위론적 주도성과 선차성을 일률적으로 규정하는 것은 무리한 시도가 될 수도 있다. 사물들의 개별적 상황과 조건 혹은 인간의 개인적 특성과 자질에 따라서 리, 기, 심의 현실적 작동이 달라질 것이기 때문이다. 다만 리와 기의 작동을 감지하고 인식하는 것은 오직 내 마음이기 때문에 나는 심주도론을 말하는 것이다. 그렇다고 심이 리와 기보다 더욱 중요하다는 식의 결정론적 판단은 결코 취하지 않는다.

② 화쟁일심

본체의 음양일기라는 속성은 자연스럽게 본체의 두 번째 속성으로서 화쟁일심이라는 속성을 필요로 한다. 인식주체가 없으면 객체로서 타자는 존재(의미)성을 잃는다. 본체 또한 존재로서 정체성을 지니기 위해서는 인식의 주체나 대상이 될 수 있는 능력을 스스로 보유해야 한다. 이 속성을 바로 하나의 (일체화) 소통 능력으로서 일심으로 규정한다. 일심에 관해서는 이미 원효대사가 설파한 화쟁의 논리가 극명하게 제시하고 있다고 생각하여 화쟁일심이라고 명명하였다. 화쟁일심은 다음에 설명할 천리를 지향하는 중도와 중용을 가능하게 만드는 본체의 (인적人的) 속성이다. 일심은 천지인합일이라는 하나의 변용 과정에서 인일(사람 하나)로 분화하여 인식주체론의 원리가 된다. 인식주체의 출발은 바로 유아와 유심의 소유자인 개인이므로 유아유심 개인주의가 하나논리의 인식주체론으로 선택된다.

③ 중일일리

하나라는 본체를 의미 있게 만들고 그것을 지속시키는 가치 혹은 원리는 무엇일까? 그것은 현상적 존재들의 본체에 대한 끊임없는 관심과 추구이다. 바꾸어 말하자면 본체는 그 스스로가 가치를 창출하고 그 가치를 바르게 추구하는 능력과 방편을 드러내는 속성을 지녀야 한다. 나는 그것을 리라고 규정한다. 천지만물의 도리요 이치로서의 리이다. 인간이 반드시 배워서 명심하고 수행하면서 따라야 할 가치 규범이다. 리는 명과 중이라는 두 가지 차원으로 이해할 수 있다. 명이란 밝음 혹은 환함을 뜻하며, 동아시아 지혜에서는 어둠에 갇힌 인간세계의 무명이나 미혹을 벗어난 대명천지를 가리킨다. 밝은 덕을 더욱 밝게 비추는 것이 『대학(大學)』의 명명덕(明明德)이다. 『천부경』에서는 이를 앙명(昻明)이라고 한다. 마음의 밝음을 이룬 사람이 깨달은 사람이고, 깨달은 사람은 중으로써, 즉 중도와 중용으로써 세상만사를 헤쳐나가며 깨달음의 길인 중일(中一)로 나아간다. 앙명 인중천지일(昻明 人中天地一)이다. 나는 천리의 핵심적 특성을 인중천지일 중에서 도출한 중도(중용)라고 간주하여 중일천리(中一天理)로 규정한다. 중은 불가의 중도/중관과 유가의 중용을 통합(通合)한 개념이다.

    중일천리의 최종 목표인 천지인합일로서의 하나는 모든 사람이 추구해야 하는 지고지선의 가치이자 또한 사람에게 부여된 엄중한 과제로서[43] 사람이 마땅히 실천해야 하는 가치이다. 그 가치를 나는 불가의 중관과 유가의 중용을 아우르는 개념으로서 중도라고 규정한다. 중도

---

[43] 김석진(2010: 87)에 의하면, "『천부경』의 인중천지일은 책임성을 내포하고 있다고 볼 수 있다. 이 책임성을 강조하는 것은 인간에게 성(誠)이 있기 때문이다. 이것이 인간주체성이다. 『천부경』의 가르침은 사람이 스스로 홍익인간의 주체임을 자각하고, 피조물이라는 종속적인 사고방식을 떨쳐내라는 것이다." 그리고 이 인간의 책임성이 훗날 동학에서 선후천개벽론으로 발전되었다는 의미에서 그는 "개벽은 결국 인간 자각의 문제"라고 명쾌하게 풀이한다.

는 하나의 변용 과정에서 천일(하늘 하나)의 천리와 결합하여 가치수행론의 원리가 된다. 가치수행의 궁극적 방편은 '자비=측은지심의 사랑'에 기반을 두는 중도이므로 중도자비론을 가치실행론의 설명 원리로 삼는다.

불가에서 사랑을 대자대비(大慈大悲)로 표현한 데는 이유가 있다. 유가의 인애나 노자의 자애는 동양적 사랑을 가장 잘 표현하는 자(慈)로 대변할 수 있다. 여기에 비(悲)를 첨가한 것은 사랑은 세상의 고통과 비애, 중생의 미혹과 고난이라는 슬픈 현상에 연민을 느끼며 깊이 통찰하는 과정에서 발생한다는 사실에 주목하기 때문이다. 측은지심으로서의 인(仁)도 측은이라는 비애감을 담고 있다. 사랑 그 자체도 어쩌면 슬픈 것이다. 우여곡절의 미로를 헤매기도 하고 이별의 순간도 반드시 오게 마련이다. 중생이나 소인에 대한 사랑은 군자의 도리요 깨우친 자의 과제이기는 하지만, 과연 그 사랑이 이 풍진 속세를 제대로 구하지 못할 것이라는 엄연한 사실을 알기 때문에 더욱 슬프지 않겠는가? 그 결과를 미리 알지만 그래도 어쩔 수 없이 마땅히 수행해야 하는 성인군자의 마음이 담담할 수밖에 없는 이유가 여기에 있다. 더욱 비관적으로 풀이해보자면, 원죄를 짓고 업보와 연기에 매인 인간들의 세상은 솔직히 말해 영원히 구제불능이다. 사랑의 예수는 얼마나 슬픈 존재인가? 십자가에 못박히는 비극을 통해서까지 미망에 빠진 중생을 구제해야만 했던 그 슬픔의 사랑! 사랑은 시시포스의 신화가 된다. 그것밖에는 혹은 그것만큼이나 더 의미 있는 일은 없으니까.

나는 세상에 대한 이 비관주의적 인식이 매우 필요한 인생관이자 세계관이라고 생각한다. 특히 낙원을 보장하는 초월적 유토피아를 이야기하지 않는 동아시아 지혜의 바탕에는 이 비관주의가 깔려 있다. 사랑의 슬픔 혹은 슬픈 사랑이라는 의미의 자비라는 표현은 얼마나 멋진

가! 유토피아의 꿈은 인간의 뿌리칠 수 없는 욕구이기에 역으로 후천을 이야기하고 개벽을 거론했던가? 유가는 대동 세계를 꿈꾸고, 불가에서는 미륵이 재림하기를 바라는가? 도가는 신선을 찾게 되는가? 『삼일신고』도 영득쾌락(永得快樂)을 말하는가?

하나논리는 중도천리를 통해서 인간의 주체적 책임을 요구하는 규범적 당위성을 제시한다. 서구적 가치중립의 논리와는 달리 하나논리는 인간의 적극적인 가치판단과 개입을 요구한다. 인간과 주체의 죽음을 선언하는 최근의 서구 이론과는 달리 하나논리는 인중천지일에 의한 천지인합일로부터 인간 역할의 재발견과 주체의 회복을 요구한다. 결국 리의 세계 혹은 천리의 작용은 인간이 따르고 지켜야 할 가치와 수행의 영역이다. 그러나 반복해서 강조하지만, 하늘만이 리를 독점하는 것은 아니다. 천리에 더하여 지리와 심리도 있다. 마찬가지로 천기, 지기, 심기도 있고 천심, 지심, 인심도 있다. 하나는 천지인에 편재하므로 항상 삼일이다. 단지 하나의 도가 천도, 지도, 인도로 혹은 천리, 지기, 인심으로 나뉘어 표출될 뿐이다.

왜 하나는 이처럼 신묘한 속성을 가지는가? 원래 그런 것이기 때문이다. 더 이상 할 말이 없다. 노자의 경구처럼 하나의 세계는 심오하고도 심오하며, 오묘하고도 오묘한 문[玄之又玄, 衆妙之門]을 열면 나타나는 도의 세계이다. 언어로 도를 설명하기는 어렵다. 비록 내가 하나의 세계를 이러쿵저러쿵 자의적으로 재단하여 변죽을 울리며 설명해보지만, 그것은 무지와 부지로 가득한 내가 미지의 희망 속에 헤아려보는 소치일 뿐이다. 동아시아 지혜의 한 가지 놀라운 특성이 있다면 그것은 신비주의를 과감히 인정하고 적극적으로 활용한다는 점이다. 신비주의는 초월을 필요로 한다. 세속적이고 통상적인 세계를 넘어 새로운 세상을 만나려는 모험과 도전, 의지와 결단, 지속적 수행을 필요로 한다. 신인합일, 천지인합일, 깨달음, 무아진아(無我眞我), 신선도 등과 같은 신비주의의 세계는 그것을 체험한 자라도 제대로 설명하지는 못한다. 비유비무요 불일불이이기 때문이다. 신비는 하나의 존재 현상으로서 존재한다. 인간은 신선이 되고 싶어 한다. 신선이 된 사람이 있다고도 한다. 신선놀음이나 신선 행세를 하며 살아가기를 바란다면 과욕인가?

(2) 수리적 속성: 천지인 삼수분화와 음양 이수분화의 결합

만물의 수리적 생성·변화와 관련하여 동아아시아에는 삼수분화와 이수분화의 논리가 있다. 두 논리 모두 확고한 근거와 풍부한 내용을 지니며, 오랜 세월에 걸쳐 동아시아 사회 전반에 확산되었고, 사람들의 일상생활에도 깊이 스며들었다. 『천부경』에서 드러나듯 하나논리는 삼수분화와 이수분화 양자를 상호 대립적이거나 경쟁적인 관계가 아니라, 상호 보완적인 관계로 파악한다. 하나논리의 고유한 속성인 통일성(通一性)이 양자의 결합 가능성을 시사해준다. 그 결합을 설명해보자.

① 삼수분화

『천부경』과 『도덕경』은 삼수분화를 언급한다. 『천부경』의 "석삼극", "천일, 지일, 인일", "천일일, 지일이, 지일삼", 그리고 "천이삼, 지이삼, 인이삼"이라는 표현은 하나와 셋의 삼수분화를 가리킨다. 『도덕경』의 "도생일, 일생이, 이생삼, 삼생만물"이라는 구절 또한 삼수분화를 시사한다. 『천부경』에서 본체로서의 하나는 『도덕경』의 도이며, 천일, 지일, 인일은 『도덕경』의 일이며, 천이삼, 지이삼, 인이삼의 이는 『도덕경』의 이, 즉 음양과 상응한다. 『도덕경』의 도생일은 『천부경』의 일이 천일, 지일, 인일의 셋 혹은 천이삼, 지이삼, 인이삼의 셋으로 분화됨을 지칭한다. 그리고 이 셋으로부터 천하만물이 생성된다는 주장은 『도덕경』 과 『천부경』이 동일하다.

  동아시아 모태 문화의 기축 원리로서 삼 혹은 셋이라는 수 및 삼수분화의 논리가 삶의 여러 측면에서 활용되고 있다(우실하, 2012). 천지인 합일이 바로 삼수분화를 전제하는 것이고, 서양의 변증법 또한 정반합이라는 삼수/삼원적 단계를 전제한다. 나아가 『천부경』이나 불가의 경전을 보면 이 삼수분화는 필히 하나로 귀일하는 삼일논리를 지향한다. 『천부경』의 무궤화삼(無匱化三)이나 불경의 일즉삼 삼즉일, 일즉다 다즉일, 일중다 다중일, 만법귀일이 그것이다.

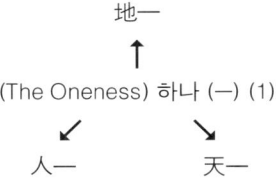

〈그림 3-6〉 삼수분화(三數分化)

② 이수분화

이수분화는 『주역』에 의하면 태극[44]의 양의(兩儀), 즉 음양 논리에서 출발한다. 이수분화의 음양은 다시 오행과 결합하여 음양오행이라는 다채롭고도 풍요로운 논리가 된다. 우리가 일상에서 자주 대하는 이분법이나 이원론의 토대가 바로 이수분화에 기반한 것이다. 다시 한번 강조하지만, 이분법 그 자체는 인간 사고의 구조적인 틀로서 필수적인 인

---

44 태극에는 이수분화의 음양 태극만 있는 것이 아니라 삼수분화의 삼태극도 있다.

식론이자 방법론이다. 최근 서구적 이분법에 대한 무차별적 비판이 전개되고 있으나, 이는 크게 오도된 편향적 관점이다. 이분법의 발전된 형태로서 음양오행론은 상생상극의 대대적 논리를 통하여 조화와 균형을 추구하며, 양극단의 어느 한편으로 치우치지 말라는 당위론적 가치를 요구한다. 다만 현실적으로 음양의 불균형이 심각해지면 그때 균형과 조화의 유지를 위해서 물극필반(物極必反)과 같은 순환론적 변화가 발생하는 것이다.

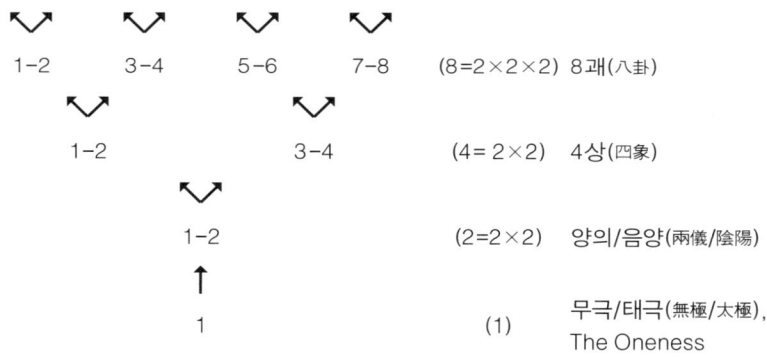

〈그림 3-7〉 이수분화(二數分化)

③ 삼수분화와 이수분화의 결합

〈그림 3-8〉 이수분화와 삼수분화의 결합

하나(The Oneness) 혹은 태극(太極)=1
천일(天一) 양(陽)+지일(地一) 음(陰)=1+1=2=둘(二)
하나(1)+음양(2)=셋=천이삼(천일+이=셋), 지이삼(지일+이=셋), 인이삼(인일+이=셋)
셋(三)은 천지(天地)의 음양조화로서 사람[人], 여음남양(女陰南陽)의 조화로서 자식[子]=3
天一 + 地一 + 人一 =1+1+1=하나+음양 둘=셋(三) ➡ 천지만물의 생성·소멸

역의 이수분화 논리와는 달리『천부경』은 삼수분화의 논리로 시작한다. 그러나『천부경』이나『주역』모두 삼수분화와 이수분화를 상호 결합시키는 보완성을 보여준다. 먼저『천부경』은 하나로부터 석삼극의 삼수분화(천일, 지일, 인일)를 언급한 다음 뒤이어 천이삼, 지이삼, 인이삼을 거론하여 천일, 지일, 인일에 각각 둘(음양의 이수분화)이 작용하여/합쳐져서 셋이 된다는 논리를 전개한다. 천이삼, 지이삼, 인이삼에서 이(二)/둘이 무엇이냐에 관해서는 (『천부경』과『주역』그리고『도덕경』의 상호 연관성을 전제하면서) 이를 음양이라고 해석하는 견해가 가장 설득력을 지니는 것 같다. 물론 둘[二]에 별다른 의미를 부여하지 않고 그냥 1+2=3이라는 식으로 풀이해도 무방하다. 왜냐하면 수리적으로 1과 3의 관계는 1-2-3처럼 순차성을 지닐 수도 있고 1+2=3이라는 가산법으로 규정할 수도 있다. 그러나『천부경』과 같은 고도의 철리를 지닌 경전이 2에 특정한 의미를 부여하지 않고, 단순히 수량적 의미로 2를 사용했을 것 같지는 않다. 즉 하나와 셋을 연결하는 자연적인 (즉 1-2-3의 순차적 순서로서) 중간 매개인 둘에 하나-셋의 변화를 설명하는 작용 원리로서 음양 분화의 의미를 부여했을 것 같다. (삼수분화의 삼일논리처럼) 이수분화의 2는 수량적으로는 둘이지만, 그 질적 근원은 하나이므로 하나논리의 삼수분화와 동일한 논리적 구조를 갖는다.

이수분화와 삼수분화의 결합은『주역』에서 절묘하게 나타난다. 기본 단위인 효에는 양효(―)와 음효(--)가 있다. 양효와 음효 3개가 모여 구성되는 괘를 소성괘(혹은 복희8괘)라 하고 6개가 모인 것을 대성괘(『주역』64괘)라 한다. 천지인을 나타내는 3개의 효가 구성되면 하나의 괘(단괘)를 이루고, 이 괘는 다시 상하 2개로 결합되어 6효인 중괘가 된다. 즉 천지인(3)에 각각 음양(2)이 작동하여(3×2=6) 하나의 완전한 괘상(대성괘)을 이룬다. 나아가 3개의 효로 이루어진 8괘와 이것이 두 개씩 겹쳐져서 6개의 효로 구성된 64개의 괘가 생성된다. 이수와 삼수를 절묘하게 배합한 구조이다.

차후 확대 심화된 논의가 더 필요하겠지만, 나는『천부경』의 "천이삼, 지이삼, 인이삼"에서 이(二)가 음양을 의미하고(최민자, 2006), "대삼합육"의 풀이 과정에 음양의 이수논리가 접합되어 있다고 해석하는(김석진, 2010) 견해를 따른다. 그러나 시기적으로『천부경』이『주역』이나『도덕경』그리고 음양이론보다도 훨씬 이전에 만들어졌을 가능성이 크기 때문에 2의 의미를 음양논리와 직접적으로 연결하려니 다소 망설여지는 것도 사실이다. 물론 후대의 노자를 비롯한 도가들이『천부경』의 2를 음양으로 해석하여 활용한 것이라고 주장할 수도 있다. 사실 이 문제는 일시무시일의 '무'의 의미 풀이에도 해당된다. 도가적 의미의 무라는 개념을『천부경』의 초기 작성과 확산 과정에서는 찾아보기 힘들다는 것이 정설이다. 다만『천부경』이 모든 수의 근본인 1에서 시작하여 완성 수인 10까지를 포괄적으로 거론한다는 사실 자체가 삼수분화나 이수분화를 모두 내재적으로 전제하고 있는 것이라고 추론하고 싶다.

『천부경』의 해설적 연장이라고 볼 수 있는『삼일신고』를 보면 일신조군세계(一神造群世界)와 일의화행(一意化行)이라는 하나의 존재 작용을 항시 세 가지 차원, 성명정의 삼진과 심기신의 삼망 그리고 (지)감, (조)식, (금)촉의 삼도에서 논의하나, 이를 다시 선악, 청탁, 후박이나 복화, 수요, 귀천 그리고 희구애로탐염(喜懼哀怒貪厭), 분란한열진습촉(芬爛寒熱震濕觸), 성색취미음저(聲色臭味淫抵)와 같은 이분법적 대비나 이분법의 확장(6수)이라는 차원에서 설명한다. 삼수분화와 이수분화의 적절한 혼용 혹은 잡종화가 통일적으로 이루어졌다고 말할 수 있다.

나는『천부경』의 핵심적 논리는 이수분화를 포괄 혹은 결합하는 삼수분화에 있다고 전제하여 하나논리를 전개할 것이다. 굳이 양자의 특성을 분석적으로 구분해보자면 삼수분화는 상대적으로 본체론적 특성을 강조한다면, 이수분화는 변용적 특성에 더 관심을 기울이는 것이 아닌가 가정된다. 이와 관련하여 김석진(2010: 86)은 비교적 관점에서 더욱 명쾌한 해석을 제공한다. "『천부경』은 [유가의] 천인합일 사상에서 한 걸음 더 나아가,[45] 천지인합일을 포괄하여 인중천일이라고 하였다. 이렇게 유교와 다른 의미의 천지인합일을 강조한다. 유교가 음양을 체로 하고 천지인을 용으로 삼는다면,『천부경』은 천지인을 체로 하고, 음양을 용으로 삼는다."

끝으로 삼이라는 숫자를 특히 애호하는 한국의 경우 3을 중심으로 하는 삼일논리 혹은 기수(홀수) 문화가 널리 수용·확산되었다. 한국에는 1-3-5-7-9와 같은 수열을 연상시키는 각종 사례들이 즐비하다. 특히 기본 홀수가 겹을 이루는 11, 33, 55, 77, 99는 각각 정월 초하루 설날, 삼월 삼짓날, 오월 단오, 칠월 칠석, 구월 구구절, 중양절과 같이 좋은 날, 즉 길일로 여겨져 각종 기념과 축하의 행사를 거행한다. 그런데 여기서 흥미로운 사실은 홀수 1-3-5-7-9는 반드시 짝수 2를 통해서 전개된다는 점이다. 1+2=3, 3+2=5, 5+2=7, 7+2=9. 홀짝수 혹은 음양수의 배합이 홀수를 만든다. 그러나 음음수나 양양수의 배합은 항시 짝수만 만든다. 음양의 조화로운 혹은 균형 잡힌 배합으로만 생성되는 홀수를 경애하여 한국인들은 홀수 문화를 발전시킨 것인가?

그래서 나는 한국 문화의 원형을 삼수분화의 문화라고 규정함과 더불어 홀수 선호의 문화라는 차원을 부각시키고 싶다.

---

[45] 『천부경』의 천지인합일 사상이 유가의 천인합일 사상보다 먼저 형성된 것으로 본다.

④ 음양오행의 수리철학적 작용

음양과 오행을 결합한 음양오행의 논리는 2와 5를 결합했다는 점에서는 이수분화와 홀수분화로서의 5를 배합한 전형적인 결합 논리를 보여준다. 음양오행이 수리적으로 2+5=7이라는 홀수분화로 드러난다는 사실 또한 흥미롭다. 『천부경』에 "운삼사 성환오칠(運三四 成環伍七)"이라는 구절이 있는데 2+5=7이라는 사실과 어떤 의미 연관을 가질 수 있을지 궁금하다. 운삼사를 음양의 작용으로 해석할 수 있다면 하나의 해답이 된다. 삼은 홀수 양이요, 4는 짝수 음이니 그럴듯한 추론이다. 그런데 왜 운일이라 하지 않고 운삼사라고 했을까? 아마 일이란 수를 사용하면 음양초월의 본체 수 1, 즉 일시무시일이나 일종무종일의 일과 혼동될 염려가 있고, 2의 경우는 그 자체가 음양으로서 2를 의미하므로 부적절하기 때문이 아니었을까?

나는 음양을 본체 하나의 질적 속성인 생성력으로서 음양의 혼원일기가 분화 혹은 형상화된 음기와 양기로서 이해하고, 오행은 수화목금토라는 다섯 가지 우주의 기본 구성적-기능적 요인이 음양과 결합하여 작동하는 기능적 원리로서 이해한다. 오행의 수화목금토는 지구와 밀접한 관련성을 지닌 혹은 육안으로 관찰 가능한 수성, 화성, 목성, 금성, 토성이라는 행성을 의미하는 천문학적 차원과 더불어 인간세상에 가장 필요한 기본 요소 혹은 질료라 할 수 있는 물, 불, 나무, 쇠, 흙이라는 요소론적 차원을 지닌다.

특히 하나논리의 변용론에서는 음양오행을 기능론의 핵심적 토대로 간주하여 활용한다. 음양이 상생상극이라는 기능의 어떤 원천적-순환적 구조를 설명한다면, 오행은 음양의 원리에 기반하여 각각의 특수한 다섯 가지 필수기능(예컨대 정치, 경제, 사회, 문화, 종교)을 수행한다고 이해한다.[46] 기능론을 설명하는 경험적 이론으로서 잡종화는 음양오행의 천변만화라는 속성과 잘 어울린다. 음양오행은 구조와 기능의 양면에서 이해할 수 있으나, 나는 하나논리와 관련해서 음양오행의 핵심적 성격을 그 기능에서 파악한다. 왜냐하면 기로서의 음양이나 오행은 역동적인 변화를 통해 존재하는 것인 만큼 정태적 구조보다는 동태적 기능에 더 가깝기 때문이다. 하나의 기로서 음양은 끊임없이 작동·변화한다.

⑤ 1과 0, 혹은 존재와 비존재 혹은 유와 무의 통일

본체로서의 하나는 형상화 이전에 존재하는 그러나 형상을 생성시키는 보이지 않는 존재의 존재성 혹은 존재력이다. 그리고 이 존재는 시작도 끝도 없이 그냥 그대로 존재하는 존재이다. 수리적으로 하나, 일은 어디서 시작할까? 나는 무(無)/없음인 0에서는 결코 유(有)/있음인 하나가 생성될 수 없다고 확신한다. 그러나 그 역은 충분히 추론 가능하다. 유 하나를 없애면 무가 된다(1-1=0). 무에 억만 개의 무를 더하거나 빼도 무는 무일 뿐이다. 오직 유에서만이 유가 나오고, 무가 나올 수 있다.

흔히 수리적으로는 0과 1을 대비시켜 무와 유를 거론하기도 한다. 그러나 0과 무 혹은 불가의 공은 개념적으로 분명히 구분되어야 한다. 불가의 공은 무나 0으로 규정할 수 없다. 나의 해석은 이렇다. 아라비아숫자로서의 0은 오직 자연수 1의 비자연적 감소 상태인 -1, -2, -3 등을 표시하기 위해서 1과 -1 사이에 존재하는 어떤 유적(有的) 상태를 표시하는 기호일 뿐이다. -1이나 -2 등등 마이너스의 세계는 유적으로 존

---

46 동중서의 정통 해석과는 달리 오행의 원리를 기능론적으로 새롭게 해석하여 목화토금수=인의예지신=정치, 경제, 사회, 문화, 종교로 연결시키는 과정은 곧이어 자세히 설명할 것이다. 자의적 해석으로 간주되어 비판과 비난의 대상이 될 수도 있겠지만, 현대적 적실성이 더욱 높다고 생각한다.

재하는 세계이기 때문이다. 불가의 공은 우리가 통상적으로 아라비아 숫자인 영(0)을 공(0)으로 지칭하는 것과 아무런 연관이 없다.[47]

불가의 공은 오온으로 포착되는 유의 세계인 색과 대비되는 세계로서 오온을 초월하여 존재하는 비색계로서 공이다. 색계의 존재들이 자성을 갖지 못한다는 점에서 공이다. 그러므로 공은 있는 것도 아니면서 없는 것도 아니다[非有非無]. 가끔 공성(空性)을 천지만물이 원자의 세계에서 작동하는 화학적, 물리적 속성이라고 간주하여 그 개별 존재의 자성을 부정하기도 한다. 원자의 세계도 연기의 세계로 해석할 수 있을 것 같다. 양자물리학의 특성인 존재의 양면성과 상보성 그리고 얽힘(entanglement=hybridization?)은 객관적 물리의 세계와 주관적 인식/관찰의 세계 간에 어떤 신비로운 연결고리가 있음을 시사한다. 하나가 음양 혹은 천지인으로 분화/형상화된 경험 현상을 관찰하는 관찰자로서 물리학자나 개인은 음양과 천지인 모두에서 하나를 발견할 수 있기 때문에 개별적 현상과 전체적 현상의 비동일적 동일성 혹은 스펜서-브라운이나 루만처럼 차이동일성이라는 불가적 인식에 귀착하는 것이다. 그러나 불가가 색즉시공이요 색공여일이라고 반전의 논리를 전개하는 순간 공의 유적 존재성은 확연히 인정된다. 유아와 무아도 마찬가지다. 무아도 아(我)라는 존재 자체가 없어진 것이 아니라 온갖 집착과 번뇌가 없는 진아(眞我)라는 의미에서 무아 또한 없는 것이 아니라 유적으

---

47   0과 1의 문제와 관련된 책 한 권을 소개한다. 나의 제자인 황명호(Huang, 2021) 교수는 『삶의 예기(The Art of Life)』에서 0(道)에서 시작하여 1, 2, 3 … 무한으로 전개되는 『도덕경』의 '도생일(道生一)' 관점을 취하고, 피보나치수열(Fibonacci numbers)을 통해서 0의 근원성에 주목한다. 나는 그의 입장을 인정하면서도 수리적으로는 1의 독립성, 자율성, 확장성에 더욱 비중을 두고, 논리적으로는 '하나'라는 모든 존재물과 존재 상황의 근원적 규정성을 높이 평가한다. 다시 강조하지만 0은 '1-1=0'이라는 수리적으로도 유적(有的)인 존재 상태/규정이다.

로 존재하는 것이다. 결국 0이라는 상태로서의 유적 존재가 있고, 공이라는 상태로서의 유적 존재가 있고, 무라는 상태로서의 유적 존재가 있다. 이것들은 물론 추상적-관념적 수준의 존재이다. 이 모든 유적 존재는 참으로 놀랍게도 하나라는 모든 유적 존재의 존재성을 규정하는 존재론적 본체(the oneness) 혹은 아리스토텔레스가 말한 최상위 존재자인 '존재자로서의 존재자'에 의해서만이 존재론적으로 의미를 지니게 된다.

『천부경』에서 하나는 시작도 없고 끝도 없는 무시무종의 하나이다. 이 말은 하나가 무와 무한을 모두 포함한다는 뜻이다. 하나는 우리가 통상적으로 수용하고 이해하는 인과관계의 차원을 벗어나 있다. 0과 무한을 모두 포함하는 하나는 무엇인가? 이미 언급했듯이 나는 0이 있어 1이 존재하는 것이 아니고, 1이 전제되어야만 0을 생각할 수 있는 것으로 이해한다. 하나의 우선성을 수리철학적 혹은 수리존재론적 차원에서 설명해보자. 1은 스스로 혹은 자력으로 0을 만들 수 있지만 0은 결코 1을 만들지 못한다. 즉 1은 모든 (자연)수를 생성할 수 있다. 0은 자기조직성이나 자기생산성이 없다. 자력갱생이 안 된다. 1은 그 반대이다.

〈그림 3-9〉 1의 자체 생성·변화 가능성

$$1 - 1 = 0, 1 + 1 - 1 - 1 = 0$$
$$1 + 0 = 1, 1 - 0 = 1, 1 + 1 - 1 = 1$$
$$1 + 1 + 1 + \cdots = 1, 2, 3 \cdots$$

〈그림 3-10〉 0의 생성·변화 불능성

$$0 - 0 = 0 + 0 = 0 \times 0 = 0$$

이것은 계란과 닭의 관계가 아니다. 왜냐? 닭과 계란은 모두 1이기 때문이다. 순수 논리적으로도 0이나 무에서 1이나 유가 나올 수 없다. 0과 1, 무와 유 사이에는 논리적 간극 혹은 모순이 존재한다. 동아시아에서 왜 0의 개념 대신에 무를 사용했을까? 주지하듯 불가의 공이나 도가의 무는 결코 nothing이나 zero로서의 영이나 무를 상정하지 않는다. 그래서 도가도비상도(道可道非常道)이고, 공즉시색이라고 하지 않는가? 유무는 통일로서 하나이다.

나는 하나 혹은 1은 유무라는 대비적 차원을 함께 포괄하는 모든 존재의 근원적인 본체성이라고 이해한다. "무(=없다)"라는 현상 그 자체 혹은 존재 그 자체는 "존재한다(=있다)". 내가 무라는 개념을 생각/고안/규정하는 순간에 바로 무라는 존재는 (유심론적이든 유물론적이든 관계없이) 존재한다. 이와 동시에 무와는 대비되는 다른 어떤 개념/현상/대상/존재가 발생한다. 쉽게 말해 논리적으로 무는 유를 필요로 한다. 그러나 유는 그 존재 자체가 스스로 구분/경계의 원리에 따라 무를 만들어낸다. 감각적-지각적 존재인 인간의 인식은 무에서 출발할 수 없다. 쉽게 말해 유가 있어야 무가 '있다'. 유는 무의 필요충분조건이지만, 무는 유의 충분조건일 뿐이다. 이와 같은 상호 규정적 혹은 대대적 유무의 관계를 "하나"라는 개념은 통일적으로 함축한다. 하나는 차라리 불가의 공과 논리적 친화력이 더 강하다. 공을 설명하는 불가의 일즉다 다즉일이나 선가의 일즉삼 삼즉일은 모두 삼일논리로서 하나를 중심으로 전개된다. 천지인합일과 만법귀일 혹은 일심이 바로 그것이다. 고도의 추상적 차원에서 하나와 공은 상통, 통일한다.

『도덕경』 40장의 "천하만물은 유에서 생기고, 유는 무에서 생긴다[天下萬物生于有 有生于無]"라는 구절과 42장의 "도는 하나를 만들고[道生一]"라는 구절로부터 무인 도가 유인 하나를 만든다고 추론하고, 도와 하나의 관계를 인과적인 선후관계로 해석하는 연구도 있다. 이런 식의 해석도 물론 가능하고 그 나름대로 설득력을 지닌다. 그러나 나는 도=하나(=불=천=유일신 하나님=알라신=베다=브라흐마)라고 통일적으로 해석하기 때문에 도와 하나의 구분을 수용하지 않는다. 그 이유는?

우선『도덕경』1장으로 돌아가보자. "무 혹은 이름 없음은 천지의 시작을 가리키며, 유 혹은 이름 있음은 만물의 어미를 가리킨다. 그러므로 무에서 도의 오묘함을 보고, 유에서 도의 단서를 보고자 한다. 이 두 가지는 같은 근원에서 나온 것이지만 이름만 다를 뿐 둘 다 심묘하다. 무와 유는 심오하고도 심오하며 오묘하고도 오묘한 문이다[無 名天地誌始, 有 名萬物之母, 故常無 欲以觀基妙, 常有欲以觀其徼, 此兩者 同出而異名 同謂之玄, 玄之又玄 衆妙之門]"라는 문장은 무엇을 말하고자 하는가? 왜『도덕경』은 맨 처음부터 무와 유의 의미를 규정해두고자 했는가?

무와 유를 설명하면서 무는 천지의 시작, 유는 만물의 어미라고 하는데, 천지와 만물은 상이한 것인가? 시작과 어미는 다른 것인가? 왜 그리고 어떻게 무와 유, 그 둘은 동일한 곳에서 나왔을까? 왜 굳이 다른 이름을 붙였을까? 둘 다 심묘하다고 한다. 나는 특히 동출이명(同出異名)과 동위지현(同謂之玄)에 주목한다. 유와 무라는 두 개념의 성립 근거가 동일하고, 질적 특성이 동일하다고 판단한다. 이와 같은 나의 판단은『노자 도덕경 하상공장구』에 의해서 지지된다.

『노자 도덕경 하상공장구』(33-34, 48-49)에 의하면, 하나(일)는 매우 중요한 개념으로『도덕경』에서 총 13장에 걸쳐 50회 이상 출현한다. 그런데 이러한 일의 성격과 내용은 어느 하나로 정리될 수 없는 다양성을 지니고 있다. 구체적으로 수일(守一)이나 포일(抱一)로 사용될 경우, 첫째는 사물의 본질 또는 근원이라는 의미로서, 이 경우는 도와 거의 비슷한 의미이다. 실제로 하상공은 일부 주에서 도의 자리에 일을 올려

놓기도 한다. 즉 39장 "만물은 하나를 얻어 만들어진다[萬物得一以生]"에 대해 "만물은 모두 도를 기다려서 생성된다는 말이다[言萬物皆須道以生成也]"라고 주석함으로써 일을 도와 동격으로 설명한다. 둘째, 도를 근거로 나타나는 이차적인 것으로서 '일'은 '도'에 의해 생성되는 '도'의 하위개념으로 표현되기도 하고, '도'의 자식으로 표현되기도 한다. 셋째는 '기'와 관련된 것으로 구체적으로는 '정기'를 가리키고, 넷째는 양생의 요체로 '수일' 혹은 '포일'의 형태로 언급된다. "일을 지킴으로써 궁극적으로 장생에 이를 수 있다는 해석이다."(『노자 도덕경 하상공장구』: 48-49)

물론 하나논리는 하상공 주의 첫째 해석을 강력히 선호한다. 셋째와 넷째 해석은 논리적으로 첫째와 양립 가능하다. 문제는 둘째 해석으로, 하나와 무로서의 도의 관계가 동격이냐 아니면 상하/선후관계냐 하는 것이다. 이미 충분히 설명하였듯이 나는, 적어도 수리적으로는, 무(0)에서는 유(1)가 나올 수 없다고 본다. 유와 무는 논리적 구분에 의한 관념적-형이상학적 구성물로서, 개념적으로는 전혀 상이한 속성을 지니고 있으므로 무는 유를 생성할 수 없다고 보는 것이다. 하나는 유무를 공유하는 것이므로 유도 하나요, 무도 하나라고 간주하기 때문이다. 삼일논리는 천지인이 하나에서 파생·분화되었다고 해도 그 각각이 하나와 동일한 속성 및 지위를 지닌다고 본다. 하나논리에서 하나는 불(佛)이나 신(神)과 함께 도(道) 또한 그 속에 포함한다. 하나를 각각 다른 이름으로 부를 뿐이다.

『도덕경』1장은 도의 유무 공유성을 나타내고자 그야말로 아리송하고 난해하면서도 신묘한 방식으로 무와 유의 관계를 지적한다. 왜 처음부터 이름(명)의 문제를 제기하고, 뒤이어서는 다시 그 이름(명)을 사용하여 도의 의미를 나타내려고 하였겠는가? 무와 유는 다르면서도 같고, 같으면서도 다르다. 이 정도 수준의 의미 함축이 없고서야 어찌 도가 도답겠는가?

유무나 공의 문제는 논리적으로 참으로 미묘오묘(微妙娛妙)하다. 『장자』의 「제물론」을 인용하면서 그 문제의 여운을 음미해보고 싶다. "세상 사람들은 있다 혹은 없다고 말하지만 무엇이 있고, 무엇이 없는지 알지 못한다. 있음이 있고, 없음이 있다. 천지만물이 나와 함께 생겼고, 나와 더불어 하나가 된다. 이미 하나가 되었는데 또 무슨 말을 더하겠는가. 이미 하나가 되었다고 말했을진대 무슨 말인들 또 못하겠는가? 이 또한 말이 되지 않는가[而未知有无之果孰有孰無也, 有有也者, 有無也者, 天地與我並生, 萬物與我爲一, 旣已爲一矣, 且得有言乎, 旣已謂之一矣, 且得无言乎]?"

3) 하나의 변용론: 형성적 수준과 경험적 수준

하나논리의 전개 과정을 보다 자연스럽고 일관되게 설명하기 위하여 변용론을 형성적 수준과 경험적 수준으로 구분하여 논의한다. 형성론은 본체론과 변용론을 연결하는 일종의 접합/매개 과정이라고 볼 수 있다.[48] 형성적 수준은 본체론적 수준의 특성을 일정 부분 유지한 채로 변용론적 수준으로 전환하는 혼합적 미분화 상태로 간주해볼 수도 있을 것 같다.

---

48 형성론을 생략하고 바로 본체론과 변용론을 연결시켜도 논리적으로 큰 무리는 없을 것 같다.

(1) 형성적 수준

형성적 수준은 본체론적, 형이상학적 수준의 하나가 삼수분화를 통해서 천(일), 지(일), 인(일)의 하나로 각각 형상화되는 단계를 의미한다. 이 단계 뒤에 등장하는 경험적 수준은 형성적 수준이 분화를 계속하여 우리가 현실에서 지각하는 사실적-경험적 세계의 존재 현상을 의미한다.

형성적 수준의 천일, 지일, 인일의 삼분화는 리기심과 결합하여 천리, 지기, 인심으로 발전하며, 이에 각각 상응하는 이론적 지향성으로서 가치실행론, 기능변화론 그리고 인식주체론으로 연결된다.

① 지일/일기/지기의 기능변화론
천지인의 작용이 각각 지상, 지면과 지하 그리고 하늘과 땅 사이에서 주로 땅을 중심으로 하여 전개되기 때문에 땅을 기능변화의 토대 영역으로 삼는다. 땅 하나로서 지일(地一)은 기능변화론의 영역이다. 모든 우주적 존재의 생성·소멸에 기본적 동력으로 작용하는 음양의 혼원일기를 하나논리는 일차적으로 땅의 작용과 결부시켜 음양지기로 규정한다.

② 인일/일심/인심의 인식주체론
한편 인간은 심(마음)의 작용을 통해서 이 기능변화를 인식하는 주체적 지위를 가지므로 화쟁일심으로서 인심을 인식주체론과 연결시킨다.

③ 천일/일리/천리의 가치실행론
끝으로, 하늘은 천지인의 합일 또는 분화 작용을 요구하거나 설명하는 이치 혹은 도리, 즉 천리를 내포하고 인간은 삶의 과정에서 천리를

추구해야 한다는 의미에서 천일은 가치실행론으로 연결된다. 여기서 천지인과 리기심의 상호 연관적 관계 설정은 하나논리의 무궁무진한 생성·변화를 보다 체계적으로 설명하기 위해서 내가 고안한 것이다. 천지인이 각각 형이상학 수준의 철리적 함의를 지니지 못한다면 하나논리의 고차원적 위상과 심원한 역할을 설명하기 어렵고, 천지인 각각의 독자성을 이해하기도 어렵다.

(2) 경험적 수준

① 기능변화론으로서 음양오행 잡종화론/상잡론

기능변화론은 천지만물의 작용과 변화를 설명하는 이론으로서 그 구체적 내용은 음양오행 잡종화론이다. 먼저 모든 존재는 그 자체의 존재 의미 혹은 존재성을 드러내고, 이를 규정해주는 존재 기능을 가진다. 존재 기능은 바로 특정 존재의 변별적 정체성을 규정해주는 가장 뚜렷한 지표가 된다. 따라서 이 우주 삼라만상의 생성·변화라는 현상은 각 존재의 기능이라는 측면에서 가장 직접적으로 그리고 가장 정확하게 이해될 수 있다.

그러나 개별 존재의 기능은 하나라는 전체성, 즉 전일이라는 근본적 틀 내에서 전개되는 것이므로 반드시 다른 무수한 타 존재와 시시각각 상호 연관을 맺는 가운데 이루어진다. 상이한 존재들 간의 상호작용[相雜]을 설명하는 것이 바로 잡종화론이다.

기능변화의 핵심적 원리는 동양 고유의 음양오행론에서 찾을 수 있다. 음양오행의 상생상극적 기능을 활용하면 다각적이면서도 체계적인 분석과 설명이 가능하다. 20세기 최고의 기능주의자였던 파슨스의 AGIL 모델보다도 훨씬 정교하면서도 역동적인 이론을 제시할 수 있다.『주역』도 일종의 음양오행 기능변화론이라고 부를 수 있을 것 같다. 시론적이나마 나는 아래와 같이 음양오행에 입각한 기능변화론을 제시한 바 있다.

앞에서도 언급했듯이 나(김성국, 2015: 592-593)는 음양오행의 오행(목화토금수)을 다섯 가지 기능이라고 해석하면서, 이를 파슨스의 유명한 네 가지 기능적 요건(functional requirement), 즉 경제적 적응, 정치적 목표 달성, 사회적 통합, 문화적 잠재성(economic Adaptation, political Goal attainment, social Integration, cultural Latency: AGIL)과 연결시킨다. 파슨스의 모델에서는 종교적 기능이 문화에 포함되어 있지만 나는 이를 독립시킨다. 파슨스가 모델을 수립하던 시대와는 달리 오늘날 종교의 위세와 역할은 신도 수의 감소에도 불구하고 더욱 증가할 뿐 아니라, 아노미적 상황의 현대 문명에서 종교의 역할이 새롭게 요구되기 때문이다. 나아가 종교는 문화현상의 일부로 취급하기 어려운 독자적 논리와 역사를 지닌다. 그리하여 나는 오행과 기능의 관계를 목과 정치, 화와 경제, 토와 사회, 금과 문화 그리고 수와 종교로 연관시킨다. 나아가 유가의 오덕으로부터, 동중서의 정통적 해석과는 달리, 인을 목과 정치에, 의를 화와 경제에, 예를 토와 사회에, 지를 금과 문화에 그리고 신을 수와 종교에 각각 연결시킨다. 나의 재해석과 재구성에 많은 논란이 예상되지만 나는 이것이 현대적 관점에서 볼 때 매우 적절한 설명 방식이라고 생각한다.

정치는 국민에 대한 사랑[仁] 혹은 애민(愛民)이나 친민(親民)이고, 경제는 공정거래와 분배적 정의를 확립하는 것이고, 사회는 서로 존중하고 협력하는 예의 혹은 도덕과 규범을 지키는 것이고, 문화는 배우고 연마하여 지식과 지혜를 축적하는 것이며, 종교는 무엇보다도 믿음, 즉 신앙심을 갖는 것이다. 인의예지신이 정치, 경제, 사회, 문화, 종교의 기능이나 가치와 잘 부합하지 않는가? 오행(五行), 오덕(五德), 다섯 기능[五機能]의 연관을 〈그림 3-11〉과 같이 제시해본다.

〈그림 3-11〉 오행, 오덕, 오기능의 연관

오행	오덕	오기능 (파슨스)
목	인	정치 (G)
화	의	경제 (A)
토	예	사회 (I)
금	지	문화 (L)
수	신	종교 *Religion

② 인식주체론으로서 유아유심 개인주의론

인식주체론은 천지인합일로서 하나의 분화인 인일(人一)의 역할을 설명한다. 일심을 지닌 인간이 세상만사 모든 것에 대한 인식주체로서의 역할을 수행한다는 사실로부터 인식주체론을 도출하였다. 나를 두고 극단적인 유아유심론자라고 평가할지 모르나,[49] 나는 순수 논리적

[49] 유아론은 비판과 질타의 대상이다. 누구의 어떤 유아론을 두고 비판하는지 자못 궁금하다. 『장자』 관련 연구서를 보다가 강신주(2007)가 유아론을 비판하고, 장자 또한 비유아론자라고 설명하는 것을 보고 놀랐다. 나는 『장자』를 유아론적 개인주의의 극치라고 보는데, 강신주는 연대나 수평적 포월과 관련시켜 『장자』를 멋있게 해설한다. 우화와 반어적 상징으로 가득한 『장자』는 여러 가지 해석을 가능하게 만든다. 장자를 유아론자로 보든 안 보든 그것은 연구자의 자유이다. 그렇지만 유아론을 일방적으로 몰아붙이며 비판하는 것에 대해서는 반론을 제기하고 싶다. 강신주 (2007: 124)에 의하면, "유아론이란 타자가 배제된 담론 일반을 가리킨다." 천만에! "표면적으로 보았을 때, 유아론적 사유에서도 타자의 문제를 언급하고 있다는 것을 알 수 있다. 그러나 유아론 속에서의 타자란 진정한 타자, 즉 타자성을 가진 우

연한 타자가 아니다. 오히려 이때 타자란 주체의 생각 속에서만 의미를 지니는 하나의 관조의 대상에 지나지 않는다." 강신주의 첫 문장은 그 스스로 두 번째 문장에서 자신의 진술을 부정하기에 지나간다. 그런데 진정한 타자, 타자성을 가진 우연한 타자, 관조된 대상이라는 의미가 무엇일까? 그에 의하면 진정한 타자란 타자성을 가진 우연한 타자를 의미하고 그 타자는 관조의 대상으로 머물 것이 아니다. 환상, 환각, 착각, 꿈, 신비주의, 형이상학적 혹은 수직적 초월의 대상이 아닌 그 무엇으로 진정한 타자가 인식되어야 한다고 주장한다. 나는 강신주가 기피하는 환상, 꿈, 신비주의, 초월을 적극 수용하고, 연대 혹은 공동체라는 허상을 거부하는 유아론자요, 유심론자요, 개인주의자이다. 종합해서 유아유심 개인주의자이다. 유아와 유심은 분리할 수 없다. 나의 반론 요지는 첫째, 유아라는 자아에 대한 철저한 선행 인식 없이 어찌 타자라는 다른 자아를 제대로 인식할 수 있겠는가? 자기 자신도 모르면서 남을 알 수 있다? 둘째, 유아로서 자기는 자아-타자라는 존재 세계가 존재하므로 성립한다. 그러므로 유아론은 처음부터 타자와의 관련 속에서 시작한다. 셋째, 그 타자는 오직 내 마음/의식/지각/인식/상상/환상/착각/공상 속에서만 존재한다. 설령 여기저기서 숨쉬며 움직이는 타자가 객관적으로 존재하더라도, 그것이 내 의식 속에 포착/형성될 때만이 타자는 "나에게" 의미를 주고 나도 의미/무의미를 부여한다. 타자의 존재를 무시하지 않는다. 타자가 우연적이든 필연적이든 나의 유심유아에 포착되고, 대상화되고, 의미를 부여받아야 타자의 존재성이 제대로 부각된다. 타자 혹은 나의 존재를 유아론적 관점보다도 더욱 근본적으로 설명할 수 있는 어떤 다른 관점이 있는지 알고 싶다. 일반적으로 후기 비트겐슈타인은 자신의 초기 유아론을 비판한다고 해석된다. 비트겐슈타인의 천재성은 초기에 만발하였고, 후기의 입장 변화는 근본적 변화라기보다는 유아론의 취약점 내지 한계를 지적하는 정도가 아닐까? 모든 관점은 각각의 한계를 지니기 때문에 그 독자적 의미를 유지한다. 유아론의 대척점에 어떤 이론이 있는가? 나[我]와 천지만물이 하나인데 자아와 타자의 구분을 어디에서 찾고, 어떻게 사용할 것인가? 성기성물(成己成物)이다.

나는 장자의 꿈 해석도 강신주와는 달리한다. 장자는 우리에게 꿈을 깨라고 경고하는 것이 아니다. 꿈의 세계 또한 엄연하고 자연스러운 현실의 모습이라는 점을 시사하는 것이다. 유심론의 세계에서는 꿈이든 수직적 초월이든, 혹은 수평적 포월이든 모두가 소중한 작용이다. 특히 신비주의는 세상에 통용되는 이치 혹은 합리성을 넘어, 언어로서 정확히 설명하기 어려운 어떤 초월적 본체의 세계 혹은 신인합일의 세계로 우리를 이끌어주는 동아시아 지혜의 고유한 속성이다. 강신주(2007: 126)는 장자의 꿈에 대한 어떤 해석을 두고 "장자의 사유를 신비주의로 몰고 가는 치명적인 오독"이라고 선언하나,『장자』는 동아시아 신비주의 혹은 도가 신비주의의 한 표상임을 상기해보자. 과학적 합리주의나 현실적 유용성의 차원에서『장자』를 탈신비주의화하려는 것이 일반적(대중용 상품화?) 추세이지만,『장자』를 비롯한 동아시아 사유의 최대 강점과 최고 매력은 세속과 탈속, 실존과 탈존 사이를 자유롭게 넘나들며 노니는 유목적 신비주의에 있다. 이렇게 보아야 장자의 절친이자 논리주 차원에서 유심이 없다면 모든 것이 없고 무의미해진다고 간주한다. 사물의 실재성 혹은 실체성 여부가 핵심인 것이 아니라, 그러한 것이 내 마음/인식에 포착되지 않으면 존재가치나 의미를 상실한다는 사실이 더 중요하다. 사물의 실체성은 인간의 관념/마음속에서 언어적 혹은 상징적 전환을 거치면서 천차만별로 해석되고 규정된다. 하나논리에서는 유아유심이 만들어내는 관념적 실체성에 초점을 맞춘다.

인식주체론을 전개함에 있어서 나는 단연 불가에 기반을 두는 유아유심 개인주의를 선택하였다. 유물론이 아닌 관념론의 한 형식으로서 유심론은 동아시아 고전적 지혜의 정수라고 말할 수 있다. 유물론을 선택하여 그것을 활용하는 것 자체가 인간의 마음/의식 활동이요, 그것을 이해하고 수용하는 것 또한 인간의 마음/의식이다. 내 마음, 내 생각, 내 느낌, 내 의지가 없다면 세상만사 그 어떤 것도 존재 의미를 갖지 못한다. 의미 없는 존재란 없는 것이나 마찬가지다. 무의미 무존재/비존재다. 바로 심외무물(心外無物)이다. 천상천하유아독존(天上天下唯我獨尊)과 일체유심조의 세상이다. 물론 유물론도 유용하다. 그러나 물아일체는 오직 유아를 통해서만 가능하다. 물(자체)의 세계를 우리는 모른다. 내가 물이 아닌데, 어찌 물의 생각을 알리오. 우리는 단지 물의 형상만을 보고 물이 그렇게 생각하고, 그렇게 작동한다고 과학적으로 혹은 신비적으로 내 마음속에서 추리할 뿐이다. 흥미롭게도『천부경』에

의자, 명목론자인 혜시와 대비되어 멋있는 짝을 이룬다. 포월은 초월의 한 형식이다. 포월(포섭적 초월) 없이 초월은 가능해도, 초월 없는 포월은 무의미할 것 같다. 삶은 때로 비약을 필요로 한다. 깨달음의 경우에는 특히 그렇다. 돈오의 경지를 생각해보자. "수직적"이라는 표현은 근래 신분적 위계질서나 일방향적 영향을 의미하는 부정적 함의로 사용되고 있지만, 이 세상은 수평과 수직을 모두 필요로 한다. 아니 우주 자체가 수평과 수직의 무변광대인 결합이다. 장자는 수직과 수평, 꿈과 현실, 초월과 세속에 구애받지 않는 대자유의 사상가이다.

는 리나 기라는 말은 사용되지 않으나 유독 본심이라고 심이 사용된다. 그것도 보통 심이 아니고 본심이다. 이 사실을 심의 본체적 근본성을 가리키는 것으로 받아들이고 싶다. 유심론자인 나로서는 행운이 아닐 수 없다. 그래서 심주도의 리기심일원론을 선호하게 된다.

그러나 유아유심론은 결코 유물론적 관점을 일방적으로 부정하지 않고 오히려 그것을 포용한다. 유아가 (마음의 물적 기반인 두뇌를 포함한) 육신을 지닌 개체로서의 개별 인간존재, 즉 개인을 지칭한다면, 유심은 이 두뇌를 작동시켜 세상의 만물만사를 조형하는 심적 작용[唯心造] 혹은 마음이다. 따라서 유아유심은 유심론과 유물론을 조화/연결시키고자 한다. 하나논리의 유아론은 유심과 유물의 두 차원이 통일(通一)된 것으로 간주한다.[50]

유아유심론은 논리적으로 반드시 개인주의에서 출발해야 한다. 동아시아의 논리에서 유아유심은 필히 수행으로서 수신을 요구하고, 그 궁극적 목표는 깨달음을 얻는 것이다. 깨달음을 얻은 후에도 수행은 지속된다. 그래서 삶 자체가 수행이요 깨달음의 과정이라고 하지 않는가? 10년이란 길고도 긴 시간 장좌불와(長坐不臥)의 수행을 거쳐 득도했다는 성철 스님의 경우를 보자. 영겁의 시간으로 그 세속의 긴 과정을 살펴보자. 한 찰나에 삶과 수행 그리고 깨달음이 이루어진 것[頓惡頓修]이 아니겠는가. 그야말로 삶-수행-깨달음이 혼연일체의 찰나적 색즉시공이다.

동아시아 개인주의는 비록 개인적 수행과 깨달음을 철저히 강조하지만, 수행과 깨달음의 필요충분조건으로 그 개인주의의 틀 내에서 외연을 확대하여 홍익인간, 중생구제, 대자대비, 무위자연, 수선리만물, 부

---

[50] '유물과 유심의 조화'라는 관점은 불자이자 선배인 이민웅 교수 및 무언지교를 설한 학형 김대기와 나눈 일련의 토론 과정에서 도출되었다.

쟁 그리고 인의예지와 대동 사회를 추구하는 자기 확대적 개인주의로 발전할 것을 요구한다. 동아시아 개인주의는 개인이 그 자신의 주체가 된 토대 위에서 자신을 넘어 외부와 연결되고, 외부로 확장되는 자기 확대형 개인주의다. 또한 개인의 이기심이 타자의 이기심과 화합하면서 지속 확대되는 개인주의다. 자리(自利)가 곧 타리(他利)이다.

오늘날 개인은 온갖 형태의 (고정관념으로 군림하는) 추상적인 집합적 존재에 구속되어 있다. 국가, 사회, 민족, 종족, 가족, 성, 계급, 종교, 지역 등과 같은 추상적 집합 관념들이 마치 어떤 고유하고도 영속적이며 거룩한 실체인 것처럼 개인의 순종과 노력, 양보와 인내, 양심과 의무를 강요한다. 그러나 이러한 고정관념들은 현실의 구체적 상황에서 자의적으로 혹은 일방적으로 부여되거나 강요된 가변적 구성과 상이한 내용 그리고 왜곡된 기능들에 불과할 뿐이다. 개인은 이들 허구적 전체 혹은 추상적 집합에 반드시 우선적으로 선행해야만 하는 존귀한 존재이다. 여기서 한 걸음 더 나아가야 한다. 개인 자신이 바로 우주요, 지구요, 국가나 사회요 민족이라는, 즉 무한한 유아유심의 창조적 세계라는 사실을 깨달아야 한다. 물아가 일체이고 신인/천지인이 합일인데 나라는 존재의 경계가 어찌 쩨쩨하게 국가나 민족 혹은 특정 사회에 고정되어 뿌리를 내려야 하는가? 나의 세계요 나의 왕국인 대명천지가 펼쳐져 있지 않은가? 골방 한구석에 갇혀 살더라도 우주와 세계를 그대 품에 안아야 한다. 우주와 세계의 임자는 그들이 아니라 바로 나 자신이다.

③ 가치실행론으로서 중도자비 수신수행론

나는 일리, 즉 천리를 대변하는 하늘의 작용을 가치실행론으로 연결시키고, 경험적 수준에서는 구체적 설명 방식으로서 중도자비 수신수행론을 제시한다.

수신수행은 천리를 따른다는 의미에서 규범적 성격을 강력하게 내포한다. 동아시아 지혜가 한결같이 강조하듯이, 하나논리도 규범 지향성을 깨달음과 연관시켜 일관되게 강조한다. 수신수행은 바로 지행합일을 추구하는 규범적 인간의 행위 양식이다. 수신이 개인적 차원을 중심으로 전개되는 규범 실천이라면, 수행은 남과 더불어 세계 내에서 규범적 활동을 전개하는 것이라고 구분해볼 수 있다. 수신은 수행을 통해 성숙하고 완성된다. 수신의 연속/확대 과정으로서 제가치국평천하가 수행의 차원이라고 해석할 수 있을 것 같다.

분석적으로 중도를 수신의 가치라고 한다면 자비는 수행의 가치가 된다. 그러나 수신과 수행은 엄밀하게 분리하기 어렵다. 나라는 존재의 개별 세계는 우리라는 전일의 세계와 불가분으로 연결되어 있다. 개별의 세계는 필히 전일의 세계로 나아간다. 이와 같은 자연적이고 확장적인 전개가 없으면 나 홀로 있는 개별의 세계는 현대 문명처럼 아수라장으로 변하기 쉽다. 나와 너/우리는 전일 속에서 조화를 이루어야 한다. 여기에 바로 중도의 지혜가 필요하다. 왜 나는 중도라는 가치를 선택하는가? 나는 불가와 유가에서 사회학적으로 혹은 현실적으로 가장 유용한 개념은 불가의 중도와 유가의 중용 개념이라고 생각한다. 모든 인간이 모두 지극한 수준의 도나 깨우침을 얻을 수는 없다. 현실세계의 조건이 엄중하고, 개인의 노력과 자질 또한 천차만별이니 어찌 모든 사람이 성인군자의 경지에 오르겠는가? 다행히도 모든 인간에게는 각자의 불성과 도성이 자리잡고 있으므로 (불가나 유가에서 상기의 한계들을 감안하여) 자신의 분수에 맞고, 상황과 조건에 적합하며, 서로가 조화를 이룰 수 있는 중도의 길을 가치수행의 좌표로 설정하였을 것이다. 중도나 중용의 논리는 어렵고 복잡하다. 단도직입적으로 나는 중도의 정수는 극단을 피하는 것이라고 해석한다. 따라서 중도에는 하나의 길만이 존재하지 않고, 각인이 각자의 중도를 발견해야 한다는 매우 현실적이고 유연하면서도 자유로운 길을 제시한다. 어차피 중의 정확한 자리를 찾기가 쉽지 않으므로 정도가 지나침은 모자람보다 못하다는 의미의 과유불급(過猶不及)이 중도의 실천적 의미에 가장 근접하는 해석이 아닐까 생각한다. 중은 결코 고정, 고착된 것이 아니다.

이와 같은 구상을 하던 중, 『천부경』의 인중천지일에서 중의 의미를 중도의 개념과 연결시켜볼 수 있을 것 같다는 착상을 하였다. 『천부경』의 일반적인 해석처럼 인중을 "사람 속에서, 사람이 중심이 되어, 사람에 의해서"라고 풀이해도 전혀 틀림이 없다. 나는 단지 중의 의미를 좀 더 심원하게, 좀 더 구체적으로 그리고 맥락적으로 해석한다는 의미에서 중을 중도와 연관시키고자 하였다. 훨씬 더 풍요롭고 멋진 의미 부여가 이루어질 것으로 생각하였다. 사실 『천부경』에서 논리의 꽃은 인중천지일에 있다. 인중은 결코 서구적 의미의 인간중심주의나 인간의 예외/특권주의를 시사하지 않는다. 그래서 오늘날에도 큰 의미를 갖는다. 인간의 주체적 책임/과제/소명을 분명하게 지적한다.

『천부경』은 밝음을 추구하여, 현재의 무명과 미혹의 상태를 벗어날 수 있도록 천지인합일이라는 깨달음의 최종 목표로 나아가라고 인간에게 권고한다. 불가적 비유를 사용하자면, 중은 사방 극단으로 뻗어가는 탐욕과 집착의 원심력을 제어하는 공적(空的) 구심력이라는 뜻을 지닌다. 그러나 깨달음이나 공의 추구도 집착이 되어서는 안 된다. 악취공(惡取空)이나 공공(空空)에 빠질 수 있기 때문이다. 이와 동시에 『천부경』은 깨달음을 향한 가치실행의 과정에서 조화와 균형, 정중동, 고중락, 시간과 장소 등을 적절히 감안하라는 현실적 충고를 한다. 고난의 짐을 지고 살아가는 중생들과 소인들을 고려하여 혹은 사랑하여 너희들도 너희들 나름의 깨달음을 얻을 수 있다고 "대자대비"의 마음으로 중도를 제시하는 것 같다. 중도는 대자대비의 마음이자 측은지심의 인애이다. 접화군생 재세이화(接化群生 在世理化) 홍익인간이기도 하다. 무위자연 수선리만물의 자애이다.

중도가 없으면 중생은 외길로만 달리거나, 길 자체를 잃어버리거나, 구도에 지쳐서 다른 길을 찾는다. 깨달음이 강요나 집착이 되어서는 중생에게 아무런 도움도 되지 않는다. 중도를 '적당히'로 이해하면 너무 천박한가? '적당히'란 말이 현실적으로 대충 혹은 얼렁뚱땅과 같은 부정적 함의를 갖는다는 점에서 망설여지기는 해도, 문자 그대로의 '적당히'만큼이나 중도에 근접하는 표현도 없을 것 같다.

중도·중용의 논리는 동아시아 특유의 가치관이자 행동 규범이라고 할 수 있다.[51] 조화, 중화, 화합, 균형, 평형, 시중, 중정 등의 의미를 폭넓게 함축하는 중도·중용은 음양조화를 추구하는 동아시아적 사유와 실천의 핵심이라고 해도 과언이 아니다. 엄격한 이분법적 구분이나, 양단 논리 혹은 이단주의나 정통주의를 저어하는 동아시아적 가치관이다. 통일을 지향하는 하나논리가 빠뜨릴 수 없는 실천적 가치이다.

중도·중용에 부가하여 자비라는 사랑의 가치를 강조한 것은 사랑이

---

[51] 이 책에서는 불가의 중관/중도와 유가의 중용의 논리를 합쳐서 간명하게 중도라고 표현한다. 중도와 중용에 관해서는 수많은 논의가 이루어졌다. 하나논리는 통일의 관점에서 양 개념의 차별성보다는 상호 공통성에 더욱 주목한다. 굳이 나의 입장을 밝히자면 불가의 중도는 상대적으로 더욱 철학적-이론적인 성격이 강하며, 그 핵심이 불이(不二 혹은 不異)에 있다고 이해하며, 유가의 중용은 중화(中和)와 시중(時中)(김충열, 2007) 그리고 "균형성, 무고착성, 주체성"(최영진, 2003)을 의미하므로 행위론적 혹은 실용적 지향성이 강하고 그 핵심이 과유불급과 화이부동이라고 생각한다. 과유불급에 대하여 의문을 품을 수 있겠지만, 경험적 현실에서 인간은 대저 과하거나 불급에 빠져 중을 취하기 어려우므로 양자택일하라면 차라리 불급이 더 낫다는 공자의 말씀을 확대하여 해석한 것이다. 화이부동은 중정(中正)을 지키기 위해서 필요하다. 중도나 중용은 모두 개념적 이념형(理念型, ideal type)이다. 중용의 개념에 관해서는 이현지·이기홍(2012)으로부터도 개괄적 차원의 도움을 받았다.

동서고금을 막론하고 나를 포함하여 세상을 구원하는 가장 확실한 방편으로 간주되기 때문이다. 이기심은 나에 대한 사랑이다. 그러나 사랑의 샘은 무진장이라 나뿐만 아니라 온 세상과 온 사람에게 나누어주어도 계속 솟아난다. 서구의 기독교적 사랑에 버금하는 유가의 인, 불가의 대자대비, 도가의 선리만물, 선가의 홍익인간을 부각시킬 필요가 있다. 기독교적 사랑이 기독교인에게 원죄(죄와 벌)를 씻을 것을 요구하는 하느님의 선택적 사랑이라면, 동아시아적 사랑은 인간의 죄, 오류, 한계와 같은 조건이나 어떤 절대자의 개입과 상관없이 모든 인간에게 내재된 능력으로서의 사랑이다. 사랑이란 인간의 무한한 능력이자 참된 본성이다. 기독교 또한 원죄를 짓고도 하느님을 외면하며 슬프게 살아가는 이웃이나 길 잃은 양들을 구원하여 천국에 같이 가려는 대비(大悲)의 비애감을 깔고 있다.

　이상에서 제시한 하나논리의 이론적 구축 과정 혹은 분화 과정은 아래의 〈그림 3-12〉로 정리할 수 있다.

〈그림 3-12〉 하나논리의 구성 과정

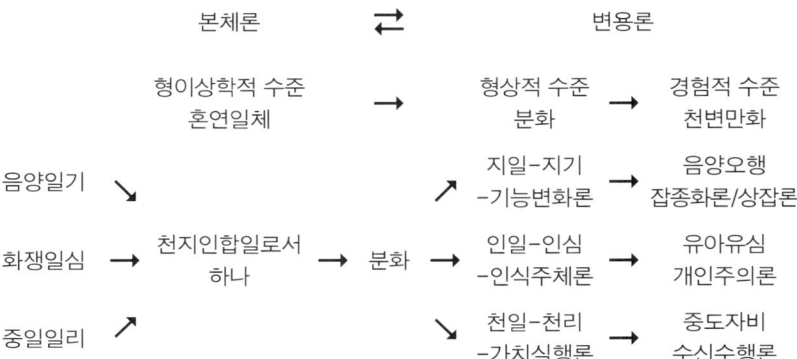

지금까지 논의된 내용들은 아래 〈그림 3-13〉, 〈그림 3-14〉와 같이 새롭게 정리할 수 있다.

〈그림 3-13〉 하나논리 구성(1)

수준 → 이론 → 차원 ↓	형이상학적 수준 본체론(本體論)		형이하학적 수준 형성적 수준 변용론 I 1	사실적 수준 경험적 수준 변용론 II 2
천지인합일 (天地人合一)	수리적 속성 삼수와 이수분화 결합	질적 속성 리기심 일원 혼연일체		
	천일(天一): 하늘 하나 천이삼= 1+2(음양)=3	일리(一理) → 천리(天理) 중일일리 (中——理) 귀일논리 -지행합일성	가치수행론 (價値修行論)	중도자비 수신수행론 (中道慈悲 修身修行論)
	지일(地一): 땅 하나 지이삼= 1+2 =3	일기(一氣) → 지기(地氣) 음양일기(陰陽一氣) 삼일논리 -작용 변화성	기능변화론 (機能變化論)	음양오행 잡종화론 (陰陽五行 雜種化論)
	인일(人一): 사람 하나 인이삼= 1+2 =3	일심(一心) → 인심(人心) 화쟁일심 (和諍一心) 통일논리 -소통 연결성	인식주체론 (認識主體論)	유아유심 개인주의론 (唯我唯心 個人主義論)
	삼수 및 이수 분화의 결합 가운데 만물만사를 생성·소멸시키는 합일(삼일, 통일, 귀일)의 하나			

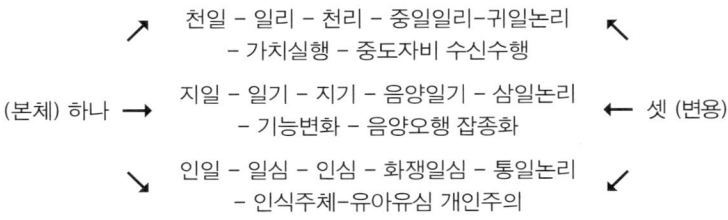

〈그림 3-14〉 하나논리 구성(2)

---

52 하나논리의 리기심일원론은 리, 기, 심이 각각 유가, 도가, 불가의 핵심 개념이라는 의미에서 유불도를 통일하는 것으로 이해할 수 있다.

제4장
하나논리의 동아시아적 토대

〈그림 4-1〉 하나논리의 동아시아적-우주론적 토대

```
              ↗ 우주론적 지혜 ← 전 지구적 지혜 ← (서구적 지혜+) 동아시아적 지혜
하나                                                              『천부경』과
      ← 동아시아 지혜 ← 리기심(천리/지기/인심)일원론 ←
논리                                                              『주역』, 유불도선
              ↘ 종교적 신격화 ← 도, 불, 신 ← 인중천지일/만법귀일/도생일/무극태극
```

어째서 하나논리를 동아시아(혹은 동아시아적, 동아시아발, 동아시아형) 이론이라고 설득력 있게 부를 수 있는가? 이미 언급한 것처럼 하나논리의 핵심적 가치전제와 이론적 분석틀을 동아시아 고유의 천지인합일 논리에서 발견하고, 그 분석틀을 본체와 (작)용변(화)의 결합으로서 동아시아의 체용론에 의거하여 이론적으로 전개하였기 때문이다. 이론적 구축 과정에서도 동아시아 존재론의 핵심 개념인 리, 기, 심 등을 활용한 중도일리, 음양일기, 화쟁일심을 통해서 본체론의 질적 속성을 규정하고, 그 전개 과정을 삼수분화와 이수분화의 결합으로서 음양오행의 원리와 결부시켰다.

이 장에서는 하나논리의 동아시아적 토대를 더욱 구체화 혹은 내실

화한다는 의미에서 동아시아 지혜의 보고인 유불도선의 네 가지 주요 경전이나 개념으로부터 하나논리의 분석틀을 지지하는 대표적 자료들을 선별하여 제시함으로써 동아시아 사회이론으로서의 정체성을 제고하고 입증하는 방편으로 보여주겠다. 물론 여기서 내가 제시하는 것보다 더 적확한 자료가 많이 있을 수 있겠지만, 현재의 자료만으로도 적정한 설득력과 타당성을 보여줄 것이다.

 미리 지적해두고 싶은 점은 하나논리를 구성하는 이론들은 기존 서구 이론의 맥락에서 발전해온 개인주의나 잡종화 그리고 본질/구조/일자와 같은 개념들을 동아시아적 관점에서 새롭게 재구성한다는 사실이다. 예컨대 서구의 자기중심적이고 자기제한적인 이기주의를 넘어서는 동아시아형 자기 확대적·자기 초월적 개인주의에 주목하고, 개인주의의 핵심을 개인 대 사회라는 관점에서 협소하게 규정하지 않고, 개인과 천지, 즉 천지인이라는 우주론적 관점과 유아유심이라는 불가적 지향성에서 발견한다.[1] 여기서 사용되는 잡종화론도 탈근대론 혹은 후기식민주의론 등의 서구 이론적 맥락에서 등장한 특정한 시각에 한정되는 것이 아니고, 『주역』에 나타나는 "물상잡 고왈문"이라는 심원하게 확장된 수준에서 상잡의 의미를 새롭게 구성한다. 나는 잡종화를 천차만별의 잡다한 만물이 서로 교접·작용하면서 이루어내는 만물 창생과 문명 형성의 동력으로 파악하여 존재의 기능(적 생성·변화)론으로 파악하는 이론적 전환을 시도한다.[2] 중도자비 수행론은 가치중립성이라는 기준

---

1 물론 서구 이론에서도 신입합일로 나아가는 개인주의나 우주론적 관점이 없는 것은 아니나, 동아시아적 관점과 비교한다면 상대적으로 그 강도와 수용이 매우 약하다.

2 여기서는 서구 이론과의 접맥을 보여주기 위해 잡종화라는 기존 개념을 사용했지만 하나논리의 특성을 표현하자면 상잡이 더 적절한 것 같기도 하다.

에 경도된 서구 사회이론의 편향성을 벗어나 사랑의 의미와 실천을 규범적 수신수행과 결부시키고, 이론적으로는 중용과 중관의 도로서 중도를 활용하고 서구적 사랑의 의미에 중생구제나 측은지심과 연관된 슬픔 혹은 비애가 함축된 불가적 자비의 개념을 도입한다.[3]

아래의 각 절에서는 하나논리의 체용론을 구성하는 형이상학적 수준의 본체론, 변용론을 구성하는 경험적 수준의 음양오행 잡종화론, 유아유심 개인주의론 그리고 중도자비 수신수행론에 관한 내용을 직적접으로 혹은 간접적으로 각각 뒷받침한다고 간주되는 동아시아 지혜의 텍스트를 인용하면서 하나논리의 동아시아적 토대를 구축해나갈 것이다.

1. 하나의 본체론

⟨그림 4-2⟩ 본체론의 동아시아적 토대

하나논리　←　선가(『천부경』): 일시무시일, 일종무종일, 석삼극 무진본, 용변 부동본
(본체)　　←　『주역』/유가: 태극양의, 오도일이관지
　　　　　←　도가(『도덕경』, 『장자』): 도통위일
　　　　　←　불가: 만법귀일, 일즉다 다즉일

본체로서의 하나라는 개념은 동아시아를 비롯하여 전 세계적으로 상

---

[3]　물론 기독교의 사랑에도 길 잃은 양이나 이웃과 인류에 대한 연민이 함축되어 있다. 근대문명과 함께 낭만적(romantic)이고 성애적(erotic)인 사랑이 과도하게 강조되는 현실에서 자비로서의 사랑에 대한 각성이 새삼 필요하다.

이한 명칭으로 통용되나, 이 모든 용어법은 공통적으로 하나의 본체론적 근본성, 부동성, 무한성, 편재성, 영원성 등을 공유한다. 최민자(2006: 207, n29)에 의하면, "근원적 일자(一者) 또는 궁극적 실재로서의 하나[一]는 하늘(천), 천주(하느님, 하나님, 창조주, 절대자, 조물주, 유일신, 알라신, 일신, 천신, 한울, 한얼), 도(道), 불(佛), 태극/무극(太極/無極), 브라흐마(Brahma), 범(梵), 창조신, 아트만(Atman), 우주의식(전체의식, 순수의식), 일심(一心), 우주의 창조적 에너지(지기至氣, 혼원일기), 진리(실체, 진여眞如, suchness, 불명) 등으로 다양하게 명명되고 있다." 이와 더불어 최민자(2006: 207)는 하나를 대상으로 공경한다는 의미에서 하나님 대신에 "하나"님으로 표기하는데 그 이유는 "하나님이 본래 특정 종교의 유일신이 아니라 근원적 일자 또는 궁극적 실재로서의 하나[一], 즉 우주의 본원을 의인화하여 나타낸 것이라는 사실을 강조하기 위한 것"이라고 한다. 그러나 현실세계에서 하나님 혹은 하느님이 각종 종파에 의해서 유일신으로 숭배되는 현상은 역사적으로 자연스러운 결과이며, 세계종교의 (자유로운 연합에 의한) 통일(通一)에 큰 장애가 되지 않는다. 종교 통일(宗敎通一)에 의한 종교 간 평화는 바람직한 목표로 추구되어야 하나, 하나로 통일된 세계종교를 만든다는 종교 통일(宗敎統一)은 비현실적이고 위험하다.

하나의 가장 의미 있는 특성은 그것이 동서를 넘어 공통적으로 인식되고 수용된다는 사실이다. 이 사실은 어쩌면 최민자(2006: 25)의 지적처럼 "『천부경』이라는 뿌리에서 갈라져 나간 세계종교와 진리의 진액"이 하나이고, 종국적으로 세계종교는 "결국 하나의 뿌리로 돌아감을 보여주는 것"일지 모른다. 각 종교의 통일성(通一性)을 지적하는 말로 이해하고 싶다. 『천부경』의 문헌자료적 근거와 가치가 전 세계적으로 인정되면 최민자의 주장은 타당한 것으로 수용될 것이다. 여기에 어떤 자민족중심주의나 국수주의적 편향성은 전혀 없는 것으로 이해된다. 세계종교가 공통으로 하나(논리)를 그 토대로 삼고 있다는 사실을 통해 하나(논리) 자체가 모든 인간 사회의 공통된 속성이자 가치이기 때문에 세계 도처에서 그것이 자생적으로 수용되고 발전한 것이라고 가정해볼 수 있다. 어쨌든 하나논리는 우주론적 지혜로서 문명사적으로 인간의 의식 속에 내재화 혹은 전승되었던 것 같다.

하나(논리)가 종교적 경배의 대상이 될 경우, 사람들이 경외심을 가지면서도 친밀하고 편하게 접근할 수 있도록 하나에 '님'을 붙이는 것도 충분히 이해할 수 있다. 다만 분명하게 주장하지만, 나의 하나논리는 하나에 대한 종교적 차원의 해석이나 활용과는 가급적 거리를 두고자 한다. 그래서 하나에 '논리'라는[4] 개념을 붙여 하나논리의 이론적이고 분석적인 특성을 부각시키려고 한 것이다. 유교, 불교, 도교, 선교라는 표현을 사용하는 대신에 유가, 불가, 도가, 선가와 같은 표현을 사용한 것도 논의의 학술적 혹은 이론적 지향성을 강조해보고자 한 것이다. 그렇다고 하나논리에 함축된 종교적 차원을 억지로 부정하려는 것은 결코 아니다.

나는 하나의 본체론을 질적으로는 세 가지 속성(음양일기, 화쟁일심, 중도일리)으로 규정하고, 수리적으로는 천지인 삼재와 음양 이원을 통일적으로 파악하는 삼수분화와 이수분화의 결합으로서 제시하였다.

---

[4] 내가 사용하는 의미의 논리는 이론에 선행하여 존재하는 사물과 현상의 내재적 이치 정도로 이해하면 된다. 논리적인 것은 이론적이지만, 이론적인 것이 모두 논리적인 것은 아닐 수 있다.

〈표 4-1〉 유불도선과 하나

유불도선	인용문
선가 (『천부경』, 『삼일신고』)	一始無始一, 一終無終一, 析三極 無盡本, 用變不動本, 天―― 地一二 人一三, 一積十鉅 無櫃化三 一妙衍 萬往萬來 本心本太陽 昻明 人中天地一
『주역』(「계사전」) 유가	易之爲書也 廣大悉備 有天道焉 有人道焉 有地道焉 兼三才而兩之 故六 六者非他也 三才之道也 六爻之動 三極之道也 道有變動 故曰爻 爻有等 故曰物 是故易有太極 是生兩儀 兩儀生四象 四象生八卦
도가 (『도덕경』, 『장자』)	有無相生, 得一, 抱一, 混一 道生一 一生二 二生三 三生萬物 道通爲一, 復通爲一, 知通爲一
불가	萬法歸一, 一卽多 多卽一, 一中多 多中一 心爲大乘法 歸一心源, 佛卽是心(元曉) 一中一切多中一 一卽一切多卽一(義湘)

1) 선가(『천부경』과 『삼일신고』)와 하나

(1) 『천부경』과 하나

　一始無始一, 一終無終一,

　析三極 無盡本,

　用變不動本,

　天―― 地一二 人一三, 一積十鉅 無櫃化三

　一妙衍 萬往萬來

本心本太陽

昻明 人中天地一(『천부경』)

　　총 81자로 구성된 『천부경』 전문에서 하나[一]는 13번이나 등장할 만큼 핵심 중의 핵심이다. 『천부경』은 바로 하나에 관한 논리, 하나논리를 제시한다. 하나논리를 가장 압축적으로 정확하고도 신비롭게 설명한다. 『천부경』에서는 하나의 본체론적 특성을 다음과 같이 표현한다.

① 무시간성/영원성(無時間性/永遠性)[5]
　시간적으로 하나는 시작도 없고 끝도 없다[一始無始一, 一終無終一].
② 무한성(無限性)
　하나는 셋으로 나뉘어도 그 근본은 그대로 무진장이다[析三極 無盡本].
③ 무변화성(無變化性)
　(하나는 천변만화의 작용을 하지만) 그 자체는 결코 변화하지 않는다[用變不動本].
④ 삼일성(三一性)[6]
　하나 속에 이미 천지인이라는 셋이 있어, 하나가 천지인 셋으로 분화되어도 그것은 다시 하나가 된다[析三極 … 天一一 地一二 人一三, 一

5　시간(개념)이 없으면 혹은 멈추면 영원이다. 그래서 시간 없는 시간, 흐름 없는 시간인 찰나는 영원이다. 시간을 잊어도 영원이다. 이와 같은 생각을 하면 백년이 아니라 영원히도 살 수 있다. 『천부경』에서 시간은 시작과 끝이 없고, 공간 또한 천지인이라는 무한 우주를 의미하므로 인간의 마음 작용에 따라 그 장단과 대소가 형상화 혹은 실재화되는 것으로 이해한다.

6　삼일논리는 천지인합일과 삼신일체(三神一體)를 의미하며 개망즉진(改妄卽眞)의 삼진귀일이요 회삼귀일의 의미로도 사용된다. 『천부경』에서 삼은 하나(일) 다음으로 많이(8회) 사용되어 삼수분화의 필요성을 시사한다.

積十鉅 無櫃化三].

⑤ 일기성(一氣性) 혹은 생성·소멸의 변화 작용성

하나는 신묘한 작용 변화를 통해서 만물의 생성·소멸을 이룬다[一妙衍 萬往萬來].

⑥ 일심성(一心性)

본심으로서 하나는 태양과 같이 밝음을 추구한다[本心本太陽].

⑦ 일리성(一理性)

(인간은 깨달음을 얻기 위해) 하늘의 밝은 이치(=천리, 일리)인 중도를 지키면서 천지인합일을 이룬다[昻明 人中天地一].

⑧ 인간 주체성(主體性)

천지인합일은 인간이 주체적으로 수행해야 하는 책임/과제이다[人中天地一].

(2) 『삼일신고』와 하나

天無形質 無端倪 無上下四方 虛虛空空 無不在 無不容

一神造群世界 返眞一神(『삼일신고』)

『천부경』의 해설이라 할 수 있는 『삼일신고』에서[7] 하나는 '신(神)' 혹은 '천(天)'으로 표현된다. 『천부경』에서처럼 여기서도 하나로서의 하늘은 형질도 없고, 한계도 없으며, 아래위도 없고, 동서남북도 없이 텅

---

[7] 선가의 한 갈래인 대종교의 삼대 경전은 조화를 논하는 『천부경』, 치화를 논하는 『삼일신고』, 교화를 논하는 『참전계경』이다. 삼진은 성명정(性命精)이나 인간이 미혹하여 각각 세 가지/갈래[妄]인 심기신(心氣神)을 만들어낸다.

텅 비어 있으며, 없는 곳이 없고, 받아들이지 않는 것이 없다[天無形質 無端倪 無上下四方 虛虛空空 無不在 無不容]. 하나로서 일신은 여러 세계를 만들며[一神造群世界], 사람들은 모름지기 근본이 되는 "[세 가지] 진리로 돌아가 하나가 된다[返眞一神]." 하나의 체용적 특성과 규범적 당위성이 언급된다.

2) 『주역』(「계사전」)/유가[8]와 하나

> 易之爲書也 廣大悉備
> 有天道焉 有人道焉 有地道焉
> 兼三才而兩之 故六 六者非他也 三才之道也
> 六爻之動 三極之道也 (『주역』「계사전」)

> 吾道一以貫之 (『논어』)

『주역』「계사전」(10, 11, 12장)에 의하면, "『역』이라는 책은 넓고 커서 모든 것을 다 갖추고 있다. 거기에는 하늘의 도가 있고, 사람의 도가 있고, 땅의 도가 있다. 이 삼재를 각각 둘로, 즉 음양으로 나누니 여섯이 생기고, 이 여섯은 서로 다른 것들이 아니고 바로 천지인 삼재의 도이다[易之爲書也 廣大悉備 有天道焉 有人道焉 有地道焉 兼三才而兩之 故六 六者非他也 三才之道也]." 『역』에서는 하나를 도라고 지칭하면서 천지인 삼재를 거론한다. 이미 언급한 삼수분화와 이수분화를 결합하는 논리를 전개한다. 삼재와 음양의 관계는 구체적으로 천(天)은 강유(剛柔)로, 지(地)

---

8 공맹 중심의 원시 유교와 주자 이후의 신유교를 포함한다.

는 후박(厚薄)으로, 인(人)은 의리(義利)로 구분하여 육효(六爻)를 정립한다. 이 육효에서 위의 두 효는 천이 되고, 가운데 두 효는 인이 되며 아래 두 효는 지가 된다. 천지인과 음양의 절묘한 배합이다.

『역』이 취하는 하나=삼재=도라는 관점에 의하면 천지만물의 생성 과정은 "도는 변동하므로 효라고 한다. 효에는 등급이 있으므로 물이라고 한다[道有變動 故曰爻 爻有等 故曰物]." 여기서 주목할 내용은 천지인 하나가 삼극으로 나뉘어 분화되는 것처럼 도 또한 변동한다는 것이다. 왜 하나로서 도는 변화하는 것일까? 하나의 질적 속성인 일기, 일심, 일리는 모두가 뒤섞인 혼효/혼돈의 상태에서 정중동 동중정(靜中動 動中靜)의 상태를 유지하기 때문이다. 하나 혹은 도는 삼일(三一)이라는 혼연일체(渾然一體)의 상태에 있다가, (우주의 빅뱅처럼 어느 순간 자기조직성과 자기생산성이 표출되면서) 천지만물이라는 존재 현상으로 전화되는 것이다. 이 존재성의 존재화가 발생한 이유에 대해서는 "저절로 그렇게 됨[自然]"이라고 설명하는 것이 가장 무리가 없을 것 같다.

『주역』과는 다소 상이하게 유가에서는 도 대신에 태극(太極)을 하나로서 규정한다. 주희는 『역』의 구체적 분석 과정에서 음양 논리에 의거하여 이수분화를 일관되게 제시한다. 즉 "역은 태극을 가지는데, 이 태극으로부터 음양이 생기고, 음양은 사상을 만들며, 사상은 또 팔괘를 만든다[是故易有太極 是生兩儀 兩儀生四象 四象生八卦]." 태극이 음양을 만든다는 사실을 하나논리의 관점에서 파악해보자면, 음양은 일기이므로 태극 또한 일기 자체이거나[主氣論], 일리에 의해 주도되거나[主理論], 아니면 일리, 일기, 일심이 함께 작용하는[理氣心一元論] 하나로 이해할 수 있다.[9]

9　정주 성리학의 또 다른 맥락에서는 리일분수(理一分殊), 월인천강(月印千江) 등의

공자는 『논어』에서 나의 도는 "하나로 꿰었다[一以貫之]"고 말한다. 하나의 이치로써 모든 것을 꿰뚫는다/관통하여 이해한다/통달한다고 하면서 자신의 모든 사고와 가치의 일관성을 이야기한다. 제자 증삼(曾參)은 이를 두고 "스승의 도는 충서(忠恕)일 따름이다"라고 하나를 구체적으로 지적한다. 그러나 충서는 도와 가까운 것이며(중용), 송의 정호(鄭顥)가 지적한 것처럼 "충은 천리이고 지는 인도이다. 충은 망령됨이 없는 것이고 서는 충을 행하는 소이인 까닭이다. 충은 체(體)이고 서는 용(用)이며 대본달도(大本達道)"이다. 충서는 유교 최고의 가치인 인의 구체적 내용이라고 볼 수 있다.

이와 같은 맥락에서 공자의 일관은 하나논리와 연결시켜 해석할 수 있다. 공자는 『역』에 정통했던 만큼 천지인 삼재나 태극이나 무극의 개념에도 이미 통달하였기 때문에 하나라는 것을 하나논리의 하나와 같은 어떤 근본적 존재성이나 가치를 염두에 두고 사용했던 것으로 추론하고 싶다.[10] 공자의 인은 성의 핵이라는 점에서 불성이나 도와 상통하는 하나논리의 구체화라고 볼 수도 있다. 역사적으로 송명대 신유학의 발전과 함께 인애와 효제로서의 인 개념은 확장된다. 즉 『주역』의 생생(生生) 개념을 적극 활용하여 "'정호의 천지만물일체의 인' 주희의 '천지생물지심(天地生物之心)의 인', '왕수인의 여물동체(與物同體)의 인'으로

    이론을 통해서 리가 하나라는 주장을 펼치나, 그 기본은 하나로서의 태극 논리로부터 파생된 것, 즉 보편 원리로서 통체(統體) 태극과 특수 원리로서 각구(各具) 태극이라고 간주하므로 여기서는 논의하지 않는다. 아울러 리일분수론은 하나논리의 리기심일원론이 전제하는 리기심의 본체론적 동등성을 수용하지 않기 때문에 나의 논의에 혼선을 초래할 수 있다.

10 공자가 어떤 하나의 구체적 가치, 예컨대 인을 상징적으로 표현하여 하나를 사용했을 것이라고 가정한다면 그것은 공자 사상의 심원한 수준을 인으로 환원시키는 한계를 드러낸다.

설명된다."(문종하, 2018) 충서로서의 인은 하나논리의 본체성과 변용성을 포괄하는 윤리적 개념으로 접근해볼 수 있겠다.

3) 도가(『도덕경』/『장자』)와 하나

> 有無相生, 得一, 抱一, 混一
> 道生一 一生二 二生三 三生萬物(『도덕경』)

> 道通爲一, 復通爲一, 知通爲一(『장자』)

도가에서도 여러 곳에서 하나를 직접 거론한다.[11] 하나에 관한 도가의 가장 유명한 논의는 『도덕경』 42장에 있다. "도는 하나를 만들고, 하나는 둘을 만들며, 둘은 셋을 만드는데, 이 셋이 천지만물을 만든다[道生一 一生二 二生三 三生萬物]." 그리고 40장에서는 "천하만물은 유에서 생기고, 유는 무에서 생긴다[天下萬物生于有 有生于無]"고 한다.

형식논리적으로 일은 도에서 나오므로/생성되므로 도와 하나는 별개의 혹은 독립적인 존재로 보인다. 특히 생성을 인과관계의 선후에서 파악하면 도선일후(道先一後)로 도일각각(道一各各)이다. 이와 같은 해석 방식을 따라서 『천부경』 해석에서도 일시무시일을 "하나는 무에서 시작한다"고 보는 견해가 많다. 이미 앞 장에서 하나논리의 하나는 유무를 통일하고 포괄하는 유적 개념이라는 설명과 풀이를 강조하여 제시

---

11 간접적 추론 하나를 제시한다. 『도덕경』에서 물은 최고선[上善若水]으로서 도의 속성을 지닌 것으로 이해할 수 있다. 그런데 모든 물은 바다라는 하나의 장소로 흘러간다. 비유적으로, 하나로 흘러가거나 돌아가는 물의 속성은 도와 하나의 불가분적 관계를 시사한다.

하였다. 하나=도=무=유가 하나논리이다. 각 종파나 학파의 입장과 필요에 따라서 유와 무를 분리하여 무생유라고 하든지 공즉시색이라고 할 수 있지만, 유무나 색공은 항시 통일(通一)의 관계에 있다.

다시 한번 강조하자. 도가에서 거론하는 도는 하나논리에서 본체로 규정되는 하나(the oneness)와 동등한 것이다.[12] 따라서 도생일의 일은 『천부경』의 천일일의 일(하늘)을 의미하고, 일생이의 이는 지일이의 이(땅)를 의미하고, 이생삼의 삼은 인일삼의 삼(인간)을 의미하는 것으로 해석해야 한다. 따라서 삼생만물의 삼은 석삼극의 삼(천지인 셋) 혹은 『주역』에서 천지인 삼재의 삼을 뜻한다.[13]

도=하나=유무 포괄이라는 나의 해석은 『도덕경』의 논리를 전체적 차원에서 조망할 경우 더욱 확연해진다. 먼저 『도덕경』 1장에서 도의 성격을 다음과 같이 분명하게 규정한다. 즉 "무는 천지의 시초를 가리키고, 유는 모든 것의 어미를 가리킨다. 그러므로 항상 무에서 도의 오묘함을 보고, 유에서 도의 단서를 본다. 무와 유는 동일한 근원에서 나왔지만, 명칭만 서로 다르며, 모두가 심오하다[無 名天地之始 有 命萬物之母. 故常無 欲以觀其妙 常有 欲以觀其徼, 此兩者 同出而異名 同謂之玄 玄之又玄 衆妙之門]." 이상의 인용문은 명백하게 무=유=도라는 등식을 성립시킨다. 천지

---

[12] 소병선(2023)은 「노자 도덕경 제42장에 대한 피타고라스적 해독」이라는 독창적 연구를 통해 "헤겔이 말하는 피타고라스의 수 중 4는 노자의 관점에서 보면 도를 의미한다"는 견해를 제시한다. 나의 관점과는 상이하지만, 매우 흥미로운 해석으로서 차후 폭넓은 논의가 필요하다. 『주역』의 상수학적 전통을 더욱 발전시켜야 할 필요성을 일깨워준다.

[13] 생의 의미를 "낳는다"는 인과적 의미가 아니라 상생적·대대적 차원에서 검토해야 하고 이에 근거하여 도를 비본질적 관점에서 접근해야 한다는 의견(허영주, 2016)도 있다. 나는 생을 인과적으로 해석하더라도 하나(일)의 의미를 본체적 하나(도)와 형상적/경험적 수준의 하나(천일, 지일, 인일)와 구별하면 유무의 통일이나 도와 하나의 동일화가 무리 없이 성립된다고 판단한다.

의 시초와 만물의 어미란 뉘앙스가 다르기는 해도 그 본원적 의미는 같다. 그러나 전술하였듯이 40장에서 "천하만물은 유에서 생기고, 유는 무에서 생긴다"고 일견 위의 해석과 상반되는 듯한 주장이 제기된다. 그러나 이 경우 체용론의 관점을 활용하여, 무는 형이상학적 수준의 본체론적 하나=도를, 유는 변용론적 수준의 하나=도를 지칭하는 것으로 이해한다면 유무의 선후관계나 상대적 존립 관계는 해소될 수 있다.

나아가『도덕경』의 "하나를 얻는다[得一]" 혹은 "하나를 포용·포괄한다[抱一]"는 표현은 도가에서 하나와 도의 목표가 동일시되고 있음을 나타낸다. 그러므로 유생우무(有生又無)라는 인과적 생성론의 차원에서 하나를 도의 파생으로 보아, 도는 무이고 하나는 도생일의 일로서 유라고 해석하는 것은 부적절하게 보인다. 하나논리에서 하나는 유무의 차원을 동시에 포괄하는 유무혼연(有無渾然)의 통일적(通一的) 하나라는 사실을 명심하자. 나는 도가에서의 도를『천부경』/하나논리의 하나와 동일한 것으로 간주한다.『장자』의「제물론」에서도 천지인합일의 개념과 거의 동일하게 만물여아위일(萬物餘我爲一)이라고 하면서 나와 만물, 즉 사람과 천지가 함께 하나라는 사실을 언급한다.

도와 하나가 동일한 것이라는 시사점은『도덕경』39장에서도 발견할 수 있다. "예전부터 하나를 얻은 것들이 있다. 하늘은 하나를 얻어 맑고, 땅은 하나를 얻어 안정되며, 신은 하나를 얻어 영험하며, 골짜기는 하나를 얻어 가득하며, 만물은 하나를 얻어 만들어진다. 임금은 하나를 얻어 천하를 바로잡는다[昔之得一者 天得一以淸, 地得一以寧, 神得一以靈, 谷得一以盈, 萬物得一以生, 候王得一爲天下正]." 이 구절에서는 하나를 도로 이해해야만이『도덕경』전체의 의미가 일관되게 유지된다. 2장의 지적처럼, "유무는 서로가 서로를 생성시키기[有無相生]" 때문이다.

『도덕경』에서 천지인과 하나를 도와 상관시키는 구절은 25장에서도 발견할 수 있다. "그러므로 도는 크고, 하늘도 크고, 땅도 크고, 사람도 크다. 우주에는 네 가지 큰 것이 있는데 사람도 그중 하나이다. 사람은 땅을 따르고, 땅은 하늘을 따르며, 하늘은 도를 따르며, 도는 자연을 따른다[故道大, 天大, 地大, 人亦大, 域中有四大, 而人居其一焉, 人法地, 地法天, 天法道, 道法自然]." 도와 천지인이 모두 크다는 의미는 각각이 하나로서의 동등한 지위와 속성을 갖는다는 것이다. 나아가 도천지인의 순서대로 서로가 서로를 따른다/이끈다는 말은 『천부경』에서 "(일)석삼극 천일일 지일이 인일삼"이 하나는 천지인 셋으로 나누어지는데 하늘 하나 혹은 하나로서의 하늘을 처음 만들고, 다음에 땅 하나 그리고 마지막으로 사람 하나를 만든다는 의미와 상응한다. 여기서 도는 물론 하나이자 자연이라는 천지인합일로서 우주 그 자체를 의미한다. 우주는 자기조직과 자기생산이라는 작용에 의해서 저절로 그렇게 만들어진 것이다. 끝으로 『도덕경』 22장에서는 "그러므로 성인은 하나를 가짐으로써 천하의 모범이 된다[是以聖人抱一 爲天下式]"라고 말하는데, 여기서 하나는 도를 지칭하지 않을 수 없다.

4) 불가와 하나

萬法歸一, 一卽多 多卽一, 一中多 多中一
心爲大乘法 歸一心源, 佛卽是心 (원효)

一中一切多中一 一卽一切多卽一 (의상)

불가에서 하나는 "세상만사 모두 하나로 돌아간다[萬法歸一]"에서 그 야말로 집약적으로 확연·명료하게 표현된다. 불가의 이 하나는 바로 유아유심이 깨달음을 얻는[歸一心源] 일심(一心)으로 연결된다. 왜냐하면 일심은, 원효의 지적처럼, 바로 대승의 법[一心爲大乘法]이기 때문이다. 나아가 불가에서는, 의상(義湘)이 「화엄일승법계도(華嚴一乘法界圖)」에서 지적하듯, "하나는 무한히 많음이요, 또 천지만물 각각은 모두 하나를 내포한다[一卽多 多卽一, 一中多 多中一, 一中一切多中一 一卽一切多卽一]"고 설하니 『천부경』 삼일논리의 일즉삼 삼즉일과 동일하다.

불가에서 회자되는 저 유명한 화두, "세상만사 모두 하나로 돌아간다면, 그 하나는 어디로 돌아갑니까[萬法歸一 一歸何處]?"의 묘미는 조주(趙州) 선사의 동문서답이자 우문현답에 있다. "내가 청주에 있을 때 옷 한 벌을 지었는데 무게가 일곱 근이었다[我在靑州, 作一領布衫, 重七斤]." 무게가 일곱 근이나 되는 옷 한 벌이라니 도대체 무슨 말인가? 이에 대하여 여러 멋들어진 해석이 있다. 모두 맞는 해설이다. 왜? 이 풀이에는 정답이 있을 수 없기 때문이다. "너 스스로 공부하여 네 나름으로 깨닫거라"가 조주의 뜻이었을 것이라 생각하고 싶다. 누군가 내게 묻는다면, 이렇게 답하겠다. "하나는 돌아갈 곳이 없다. 세상천지가 하나인데 어디로 가겠느냐?"

만법은 분별심과 집착심으로 얼룩진 삼라만상의 현상세계요 하나는 (현상세계의 또 다른 모습이기도 한) 궁극적 진리 혹은 깨달음의 영역이다. 하나의 자리/위치는 모든 존재계 그 자체이므로 결국 하나는 별다르게 돌아갈 곳이 없다. 하나는 생긴 자리에서 그 모습 그대로 있을 뿐이다[無盡本 不動本]. 따라서 만법이 하나로 돌아간다고 해도 그 하나라는 자리는 만법이 있던 원래의 그 자리-존재계이다. 분별과 집착이 사라지는 그 자리가 바로 하나의 자리일 뿐이다. 나는 그 하나의 자리가 바로 나 자신인 유아유심이 깨달음을 얻는 내 마음속 일심의 자리 혹은 내 마음에 있는 부처의 자리라고 생각한다[佛卽是心].

나아가 "세상만사 모두 하나로 돌아간다"고 했을 때 그 돌아간다는 "귀(歸)"의 의미가 무엇인가? 나는 색즉시공과 공즉시색에서 그 단초를 얻고 싶다. 색의 세계인 만법과 공의 세계인 하나가 불일불이라는 중도의 세계라고 생각한다. 색공을 거부하거나 초월하는 것도 아니다. 불가의 중도는 둘 다 부정도, 긍정도 아닌, 그 어느 것에도 구애되지 않고 집착하지도 않는 자유자재의 경지에 들어선다는 의미로 해석하는 것이 좋을 것 같다. 원효의 무애행을 생각해보자! 깨달음의 세계에 들어가면 자유롭다고 하지 않는가? 진리가 너희를 자유롭게 하듯이. 그래서 진리를 너의 빛으로 삼으라고 한다(veri tas lux mea). 집착, 탐욕, 번뇌, 고통의 세계로부터 해방된 자유의 세계가 하나의 세계이다. 하나의 자유해방성을 기억해두자.

　이론적 쟁점 하나를 해소하고자 한다. 중관학의 불일불이와 유식학의 만법귀일은 "완전히 다르다"고 해석하는 주장이 있다. 원효가 화쟁으로 『대승기신론소(大乘起信論疏)』에서 해소하고자 한 문제의 하나이기도 하다. 나는 '완전히 다른 것'이 아니라 '궁극적으로 거의 같은 것'이라고 생각한다. 극과 극이 통하기 때문일까? 나의 통일(通一) 논리는 간단하다. 불일불이라는 하나의 현상/존재와 만법귀일이라는 하나의 현상/존재는 둘 다 하나의 현상/존재라는 점에서 하나로 통일된다. 나아가 일이 정확히 무엇이고, 이가 정확히 무엇인지 '절대적으로' 규정할 수 없다는 하나의 본체론적 속성 때문에 둘 다 하나라는 본체 속으로 수렴·용해된다. 수리철학적으로 둘은 하나의 파생이요 연속일 뿐이니 문제의 핵심적 근원은 아니다. "만법귀일 일귀하처(萬法歸一 一歸何處)"처럼 "불일불이 중관하처(不一不二 中觀何處)"이다. 유아유심 속에서 찾아보자. 하나논리의 최고 미덕은 대립적인 혹은 이질적인 것을 통일(通一)시키는 것이다.

2. 하나의 변용론

분석적 차원에서 변용론을 형상론과 경험론으로 구분하여 제시하였지만 여기서는 경험론 차원의 세 가지 이론, 음양오행 잡종화론, 유아유심 개인주의론, 중도자비 수신수행론을 각각 유불도선의 핵심적 개념들과 연관시켜보겠다. 다만 음양오행과 수신수행은 모든 동아시아 지혜가 공통적으로 활용하는 개념이므로 아래 논의에서 생략할 것이다. 나아가 유아유심은 불가에서 특별히 강조되는 개념이므로 유가, 도가, 선가의 경우에는 구체적으로 논의하지 않고 함축적 의미를 주로 언급할 것이다.

〈그림 4-3〉 음양오행 잡종화론의 동아시아적 토대

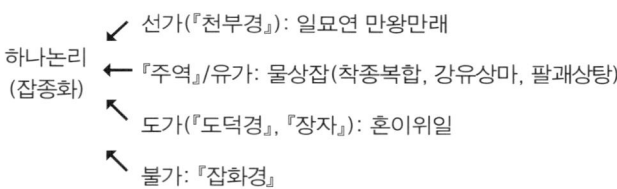

1) 음양오행 잡종화론 혹은 상잡론

〈표 4-2〉 유불도선과 잡종화

유불도선	인용문
선가(『천부경』) (『삼일신고』)	一析三極 一積十鉅 生七八九 一妙衍 萬往萬來 用變不動本 一神造群世界, 神呵氣包低 煦日色熱 行翥化游栽物 繁植 衆善惡淸濁厚薄相雜 從境徒任走 墜生長肖病歿苦
『주역』	道有變動 故曰爻 爻有等 故曰物 物相雜 故曰文 文不當 故吉凶生焉 (六爻相雜 唯其時物也, 生生之易) 錯綜複雜 剛柔相摩 八卦相盪
도가	有物混成 先天之生 故混而爲一
불가	重重無盡 法界緣起 華嚴經 → 雜華經

문명전환 과정으로서 탈근대의 가장 대표적 특성의 하나가 잡종화이다. 나는 잡종화를 잡종, 잡종성, 잡종사회 등의 개념을 상호 연관 속에서 포괄하는 하나의 복합개념(an umbrella concept)으로 사용한다. 잡종화 (hybridization)는 20세기 말부터 한때 상당한 주목을 받았다(Bhabha, 1994; Pieterse, 1994; 2001; 2009).[14] 나는 hybridization을 번역하는 과정에서 상대적으로 부드럽고 중립적인 표현인 혼성화 혹은 혼종화 대신에 의도적으로 생물학적 용어법을 참고하면서 잡종화라고 표기했다. 소수의 혹은 희귀한 순종에 대비되는 의미에서 잡종의 세속성, 저속성, 저열성, 대중성, 다양성과 차이성 그리고 잡종강세라는 강인한 생명력의 이미지를 부여해보고 싶었다.

14 잡종화에 관한 보다 상세한 논의는 김성국(2011) 참조.

순수, 순결, 정통, 순종을 상징하는 "순(純)"의 개념은 물론 중요하다. 그러나 이와는 대조적으로 저속, 잡탕, 잡종을 의미하는 "잡(雜)"의 개념은 그 의미 함축과 어감이 현실에서 부정적으로 수용되고 있지만, 그것은 현실적 차원에서 만물, 특히 사람들의 존재양식을 순보다도 더욱 정확하게 표상하는 것 같다. 인간이라는 존재는 그 자체가 잡스러운 존재이다. 살, 피, 뼈, 털, 물 등의 여러 이질적 구성물의 집결체가 인간 신체이다. 인간의 정신 또한 온갖 복잡한 생각, 잡념들로 가득 차 있다. 같은 인간이라 해도 그야말로 각양각색, 천차만별이다. 이 잡다한 인간들이 모여 사는 것이 사회이니 그 성격과 내용이 잡종사회가 아닐 수 없다. 세상천지가 이런 인간들과 더불어 온갖 생명체와 비생명체가 어우러지고 뒤섞인 가운데 굴러가니 이 또한 잡종 세상이요, 잡종 천지가 될 수밖에 없다. 그런데도 우리의 순수이성은 이런 잡동사니 꼴을 묶과할 수 없어 그럴싸하게 일목요연 정리 정돈된 세상을 순이라는 개념 혹은 환상을 통해 우리에게 보여준다. 이 또한 나쁠 것 없다. 순수와 잡종은 야합처럼 은밀한 관계가 아닌가.

그렇다면 잡과 순의 이론적 관계는 무엇일까? 하나논리는 그것을 체용 관계로 규정한다. 순의 분화 작용으로 잡을 이해한다. 순 속에 이미 잡의 속성이 없었다면 어찌 순에서 잡이 나오랴. 그래서 하나논리에서 본체론적으로 하나는 일리, 일기, 일심이 뒤섞인 혼연일체의 혼돈 혹은 잡종화 상태라고 설명하지 않았는가? 현실적으로 전개되는 온갖 잡의 세계는 종국적으로는 모든 잡의 잡종화에 의한 통일(通一)을 이룬다는 의미에서 하나로 돌아간다[歸一]. 잡종화는 차이를 지닌 잡다한 존재를 하나로 연결·소통시킨다는 의미에서 통일(通一)의 과정이다. 잡이 통일된 세계가 순이다.

현재 우리가 살아가는 이 21세기의 모든 혼란과 혼잡, 저속과 잡탕의

뒤범벅을 지칭하는 잡종사회는 오직 하나의 세계로서 존재한다. 무수한 잡을 품은 하나의 순한 세계이다. 불가적 표현을 빌리자면 잡의 눈으로 보면 잡의 세계요, 순의 눈으로 보면 순의 세계이다. 지고지순의 『화엄경(華嚴經)』을 백화만발(百花滿發)의 『잡화경(雜華經)』이라고도 부르는 이유이다.

그러나 이 잡종성은 존재 구성과 존재 현상의 특성일 뿐 아니라 세상을 굴러가게 하는 자연적 이치요 필수적 원동력이다. 세상 만물은 서로 의존하며 상호작용을 해야만 한다. 잡종화를 지속해야만이 존재를 유지할 수 있다. 잡종화는 때로 돌연변이와 같은 생물학적 일탈을 발생시키기도 하지만, 때로는 창조적 결실을 맺어 역사 발전의 전기를 이룬다. 21세기 중국의 경제적 도약은 사회주의와 자본주의의 이념적 잡종화에서 비롯된 것이다. 그러나 사회주의와 자유민주주의의 잡종화는 정치적으로 반동과 부작용을 초래하고 있기도 하다. 인공지능은 인간과 기계 기술의 결합, 즉 인간의 기계화나 기계의 인간화라는 잡종화의 산물이다. 이 세상에서 잡종이나 잡종화가 아닌 것을 찾기란 참으로 힘든 일이 아닐까 싶다. "반이민자" 정서가 고조되었을 때 유럽에서 확산된 "우리 모두가 이민자다"라는 슬로건은 민족적 혈통의 순수성이란 참으로 허무맹랑한 것이라는 역사적 진실을 말해준다.

하나논리는 역사적으로 지속된 잡종화의 진취적-해체적-창조적-융합적 기능에 주목하고, 그것이 새로운 후천 정신개벽의 문명전환에 결정적 역할을 수행할 것으로 기대한다. "물질이 개벽되니 정신을 개벽하자"는 말은 물질문명과 정신문명을 잡종화시켜 물질문명과 정신문명의 조화/균형/통일을 이루자는 말이다.

이론적으로 하나논리가 경험적 수준에서 굳건하게 정립될 수 있는 기반은 잡종화에 있다. 잡종화란 상이한 것들이 결합하여 새로운 하나를 만들어내는 것이므로 잡종화 과정을 통해서 상호 이질적인 것들도 하나로 생성되고 통일(通一)될 수 있다. 만약 이 세상의 모든 이질적 차이가 잡종화를 통해 새로운 하나로 통일되는 "하나됨"을 이룩한다면 하나논리가 세상에 실현되는 것이 아니겠는가? 하나는 잡종화를 요구한다. 하나에서 나온 음과 양이란 차이가 서로 잡종화하여 만물을 생성·소멸시키듯이, 음양이 상생상극의 차이를 넘어 어떤 균형을 유지한다면 그때 음양은 태극이라는 하나가 되는 것이다.

오늘날 인간 사회에 팽배한 각종 대립과 갈등은 상호 간의 이질성이나 차이를 어떤 절대적 차이나 구분으로 간주하여 상대를 사악한 괴물, 위험한 적, 열등한 존재, 신성모독의 악마 등으로 타도나 제거, 정복이나 진압의 대상으로 간주하기 때문에 발생한다. 현존하는 이념적, 종교적, 군사·정치적, 인종적 차이를 어떤 불변의 절대적 차이라고 생각하기 때문에 세상의 수많은 갈등은 지속된다. 만약 그 차이란 것이 실제로 별로 크지 않고, 상호 연관적이며, 상호 화합 가능한 것이라고 보는 잡종적 관점을 우리가 지닐 수 있게 된다면 이 세상은 한결 평화로워질 것이다. 차이에서 비롯된 모든 갈등은 잡종적 통일(通一)로서 해소 가능하다.

현상적으로 드러난 차이를 넘어, 현실세계에 새워진 경계나 금지 푯말을 집어던질 수 있으면 각양각색인 우리는 하나가 될 수 있다. 이처럼 하나논리는 바로 잡종화의 논리이다. 이분법이라는 경계선, 구별과 차이라는 고정관념, 너와 나라는 대립 의식, 인간과 비인간이라는 분류 범주 등등을 가로질러 상호작용, 상호 소통, 상호 결합하는 것이 잡종화이다. 잡종화는 수많은 새로운 하나를 탄생시킨다. 종국적으로 더 이상 잡종화할 수 있는 차이가 없어졌을 때, 혹은 더 이상 잡종화할 필요가 없어졌을 때 우리는 통일(通一)의 세계인 천지인합일의 하나를 이룬다. 차이를 내포하되 그 차이를 초월하는 하나의 세계가 펼쳐진다.

(1) 선가와 잡종화

一析三極 一積十鉅 生七八九 一妙衍 萬往萬來 用變不動本(『천부경』)

一神造群世界, 神呵氣包低 煦日色熱 行翥化游裁物 繁植
衆善惡淸濁厚薄相雜 從境徒任走 墜生長肖病歿苦(『삼일신고』)

『천부경』에서는 직접적으로 잡이라는 개념을 사용하지 않는다. 그러나 잡종화의 개념은 하나의 생성·변화 과정에서 명시적으로 지적된다. 하나는 먼저 천지인으로 분화되고[析三極], 이 천지인 셋 혹은 삼일은 상호작용을 통해서 (십이라는) 만물을 생성시킨다[一積十鉅 生七八九]. 이처럼 하나가 신묘하게 변화 작용을 하니 만물이 생성·소멸되는[一妙衍 萬往萬來] 잡종화가 전개된다. 그러나 잡종화라는 무한한 변화 작용이 이루어져도, 이것을 가능하게 하는 하나의 근원적 본체성은 조금도 변하지 않는다[用變不動本]. 『천부경』은 순으로서의 하나와 잡으로서의 용변이 체용론적으로 일체라는 사실을 시사한다.

여기서 우리가 주의해야 할 점은 본체 수준의 하나가 이미 그 질적 속성으로 혼돈/혼효의 상태에서 (차이로서의 천지인) 셋을 내포한다는 삼일논리이다. 이를 다르게 표현하면, 하나는 형이상학적 수준에서의 천지인이라는 '차이의 잡종화'가 창조적으로 만들어낸 본체라고 규정할 수 있다. 이 하나에서 일기의 주도하에 (다른 두 질적 속성인 일심과 일리도 함께 작용하여) 지일이 나오고, 일심이 주도하면 인일이 나오고, 일리가 주도하면 천일이 나온다고 잡종화의 전개를 추론해볼 수 있다. 이 과정은 형성적 수준에서 다시 경험적 수준으로까지 지속적으로 전개된다. 물론 잡종화의 구체적 역할은 우주를 지속적으로 전개시켜나가는,

혹은 각 개별 존재의 존재성을 표출/작동시키는 기능과 변화이다. 음양이라는 혼원일기의 생성력을 기반으로 하는 잡종화가 없으면 (새로운 차이를 지닌) 존재의 생성은 불가능하다. 존재 간 차이가 있어야 각 존재의 존재성이 드러난다.

『삼일신고』에서는 잡종화를 두 가지 차원에서 언급한다. 첫째는 잡종화의 원천 혹은 원동력으로서 기(氣)의 작용을 설명하고, 둘째는 잡종화를 하나의 경험적 표출 혹은 현실화 과정으로 제시한다.

첫째, 기의 작용으로 천지만물이 생성되는 과정을 설명한다. "신이 온 세상을 창조하는데[一神造群世界]", "신이 기(운)를 불어넣으니, 땅바닥을 감싸고, 햇볕으로 따스하게 만들어, 온갖 생명체가 걷고, 날고, 탈바꿈하고, 헤엄치며 번식하도다[神呵氣包低 煦日色熱 行翥化游栽物 繁植]."

둘째, 잡종화를 『천부경』의 형이상학적 세계로부터 전개된 현실의 경험세계 수준에서 설명한다. "사람은 세 가지 참됨, 즉 성명정을 받지만[人物 同受三眞 曰性命精], 미혹에 빠져 마음, 기, 육신이라는 세 가지 (참됨으로부터의) 가닥을 만든다[唯衆迷惑 三妄着根, 曰心氣身]. [15] [그리하여]

---

15 인간의 심기신 자체를 망(亡)이나 망(忘)으로 간주하여 자칫 망령(妄靈)된 것으로 부정적으로만 파악할 수 있다. 그러나 망(妄)을 하나의 갈래 혹은 가닥으로 해석한다면 심기신은 인간의 본래적 참됨이 현실세계 속에서 분화 혹은 다변화된, 그야말로 인간적인 속성으로서 가치중립적인 것으로 간주해볼 수도 있다. 왜냐하면 망으로서 심기신은 각각 참됨으로서 성명정에 의존하기는 하되 초월적 참됨이 아닌 세속화된 이분법적 참됨의 구분이라는 현실세계에서 작용하기 때문이다. 인간은 이 분법의 세계에 갇혀 진과 망을 대립적으로 인식하는 가운데 감식촉(感息觸)이라는 유혹의 길을 걷게 된다. 그러나 이 유혹을 지감(止感), 조식(調息), 금촉(禁觸)에 의하여 극복하는 것이 인간의 심기신이고, 이 과정이 지속되어 성통공완의 상태에 도달하면 최초의 참됨 상태를 되찾는다. 이와 같은 『삼일신고』의 논리 전개는 무아나 진아를 추구하는 불가의 논리와 매우 흡사하다. 왜냐하면 『삼일신고』의 삼진은 모두 무선악(無善惡), 무청탁(無淸濁), 무후박(無厚薄)과 같이 분별(分別)이 없는 무의 상태를 지칭하기 때문이다.

선악, 청탁, 후박이 서로 뒤섞인다[衆善惡淸濁厚薄相雜].¹⁶ [인간들은] 경계를 따라 위험하게 달려가면서[從境徒任走], 태어나고, 자라고, 소진하여 병들어 죽게 되는 고통에 떨어진다[墜生長肖病歿苦]."

여기서 논의되는 잡종화는 (미혹에 빠진 인간들이) 하나가 부여한 참됨을 제대로 간직하지 못하여 그 가닥[忘]을 만들고, 거기에 빠져든 결과 발생하는 인생의 고난과 결부된다. 잡종화가 초래할 수 있는 부정적 결과에 대한 이러한 경고는 참으로 소중하다. 어쩌면 인류 문명이 시작되어 근대문명을 이룬 지금까지 전개된 잡종화란 물질주의적 탐욕, 문화적 구분을 위한 차별화, 자신만을 위한 집착에 빠져든 오도된 잡종화라고도 간주할 수 있다. 천지인합일의 하나로 향하는 잡종화라기보다는 하나를 분열시키고 파괴하는 미망의 잡종화였다. 이제 우리는 기존의 선천 물질개벽을 새로운 후천 정신개벽으로 잡종화시켜 하나논리에 부응하는 새로운 문명전환의 길을 찾아야 한다.

(2) 『주역』/유가와 잡종화

道有變動 故曰爻 爻有等 故曰物 物相雜 故曰文 文不當(『주역』)

故吉凶生焉 (六爻相雜 唯其時物也, 生生之易)
錯綜複雜 剛柔相摩 八卦相蕩(남회근, 2013)

16 매우 흥미롭게도 곧이어 논의될 『주역』에서처럼 『삼일신고』도 상잡(相雜)이라는 표현을 사용한다. 『삼일신고』에서는 상잡, 즉 잡종화의 부정적 결과를 지적하나, 『주역』에서는 상잡이 잘못 전개되면 길흉을 초래하기도 하지만, 문명/문화를 생성한다고 지적한다.

『주역』은 잡종화의 이론적 토대를 철학적 차원과 문명론적 관점에서 가장 직접적으로, 명쾌하게 제시한다. 『주역』도 『삼일신고』와 마찬가지로 "상잡(相雜)"이라는 표현을 사용하면서 잡종화의 긍정적 가능성과 부정적 가능성을 동시에 지적한다. 『주역』에서 상잡, 즉 잡종화는 인간 문명의 토대로서 도(하나)라는 근본 존재의 속성/작용이다. 『주역』은 잡종화의 존재론적 논리와 기능적 논리를 동시에 제공한다. 구체적으로 "강한 것과 부드러운 것이 서로 마찰/접촉하고, 팔괘가 서로 그네를 타듯이 왔다 갔다 한다. 천둥과 번개로써 팽창하고 바람과 비로써 윤택해지며, 해와 달의 운행으로 추위와 더위가 번갈아 생긴다[剛柔相摩 八卦相蕩 鼓之以雷開 霆 潤之以風雨 日月運行 一寒一暑]"(남회근, 2011: 43)라는 표현을 통해서 상잡/잡종화가 만물의 생성·변화를 일으키는 음양오행의 작용이라는 사실을 시사한다.

『주역』이 제시하는 잡종화의 논리를 살펴보자. "[하나로서의] 도는 변동하므로 효라 한다[道有變動 故曰爻], 효는 등급이 있으므로 물이라 한다[爻有等 故曰物]. 천지만물은 서로 뒤섞이므로[잡종화하므로] 문화/문명을 이룬다[物相雜 故曰文]. 문화/문명이 바르지 못하게 되면 세상에는 좋고, 나쁜 일들이 생긴다[文不當 故吉凶生焉]." 『주역』은 잡종화와 문명 간의 상호 연결고리를 분명하게 지적하는 동시에, 잡종화의 양면성, 즉 긍정적 혹은 부정적 결과를 길흉이라는 의미로 규정한다. 잡종화를 본체인 도의 변동, 즉 변용의 산물이라고 규정한 점을 미루어 여기서도 체용의 관계가 전제되고 있음을 알 수 있다.

왜 문명은 온당/적당/타당/정당하지 못하게 되어 길흉을 초래할까? 그 원인을 찾으면, "지역에 따라 종이 달라지며, 상이한 종들이 각기 다른 사회를 형성하므로 길흉이 생겨난다[方以類聚 物以群分 吉凶生矣]"(남회근, 2013: 128). 세상이란 사람들끼리 유유상종하여 살아가는 것이므로 집단 간, 지역 간 사회 간에 분쟁과 갈등이 발생하여 좋지 못한 흉(凶)이 초래되거나 아니면 서로가 화합하고 협동하는 바람직한 길(吉)이 초래되기도 한다. 그러므로 인간사에서 길흉이란 회피할 수 없는 어떤 구조적 작용이다. 다만 인간의 노력 혹은 수신수행의 여부에 따라서 길흉을 조절할 수 있는 길은 열려 있다.

현재 우리의 21세기 인류 문명에 온갖 흉이 발생하고 있는 이유는 무엇일까? 우리 인간이란 존재가 천지와 조화롭게 하나가 되는 잡종화, 즉 천지인합일이라는 긍정적-적극적-당위적 잡종화를 외면하고 있기 때문이 아닐까? 유사 이래 전개된 세속적-물질적 현상세계는 미증유의 혼합과 복잡, 차이와 다양성의 세계를 이루고 있다. 그렇지만 인간의 정신세계는 여전히 차별적이고 배타적인 이분법적 구분의 세계에 머무르면서 세상을 적과 동지, 선과 악, 진리와 허위라는 자기규정적 고정관념으로 판단하여 갈등과 대립을 조성한다. 고도의 잡종사회인 현실에 상응하여 차이를 인정하고 존중하는 관용의 잡종화, 자유해방의 잡종화가 시급히 확산되어야 한다. 하나논리가 지향하는 후천 정신개벽이라는 문명전환의 잡종화가 절실한 시점이다.

(3) 도가와 잡종화

有物混成 先天之生 故混而爲一(『도덕경』)

도가에서는 잡종화 혹은 잡에 대한 직접적 언급을 찾지 못했다. 어쩌면 도가는 현실세계가 인위적인 잡종화의 (부정적) 결과라고 인식한 것이 아닐까? 사실 인간세계의 잡종화는 인간의 끊임없는 활동을 통해서 생성·지속된다. 최소화나 유약화를 지향하는 무위를 망각하면서 최대화, 최고화, 대량화를 추구하는 인위에 매몰되기 시작한 인류 문명의 전개 과정 자체인 잡종화의 세계를 도가는 비판적 관점에서 파악한 것이 아닐까?『주역』의 표현처럼, 잡종화의 결과인 문명이 도로부터 일탈하였기 때문이다. 그러나 잡종화는 현실적으로는 인간에 의해 집중적으로 전개되기는 해도, 우주만물의 생성·소멸 원리이다. 일종의 자연법칙이라는 점에서 그 자체를 부정적으로만 비난하기 어렵다.

『도덕경』(25장)은 잡과 거의 유사한 혼(混)이라는 개념을 사용하여 잡종화의 형이상학적 특성을 지적한다. "천지만물의 혼성[잡종화] 상태가 있었으니[有物混成], 이는 천지만물이 생겨나기 이전이로다[先天地生]." 이와 더불어 14장에서는 "현상을 분리하여 개별적으로 파악하지 않고, 함께 혹은 뒤섞어보는[此三者不可致詰] 혼[잡종화]이야말로 하나[도]를 이루는 것이다[故混而爲一]"라고 말한다. 도가는 여기서 혼성 혹은 잡종성이 본체로서 하나의 형이상학적-질적 특성이라고 지적하는 것 같다. 본체론적 수준에서 하나가 혼돈/혼연/혼잡의 상태에 있다는 하나논리의 추론과 상응한다. 형이상학적 본체의 수준에서 이미 혼성이라는 속성을 지니고 있기 때문에 변용론적/경험적 수준에서 하나(도)는 다양한 혹은 잡다한 천지만물을 만들어낼 수 있다.

이 점을 좀 더 상론해보자. 방금 인용한 "차삼자불가치힐 고혼이위일(此三者不可致詰 故混而爲一)"이라는 구절 앞에 "눈으로 볼 수 없는 이(夷)가 있고[視之不見 名曰夷], 귀로 들을 수 없는 희(希)가 있고[聽之不聞 名曰希], 잡아도 가질 수 없는 미(微)가 있지만[博之不得 名曰微]"이라는 문장이 있다. 그러고 난 다음에, 이 세 가지를 분리해서는 하나(도)를 파악하지 못하므로 셋을 섞어야(잡종화=혼) 하나를 이룬다고 주장한다. 본체론적 수준에서 하나의 질적 속성을 규정할 때 하나논리가 우선적으로 고려한 점은 유가에서 전개된 리기심 관련 논쟁을 리=기=심의 일원으로 정리하는 것이었다. 리기심의 일원으로서 하나라는 주장은 『도덕경』에서 말하는 이희미(夷希微)의 합일로서 도(하나)라는 주장과 동등한 것이다.

나는 『도덕경』의 이희미(夷希微)를 기심리(氣心理)와 각각 연관시켜보고자 고심하여 다음과 같은 해석을 시도해본다. 인간은 대지에서 전개되는 기의 작용인 천지만물의 생성·소멸을 바라보기는 하지만 그것을 주관하는 일기 자체는 결코 보지 못하며[視之不見 名曰夷], 인간의 마음(심)은 우리의 내면에서 우리에게 여러 가지 요구나 경고의 소리를 내지만 인간은 그 마음의 소리를 제대로 듣지 못하며[聽之不聞 名曰希], 하늘은 인간이 지켜야 할 도리와 이치(일리)를 틈틈이 시사하고 드러내어 알려주지만 인간은 그것을 제대로 체득하지 못한다[博之不得 名曰微]. 일기-이, 일심-희, 일리-미의 연결 관계가 그 나름대로 설득력을 지닌 것 같지 않은가? 여기서 다시 한번 상기하자면 이와 같은 분리분석적 논의는 반드시 통일적(通一的) 인식을 전제한 가운데 진행되어야 그 유용성이 유지된다.

잡종화와 연관되는 혼(混)이라는 개념에 대해 주목해보자. 하나논리에서 혼은 혼돈 상태이지만 하나를 지향한다는 의미에서 혼원일기로 표현된다. 그리고 이 혼원일기의 경험론적 수준에서의 발현이 잡종화로 규정된다. 이와 같은 이론적 맥락에서는 잡과 혼의 개념적 동등성과 친화력이 분명하게 밝혀진다. 잡이나 혼은 본체론적 수준의 하나가 정중동의 혼돈 상태라는 추론을 가능하게 한다.

사회학적 논의에서 혼란은 과거에도 그리고 지금까지도 일탈적, 예외적, 무규범적 혹은 비정상적인 것으로 간주되어 바람직하지 못한 상태로 규정된다. 잘못된 타성이다. 혼란은 갈등 개념처럼 그야말로 정상적이고 자연스러운 존재 상황 혹은 사회 현실이다. 하나논리는 이 혼란 속에 바로 질서의 씨앗이 있다고 본다. 카오스적 질서의 개념과 같이 새로운 질서를 만들어내는 조건으로서 혼란 자체에 이미 새로운 질서가 내포되어 있다. 혼란 상태를 당연시한다고 비판받는 아나키스트는 그 이상사회로서 아나키(anarchy)를 선호한다. 강제(적 질서)가 없는 (혼란스럽고 매우 다양하게 보이는) 자유의 세계이다. 아나키스트가 혼란 속에서 새로운 질서의 가능성을 발견하려는 것처럼, 잡종화라는 (새로운 차이의 생성이라는) 혼란의 과정 또한 새로운 질서를 향한 불가피하면서도 유용한 길이다. 다만 도가의 선견지명을 따라서 인위적 혼란이 극에 달하고 있으니 도가의 무위로써 "혼란 속에서 등장하는 자생적 질서 혹은 자기조직적인 질서를 유지하는 혼란스러운 문명"을 구축해보자.

(4) 불가와 잡종화

重重無盡 法界緣起

華嚴經 → 雜華經

불가에서의 잡종화는 연기론에 압축적으로 함축되어 있다. 도대체 현실적으로 연기란 무엇인가? 그야말로 수천수만의 헤아릴 수 없는 개별 존재들이 억겁의 시간 속에 뒤엉켜 서로 연관을 맺는 가운데 존재하는 법계로서의 현상세계 혹은 색계의 작동 원리인 중중무진 법계연기(重重無盡 法界緣起)의 원리가 아닌가? 연을 맺는다는 것은 세상의 모든 이질적 존재가 서로 연관되어 영향을 주고받는 것이다. 그러나 이 연기를 제거해버리면 모든 존재는 그 자체의 자성을 가지지 못하기 때문에 실체가 없는 공이 된다. 색즉시공의 논리는 (계속되는 공즉시색과 색공여일의 논리적 반전과 함께) 참으로 절묘한 존재론이다.

이 위대한 깨달음을 잡종화의 차원에서, 다소 비약이 있겠지만, 감히 재해석해본다. 연기는 잡종화의 우주론적 표현이 아닐까? 나는 현실적 잡종화의 세계가 우주론적/존재론적 연기의 세계를 표상하는 것이라고 이해한다. 연기론을 확대해석하면, 잡종화가 없는 존재 혹은 잡종화 없는 세상이란 불가능하다는 의미로 읽을 수 있다. 연기의 세상이란 잡종화의 세상이므로 연기가 있으려면 잡종화의 논리가 전제되어야 한다. 그 역도 마찬가지로 진실이다. 잡종화에 의해서 연기라는 개념이 경험적 수준에서 가능해지고, 잡종화는 연기의 원리를 현실적으로 표상하는 것이므로 결국은 공이라는 하나의 세계와 연결된다.

불가에서는 깨달음의 경지를 거론하면서 청정무구의 불국토나 진여(眞如)의 세계로서 일심 혹은 무아를 말한다. 잡다한 색의 세계를 넘는 불일불이의 공을 거론한다. 그러나 이 지점에서 그야말로 청천벽력의 인식론적 전환을 감행하여 다시 색의 세계 혹은 잡종화의 세계를 인정한다. 색공일여를 외치며 진속(眞俗) 혹은 순잡(純雜)의 경계를 무너뜨린다. 연기의 세계인 잡종화에 머무르고 있는 중생을 하나의 세계로 되돌아가도록[衆生救濟 萬法歸一] 요구해야 한다. 잡종화 속에서 잡종화를 넘는 하나의 세계를 발견하고자 한다. 다즉일(多卽一)이다. 잡다의 세계에서 일심을 발견하고 얻을 수 있다. 잡일(雜一)이다. 잡즉순, 잡즉진, 잡즉일(雜卽純, 雜卽眞, 雜卽一)이다.

불가에서『화엄경』은 그야말로 지존의 경이다. 그런데 앞에서 언급했듯이『화엄경』을『잡화경』이라고도 부른다. 나는 이 사소하게 보일지도 모르는 사실에 진지한 의미를 부여하고 싶다. 어쩌면『화엄경』이라는 표현에는 문자 그대로 어떤 화려하고 근엄한 배경이 서리고 있는 것 같다. 평범한 중생에게는 어떤 눈부신 광휘나 묵직한 권위로서 압박하는 느낌을 준다. 그러나『잡화경』은 그야말로 소박하다. 잡화(雜華)를 잡화(雜花)와 연결시키면, 수천수만의 여러 가지 온갖 꽃이다. 거기에는 이름 없는 무명초나 산야에 지천으로 널린 야생화도 포함된다. 속세의 중생들이 바로 이 잡초나 잡화 같은 존재가 아니겠는가? 중생을 구제 하자면 바로 이 잡화 잡초와 같이 속세에서 함께 뒹굴고 살아가면서 그 들을 위해서 그들의 도움을 받아야 한다.[17] 잡종화의 세계에 사는 중생 은 인간 잡화요 인간 잡초인 잡종들이다.

『잡화경』의 숨은 혹은 진정한 의미는 바로 이 중생이라는 잡화로써 부처님을 모시는 혹은 경배하는 것이 부처님에 대한 참다운 공경이요, 부처님의 참뜻을 따른다는 것이 아닐까? 이 잡화라는 표현에서 나는 잡종화의 지향성, 하나로서의 부처님을 향한 추구 혹은 만법귀일을 더 욱 생생하게 감지한다. 잡종화(雜種化)를 잡종화(雜種花)로 바꾸면 잡화 (雜華)는 잡화(雜花)가 된다. 세상에 널려 있는 잡놈이나 잡년이라 할지 라도 자신의 마음속에서 부처님 하나를 찾고자 노력한다면 그들은 잡 화(雜花)로서 성불의 길(잡화의 『화엄경』, 즉 『잡화경』)을 찾을 수 있다.

2) 유아유심 개인주의론

〈그림 4-4〉 유아유심 개인주의론의 동아시아적 토대

하나논리
(유아유심)
- 선가(『천부경』): 본심본태양
- 『주역』/유가: 심즉리
- 도가(『도덕경』, 『장자』): 도통위일
- 불가: 천상천하유아독존, 일체유심조, 심외무물

---

[17] 중생구제는 구제자가 결코 일방적으로 도움을 주는 것이 아니다. 구제의 대상인 피 구제자들이 구제자를 도와주지 않으면 구제는 도로아미타불의 공염불이 된다.

유아유심 개인주의론자인 나는 개인의 유아유심적 인식이야말로 모든 사회현상 연구의 가장 근본적 토대이자 필수적 출발점이라고 생각한다. 객관적 사물, 대상, 실체 혹은 관념적 상징이나 형이상학적 존재 등 모든 존재하는 것은 나의 인식 속에서 존재한다. 그러므로 하나논리의 구성에 있어서도 인식주체론은 가장 핵심적인 이론적 차원이다. 인식의 근원인 일심(一心)이야말로[18] 기능론이나 가치수행론을 관통하여 서로를 통일시키는 역할을 한다. 나의 마음은 천지인 모든 존재 현상을 인식함으로써 천지인을 존재시킨다. 본체론적 수준에서 심기리는 동등하게 하나의 질적 속성을 이루지만 기와 리의 존재를 인식하는 것은 오직 인간의 심이라는 사실에 주목하여 나는 주기론과 주리론이 주심론에 의해 통일(通一)되는 것이라고 추론해본다. 유아유심에 가장 핵심적 역할과 지위를 부여하기 때문이다.[19]

그래서 나는 여전히 "나는 생각한다. 고로 존재한다"라는 데카르트의 명제를 소중하게 간직한다. 나의 마음이나 의식과 연관되지 않은 존재는 유명무실로 객관적으로는 어딘가에 존재할지 모르나 의미 없는 존재가 된다. 내가 꽃을 꽃이라 부르니 그 꽃은 내게 향기를 선사하는 것이다. 의식과 닿지 않은, 의식의 대상이 아닌 존재는 나에게는 존재 없음이다. 유아유심의 대상만이 존재로서 유의미하다. 들도 보도 못한 존재나 이론은 내게는 무의미하다. 그런데 다른 사람들이 거론하는 존재를 (유아적 주체로서) 내가 알게(=생각하게, 인지하게, 인식하게) 되면 그때 그것은 존재로서 유의미하게 존재한다.

---

[18]   여기서 일심은 불가에서 말하는 마음의 최고 경지를 의미하면서 동시에 마음과 관련된 모든 인식과 의식, 지각과 감각, 의지와 의향 등을 포함하는 심적 활동 일반을 포함한다.
[19]   주기론이나 주리론을 택하는 것은 각자 관점의 문제이다.

〈표 4-3〉 유불도선과 유아유심 개인주의

유불도선	인용문
선가	本心本太陽 仰明 人中天地一 自性求子 一神降衷 降在爾腦 唯衆迷地 三妄着根 曰心氣身 心依性有善惡 善福惡禍
『주역』/유가	天命之謂性 格物致知 誠意正心 修身齊家治國平天下, 修己治人 克己復禮 四端四德: 惻隱之心(仁), 羞惡之心(義), 辭讓之心(禮), 是非之心(智) 性卽理 心卽理 (心卽理也 天下又有心外之事, 心外之理呼)
도가	虛其心 弱其志 心使氣曰强 夫禮者 忠信之薄 以亂之首 上善若水 故幾于道 … 心善淵 吾喪我, 心齋, 坐忘
불가	天上天下唯我獨尊, 一切唯心造 一心, 有我無我, 心外無物, 心爲法本, 心尊心使

(1) 불가와 유아유심 개인주의

　　天上天下唯我獨尊, 一切唯心造
　　一心, 有我無我, 心外無物, 心爲法本, 心尊心使

　　하나논리의 인식론적 주체론인 유아유심 개인주의는 유아유심과 개인주의를 합성한 개념이다. 불가의 천상천하유아독존과 일체유심조에서 각각 유아와 유심을 선택하여 이 둘을 결합시켜 유아유심을 만든다. 여기에 깨달음의 근원적 출발점이자 주체적 완성자를 개인으로 파악하는 동아시아 특유의 개인주의를 첨가하여 유아유심 개인주의를 완성한다. 유아 없는 유심이란 무형식이요, 유심 없는 유아는 무내용이 될 뿐이다. 다시 말해 인간의 육신 속에 마음이 깃들어 있고, 인간의 육신은 마음이 있어야 제대로 움직인다. 그래서 심신일체(心身一體)라고 한다. 유아와 유심은 분리 불가능하다. 유아유심이란 어떤 막연한 추상적 존재로서의 인간이 담지하는 속성이라기보다는 구체적이고 특정한 사람, 즉 한 사람 한 사람으로서 개인 각각이 소유하는 것이다. 유아유심은 누구와 함께 공유하는 것이 아니다. 개인으로 나 혼자 소유하는 것이다. 따라서 유아유심의 개인적 차원을 명확히 부각시켜 강조하고자 유아유심 뒤에 개인주의를 첨가하여 유아유심 개인주의를 탄생시킨 것이다.

이 우주에서 그 어떤 존재보다도 내가 가장 존귀한 존재라는 "천상천하유아독존"은 그야말로 깨달은 자의 깨우침이다. 이에 직결되어 내 마음이 모든 것을 만들어낸다는 "일체유심조"는 유아독존의 무한 능력 혹은 무한 가능성을 명쾌하게 지적하는 명언 중 명언이다. 사실이 그렇다. 내 마음을 떠나 어찌 나를 포함한 우주의 천지만물이 존재한다고 할 수 있으랴. 여기서도 심외무물(心外無物)이다.『법구경』제1장 제1게송 심위법본(心爲法本) 심존심사(心尊心使)는 말한다. 모든 것은 "마음에서 나와 마음으로 이루어지니 마음이 가장 중요하다."

유아유심의 경지는 원효가 의상과 함께 당나라로 공부하러 가던 중 홀연 깨닫고 유학길을 포기하고 지은 저 유명한 오도송(悟道頌)에 생생하게 표현되어 있다. "간밤 흙집에서 잤을 때는 편안했는데, 일어나 보니 옛 무덤 안이구나, 두렵고 귀신 소리 들리는 것 같다. 여러 가지 마음이 생기면 여러 가지 법도 생기고, 여러 가지 마음이 멸하면 여러 가지 법도 멸하네. 삼계는 오직 마음만이 창조하고, 만법도 오직 마음만이 나타낼 수 있도다. 이제는 흙방과 옛 무덤은 본래의 두 모습이 아니건만, 어젯밤엔 (사람 사는) 집 같았고 이제는 귀신의 집이로구나. 한 가지 마음이 생기고 멸하는 것이 이와 같구나. 법을 구한다고 먼바다를 건너갈 필요가 있으랴. 마음이 곧 법이고, 마음 밖에 법이 없다는 것을 알았도다. 이제 내 마음을 깨달았으니 당나라에 가서 무엇을 구한다는 말인가[以土龕則晏然如家 以古塚卽疎然聞鬼 種種心生 種種法生 種種心滅 種種法滅 三界唯心 萬法唯識 今者龕塚本非二相 昨夜如家今焉鬼宅 一念生滅固如此乎 萬里浮海爲求法也 知心卽法心外無法 今獲我心鉞唐河爲]."[20]

이처럼 불가는 모든 것을 마음과 연관시킨다. 그러므로 당연히 "나는 나를 주인으로 하니 나 밖에 따로 주인이 없다[我自爲我 計無有我]"고 『법구경』(제25장)은 말한다. 개인주의의 극치이다. 유아(唯我)와 유심(唯心)은 궁극적으로 유아(有我)로부터 무아(無我)를 깨우치고, 다시 유아의 세계로 돌아와 분별심과 집착심이 없는 무아적 마음으로 살아가는[有我無我 色空如一] 일심의 경지를 추구한다. 그런데 불가적 깨달음은 개인으로서 내 마음의 각성을 통해서 나만 깨우치는 것이 아니고, 나라는 집착의 문을 열고 다른 사람의 마음을 깨우치는 데도 도움을 주라고 권유한다. 상구보리(上求菩提)요 하화중생(下化衆生)이다. 나의 깨달음에도 불구하고 내 마음 밖의 무명세계는 여전히 연기의 세계이다. 비록 나 홀로 첩첩산중에서 깨달음을 얻었다 하더라도 내 마음의 깨우침은 다른 사람의 깨우침으로 확산된다. 중생을 구제한다고 반드시 야단법석을 떨지 않아도 된다. 속세를 돌아다니며 여기저기서 목탁을 두드리고 염불을 외우지 않아도 된다. 깨우침의 빛은 자연스럽게 흘러 세상의 광명이 되게 마련이다. 득도하면 자연스레 신자가 찾아온다.

불가적 토대를 소중하게 간직하는 하나논리의 유아유심 개인주의는

20 이 오도송은 조소앙(1933)이 쓴 『신라국 원효대사 전병서(新羅國 元曉大師 傳幷書)』에 있는 내용이고, 『송고승전(宋高僧傳)』의 오도송에는 "마음이 생기면 여러 가지 법도 생기고, 마음이 멸하면 무덤과 방이 둘이 아니다[心生故種種法生 心滅則龕墳不二]"라고 기록되어 있다(오형근, 2017: 158, n52)

서구적 개인주의와는 뚜렷이 구별되는 철학적-인식론적 지향성을 갖는다. 동아시아의 개인이란 천지인합일의 인(人)을 표상하고 구현하는 존재이므로 존재론적으로 이미 천지라는 비인간적 타자 전체와 하나로 통일(通一)·결합되어 있다. 개체로서의 개인은 전체로서의 천지인 하나 그 자체와 상호작용하고 소통하면서 그 하나와 직결된 존재라는 점에서 서구적 맥락의 "신 앞에 선 개인, 신과 대면하는 개인, 조물주 신이 만든 창조물 개인, 신이 특히 사랑하는 인간으로서의 개인, 에덴동산에서 원죄를 저지르고 추방된 인간으로서의 개인"이라는 자기제한적 개인이 아니다. 동아시아적 개인은 자기 외부의 세상과 물아일체를 추구하는 자기 확대적 개인이다. 처음부터 존재로서의 개인은 천지인합일로서의 전일적(全一的) 개인이다. 무아의 세계로 들어가 나라는 분별심을 버리면 물(物)과 아(我)라는 분별 또한 없어지므로 자연스럽게 물아일체의 경지에 든다. 천지인은 합일하여 하나가 되므로 개인이 바로 천지인이고 하나이다.

유심은 하나의 마음으로서 내 마음이기 때문에 일심이라고 부를 수 있다. 물론 불가나 원효대사가 마음의 최고 경지로서 규정하는 일심 그 자체라기보다는, 그 궁극적 상태인 일심으로 나아갈 수 있으며 그 일심과의 연결성을 지닌 혹은 통일성을 추구하는 마음이라는 점에서 일심이라고 이해하면 더 정확할 것이다. 사람마다 부처를 지니고 있듯이 모든 사람은 일심을 지닌다. 부처나 불성, 일심이나 깨달음을 어떻게, 언제 얻게 되느냐의 문제는 각 개인의 수행에 달려 있다. 그러므로 우리는 일심을 지닌 모든 인간과 함께 대자대비의 마음으로 진정한 일심의 경지를 추구하도록 노력해야 한다.

내가 이 일심에 원효대사의 화쟁을 결합시켜 화쟁일심이라는 개념을 만든 것은 원효의 화쟁이야말로 불가 실천에 있어 가장 빛나는 이론이라고 간주하기 때문이다. 화쟁은 인간세상의 모든 시비와 논란을 상호 인정과 관용의 상태에서 화합시킬 수 있는 포용적 인식이요 평화적 대화이다. 인식주체인 개인이 이와 같은 화쟁일심으로써 인간 만사와 천지 변화를 이해하고 우주를 바라보면 천지인합일에 요구되는 최종적 가치 원리이자 수행 원리인 중도의 길을 열 수 있다. 화쟁은 도가의 최고 가치 중 하나인 부쟁(不爭)과 직접 연관된다. 다투지 않는 부쟁이나 다툼을 화해시키는 화쟁이나 둘 다 하나됨으로써 천지인합일을 이루려는 마음가짐이다. 타자와의 소통력으로서 화쟁일심은 중도의 마음과 실행, 혹은 마음의 중을 견지함으로써 인간과 천지 간의 경계 구분을 넘어 존재하는 하나임으로 나아간다.

화쟁에 기초한 소통을 현대 이론으로 체계화한 것이 하버마스의 의사소통 행위 이론이다. 하버마스는 인간의 소통 능력을 인간 합리성의 한 특성으로 간주한다. 하나논리가 본체 하나의 질적 특성으로 일심의 소통력을 전제하는 것과 유사하다. 합리성이 이성적 인간의 힘/능력이듯이 소통력도 하나의 작용/힘이다. 다만 하버마스는 이 소통 능력을 인간만의 것, 인간 합리성으로 전제하나, 하나논리는 비인간에게서도 소통 능력의 가능성을 부인하지 않는다. 개인이 타자라는 존재를 인식 대상 혹은 소통 대상으로 규정하는 순간 이미 그 타자에 대한 어떤 사실적 혹은 추론적 정보를 통해서 인간과 타자 간의 소통(가능성)이 발생한다. 인식은 소통이다. 비인간적 존재도 각자의 방식으로 인간과 소통할 수 있다. 하나를 공유하는 모든 존재는 비록 인간 언어는 아닐지라도 다른 간접적·우회적 방식으로 인간에게 자신의 의사를 전달할 수 있다. 인간이 수질오염으로 죽어 물 위에 떠오른 물고기를 보고 일종의 비애감, 죄책감, 혹은 무력감을 느끼는 것은 (물고기가 말하고 싶었던 그 무엇을) 무언으로 소통하였기 때문이 아닐까? 비생명체인 돌이나 흙도 마찬가지다. 마구잡이로 파헤쳐지고, 이리저리 뒹구는 흙더미나 돌덩어리를 보면서 우리는 분노와 비애감으로 그들과 소통한다. 긴 가뭄이나 대홍수가 생기면 하늘을 원망하고, 하늘에 빌기도 하지 않는가? 지성이면 감천이라고 하는 것은 하늘과 인간도 상호 소통이 가능한 어떤 마음이나 감정을 가졌다고 믿기 때문이다. 그래서 인간은 천심과 하늘의 뜻을 이야기한다.

심=기=리라는 일원론에 입각하는 하나논리의 우주에서는 만물이 상통상잡(相通相雜)한다. 기(氣)가 흘러 다니는 땅에도 소통하는 마음[地心 혹은 地神]이 있다. 인간의 기와 만물의 기가 상통하기 때문에 인간은 만물의 세계를 알고, 여러 방식으로 대화한다. 언어만이 대화의 절대 유일의 수단이 아니다. 격물치지(格物致知)의 진정한 의미가 무엇일까? 신통력(神通力)은? 예지력(叡智力)은? 도술(道術)은? 면벽참선(面壁參禪)은? 만물만사가 상통상잡하기 때문에 가능한 것이 아닌가?

고대인은 현대인보다 무지하였기 때문에 만물과 소통하려 했을까? 아니면 현대인이 잘못된 인간중심적 세계관이나 편협한 우주관 때문에 만물과의 소통을 거부하고 만물을 존재 능력이나 존재가치가 없는 천연자원이나 도구적 수단으로만 간주하는가? 동물권이 확산되면 식물권도 거론될 수 있다. 앞서 언급했듯이 국립공원, 산 휴식년제 등이 생태 보전과 대기오염의 완화를 위해서 이미 시행되고 있다. 언젠가는 모든 비생명체의 존재권도 고려될 것이다. 특정 지역 휴식년제부터! 동아시아의 인식주체론은 천지인합일이라는 우주관에 따라서 모든 존재를 상호 소통 가능한 대상으로 인식한다. 탈인간주의적 인식론이다. 내 마음이 바로 이 세계요, 이 우주 자체인데 어찌 내 마음속에 있는 존재들과 소통하지 못하겠는가? 이심전심이 따로 있나?

(2) 도가와 유아유심 개인주의

虛其心 弱其志 心使氣曰强

夫禮者 忠信之薄 以亂之首

上善若水 故幾于道 … 心善淵(『도덕경』)

吾喪我, 心齋, 坐忘(『장자』)

『도덕경』 3장에서는 무위자연의 상태로 가기 위해서는 인위적 욕망들로 가득한 "마음을 비우고[虛其心]", 무엇인가 세속적 성취를 이루겠다는 "의지나 지향성도 약화시킬 것[弱其志]"을 요구한다. 그리하면 "사람들은 꾀를 부리지 않고, 욕망을 갖지 않으며, 마음이 어지러워지지 않는다[心不亂. 無智無欲]." 불가에서 분별심이나 집착심을 버린 무아(無我)를 추구하듯이, 도가에서는 무심(無心)을 시사한다. "마음으로 기를 조작하려는 것은 억지[心使氣曰强]"(『도덕경』 55장)이므로 무심이 무위(無爲)의 도가 된다. 도가의 마음 비움에 관한 가장 적나라한 표현은 유가의 인의예에 대한 비판(『도덕경』 38장)에서 드러난다. "최상의 덕을 갖춘 사람은 덕을 갖추었다고 여기지 않으므로 덕을 갖추나 덕이 부족한 사람은 덕을 가졌다고 여기므로 덕이 없다. … 도가 없어지자 덕이 있게 되고, 덕이 없어지자 인이 있게 되었으며, 인이 없어지자 의가 있게 되었으며, 의가 없어지자 예가 있게 되었다. 예란 진실한 믿음이 사라지면서 나타난 것으로 모든 혼란의 시작이다[上德不德 是以有德 … 故失道而後德 失德而後仁 失仁而後義, 失義而後禮, 夫禮者 忠信之薄 以亂之首]." 유가의 인위적 마음가짐에 대한 통렬한 비판이다. 자연의 마음에 이런저런 인위적 색을 입히지 말라는 질책이다. 그러나 현실적으로 중생은 공이나 무보다는 아름다운 색계를 좋아하니, 공자께서는 그 구원의 방편으로 색을 사용한 것이리라.

『도덕경』 8장에서는 "물은 최고선이므로 도에 가깝다[上善若水 故幾于道]"고 규정한다. 물이 지닌 선의 여러 형태를 제시하는 과정에서 "[물이 지닌] 마음의 착함은 깊음에 있다[心善淵]"고 말한다. 바람이 불어도 흔들리지 않고, 배가 지나가도 흔들리지 않고, 사람들이 뛰놀아도 요동하지 않는다. 물의 마음은 인위적인 것에 침범되지 않은 무위이기 때문에 착한 것이다. 도가는 이처럼 인간 마음의 비인위성, 무심, 허심을 추구하는 것 같다.

『장자』의 경우에도 도심이란 불가의 일심이 도달한 무아의 경지인 동시에 어디에도 구속되지 않는 자유의 세계이다. 나를 잊어버리는 "오상아(吾喪我)"요, 고요히 앉아서 모든 것을 잊는 "좌망(坐忘)"이요 마음을 비우는 "심재(心齋)"로서 유유자적 하늘이 준 즐거움을 즐기는 "소요유(逍遙遊)" 가운데서 자유해방을 구가하는 마음이다.

(3) 『주역』/유가와 유아유심 개인주의

> 天命之謂性
> 格物致知 誠意正心 修身齊家治國平天下, 修己治人 克己復禮
> 四端四德: 惻隱之心(仁), 羞惡之心(義), 辭讓之心(禮), 是非之心(智)
> 性卽理
> 心卽理 (心卽理也 天下又有心外之事, 心外之理呼)

마음의 문제는 『주역』을 포함하여 심학으로도 일컬어지는 유가에서 집중적으로 거론된다. 『주역』의 64괘 384효는 모두 인간의 마음에서 발생하는 여러 작용으로 접근해볼 수 있다. 예컨대 천수송(天水訟), 산화비(山火賁), 지화명이(地火明夷)의 괘는 자아(혹은 에고)의식의 작용, 예컨대 마음의 꾸밈이나 대처 방식을 설명한다.「계사전」에서는 태극을 천지지심(天地之心)과 혜심(惠心)으로 설명한다. 이를 바탕으로 선진유학(先秦儒學)의 마음론은 천심(天心)과 일심(一心), 불인인지심(不忍人之心)과 양심(良心), 도심(道心)과 인심(人心), 사단지심(四端之心), 사심설(四心說) 등을 발전시킨다(임병학, 2018).

유가는 마음의 근본을 성(性)이라고 규정한다. 성이 경험적 현상으로 드러난 것이 마음이다. 이 관계를 설명하고자 성과 심, 성과 리, 성과 기의 관계에 대해서 백가쟁명의 수많은 해석이 등장하였다. 한국의 리기논쟁은 가히 그 백미를 이룬다고 할 만큼 정치하게 전개되었다. 나는, 매우 짧은 소견이지만, 성=심=리=기[性卽理 心卽理 心卽性 心卽氣]라는 주심적 일원론을 선호한다. 사실 어떤 이론적 입장을 택하건 큰 문제는 없다고 본다. 왜냐하면 그 모든 논란의 핵심은 무엇이 주인(主因 혹은 主人?)이냐에서 시작한다. 그러나 주된 동인이라고 주장되는 각각의 요소들은 다른 요소들에 의해 보완됨으로써만이 주인이 되어 통일(通一)의 경지로 나아갈 수 있을 뿐이다. 만약 하나논리를 근거로 하여 출발한다면 모든 대립적인 개별 논리는 하나로 연결되어 통일과 귀일을 이룰 수 있다.

인간에게 가장 필수적이고 우선적인 도덕적 행위론인 수신의 경우에도 열심히 공부하여 사물의 이치를 이해하고[格物致知], 성심성의의 자세로 바른 마음을 가지고[誠意正心], 자신의 심신을 닦으며[修身], 가정을 화목하게 이끌고[齊家], 나라와 세상일에 참여해야 한다[治國平天下]는 것이다. 바로 나를 수신하여 남을 다스리는(?) 혹은 돕는 것이다[修己治人].[21] 마찬가지로 자신을 절제하면서 사람의 도리인 예의를 회복해야 한다[克己復禮]. 물론 마음공부로서 수신은 죽을 때까지 계속되어야 하는 것이지만, 최소한의 기본적 수신이 선행되어야만이, 즉 수신이 내면화 혹은 체질화되어야만이 개인은 사회적 행위 혹은 처신을 바르게 할 수 있다. 마음공부로서 수신은 군자가 되기 위해서는 필수적으로 행해야 하는 자기 학습이자 자기 훈련이다.

유가에서 최고의 행위 가치로 간주하는 인의예지도 바로 마음의 문제이다. 타인을 돌보는 마음[惻隱之心]이 인(仁)이요, 나쁜 짓을 수치스럽게 여기는 마음[羞惡之心]이 의(義)요, 남에게 겸손하고 양보하는 마음[辭讓之心]이 예(禮)이며, 옳고 그른 것을 분명히 따질 수 있는 마음[是非之心]이 지(智)이다. 모든 유가적 행위론은 수신이라는 수행의 문제, 즉 마음가짐의 문제로 집중된다.

나의 하나논리는 특히 육상산에서 비롯하여 왕양명에서 완성된 육왕학 혹은 양명학의 심학을 높이 평가한다. 육상산은 일찍이 "사람은 모두 이 심을 지닌다. 심은 모두 리를 구비하니 심즉리로다[人皆是有心 具是理, 心卽理也]"(『상산문집』 11권 유49)라고 선언한다. 나아가 우주와 마음의 일체를 논하면서 우주는 내 마음이며, 내 마음이 우주라고 말한다. 왕양명은 온갖 고난을 겪으며 귀양살이하던 귀주의 용장에서 크게 깨달으며[龍場吾道], "심즉리로다. 천하에 어찌 마음 밖에 일이 있고, 마음 밖에 리가 있겠느냐[心卽理也 天下又有心外之事, 心外之理呼]"(『전습록』 3조목)라며 양명 심학의 단초를 연다. 양명 심학은 기존 성리학의 이원론적 심학과 대조를 이루며 "심 속에 리가 있다"는 심외무리(心外無理) 심

---

21 나는 치를 통상적인 정치적 의미에서 '다스린다'고 해석하는 것이 다소 불만이다. 상하의 질서 관계가 즉각 떠오르기 때문이다. 치에는 야(冶)의 뜻도 있다. 대장장이가 쇠를 다루듯, 수신을 한 내가 남의 수신을 돕는다는 의미에서 치인을 해석해볼 수 있지 않을까? 사실 다스림의 진정한 목표와 가치는 피치자의 행복과 안락을 돕는 것이 아닌가?

외무사(心外無事)의 일원론으로 나아간다. 리를 부정하거나 과소평가하는 것이 결코 아니며, 오직 심을 통해서 리를 이해할 수 있다는 주장이다. 나아가 지행합일(知行合一)을 통하여 최종적으로 치양지(致良知)에 이르면 마음의 본체 혹은 본심으로서 천리를 깨우친다.

양명은 『전습록』에서[22] 심학의 또 하나의 특징으로서 양지(良知)는 모든 사람과 모든 사물에 내재한다는 만물일체론으로 확장된다. 171조목과 89조목 그리고 122조목에서 각각 "양지가 사람의 마음속에 있다는 것은 아주 오랜 시절과 전 우주에 걸쳐 동일하며[蓋良知之在人心, 旦萬古, 塞宇宙, 而無不同]" 그래서 "어진 사람은 천지만물을 한몸으로 여길 수 있고, 천하를 다스리지 않으려 해도 그럴 수 없다[仁者 … 而以天地萬物爲一體, 求天下無治, 不可得矣]"고 주장한다. 나아가 122조목에서는 지행합일과 치양지의 수행 주체는 바로 각각의 개인 자신이라는 유아유심적 관점을 취하며,[23] 일종의 승화된 "자기를 위하는 마음[이기심]이 있어야 자기를 이길 수 있음[有爲己之心, 方能克己]"을 강조한다. 공자의 극

---

[22] 이하 각 조목은 임홍태(2019: 307, 308)로부터 인용하였다.

[23] 양명학이 불가의 영향을 받아 불가와 상당한 친화력을 지닌다는 사실은 육상산과 왕양명의 개인적 학문 편력이나 삶의 궤적에서도 발견된다. 흥미롭게도 퇴계와 서애도 그 성향을 지적하였다. 유명종(1994: 174)은 널리 알려진 퇴계의 척왕론을 요약하면서 그 첫째로 "진백시와 왕양명은 다 같이 육상산설을 계승하여 겉으로 유(儒)인 체하지만 속으로는 불교를 말한다"고 하였으며, 서애도 스승 퇴계를 따라서 "육상산학은 불경 및 대혜어록, 중도가와 다를 바가 없다"고 『상산학여불일양(象山學與佛一樣)』에서 주장하였고, 왕양명이 오로지 치양지로서 학문의 요지를 삼고 주자의 주장을 비방한 것은 바로 불교의 학설이라고 하였다(유명종, 1994: 127). 퇴계는 지행합일의 실천 유학자인 친구 남명 조식의 학문적 취향에 양명학의 흔적이 있다고 지적하면서 정통 유가가 아님을 지적하기도 했다. 나는 양명을 주자와는 다른 유가의 정통성을 확립한 유가의 일대 혁신론자로 매우 높이 평가한다. 조선의 허균이 흠모했던 양명 좌파 탁오 이지의 주장에서는 자기비판적인 혁명적 유교의 한 지평을 본다. 유불도의 발전 과정에서 삼교의 상호 습합에 주목해야 한다. 양명학은 하나논리와 이론적 친화력이 매우 크다.

기복례를 풀이하면서 이기적 자아를 극복하라는 식으로 지나치게 반개인주의적 함의를 제시하는 경향에 대한 적절한 쐐기가 된다. 225조목과 245조목에서는, "우리는 각자의 능력이 미치는 한도에 따라서 양지를 구현해야 한다[我輩致知, 只是各隨分限所及]"(임홍태, 2019: 309)고 하면서, 양지를 추구하면서 발생하는 잘못을 엄격하게 "자기 자신에게 돌려야 한다[反求諸己 學須反己]"는 주체적 책임론을 강조한다.[24]

(4) 선가와 유아유심 개인주의

本心本太陽 仰明 人中天地一(『천부경』)

自性求子 一神降衷 降在爾腦
唯衆迷地 三妄着根 曰心氣身 心依性有善惡 善福惡禍(『삼일신고』)

『천부경』은 마음을 본체론과 변용론의 두 가지 수준에서 각각 논의한다. 『천부경』은 본체론적으로 근본적 마음, 즉 본심을 사람 하나(인일)의 핵심적 특성으로 간주한다. 변용론적 수준에서는 유가의 성과 유사하게 마음의 근본을 태양의 밝음[明]에서 찾지만[本心本太陽], 실행의 차원에서는 밝음을 우러러야 한다[仰明]. 이와 같은 심적 과정의 최종적 단계는 인간이 중도의 마음으로써 천지인합일을 이루는 것이다[人中天地一].
『삼일신고』도 본체론과 변용론 두 가지 수준의 마음을 동시에 논의한다. 본체론적으로는 마음을 자성이라고 부르며, 변용론적으로는 이

---

24 양명의 『전습록』을 풀이한 임홍태가 자신의 책 제목을 『주체적으로 산다』로 작명한 것은 탁월한 선택으로 여겨진다.

자성을 추구한다[自性求子]. 매우 흥미롭게도 이 마음으로서의 하나인 "일신(一神)은 인간의 뇌, 즉 머릿속에 이미 내려와 존재한다[一神降衷 降在爾腦]"고 말한다. 놀라운 통찰력이자 뇌심리학적 탁견이다. 나(김성국, 2018)도 마음의 문제를 탐구함에 있어서 현대 심리학이 발전시킨 뇌/인지/신경심리학의 연구 성과를 적극 활용해야 한다는 입장이다. 물론 마음의 모든 문제가 뇌의 문제로만 환원될 수 있는 것은 아니다. 마음은 인식이나 인지능력의 매개/전달체로서 비인간적 대상과의 소통이라는 신비로운 혹은 초과학적인 차원도 지니기 때문이다. 신인/천인감응이나, 물아일체, 일심동체와 같은 초월적-신비주의적 차원에서도 마음의 마음 혹은 진심정심(眞心正心)을 검토해야 한다. 마음의 상이한 형태인 리나 기 혹은 성을 이해하고 설명하자면 과학적 신비주의가 필요할 것 같다.

『삼일신고』는 변용론적 차원에서 참됨으로서의 성이 인간의 미혹으로 가닥을 만들어 나타난 심을 논의한다. 경험세계에서 형성되고 드러나는 인간의 마음을 도가, 불가, 유가의 주장과 같이 잘못되어 흐려져 있는 것[無明, 迷惑]으로 파악한다. 인간들이 세상을 이루며 살아가는 동안 참[眞]의 세계인 성명정(性命精)으로부터 벗어나 세속적 삶에 따른 여러 미혹에 빠지게 되어[唯衆迷地], 본성을 지키지 못하고 그 가닥을 만들어[三妄着根], 심(心), 기(氣), (육肉)신(身)을 가지게 되니[曰心氣身], 이 마음에서 선과 악의 분별이 생겨 복과 화를 초래한다[心依性有善惡 善福惡禍]. 따라서 우리는 이 잘못된 마음의 상태를 바로잡아 진정한 본성을 회복해야 한다[返妄卽眞]. 불가와 유사하게 『삼일신고』도 무분별의 마음이었던 성(性)이 미혹의 마음이 되어 선악이라는 분별심을 갖게 되는 것으로 설명한다.

『삼일신고』가 제시하는 현실의 인간 마음이 참된 성으로 회복될 수 있는 방안은 숨을 고르는 조식(調息)과 충돌이나 싸움을 피하는 금촉(禁觸)과 함께 느낌을 멈추는 지감(止感)을 수행하는 것이다. 이와 같은『삼일신고』의 자기규제적 수행론은 도가의 (정욕을 제거하라는) 제정거욕론(除情去慾論)이나 불가의 (탐욕과 집착을 버리라는) 무아론(無我論), 유가의 (욕망을 없애고 천리를 따르라는) 멸인욕존천리(滅人欲存天理)처럼 금욕주의적 지향성을 보여준다. 하나논리는 한편으로는 향락 위주의 삶을 추구하는 세태에 대한 비판으로서 금욕주의적 자기규제의 타당성을 인정하면서도, 다른 한편으로는 인간의 본성인 욕구나 욕망을 안전하게 충족시킬 수 있는 자유해방의 통로로서 안락주의(安樂主義)를 제시한다.[25]

인간의 현실적 마음은 온갖 번뇌, 망상, 탐욕, 시기, 질투 등으로 뒤섞여 있다. 온갖 잡생각으로 가득하다. 이로 인해 인간은 괴로움의 세계에서 허우적거린다. 동아시아의 지혜는 이와 같은 인간의 마음 상태를 밝고, 깨끗하고, 바르고, 안정되게 이끌고자 여러 마음공부를 제시한다. 그중 가장 대표적인 것이 깨달음의 길을 추구하라는 것이다.『삼일신고』에서 인간의 미혹한 감정인 희구애로탐염(喜懼愛怒貪厭)을 억제하려는 관점은 유가의 인욕억제론과 리기 논쟁에서 사단칠정을 연상시킨다. 이처럼『삼일신고』에서 도는 인간의 감(정)에 대하여 회의적, 부정적 시선을 보낸다. 틀린 것은 아니다. 다만 감에도 적극적 측면인 애희(愛喜)와 부정적 측면인 구로탐염(懼怒貪厭)이 동시에 존재한다는 이중적 차원을『삼일신고』도 전제하기 때문에 비판적으로만 볼 수는 없다.

유아유심 개인주의는 개인의 마음(가짐)에 관한 이론이다. 그 궁극적 목표는 일심이라는 하나를 구현하는 마음이다. 다른 말로 표현하자면 깨달음에 이르고 깨달음을 유지하는 마음이다. 그렇다면 이 일심은 여

---

25 안락주의에 관해서는 제5장에서 상론할 것이다.

기에 도달하기 전의 마음과는 어떻게 다른가? 혹은 일심을 지니기 이전의 나와 일심을 지닌 이후의 나는 어떻게 다른가? 무명과 명덕, 미혹과 참이라는 표현을 사용하여 마음의 상태변화를 구분하기도 하며, 진아, 대아, 무아, 참나 등의 표현으로서 일심/깨달음을 지닌 이후의 나를 설명한다.

참다운 나, 진정한 나, 그래서 내가 그토록 갈구하던 나를 두고 참나라는 표현을 쓰는 것은 이해할 수 있다. 그렇다면 그 이전의 나는 거짓된 나, 의미 없는 나, 실체가 없는 나라고 격하하거나 비하하면서 부정해도 괜찮은가? 과거의 나와 참나 간에는 어떤 초월적 간극이나 존재론적 비약이 존재하는가? 성인군자의 품성을 갖고 신선의 풍채를 갖추어야만 참나인가? 인간의 잡종성 혹은 마음의 잡종성을 이해한다면 참나의 의미도 다각적으로 파악할 수 있지 않을까?

나는 참나의 의미나 성격을 신격화하거나 신성화하고 싶지 않다. 예수나 석가, 공자나 노자가 얻은 참나야말로 그처럼 격상되어도 전혀 과함이 없을 것이며 오히려 부족할지도 모른다. 그러나 이 사바세계, 풍진세계의 수많은 중생이 얻을 수 있는 참나는 그렇게 거룩한 경지의 것이 아니어도 좋다. 아니 그럴 수도 없고, 그럴 필요도 없다. 각인은 각자의 길에서 각자의 참나를 얻으면 그것으로 족하다. 욕심을 내면 집착이 되고, 집착이 굳어지면 과유불급으로 모자람만 못하다. 필사적 도전의식과 성취 의지를 가지고 덤벼들어야 하는 대상으로 참나가 규정되어서는 안 된다. 참나를 만나보려면 깨닫는 마음, 깨달아보려는 마음이 더욱 중요하다. 각인은 각자의 깨달음을 얻어야 한다. 생활 속에서 수시로 너무 어렵지 않게 얻을 수 있는 깨달음! 너무 통속적이고 타협적인가? 아니다. 그 길밖에 없다. 돈오돈수와 같이 한 방에 대각의 경지로 갈 수 있다면 얼마나 좋겠느냐만, 속세의 범인들로서는 죽을 때까지 수시로 크고 작은 깨달음을 얻고 즐기며 꾸준히 수행하는 것이 최선이다.

참나는 현실의 개아(個我)로서 나 자신이 인격적으로 차츰 성숙해가는 과정에서 시시각각 현존한다. 깨달음의 과정은 쉽게 말해서 인격적 성숙의 과정이다. 그 이상도 그 이하도 아니다. 인격적 성숙은 주위에서 흔히 듣는 말이라 쉽게 이룰 수 있는 것으로 착각하기 쉽지만 결코 그렇지 않다. 인격적 성숙이란 말이 매우 애매하기는 해도 그 요체는 단순명료하다. 남에게 해(불이익, 불편, 고통)를 끼치지 않고 나를 이롭게 하며 세상을 살아가는 착한 마음을 가지면 인격적 성숙의 기본을 이룬 셈이다. 이것만으로도 충분하다. 그러나 만약 기회와 여건이 허락하고, 나 자신이 스스로 원하여 남까지도 이롭게 할 수 있다면 금상첨화는 아니더라도 가상한 일이 된다. 어쩌면 남을 해롭게 하지 않는 것, 그것이 바로 남을 가장 돕는 일이 아닐까?

사회참여라는 명분으로, 대의와 정의를 위한다는 명분으로, 국가 민족의 복리를 증진시킨다는 명분으로 자행된 온갖 거짓과 선동, 부정과 부패의 역사를 되돌아볼 때, 남을 돕는답시고 떠들며 설치기보다는 조용히 나의 길을 가는 것이 최선의 이타행이다. 우리가 일상적으로 하는 모든 행위는 네트워크적 연기의 세상에서 나에게 도움이 될 뿐 아니라 남에게도 도움 혹은 고통이 된다. 공중도덕을 지키고, 법법을 저지르지 않고, 꼬박꼬박 세금을 내며 살아가는 것보다 더 크고 중요한 이타행이 무엇일까? 종교에 몸담은 성직자들이야 그 본연의 임무 자체가 이타행이니 당연히 이타행을 자신의 목표로 삼아야 한다. 보통 사람들에게는 자리행이 이타행이라면, 성직자들에게는 이타행이 곧 자리행이 되는 셈이다.

참나를 획일적으로 표준화하여 모든 사람에게 요구하는 것은 비현실적이다. 참나가 어떤 지고의 목표로서 추구해야만 하는 강박관념의 대상이 되어서는 안 된다. 일상생활 가운데서 틈나는 대로 내 마음을 닦아가며 마음공부를 지속하는 순간순간 떠오르고, 느끼고, 체험하는 참나야말로 내가 얻을 수 있는 참나이다. 참나는 저기 저 먼 곳에서, 고난 속에서 찾아 헤매야만 발견하는 그런 거룩한 존재가 아니다. 쉽게 말하자. 바로 지금 여기 이 자리에서 살아 숨쉬는 현실의 개아인 내가 참나이다. 내 마음 그 자체가 우주이니 개아와 전(일적 자)아의 구별도 무용하다. 나를 지속적으로 발전시켜나가는 인격적 성숙의 과정 그 자체가 참나이다. 등잔 밑이 본래 어둡지 않은가?

참나에 집착하여 욕심을 내기 시작하면 참나 추구는 영원한 미제가 되어 우리는 고해의 바다에서 영원히 허우적거릴 것이다. 참나도 어쩌면 찰나의 이름, 허상에 불과한 것인지 모른다. 중생구제의 대도는 이미 성인들께서 열어놓으셨다. 그 도의 내용과 수행 방법도 상세히 알려졌다. 너 스스로 너 자신 속에서 참된 너를 만나 그 기쁨을 누리라는 것이다. 여기에 감히 덧붙이자면, 수시로 기쁨을 누릴 수 있도록 수시로 참나를 만나길 바란다. 간단하다. 참나에 너무 욕심을 부리지 말자.

그리고 한마디만 더 보탠다면, 참나의 또 다른 진면목은 나의 "주체성"에 있는 것 같다. 참나를 바깥에서 찾지 않고, 자신 속에서 자신의 힘으로 찾고 가꾸어내겠다는 작심 그 자체가 참나의 시작이다. 개인의 주체성 회복이 무엇인가? 자존감과 자신감을 길러 자신을 소중하게 여기는 것이다. 부디 참나를 너무 고원하게, 너무 심묘한 것으로 규정하여 감히 범접할 수 없는 신성의 영역에 머무르는 것으로 간주하지 말자. 어쩌면 참나가 무엇인지도 모르고 관심도 없이 선하게 살아가는 사람이 있다면 그가 바로 참나의 진정한 추구자요 소유자일 것이다.

3) 중도자비 수신수행론

〈그림 4-5〉 중도자비 수신수행론의 동아시아적 토대

하나논리
(중도자비)
- 선가(『천부경』): 인중천지일, 홍익인간
- 『주역』/유가: 중용(중화, 중정, 시중), 인애
- 도가(『도덕경』,『장자』): 불여수중, 수선리만물이부쟁
- 불가: 중관, 중도, 만법귀일, 대자대비

중도자비의 이론적 맥락부터 설명해보자. 중도자비는 가치수행론을 위한 개념으로서, 가치와 수행을 현실적으로 구분하기 곤란하듯이 중도와 자비도 분명하게 분리하기 어렵다. 가치 없는 수행이 맹목적이라면 수행 없는 가치는 공허하기 때문이다. 이 사실을 분명하게 인식하면서 중도는 (실천을 위한) 이론적 영역과, 자비는 (이론에 따른) 실천적 영역과 관련된 것으로 간주하자. 여기서 사용되는 중도는 불가적 의미의 중도, 특히 용수의 『중론』과 공자가 주창한 유가적 의미의 중용을 절충해서 종합한 개념이다. 나는 불가적 중도가 이론적으로 더 심화되었다면, 유가적 중용은 실천적 지향성이 더 크다고 이해한다. 양자의 현실적 관계는 대동소이하다고 생각하며 화쟁일심으로 통일(通一)의 차원에서 이해한다.

용수의 『중론』은 반야계 경전의 연기와 공을 재확인하지만, 공병(空病)이나 타공(墮空)에 빠지지 않도록 공공(空空)의 정신으로 세속적인 실천행의 중요성 또한 강조한다. "탐진치(貪瞋癡)라는 삼독심(三毒心) 중에도 치심란(癡心亂)을 대치할 수 있는 것이 바로 연기관이나 공이다. … 탐심은 부정관을 통해서 대치되고 진심은 자비관을 통해서 대치되

며 그 이외의 산란심은 수식관을 통해서 대치된다"는 『중론』(495)의 설명은 연기/공 위주의 불교가 빠질 수 있는 악취공(惡取空)을 경계하라는 유식(唯識) 불교의 입장도 고려한다. 그래서 나는 가치수행론을 위해 중도자비를 도입하였다.

개인의 마음에 기반하는 주체적 인식은 삶의 유지에 필요한 가치 추구와 가치수행으로 연결된다. 인식 과정의 축적과 시행착오를 통해서 개인은 그 나름의 가치를 형성하고, 그것에 따라 행동한다. 인식 작용을 통해 인간들은 무엇이 삶에 도움이 되며 마땅히 따라야 하는 것인지를 그 나름대로 파악한다. 가치란 이처럼 개인의 삶에 의미를 부여하여 삶을 지속·발전시키는 동력으로 작용한다. 하나논리는 인간을 유불도선에서 공통으로 전제하듯이 참됨 혹은 광명으로서 성 혹은 본성을 지닌 존재로 간주한다. 다만 삶의 문명화 과정 혹은 천지인합일의 파괴과정에서 인간의 미혹으로 본성이 왜곡되어 인간 심성은 참됨을 점차 상실하게 된다. 천지인합일을 회복하는 길은 바로 현금의 물질 위주 문명을 극복할 수 있도록 정신문명을 발전시키는 것이며, 보다 구체적으로는 인간의 본성을 회복하는 것이 된다. 중도자비론은 천지인합일이라는 가치수행에 관한 이론으로서 하늘의 뜻이요 도리를 따른다는 규범적 차원의 문제이다.

중도는 수행을 위한 가치이자 수행의 방법을 가리키며, 자비는 구체적 삶의 현장에서 인간이 추구할 수 있는 가장 의미 있는 수행의 형태인 사랑을 의미한다. 중도는 유불도선에서 공통으로 추구하는 가치수행의 원리이고, 사랑은 세계의 모든 위대한 종교가 주장하는 인간 및 사회의 해방 혹은 구원을 위한 최고 원리이다.

〈표 4-4〉 유불도선과 중도자비 수신수행

유불도선	인용문
선가	本心本太陽 昂明 人中天地一 中一 返妄卽眞, 永得快樂 自性求子 性通光明 濟世理化 弘益人間
『주역』/유가	中庸, 中正之道, 時中之道, 中節之和, 允執厥中, 允執其中 蓋中者一之藏也 一者之用也
도가	天地不仁 … 聖人不仁 … 天地之間 其猶槖籥乎 虛而不屈 動而愈出 多 言數窮 不如守中 小國寡民, 使民重死而不遠徙 雖有舟輿 無所乘之 誰有甲兵 無所陳之 不爭, 慈, 不敢
불가	大慈大悲, 上求菩提 下化衆生 中觀/中道, 萬行歸眞, 歸一心源

그렇다면 하나논리가 제시하는 가치수행론으로서 중도자비론이 드러내는 가장 핵심적 의미는 무엇일까? 깨달음이다. 사실 모든 동아시아 지혜는 깨달음을 향해 나아가는 것이라고 해도 과언이 아니다. 깨달음은 밝음의 세계이다. 무명의 세계를 벗어나 광명을 찾고, 그 광명을 숭앙해서 그것의 가치를 훤하게 밝혀 세상에 널리 퍼지게 하는 것이다[無明 昂明 明明德]. 마음을 밝게 하여 그 본성을 찾는 것이 깨달음이다[明心見性]. 이처럼 밝음은 깨달음의 모습이요 길이다.

깨달음은 인간이 현실세계에서 영위하는 세 가지 수준의 존재양식 중에서 한 차원이라는 점을 사회학적으로 논의해보자.[26]

26　하이데거의 실존과 탈존 개념에 생존을 첨가하면서 새롭게 생존-실존-탈존의 삼

첫째는 생존의 수준이다. 일반적으로 인간이 심신의 건강을 유지할 수 있도록 의식주를 해결하면서 신체적-정신적 활동을 유지해나가는 것이 생존이다. 어쩌면 인간존재의 가장 기본적이면서도 최우선적인 조건으로 간주할 수 있다. 일부 논자는 인간의 본능적 욕구와 결부된 이 생존주의를 천박한 존재 방식으로 비판하기도 하는데 이는 인간과 동물의 우열적 차이를 강조하는 오도된 인간 예외주의의 산물이다. 생존적 혹은 본능적 욕구(식욕이나 성욕 그리고 이기심 따위)는 자연스러운 것으로 당당하게 인정해야 한다. 다만 필요조건을 넘어 과도하게 추구할 경우가 문제일 뿐이다.

둘째는 실존의 수준이다. 인간은 군집형 사회생활을 영위하면서 다른 사람들과 상호작용을 하고, 사회관계를 형성한다. 그리고 자신의 사회적 지위와 역할을 통해 사회적으로 인정을 받는다. 생물학적 본능의 수준을 넘어 (혹은 본능적 욕구를 토대로 하되) 사회적으로 조절된 욕구를 기반으로 자신의 존재성을 확립해나가는 단계라 할 수 있다. 각종 욕구와 욕구 충족 수단을 적절히 선택하고, 소유할 수 있는 자유를 얻는다. 선택과 소유는 자유로운 실존적 인간의 가장 대표적인 두 가지 특성이 아닌가 싶다.[27] 생존이 생물학적 욕구에 종속된 인간의 삶이라면, 실존은 사회적 관계에 의해 형성되는 삶의 양식이라고 볼 수 있다.

마지막 셋째는 탈존의 수준이다. 현실세계에서 성취한 자신의 존재 양식인 생존이나 실존을 좀 더 의미 있는 가치 수준으로 고양·성숙시키고자 인간은 그 나름대로 탈생존과 탈실존 혹은 탈현실/탈세속이라

존을 구성해보았다.

[27] 물론 나는 넓은 의미에서 실존주의와의 연관성 속에서 실존을 이야기하지만, 대자적 존재로서의 인간은 자유로운 선택과 개별적 소유라는 사회적 관계에서 규정된다는 사실에 초점을 맞춘다.

는 존재양식으로서 탈존을 추구한다. 소위 진정한 자아인 참나를 찾아보거나, 참다운 존재 의미를 알고자 노력하는 인간의 모든 활동, 예컨대 반성, 회개, 고해, 기도, 예배, 명상, 금욕, 고행, 수행 등이 여기에 포함될 수 있다. 탈존의 핵심적 성격은 최고의 가치추구 행위로서 깨달음을 얻고자 하는 것이다.

생존과 실존이 세속적-현실적 물질세계의 삶을 영위하는 인간의 주된 존재양식이라면, 탈존은 내가 추구하는 후천 정신개벽의 문명으로 연결되는 혹은 (천지인합일이라는) 깨달음을 추구하는 존재양식이다. 깨달음은 어떤 면에서는 현재의 나와 현실세계를 반성하고 극복하면서 새로운 나와 새로운 세계를 지향하는 초월적이고 신비주의적인 특성을 지닌다. 정신의 세계는 그야말로 무궁무진이므로 신비롭지 않을 수 없다.

우주는 참으로 신비스러운 존재이다. 우리가 목도하는 대자연의 섭리도 참으로 신묘하다. 그 속에서 살아가는 모든 생명과 비생명체 또한 신비스럽기 그지없다. 인간 유기체 또한 그 정교함과 정밀함을 관찰하면 신의 작품이라고 경탄하지 않을 수 없다. 이처럼 세상사 모든 것이 신비롭다. 사정이 이러할진대, 어찌 신비주의가 세상의 이해에 필요하지 않을 수 있겠는가!

생존, 실존, 탈존은 인생살이에서 그 비중을 달리하며 뒤섞여 혼재한다. 달리 표현하자면 인간은 생존, 실존, 탈존을 잡종화시키면서 살아가는 잡존적 존재, 즉 잡존(雜存)이다. 천하의 고승도 먹고, 싸고, 잠자야 한다. 배부른 돼지 신세로만 살지 않겠다는 사람들도 많다. 그냥 이대로의 내가 좋다면서 인생을 유유자적 헤쳐가는 사람들도 있다. 인간 세계 자체가 그야말로 잡다한 존재양식 혹은 잡종적 존재양식이 아닐 수 없다. 하나논리는 생존과 실존의 바탕 위에서 깨달음의 길, 탈존의 길을 탐구해보도록 권유한다. 세 가지 존재양식을 조화롭게 유지할 수 있다면 인간은 매우 다채로우면서 안정적인 삶의 묘미를 체감할 것이기 때문이다.

본론으로 되돌아가자. 우리는 어떤 가치 혹은 어떤 행위 원리를 택하면 가장 바르게 깨달음을 얻을 수 있는가? 도를 깨우치는 데 어떤 왕도가 있는가? 아니면 모든 길은 도로 연결되는데 굳이 최고 최선의 길을 찾아야 할 필요가 있는가? 혹은 어떤 길이든 나서기만 하면 그 길이 바로 길=도인데 길 타령을 할 필요조차 없는 것은 아닌가?

하나논리는 중도자비론을 통해서 깨달음에 이르는 동아시아 특유의 방도를 소개한다. 중도의 원리는 동아시아 천지인합일의 논리(인중천지일)와 결부된 가치관으로서 현실적-실용적인 동시에 그 이론적 토대가 튼튼하다. 비관주의와 체념주의까지 포괄하는 동아시아의 자비를 통해서 그 의미를 한층 새롭게 부각시킬 수 있다.

(1) 선가와 중도자비 수신수행

本心本太陽 昂明 人中天地一 中一(『천부경』)

返妄卽眞, 永得快樂
自性求子 性通光明 濟世理化 弘益人間(『삼일신고』)

『천부경』에서는 깨달음의 과정에 필수적인 밝음[明]을 명확하게 지적하여 "사람의 마음을 태양처럼 밝게 하라[本心本太陽 昂明]"고 한다. 이와 같은 조건을 갖추어야만 인간은 천지인합일이라는 깨달음을 얻게 된다는 것이다. 『천부경』의 인중천지일은 천지인합일이라는 천지만물의 이치와 인간의 당위성을 확인해준다. 나는 이미 하늘 하나(천일)의 도리로서 일리를 상정하였고, 이 천일과 일리의 결합으로서 천리를 바로 천지인합일을 요구하는 하나의 본체론적 속성이라고 규정하였다. 천도의 이치를 따라야 하는 것은 인간의 도리가 된다. 인간의 도리 혹은 소명으로서 당위적 과제는 천리로서의 중도일리를 실현하는 인중천지일이다.

천도로서 일리는 현실세계에서 구체적으로 중도와 자비라는 가치수행을 요구한다. 그래서 나는 인중에서 중의 의미를 사람의 안이나 속(內) 혹은 중간, 중앙 등으로 국한시키는 대신, 이를 불가의 중도나 중관, 유가의 중용이나 중화 등의 뜻으로 확대해석하였다. 중도는 결코 두리뭉실하거나 얼렁뚱땅한 봉합이나 호도, 짜깁기나 절충의 방편으로 악용되면 안 된다. 중도의 길이란 대립·반목하는 상황에서 상호 인정으로 화합과 통일(通一)을 추구하되, 그 시비를 분명히 인식하면서 화이부동의 길로 나아가는 중정(中正)을 찾는 것이다.

『삼일신고』에서는 중도자비를 실행하려면 마음을 닦아 그 본성을 환하게 밝혀 공덕을 축적하여[自性求子 性通功完] 세상을 이치에 맞게 바르게 만들 수 있도록[濟世理化] 모든 사람이 천지만물을 널리 이롭게 하는 인간[弘益人間]이 되어야 한다고 가르친다. 홍익인간의 개념은 이타형 인간의 전형을 제시하는 것이며 이는 동서양을 막론하고 위대한 종교들이 한결같이 추구하는 이상적 인간상이다. 기독교의 사랑, 유가의 인과 대동 사회, 불가의 중생구제와 대자대비, 도가의 수선리만물과 부쟁이 바로 홍익인간의 다른 표현이다.

선가 전통의 맥락에서 조식(調息)을 통해 성통공완-홍익인간-재세이화를 설명하는 정렴의 『용호비결』에 "사랑한다는 것은 그 대상이 살기를 바라는 것이니, 내가 항상 이 공부법을 여러 군자에게 전해주는 것도 또한 서로 사랑하는 도인 것이다[愛之欲其生 愚常以此 爲諸君子贈 亦相

愛之道也]"라는 구절이 있다. 사랑이라는 것이 자기도 살리고 남도 살린다는 홍익인간의 정신과 직접 연결되고 있다.

다소 놀랍게도 『삼일신고』에서는 성통공완의 경지에 다다르면 "영원한 즐거움을 얻는다[永得快樂]"고 말한다. 쾌락이라는 용어는 고전에서 쉽게 발견할 수 있는 것이 아니다. 특히 오늘날에는 쾌락이 (잘못 해석된) 쾌락주의와 결부되어 부정적인 함의를 지니게 되어 쾌락이라는 말보다는 즐거움이라는 말을 더 많이 사용한다. 그러나 상쾌한 즐거움, 흔쾌한 즐거움을 의미하는 쾌락은 참으로 멋진 표현이다. 지저분하고, 음험하고, 비정상적인 즐거움을 추구하는 사례가 비일비재한 현금의 향락 지향 세계에서 쾌락의 참뜻이 복원되어야 한다. 이런 의미에서 나는 쾌락주의자이다. 에피쿠로스의 쾌락주의를 수용한다는 의미에서 절제적 쾌락주의자라고 불리고 싶다.

당연히 깨달음은 우리를 여러 즐거움의 세계로 인도해야 한다. 그러나 『삼일신고』에서 제시되는 즐거움은 도덕주의적 엄격성으로 제한되고 있다. 성통공완의 과정에서 마음의 미혹을 떨쳐내려면 조식, 지감, 금촉이라는 자기규제의 금욕주의적 수련이 필요하기 때문이다. 금과 지가 사용된 금지라는 용어를 보면 금욕주의적 지향성을 연상하지 않을 수 없다. 오직 정신적 쾌락으로만 만족하라는 말처럼 들린다. 『참전계경』에도 『삼일신고』의 금욕주의적 성향이 동일하게 나타난다. 그러나 수천 년 전 아득히 먼 시절의 시대 상황과 조건을 고려한다면 금욕주의에 대한 요구는 지극히 합리적이고 당연한 것이 된다. 아득한 과거로부터 가까운 근대에 이르기까지 대부분의 사람은 쾌락을 적절히 즐길 수 있을 만큼의 물질적 자원을 소유하지 못했다. 특히 쾌락에 필요한 자유시간과 자유공간이 극도로 제한되었기 때문에 먹고, 일하고, 자는 생활이 단순 반복되었다. 일상적인 식량의 부족과 노동의 과중함을 생각하면 현대적 의미의 쾌락 추구란 비현실적이었을 것이다.

그러나 우리 민족은 상고시대에도 축제를 열고 가무를 즐겼다는 기록이 있듯이 풍류도를 시행하였고 우리 나름의 방식으로 쾌락주의를 내면화했던 것 같다. 그간 유불도에 의해서 억제되었던 쾌락주의적 본성을 이제는 서서히 해방시킬 필요가 있을 것 같다. 물론 과도한 쾌락 추구는 조절될 필요가 있지만 자연스럽게 자기조절의 길로 가지 않을까? 현대에 걸맞은 멋진 풍류도의 추구가 기대된다.

(2) 『주역』/유가와 중도자비 수신수행

中庸, 中正之道, 時中之道, 中節之和,
允執厥中, 允執其中 (유가)

蓋中者一之藏也 一者之用也 (『정역(正易)』; 양재학, 2022: 783-854에서 재인용)

유가에서 중은 바로 중용을 일컫고, 그 함의는 실로 심원하여 중정, 시중, 중절, 중화 등으로 확장된다[中正之道, 時中之道, 中節之和]. 요순시대부터 이미 중에 대한 관심이 있었다. 『논어』의 "중을 잡으라[執允其中, 允執厥中]"는 언급에서 잘 나타나듯이 요가 순에게 양위하면서, "하늘의 역수가 네 몸에 있으니 오직 그 중을 잡으라[天地歷數 在爾躬 允執其中]"라고 했으며, 순은 또 우에게 "사람의 마음이 위태롭기만 하고, 도를 지닌 마음은 희미해지기만 하니 정신을 하나에 집중하여 중을 잡으라[人心有危 道心有微 惟精惟一 允執厥中]"고 당부한다. 봉우 권태훈은 이 구절들이 『천부경』의 핵심 원리인 인중천지일의 중을 나타내는 것이라고 일찍이 갈파하였다.[28] 나는 『천부경』의 중의 의미가 후일 공자에 의해서 중용 지도의 중으로 재해석되고, 불가에서는 중도의 논리와 연결된 것으로 추론한다. 인중을 단순히 '사람 가운데' 혹은 '사람 마음속'이라고 이해하는 것을 넘어 중도나 중용으로 구체화시켜 해석하면 논리적으로 훨씬 풍부해진다. (인)중과 (합)일은 논리적으로 상등성을 지니기 때문이다. 중이 사방 좌우로 흩어진 것을 하나의 중심으로 수렴·융합하는 하나성을 가진다면, 합일 또한 천지인 각각의 하나(천일, 지일, 인일)를 모아서 천지인을 통일(通一)하는 하나성을 보여준다.

하나와 중의 관계를 가장 적확하게 언급한 사람은 『정역』을 만들어 『주역』을 완성시켰다는 평가를 받는 일부 김항이다. 후천개벽을 상수역학적으로 설명한 예지자인 그에 의하면, "대체로 중이란 일이 감추어진 것이고, 일은 중의 작용이다[蓋中者一之藏也 一者之用也]." 하나는 본체이고, 중은 작용이라는 체용 관계를 시사하는 것 같다. 변용의 핵심을 '중'으로 규정하는 이유는 무엇일까? 하나논리와 중도의 관계는? 이미 언급했듯이 하나논리는 변용적 핵심의 하나로 잡종화/상잡을 제시하였다. 잡종화는 차이를 지닌 존재들을 상호 뒤섞어 새로운 하나를 만든다는 의미에서 통일(通一)이요, 차이를 해소하고 유지하면서도 기존의 존재들과는 다른 새로운 차이를 생성한다는 의미에서 중도적 균형이

---

[28] 에피소드를 하나 소개한다. 나는 인중천지일의 중을 중도·중용으로 해석하는 것이 더 낫고, 더 멋지다는 생각을 하고는 어떤 독창적 발견을 한 것처럼 일시 벅찬 가슴이었다. 두어 달 후, 봉우 선생의 책을 다시 읽다가 이 구절을 보고는 잠시 실망했지만, 나의 생각이 선지자의 뜻에 부합하는 것이라는 자부심을 가졌다. 지금까지 봉우 선생의 책 이외에서 인중을 중도·중용적으로 해석해야 한다는 의견은 보지 못하였다. 한국 선가 선맥의 시원성과 중국에로의 확산을 믿는 봉우 선생(권태훈, 1989: 61, n4)은 동이족인 공자가 『역경』「괘사전」이나 『대학』「혈구장」에 『천부경』의 뜻을 기록해놓은 것으로 판단한다. 이와 같은 논의는 역학의 대가 김석진에 의해서 더욱 분명하고도 체계적으로 전개된다.

라고도 이해할 수 있다. 잡종화가 극단적으로 혹은 일방향으로만 움직이면 그것은 강제적 파괴나 비연속적 단절로 끝난다. 그러나 인간 사회나 천지만물의 변화는 대체로 극단이나 과도를 지양하는 중도의 길을 추구했을 경우 가장 평화롭고 안정적이었던 것 같다. 그러므로 변용의 핵으로서 잡종화와 중은 상생 관계로 상정해도 좋을 것 같다. 잡종화는 (연결과 소통으로 하나가 되는) 통일과 (중도와 중용으로 대립적 차이를 화합시켜 하나를 생성하는) 중일을 지향하는 기능변화이다.

중용의 의미는 실로 무궁무진하고 심원광대하여 나의 짧은 식견으로는 여기서 간단히 정리할 수 없다. 그래서 나는 중용의 주요 특성으로서 오직 과유불급과 화이부동에만 집중해보고 싶다. 중용의 지혜는 사물의 운동이나 상호 관계의 구축에 있어서 극단적 입장, 극도의 경지, 극명한 판단, 극치의 감정과 같은 홀로 외로이 우뚝 솟거나, 아슬아슬하게 위태롭거나, 서슬 푸르게 날카롭거나, 한 치의 흠결도 인정하지 않는 투명 청정의 완벽성을 추구하거나, 상대를 극도로 증오하여 사지로 몰아넣거나, 누군가를 죽도록 사랑하여 자신이나 상대를 고갈시키는 따위의 자기 위주의 편향적 일방성을 회피하는 것이다. 가능하면 너도 좋고, 나도 좋은 식의 윈윈(win win)을 구한다. 서로가 차이를 인정하고, 차이의 해소에 만족하면 그것이 중용지도를 실천한 것이다. 아무리 옳은 일이라도 그것을 극단으로까지 밀고 가면 안 된다. 성인군자라도 그와 같은 극단성은 유지할 수 없다. 너무 맑은 물에서는 물고기가 살기 어렵듯이 지나치게 강직, 정확, 철저하면 도움이 되는 것이 아니라 나와 남을 모두 괴롭히게 된다. 과도화나 극단화의 억제로서 중용은 우리가 일상생활에서 절실히 필요로 하는 가장 안전한 가치이자 행동 원리가 된다. 그래서 공자가 과유불급을 말하지 않았는가? 넘치는 것보다는 좀 모자라는 것이 더 낫다.

다음으로 서로 화합하되, 자신의 정체성을 잊어버리고 상대방과 똑같이 되려고 하지 말라는 화이부동에 주목해보자. 화이부동은 하나논리의 속성을 정확히 지적한다. 하나논리의 통일(通一)성은 하나 속의 다양성[不同] 혹은 다양성 속의 하나[和]를 표현하기 때문이다. 천지인이 자신의 개별성을 버리고, 하나의 동일성으로 변화해야 한다는 의미가 아니다. 자신의 개체성을 유지하면서도 서로가 본체의 하나성으로 통일된다는 것을 깨달으라는 말이다. 사실 중용은 하나논리의 경험적 규정 혹은 좌표라고 불러도 무리가 없을 것 같다. 만물만사가 하나로 소통/연결되는 통일성을 유지한다는 면에서는 화(和)이지만, 각각이 개별성을 유지하며 존재한다는 점에서 비동일 혹은 부동(不同)이다. 서로가 동일한 속성을 지닌 존재라면 하나로 통일될 필요가 없다. 서로가 다름에도 불구하고 하나로 화통 내지 화합할 수 있다는 사실이 중요한 것이다. 그래서 화이부동을 높이 평가하는 것이다. 상이한 존재들 간의 이질성, 다양성, 차이에도 불구하고 서로 조화를 이루는 것이 바로 중용이자 화이부동이다. 화쟁일심이 추구하는 중도지심이다.

나는 중용을 반절대주의나 반본질주의의 관점에서 이해하고 상대주의적 관점을 통해서 그것의 외연을 확장해보고 싶다. 역과 마찬가지로 도라는 것도 항시 변화하는 속성을 가졌는데 어찌 그것의 절대적 고정성을 현실의 다양한 경험세계에서 운위할 수 있겠는가? 중용은 상대주의가 궁극적으로 도달할 수 있고, 도달해야 하는 가장 비상대주의적인 지점이다. 만물만사는 매우 역설적이지만 자기부정 속에서 자신의 숨겨진 다른 모습을 보게 된다.

유가에서 사랑을 표상하는 인의 문제는 이미 충분히 (그러나 복잡하게) 논의되어왔다. 그중 한 가지 점만 특별히 강조하자면 측은지심으로서의 인은 불가의 대자대비에서 대비와 높은 이론적 친화력을 갖는다.

상호 공감·공명한다. 유가와 불가는 모두 사랑에 필요한 '불쌍히 혹은 서글프게 여김'이라는 차원을 함축한다. 인은 극기복례와 수기치인[29]의 바탕 위에서 자기도 완성하고 남/타자도 완성시키는 성기성인(成己成人)이라는 사랑의 깨달음이 된다(문종하, 2018).

(3) 도가와 중도자비 수신수행

天地不仁 … 聖人不仁 … 天地之間 其猶橐籥乎 虛而不屈 動而愈出 多言數窮 不如守中
小國寡民, 使民重死而不遠徙 雖有舟輿 無所乘之 誰有甲兵 無所陳之
不爭, 慈, 不敢(『도덕경』)

도가에서도 밝음[明]은 깨달음(득도)을 위한 기본 요건으로 제시된다. 『도덕경』 16장을 보면, "만물은 번성해도 모두 그 근본으로 돌아간다. 근본으로 돌아가는 것은 고요함이니 본성을 회복하는 것이다. 본성 회복은 [도가 늘 행하는 것으로] 상(常)이라 부른다. 상을 아는 것을 밝음, 명이라 한다. 상을 모르면 경거망동으로 재앙을 초래하고, 상을 알면 포용하여 공정해진다. … 그리하여 하늘과 통하면 영구한 도의 세계에 들어가서 몸을 안전하게 할 수 있다[夫物芸芸 各復歸其根, 復命曰常, 知常曰明, 不知常 妄作凶, 知常容 容乃公 … 天乃道 道乃久, 沒身不殆]." 밝음 혹은 명철함을 지녀야만 도를 깨우쳐 흉한 것을 물리치고 성명 혹은 심신을 보전

---

[29] 충을 수기로 서를 치인으로 해석하여 충서를 수기치인으로 이해할 수 있다. 이 경우 치인은 남을 다스린다는 정치적 행위로서가 아니라 남을 돕고 교화시킨다는 사랑의 행위로서 파악하는 것이 좋다.

하여 무병장수할 수 있다. 밝음은 그 자체가 도의 경지라고도 부를 수 있을 만큼 그 의미가 확장되고 있다.

『도덕경』에서 중도의 원리는 간접적으로는 여기저기서 발견하거나 유추할 수 있지만, 직접적으로 중을 사용한 구절은 찾아보기 힘들다. 다만 5장에서 "천지는 어질지 않고 … 성인도 어질지 않다. … 하늘과 땅 사이는 풀무와 같지만, 비어 있어도 모자람이 없고, 움직이면 그침이 없다. 말이 많으면 자주 어려움에 직면하니, 중을 지키는 것이 낫다[天地不仁 … 聖人不仁 … 天地之間 其猶橐籥乎 虛而不屈 動而愈出 多言數窮 不如守中]"라는 구절을 발견하여, 이를 토대로 중도의 의미를 유추해보았다. 여기서 중의 의미는 두 가지로 해석할 수 있다.『노자 도덕경 하상공장구』(73, n13)에 의하면, "첫째, 마음[心]으로 보는 견해 … 둘째 텅 비다[冲]로 보는 견해"가 있다. 그러나 『도덕경』에서는 "마음을 비워라[虛其心]"라는 언급이 있으므로 이 두 가지 해석은 "빈 마음" 혹은 "무위의 마음"으로 통합할 수 있다. 그렇다면 도가에서 중을 지키고 따르는 중도란 바로 무위를 따르는 것이라는 확대해석이 가능하다.

무위자연(無爲自然)이라는 도가 최고의 가치수행 원리는 온갖 인위적 작위로 가득한 세상을 바로잡으려면 그 반대적 논리인 무(작)위를 통해서 세상의 균형 혹은 중심을 세워야 한다는 중도 추구의 의미로도 해석할 수 있다. 왜냐하면 『도덕경』이 비록 무위자연을 두드러지게 내세워 전면적으로 강조하고는 있지만, 현실적으로 엄존하는 국가 제도나 신분제도 등의 인위적 세계를 급진적으로 거부하거나 부정하지는 않는다. 국가의 최소화 혹은 최소국가[小國寡民]를 제시하고, 국가의 전쟁 자체를 거부하는 반역적 논리를 펴기보다는 "백성들로 하여금 죽음을 중하게 여기도록 하여 멀리 이사하지 않게 하여, 비록 배와 수레가 있어도 탈 일이 없게 만들며, 비록 갑옷과 병기가 있어도 쓸 일이 없게 한다

[使民重死而不遠徙 雖有舟輿 無所乘之 誰有甲兵 無所陳之]"는 반전 의식(反戰意識)을 고취시킬 뿐이다. 도가는 세상의 불인·무관심을 충분히 인지했기에 인위에 대한 그들의 집요한 비판을 통해 무위의 가치를 고양·확산시키고자 하였지, 현실적으로 실현 불가능한 '인위 그 자체에 대한 거부나 부정'을 시도하지는 않았다. 유가와는 다른 대각적 차원에서 도가 또한 중도의 가치를 인식하고, 유가와는 다른 방식으로 중도를 추구하였던 것으로 이해하고 싶다.

이와 유사하게 공자의 현실주의 또한 현실적으로 전개되는 참담한 일방적 유위의 세계를 변경하여 무위의 가치에 다가가도록 개선시켜보고자 한 노력으로 이해하고 싶다. 공자의 숭고한 뜻을 세속적 입신양명의 현실주의로 타락시킨 것은 후대의 썩은 유가인 부유(腐儒)들이었다. 공자는 여러 나라를 고생고생 돌아다니며 치국의 진묘를 설하고자 하였으며, 권세에 빌붙지 않았고, 재물에 초연하였으며, 빈부귀천을 따져 사람을 대하지도 않으면서 오직 배우고 가르치는 일에 매진한 무위의 실천가이기도 하다. 유위를 하되 무위의 원칙을 지키며 유위의 과오를 경계하던 성인인 것이다.

흥미롭게도 도가의 지혜를 국가의 원만한 통치를 위한 경세와 치세의 제왕학으로 보아야 한다는 관점도 있다. 최근에는 도가의 지혜를 자율적 무위의 경영관리나 삶의 양식으로서 최소주의, 버림과 비움의 미학으로도 활용한다. 이처럼 도가는 현실이나 인위적·세속적 삶 자체의 전면적 혹은 총체적 거부를 주장하지 않고, 현실로부터 일정한 거리를 유지하면서 무위의 가치수행으로써 개인의 불로장생을 위한 양생을 도모하는 중도의 지혜라고 해석할 수 있다. 여기에 한 가지 부연하고 싶은 점은 도가의 중도는 유가에 비해서는 현실 지향성이 약하고, 불가에 비해서는 상대적으로 강하다는 점이다. 도가는 유가와 불가 사이에서 중도를 이루려는 것인가? 그러면 선가는 유불도의 중도를 통일시키는 또 다른 중도인가? 중도의 오묘함이여.

도가에서 중도를 구체적으로 실행하는 자비(사랑)의 정수를 나는 다투지 않음[不爭]에서 찾고 싶다. 네 이웃을 사랑하고, 원수까지도 사랑하라던 예수의 목소리가 저멀리서 들리는 것 같기도 하다. 『도덕경』의 도처에서 부쟁이 언급된다. 3장에서는 "현명(한, 잘난 사람)을 받들지 말고, 사람들로 하여금 다투지 않도록 하라[不常賢 使民不爭]"고 한다. 잘난 사람을 치켜세우면 사람들이 명리를 쫓아 다투기 때문이다. 그래서 "똑똑하다는 사람들이 함부로 설치지 않도록 만들어야 한다[使夫智者不敢爲也]." 최고선으로서 물을 논의하는 유명한 8장에서는 "물은 최고선으로 만물을 이롭게 하나 다투지 않고 사람들이 싫어하는 곳에 머무른다. 그러므로 물은 도에 가깝다 … 오로지 다툼이 없으니 물에는 허물이 없다[上善若水 水善利萬物而不爭 處衆人之所惡 故幾於道 … 不唯不爭 故無尤]"고 부쟁을 거듭 강조한다. 도에 가장 근접한 물의 최고 미덕이 부쟁이라는 것이다.[30] 66장에서는 "[성인은] 사람들과 다투지 않으니, 천하 사람들은 그와 다툴 수 없다[以其不爭 故天下莫能與之爭]"고 한다. 성인은 무위의 도를 따르는 사람이니 어찌 사람들이 무위와 시비를 벌일 수 있겠는가? 68장에서는 "훌륭한 장수는 무력을 쓰지 않으며, 싸움을 잘하는 사람은 화를 내지 않으며, 적을 잘 이기는 사람은 적과 싸우지 않고, 남을 잘 쓰는 사람은 자신을 낮춘다. 이것을 일러 다투지 않는 덕이라 한다[善爲士者 不武, 善戰者 不怒, 善勝敵者 不與, 善用人者 爲之下, 是謂 不爭之德]."

---

[30] 도가에서 언급되는 곽점 죽간(郭店竹簡)의 "태일생수(太一生水)"는 물, 도, 하나를 상통시켜 동등한 수준에 위치시킨다. 도와 하나를 동일시하는 나의 관점을 지지하는 것으로 해석하고 싶다. 하나와 태일의 관계는 우주의 본원성이라는 수준에서 상통한다.

부쟁은 그야말로 하늘의 뜻에 부합하는 지극한 도로 간주된다.

마지막으로 『도덕경』의 마지막 장인 81장의 마지막 글자가 부쟁이니, 부쟁이 『도덕경』에서 차지하는 위치는 참으로 중요하다. "하늘의 도가 만물을 이롭게만 할 뿐 해로움을 끼치지 않듯이, 성인의 도도 남을 위할 뿐 남과 다투지 않는다[天之道 利而不害, 聖人之道 爲而不爭]." 성인 군자는 사람들에게 이로움을 주더라도 그 사실을 두고 나의 공이라고 남과 다투지 않는 겸양의 미덕을 갖추니 이것이 바로 부쟁의 선이 된다. 싸움은 극단적인 상황에서 전개된다. 싸움을 피하는 부쟁은 바로 극단을 피하는 중도의 논리가 아닌가!

불가의 원효가 제안한 화쟁도 도가의 부쟁과 연결된다. 나의 이론이나 나의 해석이 옳고 너는 틀렸다고 떠들어대는 것이 아니라, 너에게도 큰 장점이 있으니 너로부터도 배우고 취할 점이 많다고 말하는 화쟁의 논리는 도가의 부쟁과 그 근본 가치지향이 다를 바가 없다. 도가에서는 자기를 드러내지 않거나 자기를 낮추는 겸양과 퇴은의 미덕이 바로 부쟁이다. 사랑이 무엇인가? 순수한 사랑의 진정한 본질은 상대방에게 도움을 주되, 그것을 당연시하는 것이다. 도가의 부쟁이 바로 사랑의 절묘한 모습이 아니겠는가?

도가에서도 불가의 대자(大慈)와 유사한 자(慈)를 거론한다. 67장에는, "나에게 세 가지 보물이 있으니, 그것을 유지·보존한다. 자애, 아낌, 천하에 감히 나서지/나대지 않음이다. 군주가 자애로우면 백성이 충과 효를 보이고 … [그러나] 세상 사람들은 자애를 버리고 용맹만을 추구한다. … [이리하면] 죽게 될 뿐이다. 자애로움을 지니면 전쟁에서 승리하고 나라를 지킬 수 있다. 하늘은 사람을 구원하고자 하면 자애로써 그를 지켜준다[我有三寶 持而保之, 一曰慈 二曰儉 三曰不敢爲天下先, 夫慈故能用 … 今捨慈且勇 … 死矣 … 夫慈 以戰則勝 以守則固, 天將求之 以慈衛之]." 동아시아에서 자(慈)는 인(仁)과 마찬가지로 넓은 사랑의 대명사이다.

　도가에서는 불가의 자비에 상응하는 직접적 언급을 찾기 힘들다. 도가는 이 세상을 고통과 번뇌가 가득한 고해의 세계로 비관적으로 파악하지 않는다. 오히려 이 세상을 새롭게 더 낫게 고쳐보겠다면서 각종 인위적 가치나 제도를 도입하거나 강제적-폭력적 수단(전쟁, 다툼 등)을 사용하는 현실의 작태를 비판하고 비관하며, 이런 난세에서는 숨죽인 채 낮은 자세로 숨어서 사는 유약, 퇴은, 겸손의 삶이 더 안전하다고 권유한다. 자연스럽게 놓아주면 절로 잘 살게 될 세상을 이리저리 주무르고, 이래라저래라 간섭하기 때문에 세상이 힘들어졌다는 것이다. 도가적 사랑[慈]은 사랑의 유용성 혹은 기능성을 강조할 뿐 이를 이타적 차원에서 적극적으로 확대 적용하지 않는다.

　흥미롭게도 『도덕경』은 자(慈)와 더불어 세 가지 보물의 하나로서 나서지 않음[不敢]을 제시한다. 대외 활동이나 외향적 참여나 개입을 권하지 않는다. 이 의미는 깊이 천착해볼 필요가 있다. 자기 자신도 제대로 사랑하지 못하는 주제에 남을 사랑한다고 나대며 설치는 사람들이 바로 인위를 조장하기 때문이다. 어쩌면 중생은 그 나름대로 잘 살아가고 있는데 우리가 괜히 슬픈 중생, 고통의 세계 운운하며 인간과 사회를 슬프게 바라보는 것은 아닌가? 우리가 중생의 속마음을 과연 정확히 알고나 있는가? 더욱 한심한 일은 이 세상은 중생에 대한 우리의 사랑으로 결코 바뀌지 않을 것이라는 사실이다. 가난 구제는 나라도 못한다. 빈부격차가 있는 한 상대적 빈곤감은 영원하다. 역사가 냉정하게 이를 증명하고 있지 않은가? 사회적 약자에 대한 사랑의 대열에 자발적으로 동참하려는 사람들의 숫자도 많지 않고, 오히려 기득권 세력과 대중의 무관심, 냉소, 비난이 가득한 세상이 아닌가? 그래서 나는 도가의 쓸쓸한 권고를 따라서 먼저 나 자신부터 철저히 챙기고, 섣부르게 세상에 뛰쳐나가 세상을 구원한답시고 설치려는 욕구를 자제하라고 조언한다. 선아후타(先我後他)로다. 남에게 해를 끼치 않는 것이 최대로 남을 돕는 것이다. 우선적으로 너 자신에게 충실하라. 먼저 소크라테스의 "너 자신을 알라"는 경구를 명심하자.

(4) 불가와 중도자비 수신수행

大慈大悲, 上求菩提 下化衆生
中觀/中道, 萬行歸眞, 歸一心源

중도자비론은 직접적으로 그리고 집중적으로 불가의 지혜인 중도중관과 대자대비를 그 토대로 삼는다. 중도와 대자대비에 관해서는 엄청난 논의가 있었고, 역시 복잡·난해한 해석들이 가득하다.[31] 더 보탤 여지가 없다. 다만 하나논리의 관점을 부각시키는 의미에서 몇 가지 쟁점을 논의한다.

대자대비부터 살펴보자.[32] 나는 하화중생의 꽃이라 할 수 있는 대자대비 가운데서 '대비(大悲)'를, 다소 일탈적이지만, 내 나름대로 새롭게 해석해보고 싶다. 큰 슬픔, 큰 비애라니? 충만하고 기쁜 마음으로 중생

---

[31] 중관에 관해서는 http://encykorea.aks.ac.kr/item을 참고하면서 중도론의 맥을 잡을 수 있었다. 서양에서는 일찍이 아리스토텔레스가 인간 이성(유가의 성즉리?)에 기반하면서 중도·중용과 유사한 이론을 개진하였다.

[32] 『화엄경』 제11장 「보살십주품(菩薩十住品)」에서 치지주(治地住)를 설명하면서, 보살은 일체의 중생에 대하여 열 가지 마음을 일으키는데 그것을 "대비심(大悲心), 대자심(大慈心), 안락심(安樂心), 안주심(安住心), 인위심(憐愍心), 섭수심(攝受心), 수호심(守護心), 동기심(同己心), 사심(師心), 여래심(如來心)"이라고 말한다. 이 책에서는 대자대비가 다른 여덟 가지 마음을 포괄하는 것으로 간주하면서 사용한다.

에게 달려가야 하는 것이 아닌가? 그렇지만 달리 생각해본다면 대비가 필요하다. 중생의 삶이 슬프게도 고통에 빠져 있으므로 내가 중생구제에 나서는 것이 아닌가? 그러므로 나 또한 중생의 슬픈 삶에 대해 슬픈 감정을 지니는 것이 순리이다. 이미 언급하였지만 그것은 유가의 인이 지닌 측은지심과 직접적으로 연관된다.

그렇다면 큰 비애는 과연 무엇을 가리키는 것일까? 속세에서 허덕이는 중생의 슬픈 모습에 비애를 느낀다는 일차적 의미에 국한된 것일까? 중생은 자신의 삶이 슬프다고 생각하는가? 어떤 중생들은 고해의 인생살이에서도 희희낙락 살아간다. 고통을 느끼는 사람들조차 그것을 합리화하거나 체념하며 살아간다. 이러한 슬픔을 모르는 중생의 마음가짐이 슬픈 것인가? 중생에 대해 슬픔을 느끼는 나는 슬픈 존재가 아닌가? 내가 괜히 중생을 슬픈 존재로 규정하는 것은 아닌가?

여기서 한 단계 더 나아가보자. 중생을 구원하여 윤회에서 벗어나게 하는 것이 나의 과업이다. 그러나 과연 이러한 나의 구원 노력으로 세상이 더 나아지고 사람들의 고통이 없어질 것인가? 다시 말해 저 많은 중생 모두가 혹은 몇 사람이 깨달음을 얻을 수 있을까? 지금도 깨달음을 얻은 사람이 극소수인데 과연 저 많은 사람이 언제 깨닫게 될까? 그렇다면 중생구제의 노력이란 한낱 공염불인 것이 아닌가? 과연 이 세상은 연기의 윤회를 벗어날 수 있는가?

혹시라도 참으로 아름답고 바람직한 중생구제가 지니는 어떤 기본적 한계 또는 장벽에 대한 슬픈 깨달음이 대비에 스며들어 있는 것은 아닐까?[33] 우리는 예정된 실패에도 불구하고 끊임없이 시도해야만 하는 슬

---

[33] 조주 선사는 「십이시가(十二詩歌)」에서 "도 닦아 중생 구제하려 했으나, 누가 알았겠나. 이처럼 초라한 꼴이 될 줄이야[比望修行利濟人, 誰知變作不啁溜]"라고 자책한

픈 윤회의 바퀴를 타고 있는 것이 아닐까? 이와 같은 허망성에서 피어오르는 비애에도 불구하고 중생구제의 길로 갈 수밖에 없는 깨달은 자의 마음을 대자대비라고 표현하였을 수 있다. 중생 모두가 깨달음에 도달할 수 있다고 중생에게 설파하지 않을 수 없다. 각자 마음속의 부처를 발견하기만 하면 깨달음에 들어설 수 있다고 격려해야 한다. 그런데 과연 중생이 부처를 제대로 만날 수 있을까? 만나려고 열심히 노력할까? 아니, 중생이 깨달음 자체를 삶의 목표 가치로 받아들일까?

 사회학적으로 의문을 던져본다. 과연 종교에 의한 세계 구원은 가능한가? 개인적으로 구원받았다는 사람은 많아도 세상이 구원된 것 같지는 아니하다. 무엇이 구원인가? 천당, 극락, 선경과 같은 피안 세계에 대한 확신인가? 하느님의 인도에 따른 안도감인가? 여기서 내가 강조하고 싶은 것은 과거로부터 수많은 성인 성자의 말씀과 호소가 있었고 종교의 강력한 제도화로 수많은 신자가 존재하건만 세상은 이 모양 이 꼴 그대로라는 것이다 그나마 종교가 있었기에 이 정도이지 종교마저 없었더라면 이 세상은 일찌감치 종말을 고했을 것이란 말인가?

 결국 대자대비라는 사랑의 논리를 지나치게 긍정적-낙관적-헌신적 관점에서만 해석해서는 안 된다. 그 한계에 대한 철저한 반성이 요구된다. 가능한 사랑을 개인적 수준에서 먼저 완성하고 난 다음, 기회와 여유가 있으면 조심스럽게 외부로 확대하는 것을 시도해보는 것이 좋을 것 같다. 사랑은 깨우침을 향한 사랑이다. 사실 나 자신도 깨우치기 힘들다. 하물며 남까지! 이타는 참으로 아름다운 말이지만 제대로 그것을 시행하기란 지난하다. 아프리카에서 굶어가는 어린이를 위해 사랑

다. 이 노선사의 노래는 비록 해탈과 초월의 경지에서 이루어진 것이지만 여기에는 분명 어떤 세속적(?) 비애감이 서려 있는 것 같다.

의 기부금을 보내는 것은 분명 이타 행위지만, 그것으로 아프리카 빈민 전체의 삶은 결코 해결하지 못한다. 그렇다고 그만두라는 말이 아니다. 그 슬픈 한계를 분명히 알라는 말이다. 독재국가의 빈민을 도우면 독재체제의 유지에만 도움이 된다는 역설 또한 슬픈 사실이 아닌가? 그렇다고 당장 죽어가는 사람들이 있다는데 눈감고 외면하기도 힘들다. 한때 서구 복지국가들이 과다한 복지재정 부담으로 경제적 파탄에 직면한 것도 유사한 현상이 아니겠는가? 적선이라는 이타심의 이기적 차원도 슬프지만 인정해야 한다. 내 마음 편하자고, 좋은 일 한다는 자긍심을 가지려고 무의식적으로 이타 행위를 할 수 있다. 그래도 안 하는 것보다는 낫다. 결국 이타행을 하자면 개인 각자의 주체적 판단이라는 주체성이 요구된다. 먼 미래가 아니라 지금 여기 당장의 현실을 고려할 수밖에 없을 것이다. 이런 상황에 처해서 슬프게도 많은 사람은 수수방관이다. 폭행의 현장을 물끄러미 바라만 보거나, 황급히 자리를 뜨는 사람들의 모습이 슬프지 아니한가.

하나논리도 나와 세상의 구원에 큰 관심을 가진다는 의미에서 종교성을 지닌다. 인간의 영성, 신성, 본성 등을 믿는다는 점에서 더욱 그러하다. 다만 하나논리는 구원의 문제 혹은 깨달음의 의미를 현세의 현실적 수준에서 그리고 개인적 수준에서 우선적으로 발견하고자 한다. 유불도 선과 마찬가지로 중도자비를 추구하지만, 하나논리의 사랑은 '세속적' 차원에도 주목한다. 인생살이에서 고통 감소와 쾌락 증가는 최고 최대의 관심사이다. 이 목표를 확실하게 보장하며 오래 지속시킬 수 있는 사회를 우리는 꿈꾼다. 이러한 사회가 많은 사람이 염원하는, 개인적 자유와 사회적 해방이 보장되는 자유해방의 사회이다. 하나논리는 최대 다수의 최대 행복 추구라는 공리주의적 가치와 동행한다. 그러나 공리주의가 집합주의로 흐르는 것은 결코 수용하지 않는다. 공리(公利)는 오직

이기(利己) 혹은 사리(私利)의 바탕 위에서만 가능하고 의미를 갖는다.

이(利)나 인간의 이기심(利己心)을 원초적으로 비판하는 것은 잘못이다. 이로움이란 그 자체로 좋은 것이요 바람직한 것이다. 도가의 물처럼 만물을 이롭게 할 수 있으면[水善利萬物] 최고의 선이다[上善若水]. 홍익인간도 크게 이익을 베푸는 사람, 크게 이로움을 나누는 사람이 아닌가? 자본주의적 이윤추구라는 사실에 입각해서 이(利) 자체를 비판하는 것은 본말전도의 왜곡된 시각이다. 이윤 그 자체가 나쁜 것이 아니라 그 생산과 분배 방식이 문제다. 나아가 이(利)와 의(義)는 공생·공존할 수 있다.

고통을 잊게 해주는 즐거움으로서의 사랑, 내 마음속에서 끓어오르는 자유로운 사랑, 나와 너를 일상의 속박과 고난으로부터 해방시키는 사랑이 대자대비이다. 연애와 같은 낭만적 사랑도 되고, 육욕을 탐하는 갈애도 되고, 이웃을 사랑하는 공동체적 연대도 되고, 원수를 사랑하는 자기희생적 사랑도 되고, 공을 사랑하는 무아적 사랑도 되고, 지구의 생태환경을 보호하자는 전 지구적 관심도 되고, 이처럼 사랑의 미로는 끝이 없다. 각인각자가 선택해야 한다.

한편 불가에서는 중도 원리를 존재론적-인식론적 차원에서 심원하게 논의한다. 감히 그 핵심을 요약하자면, 같지도 다르지도 않은 불일불이(不一不異 혹은 不一不二)의 부동부이(不同不異)라고 정리하고 싶다. 같은 것도 아니고 다른 것도 아니고, 있는 것도 아니고 있지 않은 것도 아니지만[非有非無], 하나논리의 통일적 관점에서 볼 때 양자는 하나로 연결될 수 있다는 의미에서 서로 전혀 다른 것은 아니다. 차이성과 다양성을 긍정하지만, 더 근원적으로 이해하자면 불이성과 통일성을 동시에 파악해야 한다는 의미이다. 이 알쏭달쏭한 의미를 단순화시켜 해석하자면, 차이를 넘고 분별심을 버리며 대상을 담담하게 바라보고 대응·대처하라는 뜻으로 수용하고 싶다. 현상 자체가 허상의 색계이거늘 어찌 거기에 연연할 필요가 있으리오.

유가의 중용이 상대적으로 현실적인 경험세계의 실용적/실행적 수준에서 구체적인 행동 원칙으로서 유용하게 적용될 수 있는 것이라면, 불가의 중도는 형이상학적 논리의 세계에서 그 오묘함으로 더욱 빛을 발하는 것 같다. 나는 "위로는 깨달음을 구하고 아래로는 중생을 구제한다[大慈大悲, 上求菩提 下化衆生]"는 가르침도 현실로서의 색의 세계나 깨우침의 경지인 공의 세계가 다르지 않다(색즉시공 공즉시색)는 불일불이의 중도 논리를 설파한 것으로 이해한다. 상과 하를 구분하지 말고 중도를 발견해야 한다. 색공의 관계에서 어느 한쪽을 전면 부정하거나 긍정하여 어느 한 방향으로 극단화되는 것이 아니라 양자를 모두 인정하고 포용하면서 색의 현실 속에서 공의 깨달음을 추구한다는 일종의 화이부동 논리이다. 색과 공을 구분하여 날카롭게 대립·충돌시키지는 않으나[和], 색과 공이 동일한 것도 아니다[不同]. 역시 이 모순의 세계를 헤쳐나가기 위해서는 모순의 논리가 필요한 모양이다. 색이라는 모순을 극복하기 위해서 색 자체를 전면 부정하는 대신에 공도 부정하면서 색과 공은 같은 세계라고 설득하는 것이다. 색(色)의 공화(空化) 혹은 공(空)의 색화(色化)를 이루는 모순 통일(矛盾通一)의 설법이라고 이해한다면 너무나 아전인수인가?

불교의 중도론은 논리적 비약을 통해서 논리적 완성을 이룬다. 만법귀일인 만큼, 현실세계의 공으로서 부처이든 색으로서 중생이든 모두 하나로 귀일한다. 그러므로 공과 색의 차이가 사라지면서 하나가 된다. 공과 색을 분리하여 본체와 작용이라고까지 말할 수 있을까?

세상만사가 오로지 공이라면 도대체 어떻게 살고 무엇을 하란 말인가? 여기서 색즉시공 공즉시색의 이중부정을 통해서 속세의 삶 또한 의미를 지닐 수 있다는 점을 중도/중관으로 드러낸 것이 아닌가 싶다. 이 점에서 도가 또한 유사한 입장을 취하는 것 같다. 즉 도가는 무위자연을 강조하면서도 무위이무불위(無爲而無不爲)라는 역설을 통해서 탈속적 혹은 반세속적 무위가 바로 가장 안전한 세속적 삶의 원리가 될 수 있음을 지적한다. 이를 두고 나는 도가적 수중(守中)이라고 부르고 싶다.

일반적으로 유가와 도가는 상호 친화성이 적은 대립적 이론으로 간주된다. 처세에 관한 논의에서 특히 그 대립성은 두드러진다. 유가는 수신제가 입신양명으로 자신의 본분을 다하고 나아가 세상을 바로 세우도록 권하나, 도가는 아예 처음부터 출세를 탐탁하게 생각하지 않는다. 세상만사는 저절로 혹은 자연스럽게 굴러가는 것이므로 그대로 두는 것이 최선이라고 한다. 쓸데없는 짓 그만두라는 것이다. 물론 두 이론 모두 인간의 삶에 유용하다. 유가가 능력 있고 의욕이 넘치는 혈기 방장한 청장년층에게 적합하다면, 도가는 은퇴한 노년층의 삶에 더욱 적합해 보인다. 그러나 불가나 유가는 모두 중관/중도나 중용/중화 등의 중을 최고의 원리이자 가치로 간주한다. 불가의 중도와 유가의 중용을 서로 전혀 상이한 관점으로 이해하는 것은 그야말로 중도의 원리 자체를 망각한 소치이다. 유가 또한 중에 관한 형이상학적 논의를 불가에 못지않게 지속하였고, 공자는 이를 일상의 삶에서 사용할 수 있도록 구체적인 방향까지 제시하는 참으로 위대한 노력을 아끼지 않았다. "[오로지] 중을 잡으라"는 윤집궐중(允執厥中)은 석가 이전에 이미 중국 요순시대부터 전래되지 않았는가? 『천부경』의 인중천지일(人中天地一)의 중일(中一) 또한 확대해석하면 그 연원이 참으로 오래전으로 거슬러 올라갈 수 있다.

이처럼 동아시아적 지혜는 중용, 중도, 수중을 통해서 모두 중을 중시한다. 중에는 참으로 훌륭한 삶의 원리요 가치가 되는 개념들이 함축되어 있다. 조화, 화합, 적합, 균형, 절제, 온당, 적당, 시중(時中)과 처중(處中), 중정(中正)과 정중(正中), 외유내강, 화이부동, 유유자적, 안빈낙도, 안심입명 등등 사고나 행위에 있어서 극단적인 것, 급진적인 것, 혁명적인 것, 폭력적인 것, 총체적인 것에 대한 제동을 걸고 있다. 동아시아에서 근대 서구의 시민혁명과 같은 정치혁명이 발생하지 않았던 것은 바로 이와 같은 동아시아적 가치관이 엘리트 식자 계급이나 일반 백성 모두에게 각인되어 있었기 때문이 아닐까? 세상만사에 인간이 개입하여 변화시킬 수 있는 것이 제한적이라는 일종의 운명론적 체념관이 내화되었다고 할 수 있다. 한때 우리는 이러한 동아시아적 심리 특성을 소극적이고 보수적인 것이라고 부끄럽게 여기고 폄하하였다. 서구의 기독교 가치관을 수호하려던 십자군전쟁, 도전과 모험 그리고 포교 정신에 충만한 대항해, 창조적 열정으로 세상을 뒤바꾼 종교개혁, 산업혁명, 시민혁명 등등 서구의 급진성과 혁명성을 내심으로 은근히 부러워하였다. 중의 지혜를 잊어버리면서 근대화=서구화의 구호가 동아시아를 최근까지 지배했다.

  물론 서구의 근대를 생성시킨 이와 같은 진취적 팽창성은, 다른 관점(김상준, 2021)에서 바라보면 문제가 적지 않지만, 높이 평가되어야 한다. 그렇다고 해서 오리엔탈리즘을 신봉하여 동아시아의 내장(內張) 지향적 자기 절제성을 수구 반동으로 매도하는 것 또한 전혀 사리에 맞지 않는다. 어쩌면 잘난 사람들이 중심이 되어 세상을 바꾸겠다고 떠들어 대는 것은 헛소리일지 모른다. 자기들의 입신양명과 부귀영화를 얻기 위한 명분으로 내세우는 측면이 강하다. 일반 사람들이야 혁명의 여부와 관계없이 긴긴 세월 희생과 피착취, 피압박의 피라미드를 쌓으며 떡고물이나 주워먹는 신세가 아니었던가? 우리가 좀 더 노력하면 세상이 나아질 것이라고 희망을 약속하는 사람들을 믿고 따라야 할까? 그들의 가짜 약속을 믿느니, 각자도생의 원칙에 따라 나부터 먼저 사는 것이 순리 아닐까?

역사가 증명한다. 세상살이, 특히 세상의 모순과 비리는 결코 쉽게 변하지 않는다. 세상 이치가 이러하니 한쪽으로 치우쳐 날뛰지 말고 중을 지키라는 요구는 참으로 현명한 삶의 논리가 아니겠는가? 이와 같은 중의 원리는 인지가 더욱 발달하고, 인간 생존에 필요한 물질적 토대가 구축된 21세기 오늘에 더욱 절실하게 요구된다. 밖을 쳐다보며 나의 외부에 있는 어떤 물신이나 우상을 경배하며 인생을 설계하기보다는 내 마음속에서 중(中)의 세계를 구축해나가는 것이 더 안전하지 않을까?

논의를 요약해보자. 『천부경』에서는 왜 하필이면 중(中)이라는 글자를 사용했을까? 인간의 (마음속) 중으로 천지인합일을 이룬다면 그 인간(마음)의 중이란 무엇일까? 나는 불가의 불일불이로서의 중도, 유가의 조화지도로서의 중용, 도가의 무위자연의 수중으로써 『천부경』의 중을 확대해석해보고자 시도하였다. 『천부경』이 시기적으로 고조선 시대에 이미 존재하였던 것이라면, 고조선과 중국 간의 활발한 지적 교류를 통해서 그것은 오늘의 중국 땅에 분명 확산되었을 것이다. 그렇다면 당연히 동시대 한족 중심의 지역과 나라에도 전파될 수 있었을 것이다. 요컨대 중국의 역 사상이나 노자, 공자의 사상에 영향을 줄 수 있었고, 그 결과로 노자와 공자가 인중천지일의 중을 무위자연이나 중용의 원리로 창조적으로 확대 발전시켰을 수 있다는 추론도 가능해진다. 『천부경』의 사상이 인도 힌두교의 사상과도 공유하는 바가 적지 않으므로 불가, 특히 불교의 중국화 과정에서도 유사한 경로의 상호 연관성을 지녔을 수 있다. 이와 같은 추론은 차후 『천부경』의 발생 및 확산에 관한 치밀한 논증을 통해서만이 그 타당성을 획득할 수 있다.

이와 더불어 『천부경』의 선가적 전통을 한국만의 것으로 국한시키는

데에도 문제가 있다. 고조선의 주축을 이룬 동이의 활동 중심지가 만주 지역을 비롯한 현재의 여러 중국 지역에까지 펼쳐졌고, 당시 동이족에는 현재의 한국계 혈통으로서 한족, 예족, 맥족뿐 아니라 중국 민족의 원형을 이루는 한족을 포함한 다양한 종족이 포함되어 있었다. 비록 고조선 문명은 현재 한국만이 집중적으로 거론하고 그 전통을 부활시키고자 한다는 점에서 한국의 고대문명이라고 부를 수 있지만, 고조선 문명이 중국으로 전파되어 중국의 유가, 불가, 도가의 발전 과정에서 습합·활용되었을 가능성도 분명하게 인지해야 한다. 또 한편으로 통일신라 이후 고조선 문명은 점차 한국 땅에서 자취를 감추어갔고, 특히 사대주의적 조선에서는 유가의 이단주의(異端主義)적 성향으로 파문을 당해 거의 소멸될 지경에 이르렀다가 조선에 망국지운이 확연하던 20세기 초에 그야말로 기적적으로 부활하여 조선 민중의 가슴속을 파고들었다. 대종교의 영광과 쇠락이여! 대종교는 해방 후 부침의 시간을 가지다가 최근 다시 부활의 기력을 얻고자 한다. 문제는 만약 중국이 동이족의 문화를 한족 문화 형성의 한 축으로 삼아 "고조선도 우리 땅, 고구려도 우리 땅"이라고 동북공정을 완성시킨다면 아직도 고조선을 부정하는 강단 사학이 견고한 성을 구축하고 있는 우리 한국은 어떻게 대처해야 할까? 고대에는 중국의 일부도 우리 땅이었다며 국수적으로 대응해야 할까? 소리 없는 역사 전쟁의 전운이 몰려오는 것 같아 불안하다. 중국 측에서 『천부경』을 역, 도가, 유가, 불가의 관점에서 적극적으로 재해석하여 (충분히 가능한) 『천부경』의 중국화를 이룩한다면 어찌할 것인가? 중국 학자들이 이미 『천부경』 연구를 시작하였다. 중국에 의해서라도 『천부경』의 빛나는 가치가 세계적으로 인정·확산되는 것만으로, 남의 집 잔칫상을 바라보는 심정으로 만족해야 할까? 이제 우리는 무엇을 해야 하고, 무엇을 할 수 있을지 결단을 내리고, 매진하자.

제5장
하나논리의 이론적 특성과 지향

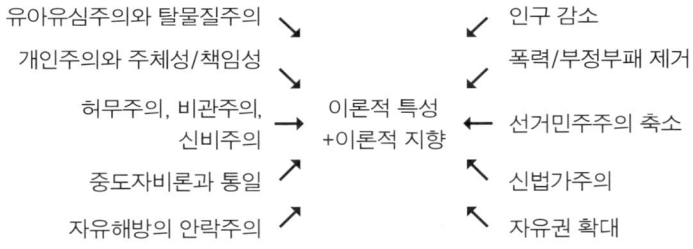

〈그림 5-1〉 하나논리의 특성과 지향

이 장에서 제시될 하나논리의 이론적/이념적 특성으로서 유아유심주의와 탈물질주의, 개인주의, 신비주의/허무주의/비관주의, 중도주의와 타협/절충, 자유해방의 안락주의 등 가운데서 일부는 나(김성국, 2015)의 『잡종사회와 그 친구들』에서 아나키스트 자유주의를 지향하는 잡종사회에 필요한 가치지향으로 논의되었다. 여기에서는 이들 이론적 지향성을 잡종사회를 포괄하는 하나논리의 관점에서 새롭게 재구성하여 제시한다. 하나논리와 경험세계의 이념 지향인 아나키스트 자유주의의 관계를 규정해본다면, 당연히 후자는 다른 모든 이념적 지향과 함께 하나논리에 포섭된다. 다시 말해 하나논리는 아나키스트 자유주의를 포괄하는 이념적 틀이다. 그렇지만 아나키스트 자유주의가 추구하는 자유해방의 가치는 하나논리의 깨달음과 직접 연결되므로 아나키스트 자유주의의 정신은 하나논리 속에서도 지속적으로 유지되고 발전한다.

1. 이론적 특성

하나논리의 이론적 특성은 향후 사회학의 새로운 분야로서 개발될 수 있다. 유아유심주의는 사회심리학의 핵심 이론으로서 자아와 의식의 문제를 기존 서구의 자아론이나 정체성론과 대비되는 관점으로 발전시킬 수 있다. 나의 개인주의에 대한 관심과 강조는, 기존 뒤르케임류의 정통 사회 중심주의에 대비되는, 개인으로부터 출발하는 개인 우선의 사회학을 모색한다. 사적(私的) 영역을 존중하는 사회학(私會學) 혹은 군학(群學)도 재검토해볼 수 있다. 개인의 사회화가 아니라 사회의 개인화를 위한 다각적인 논의가 가능하다. 허무주의, 비관주의, 신비주의는 기존 사회적 가치론의 한 영역으로서 개인적 가치관을 넘어 세계관, 우주관의 차원에서 가치 연구의 수준을 확장시킬 수 있다. 특히 신비주의는 사회학적 상상력의 영역으로서 『주역』, 명리학, 풍수학 등을 미래 예측학이나 미래 관리학으로 정립해볼 수 있다. 물론 허무주의, 비관주의, 신비주의는 앞으로 적극 도입·강화해야 할 사회학 과목인 사회사상/사회철학의 주요 주제로 삼을 수 있다. 예컨대 중도주의는 사회학의 행위론을 규범적 수신수행론과 결합시키고, 이와 연관된 절충이나 타협의 문제를 사회학의 교환이론과 접맥시키면서 사회학적 교섭/협상학으로 전개시켜나갈 수 있다.

1) 유아유심주의와 탈물질주의

하나논리는 일종의 주심론이다. 심이 리와 기를 지배하거나 결정한다는 의미가 아니다. 리, 기, 심이 모두 각각에 부합하는 핵심적 기능을 상호 연관 속에서 수행하지만 심이 리와 기의 역할을 주도적으로 매개한다는 한정된 의미이다. 앞에서 여러 번 강조했듯이 나를 포함하여 세상만사의 모든 존재는 내 마음이 나의 존재를 대상으로서 인식하면서부터 존재로서의 정체성과 의미를 지닌다. 내 마음의 작용에 의해서 모든 존재의 작용을 알게 된다는 의미이다. 존재론적으로 심, 리, 기는 모두 마음의 작용에 의해서 그 개별적 의미를 드러낸다. 하나님 혹은 전지전능의 유일신으로부터 천부적으로 부여받은 성(性)이나 리(理)라는 것도 내 마음이 그것을 인식하고 인정해야만 존재 의미를 갖는다. 내 마음이 없다면 그것은 적어도 내 마음속에서는 존재하지 못한다. 설령 다른 사람들이 그것을 인식한다 해도 그 사실을 내가 인식하지 못하면 나와는 아무런 관계가 없는 것이다. 나의 마음 세계에 존재하지 않는다면 그 순간 그것은 존재하지 않는다.

앞서 언급했듯이 이와 같은 관점을 두고 극단적 형태의 유아유심론이라고 비난할 수 있다. 나 이외의 다른 존재들이 지니는 독자성과 다른 사람들의 인식주체성을 고려하지 않는다고 비판할 수도 있다. 나의 유아유심론은 유물론이나 실재론을 상당 부분 인정한다. 나와는 관점이 다르더라도 일단 타 이론을 존중하고, 양시론적 관점을 취하면서 화쟁의 정신으로 통일을 찾아 하나논리를 이룩한다는 것이 나의 기본 입장이다. 만약 내가 유물론적 혹은 실재론적 비판을 수용한다면 나의 유아유심론은 무너지는가? 아니다. 각각은 충분히 이론적 접점을 공유하면서 자신의 관점을 전개해나갈 수 있다. 이와 같은 맥락에서 나는 일종의 유심론적 실재론자(spiritual realist)이다. 유물론적 실재론을 부정하지 않으면서도 관념적 실재론을 더욱 강조하고 중시한다는 의미에서다. 일종의 절충주의다. 나는 중도론의 현실적 대안은 타협이나 절충에 있다고 생각한다. 주지하듯이 근대적 사고는 분석적 논리의 통합적 체계성과 통일적 일관성을 추구하였지만, 탈근대의 인식론은 인간 사회 자체가 비연속성(discontinuity), 단절성(gap), 파편성(fragmentation), 모자이크성(mosaic), 잡종성(hybridity), 유동성(fluidity)을 지닌다고 전제한다. 절충론이나 타협론은 탈근대사회의 특성을 이해하는 데 어쩌면 더욱 적절한 접근 방식을 제공한다.

천지만물은 존재한다. 그러나 그 사실이 내 마음/의식 속에 들어와야만 그것은 의미를 지니게 된다. 존재 현상과 존재 의미를 구분하는 것이다. 나는 존재 현상은 실재론적으로, 존재 의미는 유심론적으로 차원을 달리하여 수용한다. 그리고 나는 존재 의미에 더욱 가치를 부여한다. 나의 입론에서 무엇이 잘못되었는가? 포스트모더니스트로서 나는 비연속성과 단절을 연결하는 방법으로서 절충론을 당당히 그리고 즐겨 활용한다. 하나논리의 통일성은 이론적 잡종화를 통해서 통상적으로 전제되는 이론적 간극, 예컨대 미시-거시나 각종 이분법적 단절을 연결하는 논리적 흡수력과 접착력을 발휘한다. 하나성은 모든 현상에 편재하기 때문이다. 모든 사회현상에서 하나라는 공통성을 발견하는 것은 결코 어려운 과제가 아니다.

누군가 반문할 것이다. 네 마음의 존재를 너는 어떻게 알고, 어떻게 믿을 수 있느냐고? 맞는 말이다. 논리의 끝에는 신비적 차원이라 할 수 있는 믿음이 필요하다. 논리적 한계를 믿음이라는 가치가 더욱 풍요롭게 만들어준다. 종교가 요청하는 믿음의 요체도 바로 여기에 있다. 다만 이 믿음을 혹세무민의 도구로 활용하거나 우상숭배라는 유혹으로 끌고 가서는 안 된다. 하나논리가 제안하는 이 유아유심론적 가치전제가 마음에 들지 않으면 다른 논리와 이론을 선택하면 된다. 나는 유아유심론이 가장 유력한 이론적 토대의 하나라고 생각할 뿐 다른 주장에 대하여 어떤 배타적 태도도 갖지 않는다. 유심과 유물, 유아와 만인은 하나논리에 의하면 통일(通一)될 수 있기 때문이다. 나는 가장 일반적, 통상적 의미에서의 상대주의자이다. 나는 무지와 부지와 미지의 세계에서 존재한다. 잘 알지 못하니, 당연히 나의 주장을 상대화시켜야 하지 않겠는가? 통일(通一)의 논리는 절대의 하나를 지향하는 방법론이 아니다.

중요한 사실을 지적하자. 유심은 내 마음속에서만 일어나는 천변만화 작용이 아니다. 세상은 그냥 그대로인데, 그것을 바라보는 내 마음만 바뀌는 것이 아니다. 내 마음, 나의 인식이 바뀌면 나는 물론이고 대상 존재인 세계 또한 변한다. 이심전심이요, 지성이면 감천이다. 세상 만물의 본질을 깨우치고 마음의 평화를 얻도록 '의지와 표상으로서의 세계'를 간파하라는 쇼펜하우어의 말이 헛소리일 뿐일까? 궁즉통(窮卽通)이요, 통즉변(通卽變)이다. 세상을 바꾸는 마음의 철학이다. 그림을 제대로 알아야 제대로 보고 즐길 수 있다면, 세상을 제대로 인식하고 알아야 제대로 바꾸지 않겠는가?

비유를 하나 들자. 유물론자 맑스는 생산력과 생산양식의 변화에 기반하는 계급투쟁으로 세상을 바꾸고자 했다. 그런데 여기서 핵심은 계급투쟁의 당사자인 프롤레타리아 노동자가 과연 혁명적 계급의식을 지니는가에 있다. 개량주의적 의식을 가진 노동자들은 사회주의혁명이 아니라 자본주의적 개혁에 만족할 것이다. 그렇다면 이 계급의식의 정체는 무엇인가? 그것이 물질적 조건이라는 객관적 실재에 의해 결정되는 것이라면 때가 무르익을 때까지 기다리면 된다. 태평 시대에 살 듯 그럴 수 없는 것이 혁명적 상황이요 절박한 긴급성이다. 의식화 교육과 선전·선동이 필요하다. 일종의 세뇌가 필요하다. 이렇게 되면 결국 유물론은 유심론적 관념론과 연결되어야만이 그 궁극적 순간 혹은 최종적 국면(last instance)에 제대로 도달할 수 있다. 역의 사례도 얼마든지 가능하다. 객관적 조건이 성숙하지도 않았은데 의지와 가치만 믿고 돌진하다가 실패한 사례 또한 즐비하다.

사실 존재론적 차원의 유아유심론은 사변적인 공리공담의 수준에서 전개된다. 그러나 경험세계에서 유아유심의 현실적 유용성은 뛰어나다. 이미 오래전부터 마음잡기, 마음공부, 마음 수련 등등 마음으로 일상의 문제를 해결하고, 더 나아가 마음으로 더 나은 삶을 유지할 수 있다는 심리요법, 심리치료 혹은 힐링 등이 유행이다. 마음의 도구화 혹은 상품화는 사실 오래전부터 이루어져왔다. 다만 최근에는 두뇌심리학, 인지심리학, 뇌과학, 신경과학 등등의 첨단 권위를 내세우며 상품화에 박차를 가할 뿐이다. 긍정의 심리학이나 적극적 사고와 같은 슬로건에 솔깃해지지 않을 수 없다. 나는 이러한 상품화 경향을 비난할 생각이 없다. 과대포장이나 허위 선전만 없으면 무방하다. 자본주의적 상품화란 양날의 검이다. 대량소비를 통해서 대중에게 널리 혜택을 줄 수도 있지만, 이윤추구의 극대화 논리가 독점적 지배와 함께 작동하여 가성비가 터무니없는 상품을 시장에 내놓기 때문이다. 상품화된 마음을 구매하기 싫다면 조용히 나 홀로 마음공부, 마음잡기, 마음 챙기기를 시작하면 된다. 사실 이것이 가장 권하고 싶은 방법이다. 좋은 선생이나 선배가 곁에서 도와준다면 그 또한 행운이 될 수도 있다.

유아유심은 현재의 외부 지향적이고 물질주의적인 세계에 지친 사람들을 위해서 새로운 안식의 길을 제공한다. 내부 지향과 탈물질주의는 유아유심이 추구하는 현실적 세계관이요 가치관이다. 입신양명 출세의 길은 멀고도 험난할 뿐 아니라 성공 확률도 매우 낮다. 부귀영화를 얻는 것 자체가 신기루이지만, 설령 얻었다 하더라도 그것을 누리자면 노심초사로 편한 날이 드물 것이다. 미국에서는 빈민가 동네마다 흑인 청소년들이 농구공을 열심히 던지며 연습한다. 기회의 나라 미국에서 마이클 조던 같은 대선수가 되는 스타 탄생의 꿈을 키우면서. 그러나 농구공을 던지는 흑인 청소년 중 과연 몇 명이나 프로 농구단에서 뛸 수 있을까? 남미에서 펠레나 마라도나를 꿈꾸며 청소년들이 축구공을 차는 것도 마찬가지다. 성취 지향은 격려할 만하나, 성취란 결코 쉬운 일이 아니다. 또 인간들은 작은 성취에 만족하지 못하고 한없이 더 크고 더 짜릿한 성취를 향해 불나방처럼 달려든다.

유아유심주의는 이와 같은 외향적-물질주의적 생활양식에 제동을 건다. 네 마음속에서 최대의 가치와 의미 혹은 최고의 행복과 쾌락을 찾으라고 가르친다. 일상적인 것, 사소한 것, 작은 것에서도 의미와 보람을 만끽할 수 있다면 그 인생은 그야말로 만족과 즐거움으로 충만하지 않을까? 우리의 눈길을 외부에 고정시키지 말고 나의 마음과 의식으로 돌려보자. 거기에서 멋진 신세계를 찾거나 펼칠 수 있을 것이다.

사회학자로서 유아유심의 현실적 유용성을 다시 한번 강조하고 싶다. 세상은 우리가 원하고 기대하는 방향으로 바꾸기 어렵다. 아니, 솔직히 말해 거의 바꿀 수 없다. 최소한 살아생전에는. 성취의 순간은 찰나처럼 짧지만, 곧장 삶의 타성적 무게가 짓누르기 시작한다. 일제강점기 36년의 지옥을 벗어난 해방의 기쁨은 일순간에 지나고, 빈곤은 여전한 채 주인만 바뀌어 억압과 통제 또한 되살아나고, 독립운동 기간 동안 시작된 좌우익 투쟁은 필연적으로 한국전쟁을 발발시킨 것이 아닌가? 미소 제국주의만 탓하지 말고, 우리 내부에서 이미 치유 불능의 상태이던 좌우 대립도 살펴보자. 프랑스혁명도, 그것을 시발로 한 현대민주주의도 그 첫 시작은 웅장하고 거룩하였으나 세월이 흐르면서 껍

데기만 남고 내실은 어딘가로 증발해버렸다. 세상을 너무 비관적으로 보느냐고? 그렇다. 나는 비관주의자이다. 눈 가리고 아웅하는 식의 개선이나 개혁에는 신물이 난다. 기득권의 힘은 참으로 강고하다. 이제는 컴퓨터까지 활용하여 모든 것을 조장, 조작, 조정, 조율할 수 있다. 그들도 좋은 방향으로 세상을 이끌고 싶어 한다. 문제는 기득권 세력조차 권력의 논리와 역사의 법칙에 순응할 수밖에 없다는 것이다. 사실 기득권 지배 세력만을 일방적으로 비판할 수는 없다. 대중의 반동성과 수구성, 영악성과 음험성, 변덕성과 자의성 또한 온갖 역사적 혁신과 개선의 기회를 망쳐놓지 않았던가. 최소한 하나논리의 유아유심주의는 정신적 가치와 탈물질주의적 안락을 추구하려는 사람들에게는 하나의 출구, 희망의 출구가 될 수 있다.

2) 개인주의와 주체성/책임성

다시 한번 분명하게 밝힌다. 나의 개인주의는 결코 국가나 사회 혹은 민족과 같은 집합적 개념의 필요성을 전면적으로 부정하지 않는다. 다만 이러한 집합개념들이 오랫동안 개인을 억압하고, 착취하고, 구속하는 소수 지배 권력자의 명분으로 악용되었다는 사실을 지적하며, 그 허구성을 널리 알리면서, 국가나 사회 혹은 민족에 선행하여 우선적으로 나 자신, 각각의 개인이 가장 중요한 근본적 존재임을 강조하려는 것이다.

하나논리는 심외무물이요 심외무사라는 유아유심의 원리를 따르지만, 집합적 개념의 실재성도 유심론적 실재론의 관점에서 인정할 수 있다. 다만 내가 일관되게 강조하는 사실은 존재의 세계 혹은 이 현실세계에서 모든 것은 유아유심의 개인으로부터 시작하며, 개인의 삶이란 간단히 말해 개인이 존재 세계에 그 나름의 의미와 가치를 부여하며 살아가는 것이라는 점이다. 개인이 모든 것의 시작이요 끝이며, 목적이자 가치이다. 이 과정에서 국가와 사회 혹은 민족과 같이 개인(들)을 집합적으로 표상하는 개념적 규정이나 단위의 필요성을 인정할 수 있다. 왜냐? 이것들이 개인을 보호하고 개인을 위해 봉사한다고 알려져 있기 때문이다. 좀 더 극단적으로 표현하자면 국가와 사회는 개인인 나를 위해서 존재하는 것이고, 나는 국가나 사회가 나에게 도움이 되는 것으로 판단하여 그것을 수용하고 인정한다. 나를 위한 위아양생(爲我養生)의 원리는 개인을 위한 수단으로서 자연스럽게 국가나 민족 혹은 공동체라고 부르는 것들과의 공생을 이룬다.

문제는 인간 역사에서 국가나 사회는 많은 경우 개인의 보호라는 본연의 존재 가치를 상실하고 소수의 기득권자를 위한 도구로서 작동하는 일탈과 파행을 보여준다는 것이다. 그래서 나는 개인의 주체성과 자유 그리고 안전을 가장 직접적으로 보장해주는 개인주의를 적극적으로 강조한다. 국가는 개인의 세금으로 연명하는데도 납세자를 우습게 본다. 참으로 주객전도이다. 현실이 이러하니 국가를 굳게 믿고 충실히 따르며 나 자신의 삶을 꾸릴 수 없는 현실이다.

이제 나의 삶은 내가 책임져야 한다. 내가 주체적으로 꾸려나가야 한다. 그렇다고 국가를 전면 부정할 필요도 없고 그래서도 안 된다. 나만 반국가주의자, 불평분자, 극단주의자로 찍혀 큰 손해를 보거나 낭패를 당한다. 개인은 각자도생해야 한다. 그러하니 선 개인이요 후 국가나 사회이다. 공동체적 삶을 지향하는 극기복례를 위해서도 먼저 이기위아(利己爲我)를 전제해야 한다. 자기를 위하는 마음이 먼저 있어야 자기를 넘어 사회까지 생각할 수 있다. 개인주의를 기본으로 하면서 상호 협동한다. 이(利)를 추구하되 의(義)를 잊지 않는다. 왜냐, 이 양자의 조화 균형이 개인에게 최고 최선의 길이기 때문이다. 그러나 최고 최선이 아니어도 좋다. 성인군자의 길은 결코 쉽지 않다.

이처럼 위에서 논의한 하나논리의 유아유심론은 자연스럽게 개인주의로 연결된다. 전체보다는 개체를 우선시하는 것이 개인주의다. 개인 속에 전체가 있을 수는 있어도, 현실 존재론적으로, 전체 속에 개인은 없다. 다시 한번 집합으로서 전체의 허구를 분명하게 직시하자. 우리는 지금까지 개인의 집합적 구성체인 국가와 사회, 민족과 가족, 조직과 집단을 개인보다 더욱 중시하고 떠받드는 집단주의, 전체주의, 집합주의적 가치관을 사회화를 통해서 습득해왔다. 그러나 한번 곰곰이 차근차근 생각해보자. 무엇이 국가고 무엇이 사회인가? 민족은 무엇이고 계급은 또 무엇인가? 그 집합적 실체의 내부 구성을 들여다보라. 거기에는 그야말로 천차만별 각양각색의 개인들이 우글거리고 있을 뿐이다. 그들이 동일한 국가의식과 사회의식을 지닌다고? 그렇다면 왜 그토록 서로 대립하며 싸우고 적대하는가? 국가를 위해서 충성한다고 할 때, 그 국가는 누구의 국가인가? 누구를 위한 국가인가? 어떤 국가인가? 선거 때마다 피투성이가 되도록 서로 증오하고 비방하는 사람들이 아닌가? 공동체, 공동체 하며 공동체 타령을 하는 사람들은 과연 공동체의 역사적 실태와 현실적 작동을 제대로 알고서나 떠드는지 참으로 답답하다. 물론 공동체론에서 묘사되는 순수 이념형으로서의 공동체는 아름답다. 하지만 가장 소규모이자 부모와 자식이라는 혈연관계로 성립된 가족공동체마저도 이미 풍비박산의 상태라고 하면 너무 과장된 판단이 될까? 더 이상 공동체의 신화로 신기루나 사상누각을 짓지 말자. 모든 집합체는 규모가 커질수록 문제를 더 많이 발생시킨다.

이제 집합이라는 무명(無明)과 미명(未明)에서 벗어나 대명천지의 개인으로 돌아가자. 개인이 먼저고 그다음이 개인의 '자유로운' 연합체 혹은 집합체이다. 인간은 혼자 살 수 없으므로 개인들 간의 협동은 필수적이며 지극히 자연스러운 것이다. 그런데 역사적으로 누가, 무엇이 이 개인들 간의 자연스러운 자발적 협동을 파괴하고 방해하였는가? 대답은 자명하다. 위대한 아나키스트 크로포트킨의 『상호부조론(Mutual Aid)』을 읽어보라. 바로 이 협동 혹은 연대나 통합이라는 지점에서 사회학자들은 개인보다는 사회가 더 우선적이고 더 우월하다고 잘못된 결론을 도출한다. 사회중심주의가 성립한다. 마치 사회라는 존재가 개인들보다 높은 저기 어딘가에 존재하여 스스로 작동하는 것처럼 간주한다. 단언컨대 그런 사회는 없다. 그런 국가도 없고, 그런 민족도 그런 계급도 없다. 허명의 이름만 있을 뿐이다.

예를 들어 논의해보자. 부산 사회라고 했을 때 부산 사회는 어디에 있는 무엇인가? 부산 연산동 시청에 근무하는 시장 이하 공무원이 부산 사회인가? 물론 아니다. 부산이라는 행정구역 안에 있는 것이 부산 사회인가? 아니다. 사회실재론자면 어느 누구도 대답하기 어려울 것이다. 부산시를 장악한 소수의 지배집단들? 부산시를 움직이는 각종 법규? 내가 대답하겠다. 부산 사회는 부산 사회를 생각하는 부산시민들 개개인의 마음속에서나 존재할 뿐이다. 교과서나 책에서 수없이 부산 사회를 거론해도 나 개인이 그것을 알지 못하면 부산 사회는 없다. 결국 사회는 개인적인 것이다.

개인은 사회 없이도 무인도 표류자나 진정한 자연인 등으로 존재할 수 있지만, 사회는 개인이 없으면 애당초 성립이 불가능하다. 따라서 사회라는 불필요한 껍질을 벗겨내고 그 속에 있는 개인들에게 집중적으로 주목해야 한다. 개인들을 구성하는 공통분모는 이기심이다. 생존 유지를 위해서 자신을 이롭게 하려는 마음이 이기심이다. 이기심을 지닌 개인이 있으므로 집합체로서 사회라 불리는 것이 굴러간다. 개인은 필요에 따라서 서로 모여 집합을 이룬다. 집합의식은 개인의 집합체로서 개인과 분리된 존재인 사회가 보유하는 것이 아니다. 집합의식이란 개인의식의 한 형태로서 개인의식에 종속되고, 의존할 뿐이다. 개인의식을 기반으로 집합의식이 발생하거나 발전할 수 있다. 참으로 자연스럽고 당연한 인간의 생존 방식이다.

매우 역설적이지만, 개인이라는 개념과 의미가 가능하기 위해서는 집합을 구성할 수 있는 다수의 개인이 있어야 한다. 이처럼 기본적으로 개인은 타 개인과 함께 살아야만 한다는 의미에서 모든 개인주의는 자기 확대형 개인주의가 될 수밖에 없다. 남과 잡종화하면서 살아야 하는 것이다. 경쟁과 함께 협력이 불가결한 삶의 원리가 된다. 이기심이 필수적이지만 이타심도 필요하다. 나도 좋고 남도 좋으면 이기적 이타심인가? 도킨스(Richard Dawkins)의 '이기적 유전자'라는 개념은 결코 과장된 것이 아니다. 이기심이 인간이라는 종의 생존과 진화의 원천이기 때문이다. 이타심의 근원에는 필히 이기심이 있다. 이기적 유전자를 승계시키는 생명 기계가 인간이다.[1]

나아가 이(利)와 의(義)가 반드시 충돌하거나 모순되는 것도 아니다. 도가처럼 선리도 가능하고, 불가처럼 자리즉타리(自利卽他利)도 가능하다. 서구 정의론의 논지를 파헤쳐보자. 누구를 위한 누구에 의한 어떤 정의인가? 허망한 국가, 민족, 전체, 약자 등등 애매모호하기 그지없는 대상들을 위한 정의이다. 빈민 혹은 약자는 구체적이라고? 수많은 종류의 다양한 빈민과 약자가 존재하는 것이 현실이다. 빈민이나 약자를

---

[1] 도킨스에 의하면 인간은 자유의지나 문명을 통해서 이기적 유전자의 독재를 제어할 수 있다. 유전자라는 생물학적 존재는 인간 마음의 한 형식/작용이므로 다른 형식인 자유의지나 이타심에 의해서 잡종화되거나 상생상극의 변화를 보일 수 있다.

최저빈곤선 이하의 사람들이라고 규정해도 마찬가지다. 그것은 정의의 문제가 아니라, 당연지사의 규범적 문제요, 천리를 추구하는 중도자비 사랑의 문제이다. 그리고 누가 정의를 구현하는가? 동서고금 세상이 부정의로 가득한 것은 무슨 이유인가? 정의론자들이 부정의를 과대 포장하는 것인가? 아니면 원래 인간들 자신이 부정의한 존재라서? 그렇다. 대부분의 인간은 각자도생하기에도 바쁘고 힘들다. 사실 각자도생 그 자체가 최고의 정의 구현이다. 남에게 피해를 주지 않는 것이 정의 구현의 첩경이다.

결국 서구적 정의란 허상이요 허구요 기만이라고 말하고 싶지만, 편협함을 피하기 위해 한 발 물러나 비현실적이요 반현실적 개념이라고 표현하겠다. 유가의 인의예지신에서는 의를 수오지심으로 규정하여 인간의 선한 마음을 촉발시키는 단서로 이해한다. 이는 간단명료하면서도 무한히 풍부한 함축적 의미를 갖는다. 이에 반하여 서구의 (현대) 정의론은 주로 물질적 차원에서 재산/소득/지위 불평등에 집착하거나 소유(권) 문제를 건드린다. 그러고는 정의를 경제적 차원의 불평등 해소라는 정책문제로 세속화시킨다. 언젠가 저명한 정의론자가 방한하여 폭발적 인기를 얻는 사태를 보고, 동아시아 지혜가 통탄하는 소리를 듣는 듯하였다. 물론 대자대비의 동아시아 지혜는 빙그레 웃었겠지만. 정의란 개인이 타인과 관계를 맺는 가운데 발생하는 문제이다. 나의 이기심이 타인의 이기심에 피해를 초래할 경우, 나는 부끄러운 마음으로 타인에 대한 자비심을 갖는 것이 정의이다. 타인의 이기심이 제대로 유지되도록 관심을 지니는 마음이 정의이다. 그래서 정의와 이기를 혹은 의와 이를 적대적으로 분리시켜서는 안 된다. 세상을 구하겠다고 정의를 전가의 보도처럼 휘둘러서는 안 된다.

하나논리의 개인은 우주 그 자체로 확대된다. 개인이 우주이다. 각각의 개인 속에 우주와의 하나임이 내장되어 있다. 그 사실을 깨닫고, 그것을 찾아내어 틈틈이 가꾸고, 돌보며, 즐기는 것이 바로 깨달음의 과정이다. 자기 확대형 개인주의의 길에서 꾸준히 수행하다 보면 어느새 타인이라 불리는 개인들이 길동무로서 합심·동행하고 있을 것이다. 자리행(自利行)이 곧 이타행(利他行)이다.

개인주의는 나라는 존재에 대한 확실한 주체성을 요구한다. 남이 시키는 대로 남을 따르는 외부지향형 혹은 타지지향형 인간이 되어서는 안 된다. 쉽지 않은 일이지만, 가급적 모든 사고와 행위를 자신의 선택에 따라서 결정해나가야 한다. 대부분의 사람은 이러한 주체성을 확립하지 못하고 우왕좌왕하면서 이런저런 우상을 숭배하거나 시류에 편승한다.[2] 극심한 경우 막가파나 소시오패스가 되어 닥치는 대로, 마음 내키는 대로 살아간다. 주체성은 인간 자유의 특성이므로 이 문제는 자유의 문제이기도 하다. 개인이 자유를 누리자면 무엇보다도 자기 자신을 통제하거나 관리할 수 있는 주인으로서의 지위와 역할을 갖추어야 한다. 주인의식을 가진 자주인(自主人)이 되어야 한다. 내가 주체라는 말은 내가 나의 주인이라는 것을 의미한다. 주인은 어떤 존재인가?

---

[2] 각종 스타를 양산하여 상품화시키는 물신주의가 범람한다. 그 결과 우상숭배적 현상이 일상화되었다. 유명한 연예인, 체육인, 작가, 칼럼니스트, 예술가, 정치인, 유튜버 등등 각양각색의 인물들이 추종자(follower)를 거느리며 인기를 누리고 수입을 늘린다. 과거 리스만(David Riesman)이 비판하였던 대중사회의 타자지향형(他者志向型, other-oriented type) 인간들이 도처에서 무리를 이루고 있다. 노래 〈침묵의 소리(Sound of Silence)〉가 전하는 "사람들은 그들이 만든 네온 신 앞에 무릎 꿇고 경배하네(the people bowed and prayed to the neon god they made)"라는 냉소적 가사가 떠오른다. 문제는 "사람들은 지껄이기만 할 뿐 대화는 하지 않고, 듣는 것 같아도 경청하지는 않고, 부를 수 없는 노래를 만들 뿐(People talking without speaking, people hearing without listening, people writing songs that voices never shared)"이기 때문이다. (찰나적인 네온) 신과 (타성적) 사람 간에 통일(通一)이 이루어지지 못한 상태이다. 따라서 하나 논리가 제시하는 유아유심적 내부지향형 개인이 가까이할 길은 아니다.

주체성은 반드시 책임성을 요구한다. 자기에게 도움이 되고 남에게는 피해를 주지 않는 행동을 해야 한다. 성인들께서 누누이 말한 대로, 네가 싫어하는 것은 남에게 해서는 안 된다. 물론 남에게 도움이 되면 더욱 좋다. 그러나 현실의 각박함을 고려할 때, 언감생심 남을 돕지는 못해도 무방하니, 남에게 피해를 끼치지 않는 것이 급선무다. 그것이 남을 돕는 길이다. 하늘은 스스로 돕는 자를 돕는다고 했다. 나는 이 말의 뜻을 자기 자신을 스스로 돕는 자는 언젠가는 남도 돕게 될 것이라는 선자리행 후이타행(先自利行 後利他行)으로 해석해보고 싶다.

오늘날 그야말로 무규범의 아노미상태에 빠진 문명전환의 시기에는 인간이 신뢰할 수 있는 규범적 가치가 절실하다. 시대에 뒤떨어진 낡은 가치는 폐기하고, 기득권자의 권위만 유지하는 도덕도 던져버리는 새로운 가치혁명이 필요하다. 대중 조작의 기술이 고도화한 첨단기술사회에서 개인은 주체성을 잃고, 권위적 우상이나 인기몰이 허상에 빠지기 쉽다. 부질없는 짓이다. 개인은 각자의 내면으로 조용히 침잠하다 보면 반드시 무언가 의미 있고 다채로운 것을 발견할 수 있다. 그것이 주체성이고 자신에 대한 책임성이다.

선공후사(先公後私)가 아니라 선사후공(先私後公)이다. 심하게 말하자면 멸사봉공(滅私奉公)이 아니라 멸공봉사(滅公奉私)가 되겠지만, 중용지도를 따라 공사불이(公私不二) 정도로 만족함이 좋을 것 같다. 사회학은 이제 집합과 전체를 표상하는 (허구적?) 공동체에 대한 우상숭배를 벗어나 공허한 공적(公的/空的?) 맥락에서 규정된 공인(公人/空人?)으로서 개인이 아니라, 자율적이고 독립된 사적(私的) 존재로서의 개인 혹은 사인(私人)들이 모여서 만드는 사회(私會)로서의 사회학(私會學)에 더욱 큰 관심을 지녀야 할 것이다.[3]

3) 허무주의, 비관주의, 신비주의

하나논리의 독특하면서도 매력적인 동아시아적 가치지향을 나는 허무주의, 비관주의, 신비주의에서 발견한다. 니체가 질타한 인간으로서의 주인의식을 망각한 서구적 허무주의도 아니고, 찰나의 순간적 미학에 열광한 러시아적 니힐리즘으로서의 허무주의도 아니다. 쇼펜하우어의 염세주의로서의 비관주의도 아니다. 아울러 마술의 정원으로서 신비주의의 주술화를 비판한 베버식 신비주의도 아니다.[4] 나는 일제강점기 박열과 그의 동지들이 식민체제에 대한 저항 의식으로 한때 열렬히 추구한 부정적-파괴적 허무주의에 주목한다. 후일 박열은 허무에서 허유로 전환하며 『신조선혁명론』에서 세계주의를 지향하는 유종의 미를 거둔다(김성국, 2007b). 합리적 과학 대 비합리적 미신으로서의 신비주의를 지칭하는 것은 당연히 아니다. 염세에 빠져 자살 충동을 촉발하는 비관주의도 아니고 매사를 부정적이고 비판적으로만 보려는 비관주의도 아니다. 우리는 꽤 오랫동안 동아시아적 사고의 전근대적 흔적으로서 이 세 가지 사고 지향을 부정적으로 간주해왔다. 그러나 동아시아 지혜의 심원함은 바로 이 비현실적이고 반현실적인 사고에서 출발하여 그것을 무리 없이 극복하면서 더욱 심화시키는 논리의 반전에 있다.

---

[3] 사회(私會)의 개념은 나의 '박람창발(博覽創拔)' 제자 이성철(2020년 개인 메모) 교수로부터 배웠다. 그가 소개한 『단편적인 것의 사회학』(기시 마사히코, 2016) 또한 사회학(私會學)의 맥락에서 접근해볼 수 있다.

[4] 나는 니체, 쇼펜하우어, 러시아 허무주의자, 베버를 매우 존경한다. 다만 하나논리와 허무주의, 비관주의, 신비주의를 연관시키는 현재의 논의에 국한하여 그들의 견해 일부를 비판적으로 수용한다.

(1) 허유적[5] 허무주의와 적극적 비관주의

동아시아 지혜는 허, 태허, 허정, 허적, 허무, 무상, 무위, 무아 등등 유달리 허와 무를 좋아한다. 나는 불가의 공도 단순한 무가 아니라 허로 채워진 무라고 생각한다. 허공을 예로 들어보자. 허공은 아무것도 없는 텅 빈 공간으로서의 공이 아니다. 그것은 존재 활동으로서의 기, 인식 소통으로서의 심, 천지만물의 천리나 도리로서 리가 존재하는 허유의 공간이다. 구별과 구분을 전제하면서도 그 구분을 자유롭게 넘어서고 되돌아가기도 하는 동아시아 지혜는 무와 유, 허와 유를 상호 규정과 상호 의존 속에서 공생·공존하는 개념으로 파악한다. 그래서 동아시아의 허무주의는 허유주의와 논리적으로 연결되어 있다.

현실적으로 삶은 고통의 연속인 고해이다. 그래서 쇼펜하우어는 고통은 삶의 목적이기도 하다는 역설을 내세우며 합리적 비관주의의 철학을 전개한다. 삶에 대한 체념과 생명에 대한 무의지만이 인간을 고통으로부터 해방시킬 수 있다. 이처럼 인간의 삶이란, 최소한 깨닫기 전까지는, 당연히 허무하다. 생로병사라는 윤회적이고 숙명적인 삶을 어찌할 수 없다. 죽기 싫지만 죽어야 한다. 누가 뭐래도 죽으면 만사 끝이다. 영원한 것은 없다. 삶에 확실한 의미도 없다. 세상살이가 이러하니, 냉정히 생각해본다면 사람은 당연히 그리고 자연스럽게 허무주의에 젖어 들지 아니할 수 없다. 그러나 허무주의에만 빠져서는 살아나가기 힘들다. 그래서 인간은 삶의 시공간을 다시 한번 자세히 관찰해보니 그

---

5   허유는 위대한 아나키스트 하기락 선생의 아호로서 나의 허유적 허무주의는 여기서 도출된 것이다. 아니키즘의 한 갈래인 도가적 자기 극복의 허무주의와 러시아 니힐리스트의 세상 부정의 허무주의를 결합하여 하기락이 창안한 개념일 것으로 추론해본다.

허무 속에서도 무언가 허무하지 않은 것도 있다는 허유적 각성을 하게 된다. 이것이 깨달음의 시작이다. 색즉시공의 허무가 공즉시색의 허유적 허무로 전환되는 것이다.

그렇다면 깨달은 후에는 세상의 허무가 깨끗이 사라지는 것인가? 불경스럽지만, 나의 대답은 아니다. 현상으로서의 허무가 사라지는 것이 아니라, 현상은 그냥 그대로이지만 그것을 바라보는 내 마음이 변할 뿐이다. 허무 속에 허유가 있고, 허유 속에 허무가 있을 뿐이다. 허무와 허유의 잡종화가 이 세상이다. 그러나 대각의 깨달음을 이루는 사람이 극소수인 이 현실에서 많은 사람은 한편으로는 허무를 딛고, 허무를 느끼며 허유를 붙잡고 살아갈 수밖에 없다. 피할 수 없는 죽음, 개인의 무력함, 세상의 부조리에 인간은 운명 지어져 있지만, 그것을 잊고 혹은 무시하고 허유적 가치와 목표를 찾으며 살아간다.

그래서 사람들은 세상과 삶의 덧없음과 무상함 그리고 운명의 곡예에 대응하는 방식으로 체념의 지혜를 습득한다. 과거로 돌아가서 한번 상상의 날개를 펴보자. 만약 우리가 저 참담한 춘추전국시대의 압제와 착취 속에서 빈곤과 고통을 감내하며 살아야만 했던 사람들이라면 우리는 어떤 마음과 가치로 생을 연명했을까? 현실에 대한 체념이라는 순응의 길을 택하여 그 길에서나마 무언가 의미 있는 것을 찾아보고자 하지 않았겠는가? 전쟁에 나가 죽거나 비명횡사하지 않고 육신이 멀쩡하게 살아 있다는 사실 자체가 복이요 행운이 된다. 풍부하지는 못해도 그럭저럭 끼니를 이어가며 음식을 달게 먹을 수 있다는 사실 자체가 행복이 된다. 이 밖에도 열심히 찾아보면 그런대로 인생의 재미가 여기저기 있다. 이와 같은 생존 방식은 얼핏 소극적이고 서글픈 순응처럼 보이지만, 당사자 자신의 관점에서는 유일한 적극적 대응이다. 인간이 지닌 강인한 생명 본능의 발동이다. 지금 여기의 참담한 실존 속에서 생존을 유지하며 미래의 탈존을 꿈꾸는 노력이라고도 해석할 수 있다.

당대의 도가는 양생과 위아를 위해서 부러지고 꺾이기 쉬운 강고함보다는 짓밟혀도 되살아나는 유약함을 가르치고자 했는가? 불가는 삼독(三毒)인 탐진치(貪瞋癡)를 제시하면서 현실에 집착하여 욕심을 내는 어리석음을 없애버리라고 권유했는가? 화를 내어보았자 자기만 피곤할 뿐이라고 했는가? 공자는 『주역』을 읽으며 운명의 섭리를 담담히 수용하고자 했던가[知天命]? 동아시아 지혜는 현실을 거역하는 저항 행위로서 혁명과 같은 격렬한 집단적 행동을 암시조차 하지 않는다. 일종의 사려 깊은 체념적 지혜이다. 사실 혁명은 그 과정에서부터 결과까지 참으로 피비린내 물씬한 살육과 파괴로 얼룩지지 않는가? 그 결과 희생의 피라미드인 문명의 금자탑을 세운다 한들 그 혜택은 누구에게 돌아가며 인간은 진정 골고루 행복해지는가? 세상사 알 수 없다.

물론 체념이라는 비관주의 그 자체가 삶의 목적은 아니다. 현실의 고통과 재난을 감내하는 수단일 뿐이다. 그러므로 체념의 세상, 체념하는 인간은 슬프지 않을 수 없다. 세상은 예나 지금이나 크게 달라진 것이 별로 없는 대동소이의 불변이다. 이 불변의 세상에서 하루살이 인생을 살아가니 그 어찌 슬프지 아니하리오. 허무-체념-비관은 참으로 자연스러운 인생살이의 표지이다.

다행히 운이 좋아서 당신이 깨우친 사람들이 일으킨 종교를 믿으며 이 세속의 현실을 벗어 날 수 있는 구원이나 구도의 길을 찾는다 해도 마음은 편해질지언정 천지불인은 그대로이다. 당신의 처지와 형편도 마찬가지다. 은총을 받고 득도한다 한들 바로 저기에서는 중생들의 슬픈 삶이 그대로 굴러가니 이 또한 어찌 슬프지 아니하랴? 그것이 하나님의 뜻이라고 아무리 자위해도 슬픈 것은 슬픈 것이다. 예수님의 거룩한 기도를 생각할 때마다 나는 참으로 비통한 심정으로 슬프다. "아버지, 아버지께서는 하시고자 하시면 무엇이든 다 하실 수 있으시니 이 잔을 저에게서 거두어주소서. 그러나 제 뜻대로 마시고, 아버지의 뜻대로 하소서."(「마태복음」) 깨달은 자 또한 슬프다. 그래서 대자대비의 자비이다. 세상에 대한 비관은 진지한 사색과 반성에서 나온 깨달음이다. 또 다른 깨달음으로 가는 깨달음의 출발이다.

특히 불가에서는 세상의 허무함을 연기의 법칙이나 윤회적 삶을 통해 설명한다. 생로병사와 인생 고해라는 말도 세상의 허무를 지적한다. 이 세상에서 아등바등 기를 쓰며 살아가는 중생의 슬픈 삶에 비애를 느끼지 않을 수 없다. 깨달은 자의 슬픔이다. 나는 이 지점에서 한 걸음 더 나아가보았다. 상구보리 하화중생의 교리에 따라서 무명 속의 중생을 밝고 깨끗한 깨달음의 세계로 이끌고자 대자대비를 행하는 깨달은 자는 과연 이 끝없는 윤회가 도대체 끝나기는 할까 하는 어떤 벽을 느끼면서, 바로 대자대비 그 자체의 슬픔을 느끼지 않을 수 없었을 것이라고 추론해보는 것이다. 깨달은 자에 대한 이 불경스러운 해석은 그들의 고매한 대각심을 회의해서가 아니다. 오히려 그러한 슬픔에도 불구하고 묵묵히 초지일관 대자대비에 전념하는 그들의 초인적 태도를 존경하며 칭송하고 싶은 심정이다. 이미 『금강경』 14장에서는 중생구제와 관련된 일탈이나 회의에 빠지지 않도록 보살들에게 "그렇다면 아무도 중생을 제도하거나 국토를 장엄하지 못할 것 아닌가[無人度生嚴土疑]?"라고 경고한다. "수보리야 만일 보살이 '내가 불국토를 장엄하리라' 하면 보살이라 이름하지 못하리니. 무슨 까닭이냐? 여래가 말하는 불국토의 장엄은 장엄이 아니므로 장엄이라 하기 때문이니라. 수보리야. 만일 보살이 나와 법이 없음을 통달하면 여래는 그를 참말 보살이라 이름하느니라." 이 말을 듣고 보니 무아의 세계에 들지 못한 나로서는 대자대비의 세속적 비애감에 너무 집착한 것 같다.

이 체념적 비관 혹은 비관적 체념을 니체식 아모르 파티(amor fati)와 관련시켜 적극적으로 해석해볼 수 있다. 운명을 사랑하라! 인간에게 주어진 불합리한 슬픈 운명이라 할지라도 그것을 초인적으로 극복하려는 나의 의지를 사랑하고 그래서 나를 사랑하라는 니체는, 알고 보니 원래 불교의 영향을 적지 않게 받았다. 쇼펜하우어는[6] 인간 의지를 깨끗이 정화함으로써 왜곡된 표상을 없애고, 나아가 이 풍진세계도 벗어날 수 있다고 했지만, 니체는 힘에의 의지를 더욱 굳건하게 하고자 했다. 의지에 대한 적극적 믿음이든 부정적 판단이든 둘 다 의지, 즉 내 마음의 결정적 역할에 주목했다는 사실이 중요하다. 운명을 한편으로는 과감히 인정하고(주체적 체념), 다른 한편으로는 그 운명을 초극하는 힘에의 의지로 나아가는 것은 그 강도와 방식은 다소 상이하지만, 니체나 쇼펜하우어 모두 비슷하다. 참으로 흥미롭게도 니체는 운명에 대한 사랑을 이야기하였는데, 이는 바로 동서의 모든 지혜가 궁극적으로 도달하는 사랑과 합류한다. 인간, 운명, 세상, 하나님/도, 불성의 추구와 함께 흐르는 모든 지혜의 강은 사랑이라는 대해로 합류한다.

동아시아 허무주의는 체념 속에서 의지를 싹틔우고, 비관 속에서 사랑을 발견하기 때문에 하나논리는 이를 허유적 허무주의, 적극적 비관주의라고 부른다.

(2) 내재적 신비주의

하나논리의 이론적 전제인 천지인합일 자체가 신비스럽지 아니한가?

---

[6] 쇼펜하우어의 불교 예찬 — "불교는 기독교보다도 몇백 배나 더 현실적이며, 문명의 마지막 단계의 피로를 해결하기 위한 종교" — 은 놀랍다.

어떻게 합일이라는 하나를 생각할 수 있었을까? 이 합일의 경지를 언어로 표현하기 어려워 도, 불성, 성, 신 등의 개념을 사용하지만 이것들 또한 신비롭기는 마찬가지다. 기, 리, 색, 공, 무위자연도 마찬가지다. 또한 인위의 현실세계를 벗어나면서도 동시에 그것을 품에 안고 하나라는 무한 세계로 가고자 하니 그 논리가 신비로울 수밖에 없다. 현대의 양단적 이분법 논리로는 이해가 쉽지 않다. 하나논리의 신비주의는 과학에 영혼이나 영성을 부여함으로써 과학적 합리성과 동등하게 신비주의적 천리성(天理性) 혹은 도리성(道理性)을 밝히고자 한다. 현대 과학의 목적이 무엇이겠는가? 양자역학의 목적은 무엇인가? 미지의 세계로 남아 있는 우주의 신비, 존재의 신비를 과학적으로 설명하는 것이다. 하나논리는 우주나 존재의 신비에 때로 신비주의적으로 접근해보고자 한다. 왜 신비주의적 접근인가? 논리가 어떤 한계에 도달하면 그것을 극복하기 위해서 신비주의적 초월이나 비약이 필요하기 때문이다. 신비에는 신비로 접근한다! 칸트나 비트겐슈타인은 물자체나 세계/언어/논리의 한계에 직면하여 솔직담백하게 그 접근 불가능성을 선언하였다. 반면 동아시아 지혜는 언어로 설명하기 어려운 그 신비주의적 영역을 분석적 언어를 사용하여 직접적으로 해석하고자 시도하지 않고, 추상, 상징, 은유, 비유, 선문답 등과 같은 신비주의적 언술에 의존하여 설명해보고자 한다. 물론 과학과 신비라는 두 접근 모두 유용한 방식이다.

문제는 신비주의에 대한 세간의 곡해나 오해에 있다. 우주의 신비처럼, 신비의 세계는 미지의 세계이다. 과학이든 신비주의든 모두 이 신비를 각자의 방식으로 설명하고자 노력한다. 전자가 관찰과 실험에 의존한다면 후자는 직관과 명상에 의존한다. 놀라운 사실은 현재 우리가 축적한 과학적 지식의 수준이라는 것이 우리의 예상이나 기대와는 달리 엄청나게 낮은 수준이라는 사실이다. 심지어는 무지나 부지의 수준을 겨우 벗어난 정도에 불과하다고도 말한다. 그래서 자유주의자 포퍼는 이와 같은 인간 지식의 낮은 수준을 고려할 때 어떤 결정론적이거나 독단적인 주장은 성립할 수 없으므로 우리는 부단한 토론의 과정을 통해서 조금씩 더 나은 이론과 주장으로 전진해나가야 한다고 역설한다. 그렇다면 신비주의 또한 무조건 배척할 것이 아니라, 더 나은 신비주의적 추론을 도출하기 위해 계속해서 탐구해나가야 할 대상이다.

동아시아 신비주의의 구체적 형태로 논의를 옮겨보자.『주역』과 점, 명리와 사주, 풍수와 천문, 각종 관상, 수상, 족상 등을 비롯하여 제사, 굿과 초혼제, 축지법, 둔갑술 등과 같은 역술이나 도술이 신비주의의 영역에 속한다. 논리적-이론적 차원에서는 깨달음, 천지인합일, 천인합일이나 신선도 등이 신비주의에 포함된다. 물론 이들 신비주의 유형은 사안별로, 시행 주체별로 그 체계적 수준과 신뢰성 혹은 설득력/영향력이 천차만별이므로 일괄 논의하기에는 무리가 따른다. 다만 이 모든 신비주의 영역의 활동들을 미신으로 치부하고 부정하는 것은 잘못된 판단이다. 과거 근대화 열풍이 불어 각종 성황당이나 산신제 등을 금지하였는데, 오늘날의 관점에서 재인식한다면 그것들은 자연보호나 생태주의의 요람이요 마을공동체의 결속을 위한 상징 의례로서 사회통합적 기능을 갖는다. 최소한으로는 각종 자연재해로부터 보호받기 위한 자기 충족적 예언이라 할 수 있다.

신비주의의 정점은 신인합일이라는[7] 깨달음이다. 세속적 삶에서 느

---

[7] 힌두 사상에서도 범아일여(梵我一如), 즉 궁극자 브라만으로서 범(梵)과 인간의 궁극적 실재로서 아트만인 아(我)의 합일이 범신론적 신비주의에서 가장 중요한 개념이다. 물론 신인합일은 최근 하라리가 예언한, 인공지능과 같은 첨단과학기술에 의해 등장할 수 있는 신적 인간(homo deus)과는 구별되어야 한다. 하지만 신인동형동성설과 같은 종교적 차원의 신인합일 가능성을 배제할 수 없듯이 신적 인간도 신

끼는 허무와 비관, 한계와 경계, 부조리와 모순을 벗어나 어떤 초월적 영역이나 탈존의 경지에 도달하는 것이다. 신비주의는 하나논리의 동아시아적 특성을 부각시켜준다. 신비주의에 관한 사회학자 금인숙(2006: 47)의 멋진 설명을 들어보자. "신비주의가 표현하는 초월의식과 초월 경험의 내용은 무수히 다양하다. 그러나 그 외형상의 다양성과 차이성을 넘어서 공통성도 존재한다. 그 공통성이 바로 하나됨이다. 생에 대한 무한한 희열과 기쁨은 하나됨의 체험으로부터 온다. … 하나되는 순간, 우리는 깊은 행복감을 맛보게 된다." 금인숙은 한국 고유의 선도, 즉 선가 전통은 중국의 도가와 함께 바로 이 신비주의 전통의 하나라고 정확하게 지적한다. 나아가 중국과 한국의 신비주의 전통을 승계한 선(禪)사상은 "일반 서민층의 생활 속으로 파고 들어간 원효의 무애행과 일심론의 사상적 토대 위에서 성장하였던 셈이다"라고 설명한다. 하나논리의 본체론적 요소로서 논의된 일심은 불가, 특히 원효의 화쟁일심에서 도출한 것이다. 리기심일원론의 관점에서도 고려한 것이지만, 그 일심의 구체적 내용은 불가적 유아유심에 기반을 두었다. 금인숙(2006: 92)의 결론은 메아리가 크다. "현대인에게 일반적으로 알려진 것과는 달리, 진정한 신비주의는 개인주의적인 자기만족이나 심리적인 자아도취가 아니다. 현실로부터의 회피나 도피도 아니고, 현상계의 운동 원리를 부정하는 비역사주의나 정적주의는 더욱 아니다. 신비주의는 이 세상에 등을 돌리는 것이 아니라 이 세상에 열정적으로 헌신하는 요소를 항상 지녀왔던 것이다."

   신비주의의 현실적합성과 사회참여성을 부각시키려는 금인숙의 입

   (성)을 향한 인간의 부단한 노력 추구의 결과라는 측면에서 보자면 신인합일의 새로운 차원으로서 의미를 갖는다.

장은 타당하다. 다만 나는 신비주의에서 개인주의적 자기만족이나 심리적 자아도취 혹은 현실 회피의 비역사주의와 정적주의의 가치를 과소평가할 필요는 없다고 생각한다. 신비주의적 체험은 근본적으로 개인적 차원에서 발생하고, 지속·강화된다. 신비주의를 세속화 혹은 제도화하려는 시도는 자칫 신비주의를 악용하는 사태(예컨대 혹세무민의 사이비 신비주의 종교집단)로 이어질 수도 있으므로 나는 개인적 수준에서의 신비주의적 가치지향을 적극적으로 권장하고 싶다.

여기서 범신론적 신비주의로서의 신인합일을 이성적-합리적 인간의 오만으로 비판하는 견해에 대한 해명을 제시한다. 신인합일은 신이 어떤 초월적이고 전지전능한 인격화된 존재로서 유일자를 지칭하거나, 인간이 그러한 신과 동일한 존재가 된다는 것을 의미하는 것이 아니다. 하나논리에서 신인합일은 천지인합일이라는 깨달음을 통해서 인간인 내가 천지 우주와 하나가 되는[通一] 전일(全一) 의식을 갖게 됨을 의미한다.

신비주의를 마술의 정원이나 혹세무민의 주술 세계와 연결시키는 것은 잘못이다. 오히려 동아시아 신비주의의 이론적 연구 성과라 할 수 있는 『주역』의 세계, 명리학의 세계, 풍수의 세계를 적극적으로 사회학의 연구 주제로 삼아야 한다. 우주의 변화를 논하고, 인간의 운명을 예측하고, 인간을 천지와 연관시켜 해석하는 연구는 동아시아의 빛나는 자산이다. 사회학에서 미래(예측)학의 내용으로 이들 연구 성과를 진지하게 논의해야 할 시점이다. 세계에서 가장 과학적이고 체계적인 언어라고 인정받는 한글의 창제 원리가 음양오행이나 하도와 같은 신비주의에 연원한다는 사실은 무엇을 말하는가? 신인합일이나 접신·신통·강신(接神·神通·降神)과 연관된 황홀경이나 환각 체험 또한 심리학적으로 지극히 합리적이고 자연스러운 인간 마음의 변화라는 사실 또한 지적해두고 싶다. 인간의 미래를 명리학만큼 '정확하게' 예측할 수 있는 이론이 세상 어디에 있는가? 인류의 위대한 유산인 동아시아 지혜의 성과를 더욱 체계적으로 발전시켜야 한다.[8]

중국의 세계적 철학자 펑유란이 1948년 『중국철학과 미래 세계 철학』에서 남긴 말을 음미해보자. 비록 세월이 많이 흘렀지만, 그가 남긴 메시지는 여전히 울림이 크다. "내가 보기에 미래의 세계 철학은 반드시 중국 전통 철학에 비하여 좀 더 이성주의적일 것이고 서양 전통 철학에 비하여 좀 더 신비주의적일 것이다. 이성주의와 신비주의가 통일이 되어야 비로소 전체 미래 세계와 걸맞은 철학이 만들어질 것이다."(차이중더, 2006: 319-320에서 재인용) 이 말의 취지는 차이중더(2006: 319)의 지적처럼 "서양철학에도 신비주의가 있으나 신비하기에는 부족하며, 또한 중국철학에도 논리분석 방법이 있으나 아직 충분한 발전을 하지 못하였다"는 것이다. 동서 이론이 상호 회통하고 연결되어 통일을 이루어야 한다는 과제는 여전히 절실하다. 우리는 도전해야 한다.

현대의 첨단과학은 생명이란 원자들의 결합과 분열이라는 화학반응의 집합이며, 진화란 자기구조를 유지하는 분자기계가 자기복제 능력을 가지는 것이며, 결국 우주나 세상이란 원자들의 끊임없는 분열과 결합의 과정이라고 명쾌히 설명해준다. 인간의, 생명의, 천지자연과 우주의 의미가 고작 아니 위대한 원자의 작동이라니? 동아시아 신비주의는 이 지점에서 사회학적 상상력의 날개를 펼치며 새로운 세계를 창조한다. 원자의 세계에 새로운 의미와 새로운 해석을 부여한다. 천리, 지기, 인심이 체용의 변화 속에서 상잡하면서 만들어내는 것이 천지인이라는

---

8 『토정비결』은 예나 지금이나 많은 사람이 애독·애용한다. 저자는 홍익인간의 심정으로 그 책을 만들었을 것이다. 『토정비결』은 길흉을 말하고, 그것을 지키거나 피하는 법을 알려주어 사람들을 안심입명에 이르게 한다. 한때 일부 역학인들이 영업용 간판으로 사용한 '동양철학'을 동아시아 철학의 놀라운 지혜로 재구성해보자.

(원자 세계의) 우주요, 원자의 운동은 다채롭게 생동하는 문화와 문명이라는 것이다. 깨달음이라는 인간의 목표도 알려준다. 원자든, 분자든, 생명이든 무생명이든, 인간이든 비인간이든, 삶이든 죽음이든, 천지자연 대우주이든 너무 집착하지 말라고 알려준다.

4) 중도자비와 통일(通一)

하나논리는 공리공담에 빠지지 않기 위해서 가치실행 혹은 수신수행이라는 현실적 삶의 영위에 필수적인 중도자비론을 제시한다. 개인이 추구하는 가치(깨달음)와 그것을 실현하는 수행이 개인이 감당하기 어려운 지고의 가치나 지난의 과업이 되어서는 안 된다. 인생살이 자체가 고난의 연속인데 여기에 더하여 깨달음이라는 또 하나의 고난을 더해서는 안 된다. 개인을 편안하게 혹은 즐겁게 만들어야 하는 깨달음이 고통 가중의 과정이 된다면 그것은 교각살우(矯角殺牛)의 꼴이다. 그래서 집착하지 않고, 극단을 피하는 중도주의가 필요하다.

우리는 일상의 지혜로서 무리하지 말 것, 과도하게 집착하지 말 것, 위험한 상황에 빠지지 말 것 등을 익히 알고 있다. 그러나 중도론은 심원·미묘할 뿐 아니라 복잡다단하다. 하나논리는 인간 행위의 최고 원리인 중도를 쉽게 규정한다. 과도와 극단을 피하는 것이 중도이다. 그렇다면 극 간의 중간, 중심, 중앙으로 가라는 말인가? 그럴 경우가 있을 수도 있겠지만, 나는 아니라고 생각한다. 게다가 중간이 어디인지 식별하기도 여간 어렵지 않다. 할 수 없다. 타협점을 찾아보자. 적당한 선에서 타협하는 것, 이것이 현실세계에서의 중도이다. 자신만이 옳다고 내세우며 자신의 이득만을 챙기려 하는 이 각박하고 살벌한 세상에서 타협이란 참으로 소중한 상호작용의 원리이다. 협상학에서 가르치는 냉정한

손익계산의 방법이 아니다. 양보의 미덕이 작용할 수 있다면 타협은 원활하게 성공적으로 이루어진다. 물론 교환의 원리에 따라서 다음 타협에서는 양보의 기회가 상대에게 넘어가야 한다. 타협을 이론적으로 멋지게 표현하면 화쟁이다. 도가는 타협도 화쟁도 아니고 아예 부쟁으로 자신을 내세우거나 드러내지 않고 뒤로 물러가서 숨어버릴 것이다.

앞에서도 언급했듯이 '적당히'라는 말은 참으로 좋은 말이다. 적당주의는 대충대충 얼렁뚱땅 땜질하려 한다는 의미로 부정적으로 사용되지만, 현실의 상황과 조건에 적절하고, 일반적 관행이나 원칙에 비추어 보아도 타당하다는 의미의 '적당히'는 참으로 중도의 가치를 잘 표현한다. 그래서 타협의 묘미를 적당한 선에서 서로가 주고받는 것이라 하지 않는가? '적당히'란 무리하거나 서두르지 않고, 온당하게 목표를 추구하는 지혜이다. 현실 지향적인 유가는 과유불급과 화이부동으로 중도의 묘인 '적당히'와 타협을 제시한다. 과도나 무리를 피하게 만드는 최선의 방법은 과함이 모자람만 못하다고 깨우쳐주는 것이다. 부족해도 만족하고, 양보해서 내 것을 줄이더라도 만족하는 것이 중도의 지혜, 과유불급의 지혜이다. 그러나 부정이나 부당과 타협해서는 안 된다. '적당히'의 논리에 위배되기 때문이다. '적당히'는 화이부동의 지혜이다. 타협을 추구하지만[和], 부당한 것은 멀리한다[不同]. 상대와 싸우지 않지만, 나쁜 상대와 동류가 되지는 않는다는 원칙이다.

타협주의나 적당주의를 현실에서 가장 용이하면서도 효과적으로 실천할 수 있는 방법은 잡종화하는 것이다. 어느 쪽이든 '내가 순수 정통이요, 참된 근본이다'라고 외치며 배타적 태도를 취해서는 안 된다. 수많은 원조 간판을 건 식당들, '진짜 원조, 참 원조, 원래 원조' 등등이 길을 이어 즐비한 풍경을 보라. 그들은 싸우지 않고 평화롭게 공존하는 '적당히'와 타협의 잡종화를 보여준다. 상대의 고저장단과 선악·후박을 인정하면서 통일의 관점에서 소통·연결·결합하려는 잡종화 원리가 참으로 필요하다. 중도나 화쟁은 모두 잡종화에 의존한다. 실제로 우리의 모든 삶은 잡종화의 토대 위에서 전개되고 있다. 대립이 대결로 악화되는 것을 막고, 차이가 차별로 둔갑하는 것을 방지한다는 점에서 잡종화는 중도와 마찬가지로 '적당히'와 타협을 통해서 조화와 균형을 이룬다.

이처럼 중도를 불가나 유가에서 이론적으로 논의될 때처럼 너무 높고 거창하게, 신비스럽고 오묘한 것으로 생각하지 말라. 중도는 모든 사람의 일상 속에서 일상과 함께 구현된다. 의식주에 만족하고 즐기며, 나쁜 짓 하지 않고 틈틈이 적선·적덕하며 살 수 있다면 그것이 중도적 삶이고, 중도 그 자체이다. 다음으로 논의할 깨달음의 묘도 바로 일상의 중도 수행에 있다. 중도는 화쟁이요, 화이부동이요, 과유불급의 지혜이다. 남과 다투지 않는 부쟁이요, 억지로 일을 벌이지 않는 무위자연이요, 나서지 않고 조용히 약한 듯 머물러 있는 손퇴의 처세이다. 안빈낙도와 안심입명의 마음가짐이다. 어려울 것 없다. 조금만 관심을 기울이면 당장 시작할 수 있는 즐거운 지혜이다. 여기에 화룡점정으로 사랑이 더해져 중도자비가 완성된다.

모든 사람은 사랑의 마음을 지니고 있다. 그래서 먼저 이기심으로 자신을 사랑한다. 그러나 중도의 지혜는 항상 일방적, 일면적인 극단을 좋아하지 않는다. 자신에 대한 사랑을 넘어 이웃에 대한 사랑(이타심)으로 넓혀진다. 적선·적덕하는 마음, 따뜻하고 친절한 마음, 배려와 봉사의 마음이 사랑이다. 물질적으로 베푸는 사랑만이 실질적이라는 황금만능주의 시대의 사랑은 한계가 너무나 뚜렷하다. 세상은 결코 황금으로 구제할 수 없다. 세상에 사랑하는 마음이 충만하면 세상은 이미 구원된 것이나 마찬가지다. 생각해보라. 도대체 부자들이 얼마나 많은 돈을 쏟아부어야 세상의 빈곤을 없앨 수 있을까? 그럴 만한 국가도, 사람도, 돈도 없다. 사랑의 정신인 박애, 인애, 자애, 대자대비, 홍익인간의 세계는 이미 구원된 세계이다. 유가의 인(仁)을 두고 "사랑의 리[愛之理]"라고 부른다. 세상을 구하는 이치이기 때문이다. 나를 비롯하여 천하만물이 모두 '하나(님)' 혹은 '한울님'을 지니고 있으니, 나와 상대를 모두 하늘처럼 경애해야 한다[侍天主]. 인간이 자신과 타인을 모두 사랑해야(만) 하는 가장 완벽한 이유이다.

5) 자유해방의 안락주의

이제 하나논리의 마지막 특성을 논의한다. 나는 지금까지 유아유심 개인주의, 주체성, 허유적 허무와 신비주의, 중도 등을 제시하였다. 모두가 하나논리의 동아시아적 특성을 독특하면서도 설득력 있게 만들어 준다.

마지막 질문을 던지자. 도대체 하나논리는 나에게 무슨 도움이 될까? 내가 하나논리로부터 얻을 수 있는 것이 무엇일까? 이론은 추상적 수준에서 추상적 결론을 맺으며 끝날 수 있다. 그러나 하나논리는 나의 구원과 세상의 구원을 약속하기 위해서 어떤 구체적이고 실질적인 대답을 제공해야 한다. 그것이 무엇일까?

자유해방이다. 개인적 자유와 사회적 해방이다. 개인적 자유가 축적·확대되면서 이와 동시에 사회적 해방도 서서히 이루어진다. 하나논리의 천지인합일은 최종적 가치지향으로서 깨달음으로 나아간다. 예로부터 말해지듯, 깨달으면 자유롭다고 한다. 진리는 우리를 자유롭게 만든다. 나의 깨달음이 나의 진리가 아니겠는가? 그러면 깨달음의 자유해방은 왜 좋은가? 어딘가에 집착하지 않고, 얽매일 필요도 없고, 불필요한 탐욕과 번뇌로부터도 벗어날 수 있으니 자유로울 수밖에 없다. 우리는 자유를 특정 주체가 욕구를 충족할 권리라고 일면적으로만 이해하는 경향이 있다. 그러나 자유의 근원적인 속성은 강제나 폭력에 의해 지배·구속받지 않는 상태에서 찾아야 한다. 욕구 충족은 대개 일시적이다. 인간은 계속해서 특정 욕구에 집착하거나 이런저런 다른 욕구를 찾아 그것을 충족시키고자 끊임없이 노력하는 욕구의 노예가 되기도 한다. 따라서 자유와 욕구의 바람직한 관계는 욕구의 자유로운 추구라기보다는 자유를 유지시키는 욕구의 추구로 재인식될 필요가 있다. 자유라는 가치 자체가 개인의 욕구를 통제할 수 있어야 한다. 오늘날 자유는 지나치게 정치적 차원으로만 편중되어 논의되고, 자유라는 가치 자체에 함유된 신성한 의미, 강제와 폭력으로부터 해방된 자율·자족(自律·自足)의 상태라는 의미는 퇴색되는 것 같다. 자유주의자로서 나는 현금의 자유에 대한 편협하고도 왜곡된 인식과 이해를 매우 우려한다.

한 가지 예를 들어보자. 종교의 자유란 (제도) 종교가 마음대로 인간의 자유를 훼손해도 된다는 것이 아니다. 언론의 자유도 언론사가 자기 마음대로 기사를 써도 좋다는 것이 아니다. 종교의 자유란 인간이 자유롭게 종교를 선택할 수 있어야 한다는 의미이고, 언론의 자유란 인간의 자유를 수호하기 위해서 언론이 권력으로부터 자유로워야 한다는 의미이다. 그런데 현실은 슬프게도 본말이 전도되어, 특정 종교를 위한 종교의 자유나 특정 언론사를 위한 언론의 자유만이 남아 있는 것 같다.

깨달음은 일종의 초월, 세속으로부터의 초월을 의미하므로 깨달은 자는 세속의 번뇌나 무게로부터 (일정 수준) 벗어날 수 있다. 그러니 자유롭다. 이런 종류의 자유를 우리는 소극적 자유라고 부른다. 싫어하는 그 무엇으로부터 벗어나는 자유를 말한다. 그러나 자유는 이것으로 끝이 아니다. 내가 좋아하는 그 무엇을 위한 자유인 적극적 자유가 인간을 기다린다. 노예 신분을 벗어났으나 굶어 죽을 자유만 있다면 그 자유가 무슨 소용이겠는가. 깨달음은 지상천국이나 극락세계로의 초월이 아니라 이 풍진세상 속 내 마음에 의한 내재적 초월일 뿐이다. 그래서 깨달음 이후의 상태에 대하여 관심을 갖지 않을 수 없다.

    깨달음으로 얻게 되는 자유해방은 어떻게 나에게 도움이 되는가? 자유해방의 상황에서 나는 무엇을 원하는가? 당연히 행복이나 즐거움을 얻고자 할 것이다.[9] 자유해방은 즐거움이 되어야 한다. 고통이 아닌 쾌락이 필요하다. 고통 없는 삶이 곧 즐거운 쾌락의 삶은 아니다. 고통 없음은 완전한 즐거움을 위한 절반의 진실이다. 쾌락을 추구하고 향유하려는 것은 인간의 본성으로서 자유해방을 위한 인간의 적극적이고 능동적인 행동이다. 그렇다고 값비싼 쾌락을 추구하라는 말이 아니다. 깨달은 자에게는 호의호식, 부귀영화 따위는 결코 집착의 대상도 아니고 쾌락의 원천도 아니다. 헛된 욕망에 연연하지 않는 것이 깨달음이다. 즐거움의 종류와 강도는 내가 마음먹기에 따라 얼마든지 조절할 수 있다. 선승들이 차 한 잔으로 청정함과 열반의 묘미를 느낄 수 있듯이 나도 커피 한 잔을 마시며 살아 있음의 생명력을 음미할 수 있다. 사실 온갖 크고 작은 즐거움이 무궁무진 주위에 널려 있다. 노래 한 곡, 영화 한 편, 소설 한 권, 시 한 수 그리고 술 한 잔에 이르기까지 처처에서 시시각각 즐거움을 찾을 수 있다. 숨쉬는 것도 즐거움이요, 걷는 것도 즐거움이요, 특히 누워 잘 수 있다는 것 또한 극락으로 가는 즐거움이 될 수 있다. 생명과 생존 그 자체 혹은 일상생활 속에 온갖 즐거움이 있다. 생각하기 나름이다. 젊어 고생을 크게 한 사람은 나이 들어 안정적인 작은 자리만 잡아도 행복한 법이다. 자유해방의 쾌락은 이처럼 소소하

---

[9]   행복이란 개념은 너무 추상적이고 애매하다. 그래서 나는 행복의 가장 주요한 원천인 즐거움에 집중하겠다.

고 미미한 것에서부터 찾을 수 있다. 인생이라는 고해의 바다에서도 고중락을 발견하는 것이 하나논리의 자유해방 쾌락주의이다.

하나논리는 쾌락주의를 적극 권장한다. 도가를 제외하고 불가나 유가는 다소 금욕주의적 성향을 보이지만 한국 고유의 선가는 상대적으로 탈금욕적이다. 옛말[雍也]에도 "아는 자는 좋아하는 자보다 못하며, 좋아하는 자는 즐기는 자보다 못하다[知之者 不如好之者 好之者 不如樂之者]"라고 한다. 즐기며 살 수 있는 인생이 최고다. 그것이 자유와 해방의 목표이자 참된 의미이다. 다만 쾌락주의도 중도의 입장에서, 유심의 세계에서 신비주의적 초월을 느끼며 즐길 수 있어야만 안전하고 지속 가능하다. 자기조절적 쾌락, 정신적 혹은 탈물질주의적 쾌락, 탈세속적-탈존적 쾌락을 추구해보라고 권유한다.

오늘날의 물질주의적·향락 중심적 쾌락주의와 뚜렷한 변별성을 드러낸다는 의미에서 하나논리는 동아시아 쾌락주의를 안락주의(安樂主義)라고 부른다. 안락주의는 "지극한 즐거움에는 즐거움이 없고, 지극히 즐거우면서도 몸을 살리는 것은 오직 무위라야 가깝다 할 것이다[至樂無樂 至樂活身 唯無爲幾存]"라는 『장자(외편)』의 관점을 내 나름대로 발전시킨 것이다. 활신(活身)과 무위(無爲)의 의미를 편안과 안전으로 해석해보았다. 장자가 추구한 유유자적의 삶인 소요유(逍遙遊) 혹은 소요자재(逍遙自在)는 고대나 현대를 막론하고 개인이 세속의 여러 외적 강제에도 불구하고 내면의 자유와 해방을 편안하게 즐길 수 있는 최선의 길이 된다.

보다 직접적으로는 원효가 저술한 것으로 알려진 『유심안락도(遊心安樂道)』에서 안락이라는 말을 차용하여 정토사상이라는 정신적 양식으로서의 의미를 함축시키고 싶었다. 하나논리의 안락주의는 세 가지 차원으로 전개된다. 안빈낙도(安貧樂道), 안심입명(安心立命), 안분자족(安分自足)이 그것이다. 이 세 가지 개념은 동아시아에서 널리 회자되는 고

사성어로서 탈물질주의와 정신적 즐거움, 신비주의와 자기조직적 절제가 적절히 배합된 쾌락주의를 뜻한다.

안빈낙도는 탈물질주의에 기반하는 도락(道樂)을 권유한다. 현실의 대다수의 사람들은 즐거움을 충분히 누리기에는 자신이 물질적으로 여유가 없다고 생각한다. 사실이다. 최상류층은 인구의 극소수에 불과하다. 소득의 객관적 불평등 분포와 일반 사람들의 상대적 박탈감을 감안하면 대다수 사람들의 물질적 빈곤감은 사실로 간주할 수 있다. 대체로 사람들은 특히 쾌락을 추구하는 과정에서는 아래보다는 위를 쳐다보고 살아가기에 항상 불만족이요 부족과 결핍의 상태이다. 물질적 결핍에 허덕이던 과거에 비하면 현재 우리는 가히 물질 과잉의 천국에 살고 있는데도 말이다! 풍요 속의 빈곤이다. 이 기대 모순(期待矛盾)의 상황을 탈출하는 길은 한 가지뿐이다. 안빈낙도의 길을 즐겁게 걷는 것이다. 물질적 모자람을 편안히 받아들이며 도를 즐긴다. 물론 이 말은 탈물질주의 가치지향을 강조하기는 하지만, 물질적 즐거움을 외면하고 정신적 차원의 도만 즐기라는 것은 결코 아니다. 기본소득이나 최저임금이 보장된 오늘날 많은 사람은 물질적으로 여유는 없더라도 각자 나름대로 물질적 쾌락을 즐길 수 있다. 무엇이 도락인가? 식(食)도락도 도락이니 주(酒)도락, 기(棋)도락, 서(書)도락을 비롯해 등산, 낚시, 걷기 등 수많은 도락이 당신을 기다리고 있다. 즐거움을 누리면서 자신의 도(의미와 가치)를 발견하고 느낄 수 있으며, 그 즐거움에 감사하면 최고의 안락주의자가 된다.

안심입명은 정신적 안락과 신비주의적 평정이라는 쾌락의 중요성을 강조한다. 안심입명은 문자 그대로 마음을 편안히 가지고 자신에게 주어진 운명(의 길)을 (순응 속에 개척하며) 유유자적 걸어가라는 충고이다. 과거와 현재의 운명은 이미 던져졌고 또 진행 중이니 어찌할 도리가 없다 해도, 미래의 운명은 일체유심조로 새롭게 기대해볼 수 있다. 편안한 마음과 담담한 태도, 그것은 과소평가되지만 오래 지속될 수 있는 즐거움이자, 나 자신이 통제할 수 있는 즐거움이다. 무아지경의 황홀, 광란의 향연, 짜릿짜릿한 쾌감은 그저 찰나의 한순간일 뿐이며 자주 체험하기도 쉽지 않다. 하지만 평안하고 담연한 생활은 밋밋해 보일지 몰라도 쉽게 실망하거나 좌절하지 않고, 쉽게 흥분하거나 분노하지도 않는 초연함을 준다. 그것은 나만의 조용한 내면적 즐거움이다. 특히 입명(入命)이라는 표현이 멋지다. 주어진 나의 운명으로 들어간다! 나 스스로 들어가니 참으로 멋지다. 중한 병으로 고통받는 많은 환자가 입명의 마음을 지녀 담담해질 수 있다면 얼마나 좋으랴.

안분지족은 각자 자신의 분수에 맞게 스스로 만족할 줄 알라는 말이다. 쾌락의 절제성 혹은 자기조직성을 요구하는 규범적 차원의 쾌락주의다. 자신의 분수를 알고 더 이상 무리하게 어떤 선을 넘지 말라는 요구는 동서고금의 생활 철칙이다. 과유불급의 중용지도라 할 수 있다. 여기서 지족(知足)이 참으로 중요하다. 노자는 『도덕경』 33장에서 말한다. "만족할 줄 아는 사람은 넉넉하다[知足者富]." 46장에서는 "[과한] 욕심을 내는 것보다 더 큰 죄가 없고[罪莫大於可欲], 만족할 줄 모르는 것보다 더 큰 화가 없고[禍莫大於不知足], [필요 이상] 가지고자 하는 것보다 더 큰 허물은 없다[咎莫大於欲得]. 그러므로 만족함을 아는 만족이야말로 영원히 만족할 수 있다[故知足之足 常足矣]"고 설한다. 지당하신 말씀이다. 만족할 줄 모르고 과대하게 혹은 불필요하게 욕심을 채우고자 하면 필히 재앙과 욕됨이 따르는 법이다. "만족할 줄 알면 수치를 당하지 않고[知足不辱], 만족하여 그칠 줄 알면 위험하지 않다[知止不殆]."

이상과 같이 하나논리의 안락주의 혹은 동아시아 쾌락주의는 낙도(樂道)하는 탈물질주의, 안분(安分)하는 현실주의, 지족(知足)하는 규범주의를 제시한다. 안전하게, 안심하면서, 편안하게 즐길 수 있는 쾌락주의다. 쾌락을 상쾌하고도 흔쾌한 즐거움으로 이끄는 안락주의(安樂主義)는 쾌락의 사회학이 추구할 수 있는 이념적 가치가 될 수 있다.

사회학 이론은 경천동지의 세상이자 후천개벽의 꿈을 지닌 미래를 맞이하여 도전과 개척의 길을 즐겁게 발견해야 한다. 여러 가지 구상이 필요하다. 이럴 때면 역시 온고지신이 어떨까 싶다. 40여 년 전으로 거슬러 올라가 원로의 성찰과 초심의 기개를 되새겨보자. 고영복(1983: 9-11)은 당년 한국사회학회 회장으로서 「한국사회의 발전과 사회학」 논문을 통해서 사회학자의 과제 7개를 제시하였다. 그중 이론적 과제와 직접 연관되는 것으로 "주체적 분석의 틀" 확보, "사회학적 상상력을 배양하는 역사교육과 사상교육의 강화", 사회학의 출발점이었던 학문 간 공동연구를 통괄하는 "종합과학"으로의 재도약, 그리고 "급진 사회이론에 대한 면역성"을 요구하였다. 이 주장은 오늘날 더욱 의미심장하게 다가온다. 한편 지금은 원로의 대열에 들어섰지만 당시 신참이었던 임현진(1983: 16) 또한 "사회학 이론 교육의 과제"에서 "역사와 철학에 대한 교육"이 적절히 병행되어야만 "미래의 제4대 학자들에게 우리 이론의 정립"을 기대할 수 있다고 요구한다. 고영복과 같은 맥락에서 날카롭게 시대의식을 반영한다.

종합 사회학으로서 한국 사회학의 재활성화라는 과제는 김문조(2013a: 16)의 "지적 명예혁명", 정수복(2022: 396)의 "인간과 사회에 대한 기초적인 일반 이론" 등을 통해서 재강조되고 있다. 나의 하나논리도 메타이론으로서 종합 사회학을 향한 하나의 시도(始道?)이다.

2. 실천적 지향: 문명전환을 위한 대안

길흉과 선악, 위기와 기회, 희망과 불안이 안개 속에 얽히고 설켜 있는 세상이다. 하나논리는 어떤 방식으로 이 세상의 개선과 구원에 조금이라도 도움이 될 수 있을까? 하나논리는 우리가 현재 당면한 문제의 근본적 원인은 인간에 의한 천지인합일의 파괴, 즉 우주질서의 파괴에 있고, 그 파괴는 문명사적으로 인간의 폭력화와 함께 진행되었다고 진단하였다. 여기서는 천지인에 대한 인간의 폭력을 제어할 수 있는 방안에 집중하여 그 실천적 과제를 구체적으로 제시해본다.

1) 인구 감소: 천지인의 양적 균형 추구

인구 폭증은 천지자연에 대한 인간의 수량적 혹은 물량적 폭력이다. 누누이 강조하였듯이 인구 증가는 각종 사회문제의 직접적 원인이 될 뿐 아니라 문제를 악화시키는 증폭작용을 한다. 천지가 수용하기에 너무나 과도한 수의 인간이 지구에 살고 있다. 수많은 인구를 먹여 살리자면 막대한 양의 자원과 에너지를 자연으로부터 가져와야 하고, 그것을 만들고 소비하는 과정에서 또 엄청나게 자연이 오염되고 파괴된다. 쓰레기와 매연, 악취가 천지를 채우고 있다.

천만다행으로 선진국에서는 출산율 저하를 걱정할 만큼 인구 조절이 이루어지고 있지만 개발도상국, 초과잉인구 국가인 인도와 중국에서는 여전히 세계 인구를 지속적으로 증가시키고 있다. 한 나라의 소득수준에 적정한 인구라는 기준에서 관찰하면 대부분의 후진 빈곤국은 상대적 인구과잉 상태이다. 초거대도시의 고밀도 인구는 심각한 사회문제를 초래한다. 혼잡도의 증가는 해당 주민들의 삶의 질을 저하시킬 뿐 아니라 해당 지역의 자연환경에도 치명적인 피해를 끼친다.

후진 지역에서 선진 지역으로의 인구이동은 한때 다문화주의라는 구호 아래 선진국의 인구 및 노동력 감소를 해결할 유효한 대안으로 간주되었다. 그러나 오늘날 그 결과는 대체로 부정적이다. 이민노동자의 대열은 끝이 없고, 불법이주 또한 범람한다. 이민노동자에 대한 이주국 주민들의 태도는 싸늘하다 못해 적대적인 경우가 대부분이다. 수많은 문제와 갈등이 발생하며 손쉬운 해결의 전망은 보이지 않는다.

천리 길도 한 걸음부터! 인구과잉 국가부터 신속하고도 전면적인 인구 감소 정책을 실시해야 한다.[10] 선진국도 장기적인 인구 감소 및 인구 조절 정책을 수립해야 한다. 이와 동시에 후진국 이주노동자 관련 제도를 정비·개선하여 가능한 한 그 문호를 넓혀나가야 한다. 선진국들은 과거 후진국의 노동력을 착취한 대가로 오늘의 선진국이 된 것이 아닌가? 과거 한국도 미국으로 남아메리카로 수많은 이민노동자를 보내지 않았는가? 이제는 우리가 이민노동자를 맞이할 차례다. 자국의 노동력 부족을 해소하기 위한 정책적 필요에 의해서만이 아니라, 상부상조한다는 사해동포주의적 배려와 관심을 바탕으로 이민노동자를 받아들여야 한다. 과거 제국주의적, 식민주의적 만행을 저지른 선진국들

---

10 주지하듯이 한국과 중국 모두 "하나만 낳아 잘 키우자" 혹은 "일 가구 남녀불문 한 자녀"라는 인구 감소 정책의 성공적 기반 위에서 비약적인 경제성장을 이루었다. 중국의 경우에는 지금도 엄청난 인구가 사회문제의 원인이라는 "런다이둬(人太多)"라는 말이 통용되고 있다. 그러나 나의 문재출중(文才出衆) 제자인 중국통 예동근(2013) 교수는 중국 동북성의 시골 지역을 현장조사하여 런타이소어(人太少)라는 인구 과소 현상을 밝혀내고 조정래가 그린 "정글만리"로서의 중국에 대조되는 "유정천리(有情千里)"가 존재하는 "이원화된 중국"을 예리하게 지적한다. 초거대 인구 국가인 중국을 다스리는 데 서구식 자유민주주의는 적합하지 않다는 논리를 일방적으로 무시할 수 없다. 중국의 만만디(漫漫的) 성향은 적어도 정치적 통치 방식에서 여전히 작용하는 것 같다.

은 인류에게 일종의 사죄를 구하는 차원에서 책임 의식을 지니고 이주노동자를 수용해야 한다.

불필요한 노동력을 줄이고 비전문직 노동자의 노동 가치를 높이기 위해서도 인구 감소는 필요하다. 더 빨리 시행할수록 더 좋다. 인터넷을 적절히 활용하면서 인구 감소를 시행하자. 고령화 문제는 소득과 직결된 노후 복지 문제이다. 지속적인 건강관리로 60대 중반의 젊은이도 늘어나는 추세이니, 정년 연장과 임금피크제 그리고 업무 재배치를 적절히 활용하여 출산율 저하와 노령화의 균형점을 얼마든지 찾을 수 있다.

인구 감소는 천지자연과의 균형을 회복할 뿐 아니라, 인간 사회의 고질적 문제들도 전면적으로 해결할 수 있는 일석이조의 접근법이다. 인간의 노동력은 교환가치로 평가되는 자본주의적 생산력의 원천이기도 하지만, 그보다도 훨씬 더 중요하게, 인격을 지닌 인간의 자기개발과 자기완성을 위한 천부의 은총이다. 인간의 노동력이 지닌 무한한 가치를 전혀 새로운 근본적 관점 ― 노동의 유아유심적 차원 ― 에서 재인식하자.

양적 변화는 질적 변화를 초래한다.

2) 폭력으로서의 부정부패 제거: 폭력 사회의 제도적 근절

인간의 폭력은 천지자연에 대해서만 가해진 것이 아니라 다른 인간들을 향해서도, 어쩌면 더욱 집중적이고 악랄하게 가해져왔다. 인간의 역사는 부정적으로 보자면 착취와 억압의 역사이다. 우리가 문명사적 혹은 물질적 진보를 이야기할 수 있는 타당한 근거는 오직 이 착취와 억압이 아주 조금씩 감소했다는 사실에서나 찾을 수 있을 뿐이다. 인간 사회와 함께 확산된 권력형 부정부패 또한 착취와 억압의 대표적 형식으로, 기득권을 점유한 집단에 의해서 때로는 은밀하게 때로는 노골적으로 그리고 지속적으로 자행된다. 부정부패는 전쟁과 마찬가지로 폭력적이지만 그 양상은 자못 다르다. 전쟁은 대포나 폭탄 소리로 요란하게 폭력을 행사하지만 부정부패는 소리 없이 교묘하게 폭력을 자행한다. 부정부패는 잘 드러나지 않으며, 드러나도 실체는 숨어버리고 꼬리만 잘려 나오는 경우가 많다. 부정부패는 여기저기서 시도 때도 없이 발생하기 때문에 그 피해 범위는 더욱 넓고 크다. 최고 권력 계층에서부터 작은 아파트의 반상회에 이르기까지 넓고도 깊숙하게 부정부패의 사회가 이루어진 것 같다.

어떤 이념하에서도, 어떤 정권하에서도 발생하는 부정부패는 대체로 권력형 혹은 권위형 폭력이다. 사람들이 너도나도 권력을 잡아보겠다고 아귀다툼에 혈안이 되는 것은 부정부패로 한몫 단단히 잡거나 떡고물이라도 건질 수 있기 때문이다. 사실 높은 자리의 권력은 그 자리에 걸맞게 국민 전체를 위해서 열심히 그 직을 수행하라는 의미에서 부여된 것이다. 사리사욕을 챙기라고 권력을 주는 것이 아니다.

부정부패를 근절하는 방법(예컨대 김영란법의 확대 및 엄정 집행)은 간단하다. 그런데도 부정부패가 만연하는 것은 기득권자들이 근절 방안의 입법화나 시행을 반대하거나 방해하기 때문이다. 부정부패를 저지르면 대소를 막론하고 그야말로 패가망신하도록 엄벌에 처하고, 부정부패를 저지를 수 없도록 각종 권력과 권한의 시대착오적 특권을 대폭 축소해야 한다. 예를 들자면 국회의원을 비롯한 (판검사 포함) 고위직 관리들의 특권을 100% 모조리 박탈하는 것이다. 아무리 사소한 것이라도 청탁이나 비위에 연루되면 즉각 파면 조치하여 연금 수령을 불가능하게 만들어야 한다. 모든 공직자는 상하 막론하고 퇴임 후 10년 동안 유관기관의 취업을 금지시켜야 한다. 전관예우를 뿌리뽑아야 한다. 대형 로펌에서 왜 막대한 돈을 지불하며 전직 고위 관리들을 모셔 올까? 부정의 매개 역할을 하는 로비스트형 관행이나 제도를 폐지해야 한다. 선진국에 로비 제도가 있다고 해서 그것이 좋은 것은 결코 아니다. 그것은 서구형 부정부패의 온상이다. 원로들의 식견과 전문성을 활용한다지만 그것은 명분에 불과할 뿐이다. 자기 분야의 후배들을 괴롭힐 뿐 아니라, 그들을 자신의 길로 유혹하는 악순환을 지속시킨다. 최근 검수완박으로 시끄러울 때 국특완박(국회의원 특권 완전 박탈)의 필요성을 제기한 어떤 칼럼을 읽으며 참으로 십 년 묵은 체증이 내려가는 시원함을 느꼈다.

어쩌면 우리는 부지불식간에 부정부패에 중독되었는지도 모른다. 부정부패는 동서고금을 막론하고 막강한 힘으로 인간 사회에 전승되어 상탁하부정(上濁下不淨)을 일으키기 때문이다. 멀리 갈 것도 없다. 부정부패 방지를 위한 최소한의 조치였던 김영란법에 대해서조차 비판과 반대의 목소리가 거세게 울려 퍼지지 않았는가? 김영란법을 더 세분화하고, 더 강화해야 한다. 점점 유명무실화되고 있는 공직자 재산 공개도 더 철저히 해야 한다. 청문회에서 드러나는 각종 고위 공직 후보자의 파렴치와 부도덕성 그리고 비리를 끊임없이 보다 보니 이제 청렴한 공직자라는 꿈은 빨리 쓰레기통에 버려야 마음이 편할 것 같다. 권력의 세계에서는 악화가 양화를 구축하니, 세상은 어쩔 수 없이 선악병진인가?

그렇다면 청렴한 독재 권력이 있으면 부정부패를 말소할까? 싱가포르에 대해 깨끗한 이미지를 심어준 싱가포르 전 총리 리콴유가 떠오른다. 플라톤의 철인왕, 유가의 왕도정치, 도가의 무위(無爲) 정치가, 꿈같지만, 정말 그립다. 재차 강조하지만 별다른 길은 없다. 먼저 제왕적 대통령을 정점으로 고위공직자가 누리는 모든 특권을 최소화하여 부정부패의 여지를 최소한으로 줄여야 한다. 그런 다음 부정부패가 발생한 경우에는 그야말로 엄벌주의로 일벌백계해야 한다. 마지막으로, 아마 가장 결정적인 조치라고 생각하는데, 내부 고발 제도를 전면적으로 도입하여 부정부패를 가차없이 적발하고 그 위험성을 각인시켜야 한다. 물론 신고자에 대해서는 철저한 신분보장과 함께 과도하다 싶을 정도의 보상을 제공해야 한다. 잘못된 패거리 의식, 우리가 남인가 하는 집단주의에 젖어서 신고자를 배신자로 사갈시하는 우리의 정실주의와 연고주의는 우리 사회를 자승자박 공멸의 길로 끌고 갈 것이다. 너도나도 정답게 똘똘 뭉쳐 다 함께 부정부패의 길로! 온 국민이 부정부패를 저지르면 부정부패는 더 이상 사회문제가 되지 않을 것이다. 나의 이러한 비관을 뒤엎어버릴 어떤 산뜻한 처방과 낙관적 전망을 누가 제시해주었으면 좋겠다.

3) 선거민주주의 축소와 현능 정치: 정치적 폭력성/비합리성의 제도적 개선

존경하는 임혁백 선생이 페이스북에 시카고대학 시절 저명한 정치학자 스승의 최근 연구에 대해 매우 의미심장한 소개를 했다. "2018년에 아담(Adam Przeworski)은 *Why Bother with Elections?*(Polity, 2018)를 출간하였다. 이 책에서 전통적 정당 체제의 붕괴와 함께 선거의 가치에 대해 의문이 제기되지만 여전히 선거는 민주주의를 실현하는 데 있어서 불완전한 제도와 과정이라는 것을 인정하면서, 선거가 갈등을 처리하고 자유와 평화를 유지하는 축복받아야 할 민주주의 제도적 장치라고 선거가 민주주의라는 최소주의적 민주주의론을 옹호한다. [그러나] 아담은 2019년에는 선진 민주주의와 신흥 민주주의를 막론하고 민주주의가 전복, 침식, 퇴보(back-sliding), 후퇴하는 현상을 보면서 민주주의의 제도와 규범이 점진적으로 스텔스처럼 보이지 않게 침식되고 있다고 하면서 민주주의의 위기라는 유령이 세계를 배회하고 있다는 맑스의 공산당선언을 연상케 하는 서문으로 시작하는 *Crisis of Democracy*(Cambridge University Press, 2019)를 출간하였다. 이 책에서 포퓰리즘과 정치 양극화로 위기에 처한 선진 민주주의와 신흥 민주주의를 분석할 수 있는 기준을 제시하였다."

나는 민주주의에 관한 대정치학자의 견해를 절대적으로 지지한다. 민주주의는 심각한 위기에 빠져들고 있으며, 그 전망은 불투명하다. 미국에 살지 않기 때문인지, 민주주의의 역사가 극히 짧은 동아시아에 살기 때문인지 나는 민주주의의 전망에 더욱 비관적이다. 쉐보르스키가 『민주주의의 위기(Crisis of Democracy)』를 펴낸 2019년 이후 민주주의는 더욱 심각한 위기에 빠져들고 있는 것 같다. 선거제도를 혁파하지 않으면 민주주의는 변질되어 전락하고 말 것이라는 예감이 점차 굳어지고 있다. 쉐보르스키 또한 선거를 최소한의 제도적 장치로 인정할 뿐 크게 기대하지 않는 것처럼 보인다. 선거가 어떻게 인간의 폭력화를 방치·조장하는가?

일찍이 슘페터(Joseph Schumpeter)는 자본주의의 미래를 비관적으로 예측하면서 자본주의는 그 성공 때문에 서서히 잠식되면서 붕괴할 것이라고 진단하였다. 자본주의는 아직까지 버티고 있지만, 그 본연의 창조적 혁신이라는 정신과 성격은 거의 잃어버렸다. 국가독점자본주의나 금융 투기 자본주의로 변해버린는 자본주의도 자본주의인가? 아담 스미스가 한탄하고 있을 것 같다. 민주주의도 슘페터의 예언처럼 이제 퇴락의 길로 접어든 것인가? 자유주의자 하이에크(Friedrich Hayek)의 우려처럼 노예의 길로 들어서는가? 조심스럽게 민주주의를 갉아먹는 그 음산한 뒷길을 살펴보자.

민주주의에서 권력은 거의 대부분 선거를 통해 취득하는 공직과 관련된다. 선거의 당선자뿐만 아니라 곁에서 선거를 도와 당선에 일조한 패거리도 덩달아 권력의 떡고물을 만지게 된다. 그래서 청와대 비서실이나 국회의원 비서관 등의 위세는 대단하며 여기에 그 가족과 친지들까지도 합류한다. 권력이 부정부패라는 폭력으로 변질되도록 방치하고 유혹하는 '무소불위 권력 집중'이라는 제도적 결함부터 고쳐야 한다.

 선거를 통한 공직 진출이 젖과 꿀이 흐르는 무위도식의 낙원을 보장하는 것이어서야 되겠는가? 불철주야 애민과 위민으로 정사를 돌보라고까지는 요구하지 않겠다. 그러나 최소한 일정 분야의 전문가로서 부지런히 일하면서 국민의 혈세에 보답하는 공직 수행자가 되어야 한다. 동서를 막론하고 정치판에 뛰어들겠다는 사람들이 넘친다. 일본의 자민당을 비롯하여 도처에 세습 정치판이 확산 일로이다. 이 요지경 철옹성이자 난장판을 어떻게 정화하면 될까? 정치인 개개인의 문제도 있지만, 제도가 더 큰 문제다. 전도유망한 정치인마저도 유혹하고 타락시키는 제도부터 혁파해야 한다.

 다시 강조하지만, 공직자에 대한 일체의 구시대적 특권과 특혜는 모조리 없애야 한다. 고위 공직자의 수행기사부터 없애자. 유급 비서는 대폭 줄여 한두 사람으로 한정한다. 직접 이리 뛰고 저리 뛰면서 부지런히 자료를 구하면서 일해야 한다. 법 앞에 만인이 평등하니 공직자는 절대 공식석상에서 큰소리치거나 막말하지 말아야 한다. 청소년 예절 및 언어 교육을 망친다. 반드시 존댓말을 사용하게 하고, 공식석상에서 고함지르면 즉시 퇴장시키고, 두 번 누적되면 6개월 정직, 세 번 누적되면 삼진아웃으로 공직을 박탈해야 한다. 허위 사실 유포, 불법 비리 등이 적발되면 즉시 체포·구금하고, 유죄가 추정되면 즉각 기소해야 한다. "회기 중 불체포, 불기소" 운운하는 특권은 점잖은 정치인도 막가파로 만드는 주범이다. 각종 시민 주도의 감시 기구를 상설 가동하여 정치인의 일탈을 엄중히 감시해야 한다. 이 정도 수준으로 공직자의 직무 수행을 규제해야만 부정부패가 줄어들 것이다. 과연 이 풍진세상에서 이런 법이 만들어질까? 제 목에 밧줄을 매는 짓을 어느 정치인이 자원할까? 후천개벽이 되어야만 가능할 것으로 자위한다. 여기서 일단 한 발 물러나보자.

과연 이렇게까지 공직자를 몰아세우며 요란스럽게 채찍질할 필요가 있을까? 얼마 전 서구식 민주주의의 대안으로 중국식 현능(賢能) 정치의 이점을 도입해보자는 제안이 나왔다가 호된 비판을 받았다. 물론 그 주된 이유는 시진핑의 장기집권과 비민주적 정치체제의 구축 때문이었다. 그러나 나는 선거에 의존하지 않는 현능 정치와 선거의 최소화에 기반한 민주주의가 상호 결합할 수 있다고 생각한다. 현능 정치의 장점이 선거 정치의 폐해보다 훨씬 크다고 판단하기 때문이다. 유가에서 도출된 현능은 도덕적 지혜와 수행적 재능이 결합된 의미로 정치인이라면 갖추어야 할 윤리적 자질과 업무적 능력을 모두 구비한다.

여기서 2000년대 초부터 부상하기 시작한 중국 현대 신유학의 일파인 문화보수주의자의 서구 자유민주주의 비판에 대한 고찰을 제시할 필요를 느낀다. 원영호(2012: 144-145)에 의하면, 문화보수주의자의 대표자인 장칭(蔣慶)과 캉샤오광(康曉光)은 서구 민주주의가 중국에 부적합할 뿐 아니라 그 자체로도 문제점이 많은 이론이라고 질타한다. 장칭(蔣慶, 2003: 184, 352)은 "자유를 인성의 본질로 설정하는 서양의 논리를 비판한다. 만약 우리가 자유를 인간으로서의 본질로 설정한다면 이는 인간의 진정한 본질인 윤리 도덕성을 부정하는 것이나 마찬가지다. 그러므로 유학의 입장에서 볼 때, 인간의 본질은 자유를 실현하는 것이 아니라 양지(良知)를 발동하여 도덕성을 회복하는 것이다. … 인간의 욕망은 반드시 천리의 규범과 구속을 받아야 하는데 서양의 민주제도의 제일 큰 문제는 인간의 사욕을 정치의 근본이고 출발점이라고 여기는 데 있다. … 민주주의 제도는 절차의 합법성과 국민 의지의 합법성 문제를 해결하기는 하였지만 도덕적 가치의 합법성 문제를 홀시하고 있다. 즉 형식의 정의를 추구할 뿐이지 내용의 정의를 추구하지 않는다. … 따라서 성인이 인간을 교화하여 각성시켜야만이 서양의 사회 다원주의 문제를 해결할 수 있다."(원영호, 2012에서 재인용)

계속해서 민족주의자로서 중국 민족의 부흥을 이론 연구의 목표로 설정하는 캉샤오광(康曉光, 2005)의 더욱 급진적인 비판을 참고 삼아 들어보자. 그는 서양의 경험이 중국의 미래를 지배할 수 없고, 중국의 미래 또한 서양의 과거 경험을 반복하지 않을 것이라는 입장이다. 원영호(2012: 144-145)의 그에 대한 해설을 길게 인용한다. "캉샤오광은 자유주의의 정치적 방향에 대하여 비판적 입장을 고수한다. 중국에서 서양식의 민주는 도구로서의 작용이 없을 뿐만 아니라 가치로서도 좋은 것이 안 된다는 것이다. 왜냐하면 중국은 경제발전성, 정치의 청렴도, 사회적 공정성 등의 방면에서 서양에 뒤떨어지지 않고 있기 때문이다. 그리고 민주화는 제국 체제인 중국에서 민족 분열을 초래할 위험이 있다. 그는 중국의 현실에서 유교가 지지할 수 있는 통치 형태가 권위주의라는 점을 승인하고 있다. 그가 추구하고자 하는 것은 절차의 정의가 아닌 실질의 정의이고, 권력을 어떻게 얻게 되는가가 아니라 권력을 어떻게 행사하는가이다. 그는 유교의 인정(仁政)이 현대 중국 합리적 권위주의 정치의 이론적 근거를 제공해줄 것이라고 주장한다. … 인정이란 맹자가 말하는 불인인지심(不忍人之心)으로 불인인지정(不忍人之政)을 실행하는 것인데 구체적인 내용을 보면 민본주의 가치관, 인의의 행정 원칙, 선양제적 정권교체 방식, 천하대동의 사회이념을 표현한다. 유교의 인자한 정치는 군주정치와 민주정치의 혼합체를 구성할 수 있다(康

曉光, 2005). 그가 구상하는 미래 중국 사회제도는 인자한 권위주의, 시장경제, 복리 국가, 유교 신앙으로 구성되어 있다. 이를 위하여 그는 중국에서 유교를 국교로 해야 한다는 주장을 내세운다. 유교로 맑스레닌주의를 대체하고 공산당이 유사(儒士)의 공동체가 되면 인자한 정치는 실현될 것이라고 한다."[11]

문화보수주의자들의 자유민주주의 비판은 우리로 하여금 착잡한 상념에 빠지게 한다. 현재 여기에서 서구 민주주의를 비판하는 나로서는 일면 수용과 일면 회의라는 딜레마적 상황에 처하는 것 같다. 그러나 나의 판단과 입장은 분명하다. 서구 민주주의가 심각한 문제를 노출하는 것은 사실이고, 문화보수주의자의 제안은 중국의 현실에서는 상당한 타당성을 갖는다. 서구 민주주의에 내재하는 자유의 문제, 민주의 문제, 선거를 통한 공직자 선출과 정권교체의 문제는 이상과 현실의 차원에서 심각한 괴리를 드러내고 있다. 그렇지만 현금의 중국 정치체제는 유교적 이상과는 판이하다.

[11] 중국의 신문화운동은 초기에는 자유주의에 경도되었으나 러시아 볼셰비키혁명 이후부터는 맑스주의로 바뀐다. 이와 함께 유교 문화의 부흥 운동도 맑스주의와 깊이 연관을 맺는다. 그 중요한 원인은 "마르크스가 주장한 공산주의와 유교가 주장하는 대동 사회가 경제의 차원에서 절대적인 평등을 추구한다는 점에서 일치했기 때문이다. 그리하여 소수에게 집중되어 있던 토지를 농민에게 골고루 나누어준다는 공산당의 정책이 중국의 대다수 인구를 차지하던 농민 계층의 지지를 얻게 되었다. 그리고 유교의 평천하의 논리와 마르크스의 인터내셔날도 공통성이 있었기 때문에 중국의 지식인들이 자연스럽게 수렴할 수 있었던 것이다. 물론 개혁 개방 초기인 1980년대에 중국 정부는 마르크스주의와 자유주의의 결합을 적극 추진해왔다. 그러나 자유주의의 범람으로 민주화의 바람이 공산당의 통치에 직접적인 위협으로 다가오자 정부는 자유주의를 통제하고 진압하면서 또다시 마르크스주의와 유교의 동맹관계를 강화하는 쪽으로 이데올로기의 방향을 바꾸기 시작하였다. 아울러 1990년대로부터 중국에서는 유학 부흥의 거센 흐름을 이루게 된다."(원영호, 2012: 133) 시진핑 시대를 예고한 것 같은 문화보수주의자의 득세는 이와 같은 시대적 맥락에서 자연스러운 것이 아닐 수 없다. 아직도 맑스레닌주의는 유교의 상위에 있다.

중국의 입장에서 볼 때 급속한 정치적 민주화는 (지방분권이나 지방자치의 격렬한 요구 속에서) 민족 분열, 즉 국가 분열 혹은 지역 분열로 이어질 가능성이 매우 높다. 소련이 공산 정권의 붕괴와 함께 사분오열로 해체되지 않았는가? 민주화=자유화=중국 분열을 의미하므로 자유의 가치는 정치적으로 당연히 축소되고 부정되어야 한다.

서구에서도 민주주의는 자유의 남용, 오용, 악용, 도용에 의해서 부패하면서 변질되고 있다. 자유를 존중하고, 보전하고, 발전시키는 자유민주주의가 아니라, 자유를 왜곡하고, 파괴하고, 부정하는 자유민주주의로 변질되고 있다. 자유는 개인만을 위한 것으로 공동체를 거부하는 것이라는 국가주의적 혹은 사회주의적 허위와 선동이 난무한다. 개인의 자유는 공동체의 자유를 위한 초석이다. 개인의 자유 없는 공동체란 사상누각이다. 이미 강조한 것처럼 자유에 대한 새로운 개념, 주체성과 책임성을 지닌 자유의 정립이 필요하다. 문화보수주의자는 자유를 매우 좁고 왜곡된 의미에서 이해하고 규정한다. 유가의 대동 사회는 평등(지상주의)사회인 것처럼 보인다. 그러나 그 평등은 자유를 위한 기본적 전제 혹은 선결과제로서 제시되는 것일 뿐이다. 대동(大同)을 넘어 대이(大異)의 광활하고도 풍요로운 자유의 세계가 펼쳐진다. 공자의 대동에서 시작한 캉유웨이가 자유의 지평을 확보하기 위하여 9가지의 경계, 구계를 철폐하자고 외쳤으며, 그의 제자 탄스퉁은 "통치라는 것은 유국(有國)의 주의이다. [장자의] 재유(在宥)라는 것은 무국(無國)의 주의이다. 재유는 자유의 전음(轉音)이라는 말이 있다. 사람마다 자유(自由)할 수 있다면, 그들은 곧 무국의 민일 것이다"라고 갈파하였다(소공권, 1998: 1122, 1162에서 재인용). 평등으로만 이해되는 대동 세계가 자유와 무국의 세계로 확대되는 광대한 문명론적 비전이다.

나는 민주라는 표현보다는 민본이 더욱 적합하다고 생각한다. 왜냐하면 국민은 주인이 될 수 없기 때문이다. 국민이 권력을 실질적으로 장악하고 소유한다는 것은 불가능하다. 국민이 선거와 대의제도를 통해 국가의 주인이 된다고 정치 이론적으로는 설명할 수 있을지 몰라도 그것은 헛소리다. 국민이 주인이라는 환상이 자유민주주의를 왜곡시킨다. 주인은 자신의 일에 전적으로 책임을 지는데 국민은 어떻게 결과에 대한 책임을 지는가? 주인 노릇을 하는 사람은 오직 극소수의 선출직 공직자이다. 누가 진짜 주인 노릇을 하는가? 아니, 이것보다도 더 중요한 점은 "누가 국가의 주인 노릇을 할 자격을 가졌는가"이다. 현실적으로 모든 국민이 주인 노릇을 할 수도 없고, 해서도 안 된다. 수많은 사람의 행복과 안전을 책임져야 하는 국가의 주인은, 여기서 기대 수준을 높여 말하면, 그야말로 성인군자 수준의 지혜와 도덕을 겸비해야 한다. 우선 현실에서는 그런 사람을 찾아내기가 정말 어렵고, 찾는다 하더라도 그런 사람이 정치판에 발탁될 가능성은 매우 적다. 선후진국을 막론하고 선거판이 돈다발이 휘날리는 인기몰이 난장판이 된 지 참으로 오래되었다.

그렇다면 유가에서 제시되는 현능(賢能)이라는 덕치주의에 기반하는 왕도정치는 민주주의의 대안인가? 이미 플라톤도 비슷한 철인왕을 제안하였듯이, 성인군자의 통치는 분명 이상적이다. 그렇다면 왕도가 세습적 독재체제로 전락하지 않고 민주주의와 공존할 수 있는 길은 없는가? 성인군자를 지도자로 선택할 수 있는 방안은 전무한가? 궁즉통이다. 한때 엘리트가 주도하는 엘리트 민주주의론도 제기된 바 있다. 그렇다면 선량한 독재, 인자한 독재, 현명한 독재, 기능적 독재 혹은 자유로운 독재라는 가정도 얼마든지 가능하다. 나아가 사회주의와 자본주의의 잡종화 가능성이라는 차원에서 독재적 정치권력의 국가 질서와 자유시장의 무정부성은 조화롭게 양립 가능할까? 공동체의 통제적 관리와 개인의 해방적 자유는 균형점을 찾을 수 있을까? 더욱 적나라하게 표현해본다면, 시진핑 체제는 장기적으로 민주주의와 평화롭게 접합할 수 있을 것인가? 토크빌의 예상처럼 미국의 민주주의가 트럼프가 물꼬를 튼 선거 독재나 민주 독재의 길로 들어설 가능성은 없을까? 예측불허이자 위험천만인 세상이다.

그래서 나는 최소 선거와 최고 정치인에 의한 민주주의를, 비록 비현실적이지만, 구상해본다. 한번 실험해볼 수 있다면 얼마나 좋을까? 대통령만 선거로 뽑고, 국회,[12] 시도의회, 구군의회, 교육감 등 모든 선거직을 대부분 없애버린다. 아울러 모든 공직자 후보의 자격을 능력 및 경력과 도덕성의 측면에서 철저히 규정하여 사이비나 무능력자가 정치판에 끼어들 기회를 원천봉쇄한다. 현재와 같은 피선거권의 무분별한 평등주의적 허용이 문제의 온상이 되고 있다. 대통령 선거 때마다 어중이떠중이에다 단골 후보까지 줄줄이 선거 벽보에 폼을 잡고 있는 것을 보면서 선거민주주의를 실감해야 한다. 중앙 정치의 난맥상을 그대로 답습하는 현행 지방자치의 허상에 속지 말고 다른 방안을 모색해보는 것이 더 낫다. 전문성과 경력을 갖춘 성실하고 유능하며 도덕적 결함이 없는 공무원이 정치인보다 훨씬 낫다. 이들을 감시·감독하는 중립적 기구를 만들어 감시하면 된다. 선거에 소모되는 천문학적 비용, 선출직과 수하의 보좌관들에게 지급해야 하는 막대한 세금을 아낄 수 있다. 수준 미달의 무자격자, 정상배 등 엉터리가 선출되는 것을 차단할 수 있다. 무선거가 가져다줄 가장 핵심적인 장점은 선거와 함께 불필요

---

[12] 국회의원의 경우 그 역사성과 상징성 그리고 민주주의 제도의 핵심이라는 사실을 고려하여 급격하고도 전면적인 폐지보다는 신중한 논의를 거쳐 국민 여론을 지켜보며 점진적으로 접근하는 것이 더 나을 것 같다. 그러나 이미 강조한 특권의 완전 박탈, 책임과 의무에 대한 부단한 감시 등의 제도적 장치의 설치는 급선무이다.

한 정쟁이 격화되고, 선동적이고 대중 영합적인 감당 불가의 헛공약이 남발되어 국론을 분열시키고 국력을 갉아먹는 엄청난 소모성 쇼를 끝낼 수 있다는 것이다. 부정선거 시비도 대폭 축소될 것이다.

　물론 선출직 대통령 일인을 핵심으로 하여 통치하는 국가체제의 치명적 위험성도 있다. 독재화의 가능성이 높다는 것이다. 그러나 민주독재도 얼마든지 생겨나고 있다. 대통령이 국회까지 장악하면 그것이 바로 민주 독재의 시작이다.

　괜찮은 독재, 쓸 만한 독재, 견딜 만한 독재가 전개되면 어떨까? 그것이 현실적으로 가능하기는 할까? 독재는 강력한 지배력을 넘어서는 초강력 지배 형식이다. 제대로 된 현명하고 청렴한 독재 권력이라면 민주적 지도자가 이룰 수 없는 엄청난 위업을 이룩할 수도 있다. 역사적으로 볼 때 독재정권은 나라를 경제적으로 안정시키기만 하면 그럭저럭 정권 유지를 계속해나간다. 독재정권의 붕괴는 지배 세력의 부정부패로 사회 기강이 해이해지고, 그 여파로 경제가 수렁에 빠지게 되어 국민들이 참지 못하고 일어날 때 발생한다. 역사의 상례요 교훈이다. 외세가 침투하여 정권을 무너뜨리기도 한다. 결국 독재자의 책임이 막대하지만, 독재자를 선거로 뽑은 국민 그리고 독재자가 되도록 내버려 둔 국민의 원죄가 더 크고 중하지 아니한가? 강력한 대통령제가 구축되고, 행정부와 사법부과 현명하고 유능한 사람들로 구성되어 '청렴한' 현능 정치가 실시될 수 있다면 자질구레한 선거는 없애는 것이 더 낫다는 생각이다. 쓸데없는 소모성 정쟁의 원천이 되는 현재와 같은 국회를 유지해야 할 필요가 있는지 의문이다. 이윤을 추구하는 기업으로서의 성격이 점점 커지는 언론도 더 이상 신뢰의 대상이 되지 못한다. 언론이 스스로 정쟁의 도화선이 되고, 정쟁을 가속화하는 역할도 서슴지 않는다. 언론의 어용화 문제는 말할 필요도 없다. 선거 최소화 혹은 최소

선거제도를 시도할 수 있도록 많은 논의가 폭넓게 이루어져야 한다.

당장 공직자 선출을 위한 선거를 축소하고 폐지하자는 말이 아니다. 먼저 교육감 선거부터 없애자. 선거민주주의의 문제점을 철저히 인식하고 대안을 적극적으로 모색해야 한다. 국민 모두 선거의 문제점을 속속들이 잘 안다. 그러나 대안이 없기 때문에 수수방관하는 것이다. 그래서 나는 선거를 대폭 줄이고, 행정과 정치(의 상당 부분)를 결합하면서 지혜롭고 능력을 갖춘 사람들에 의한 현능 정치를 검토해보자고 제안한다. 전문 정치인·행정인 양성을 위해 현재의 각종 행정고시 제도가 더욱 유효하게 작동할 수 있도록 (중하위직의) 확대·개편의 방향으로 재검토도 필요하다. 국민에 대한 국가 서비스의 확대를 위해서 장기적 관점에서 추진해야 한다. 필요 경비는 선거의 최소화로 충분히 뒷받침할 수 있다.

국민이 국가 정치를 걱정하기 시작하면 이미 문제가 발생한 것이다. 선거판이 민주주의라는 국가 정치를 요란하게 만들고, 분열시키고, 왜곡시키기까지 한다. 노자는 말했다. 백성이 정치가 어떻게 돌아가는지 관심이 없을 때가 바로 태평천하라고 했다. "국가가 억지로 일을 벌이지 않고 조용히 일을 처리하며 욕심을 내지 않으면 천하태평이 절로 온다[我無爲 而民自化, 我好靜 而民自正, 我無事 而民自富, 我無欲 而民自樸]." 노자가 희구한 무위 정치, 공자가 꿈꾼 왕도정치는 정녕 불가능하기만 할까? 현실적으로 나는 국민에게 최대의 서비스가 제공되면서 국민에 대한 국가 폭력은 최소화된 최소국가를 꿈꾼다.

대중 선거의 전면적 확산만이 민주주의의 길이 아니다. 현재의 천민민주주의는 자본축적에 혈안이 된 기득권 세력으로서 자본가들이 부추긴 천민자본주의와 마찬가지로 일반 시민이 자초한 것이 아니다. 권력(독점)투쟁에 몰두한 기득권자인 정치인들이 조장한 것이다. 물론 시민들도 무조건 면책받을 일은 아니다. 정치에 무관심하거나 정치를 불신하는 사람들이 계속 늘어나고, 이해타산적 연고주의에 따라 정치적 선택을 하는 사람들이 대부분인 현실에서 선거민주주의는 반드시 재고되어야 한다. 왕도정치 혹은 현능과 선량(善良)을 갖춘 엘리트 민주주의를 모색할 시점이다. 선거를 최대한 줄이자. 오래전부터 타락의 기미를 보이는 초등학교 반장 선거부터. 그 실현 방안은 다양하다.[13]

4) 신법가주의: 폭력에 대한 엄중한 제도적 응징

언제부터인가 인권이라는 고상하나 애매한 미명 아래 피해자보다도 가해자인 범법자를 우선적으로 배려하고 보호하는 듯한 사법적 관행이 속출한다. 범죄의 피해자는 그야말로 속이 터지고 미쳐버릴 지경이다. 처벌이 솜방망이가 되었으니 도처에서 일탈과 비리, 범죄와 폭력이 기승을 부린다. 사태가 악화일로로 치닫는 만큼, 초범부터 범죄나 비리 행위는 엄벌에 처해야 한다. 싱가포르에서는 공중질서를 위반하여 거리에 가래나 침을 뱉거나 꽁초나 휴지 등을 버리는 사람에게 엄청난 액수의 벌금을 부과한다. 그 결과 싱가포르는 놀랄 만큼 깨끗한 사회가 되었다. 과거 나는 이를 너무 과도한 처사라며 좋게 받아들이지 않았다. 엄벌보다는 계몽과 자율적 개선이 더 낫다고 생각하였다. 세월이 흐른 지금 나는 단연코 엄벌주의가 자유의 남용을 방지하는 사회질서의 기초라고 생각한다. 자유는 반드시 거기에 따르는 책임을 져야 한

---

[13] 이와 더불어 피선거권자의 자격 요건에 대해서도 보다 엄격하고 합리적인 기준이 제시되어야 한다. 헌법의 기본권으로서 선거권이나 피선거권의 남용을 방지할 수 있는 세심한 정책적 규제가 필요하다.

다. 어릴 때부터 공중도덕과 법치주의를 철저히 교육해야 한다. 남에게 피해를 주지 않는 인간을 키워야 한다. 한국의 공공질서는 여전히 난장판이다. 선진사회로 진입하면 좀 나아질까 기대도 해보았으나 꿈은 사라진 지 오래되었다. 공공장소에서의 고성방가, 음주 및 취사는 당연한 듯 이루어진다. 금지와 벌금 팻말이 선명해도 아랑곳하지 않는다. 단속은 흉내만 낼 뿐이다. 잘못하면 시끄러워지고, 봉변당하기 십상이다.

부정부패와 불법 비리가 기승을 부리는 것은 법의 심판을 요리조리 피할 수 있기 때문이다. 유전무죄와 유권무죄의 세상이니 무엇을 기대하랴. 정상참작과 솜방망이 판결이 대세이다. 왜 어떤 판결은 그리도 인정이 많은지? 피해자만 속이 타고 끓어오른다. 피해 보상액은 대부분 쥐꼬리다. 무고나 명예훼손이 횡행해도 어렵지 않게 풀려난다. 그걸 아니 너도나도 무고나 명예훼손의 유혹에 빠진다. 거대 로펌의 막강한 로비력과 전관예우는 법질서 균열의 도화선이다. 판검사의 자의적 횡포 또한 만만치 않다. 사법부에 하루빨리 인공지능과 민간의 참여를 도입해야 한다.

사법혁명의 길은 요원해 보인다. 그러나 절망할 필요는 없다. 우리가 문제의 심각성을 제대로 인식하고만 있으면, 이런 생각이 여기저기로 확산되어 언젠가는 조직화된 사회적 비판의식과 집단적 개혁운동으로 힘을 발휘할 수 있을 것이다. 특히 사법부 내에서도 적지 않은 양식 있는 인사들이 이 문제를 반성하고 자성의 목소리를 낼 것으로 기대한다.

민주주의를 실질적으로 지탱하는 기둥은 오직 법치이다. 대의제도니 선거니 하는 것들은 모두 이 법치에 의해 뒷받침된다. 자유민주주의를 실현하고 유지·확대하는 데 필요한 법과 그것을 실행할 수 있는 제도적 장치가 흔들림이 없어야만 법치는 제대로 굴러간다. 나는 과거 춘추전국시대에 널리 수용되었던 법가(주의)를 21세기 신춘추전국시대가 전개되는 오늘날 새롭게 도입하고자 한다. 그것이 혼란과 비정상을 극복할 수 있는 대안이라고 생각한다. 사법부가 부정부패의 온상이라는 비판이 들끓기 전에 사법부의 자체적인 정화와 일대 혁신이 절실히 필요하다. 나는 새로운 법치의 틀을 마련하기 위한 이와 같은 시도를 "신법가주의(新法家主義)"라고 부른다. 현재 법은 물러 터지고 시대에 뒤떨어졌다. 흉폭한 소년범죄가 폭증하는 추세이니 구속 연령을 낮추고 형량도 높여야 한다. 성인 범죄에 버금가는 질 나쁜 사례가 적지 않다. 범죄인의 범법 행위에 대해 상응하는 징벌을 부과하지 않는 사회는 공정 사회가 아니다. 자유에는 반드시 책임이 수반된다. 모든 피해자에게는 충분한 보상을 제공해야 한다. 그것이 국가의 책임이자 의무이다.

엄정과 엄벌은 신법가주의의 쌍두마차이다. 이를 위해서는 무엇보다도 법관의 양식과 양심이 전제되어야 하지만, 법관의 처신에 대한 엄격한 도덕적 잣대도 세워져야 한다. 법관 구성의 다양화도 고려해봄직하다. 그러나 이 모든 사후 처리형 제도적 혁신에 앞서 부정부패를 비롯한 각종 범죄가 발생하지 않도록 사전 예방조치에 만전을 기하는 것이 더욱 중요하다. 비행청소년의 발생을 막을 수 있도록 온갖 노력을 기울여야 한다. 사회의 따뜻한 시선과 손길이 필요한 부분이다. 특히 현행 입시 위주 교육과 사교육이 공교육을 압도하는 파행적 현실을 고려할 때 소외, 낙후, 방치된 청소년들에 대한 특별한 배려가 요청된다.

5) 자유권의 지속적 확대: 자주인의 주체적 책임 강화

나는 지금까지 장기적인 미래 비전 혹은 정책적 대안으로서 인구수를 줄여 천지인의 양적 균형을 회복하는 '인구 감소', 인간 폭력의 제도적 기반인 '권력의 재편'을 통한 부정부패의 근절과 이에 대처하는 '신고 제도'의 강화, 현행 민주주의의 파행을 막고 새로운 정치적 활성화를 도모하기 위한 '최소 선거민주주의'와 '현능 정치' 도입, 법치주의의 실종과 쇠퇴를 극복하기 위한 '신법가주의'를 제안하였다. 급진적인 방안이기는 하나 당면한 문제의 고질성과 심각성을 고려할 때 발본색원한다는 의미에서 고심하여 제안한 것이다. 그러나 솔직히 현실적 조건을 고려할 때 나의 제안은 단기적으로는 수용될 전망이 매우 낮다. 인간의 보수적 현존 질서유지 성향과 기득권 세력의 엄청난 반대 때문이다. 그렇지만 나는 그것이 최고, 최선, 유일의 길이 아닌가 확신한다. 반면 아래의 제안들은 상대적으로 수용의 가능성이 매우 높다.

우리의 일상적 삶에서 자유해방의 세계를 확장시키기 위한 몇 가지 매우 구체적인 사항을 제안한다. 하나논리의 가치관은 천지인합일이라는 깨달음이다. 이 깨달음은 여러 가지 파생적 가치를 동반하지만, 그 모든 가치가 기반하는 근본적 공통성을 말하라면 개인 각각에게 자유와 해방을 부여하는 자유해방의 세계를 만드는 것이다. 지금도 우리는 여러 자유를 누리며 살고 있다. 그러나 우리의 생각과는 달리 아직도 우리에게 허용된 자유의 범위는 제한되어 있다. 모든 사람이 자신에게 필요한 자유를 누리는 것이 아니다. 세상만사 모든 것이 결코 자유로울 수도 없다. 그렇지만 명확한 이유 없이 혹은 특정 기득권 세력의 가치관이나 이해관계 때문에 인간의 자유가 제한되어서는 안 된다. 과거에는 그런대로 명분이 있었지만 이제는 그 타당성과 실효성이 사라졌는데도 여전히 금지되고 있는 자유도 있다. 현실적으로 많은 금기 사항은 종교적 교리와 직간접적으로 연관되어 있으므로 종교계의 관용적 결단이 절실하다. 아래에 제시되는 자유권 확대를 위해 필요한 내용들은 매우 민감한 사안으로서 현재 심각한 갈등을 초래하며 사회적 논란이 되고 있거나 쟁점화될 가능성이 큰 것들이다. 찬성하는 자유와 반대하는 자유 간의 대립이다. 비록 나는 찬성하는 입장이지만, 반대 측 주장을 결코 과소평가하거나 부정하지 않는다. 화쟁을 통해 중도의 길을 발견하고 싶지만, 쉽지 않다. 장기적 관점에서 서로가 통일을 이룰 수 있도록 상호 대화와 설득이 필요하다. 다수의 힘이나 사회적 분위기로만 밀어붙여 일방적으로 자신의 의견을 관철시킨다고 문제가 해결되지는 않는다. 모두가 관심을 갖고 신중하게 검토해보자. 천리 길도 한 걸음부터다.

한국 사회에서 개인의 자유권 확대를 위해 시급히 필요한 여러 사항 가운데서 여덟 가지만 제시한다.[14]

① 안락사 허용[15]

인간은 죽을 권리를 가져야 한다.

진정으로 인간 생명을 존귀하게 여긴다면 비인간적인 상태의 생은 끝내야 한다.

② 낙태권 보장

출생 이전의 태아에 대해서는 부모의 권리를 우선적으로 존중해야 한다.

---

[14] 이와 관련된 보다 구체적인 논의는 김성국(2015) 참조.

[15] 동물 안락사는 허용되는데, 이는 동물권 보호 차원에서 진일보한 처사이다. 애완동물을 기르는 사람의 수가 한국에서도 몇백만에 이른다. 그러나 여전히 부실한 제도적 관리 때문에 고문과 학대, 유기 등의 동물권 침해 행위가 빈발한다. 인간의 자유와 동물의 자유가 적정선에서 균형을 이루어야 한다. 개나 고양이를 선천적으로 두려워하거나 싫어하는 사람도 많다. 동물 애호가라도 대책 없이 길고양이를 거둬 개체수를 번식시키는 행위에는 반대할 수 있다. 공원이나 산책로에 남아 있는 개의 분뇨 냄새에 힘들어하는 사람도 있다. 나는 노상에서 자유롭게 배설하는 개를 볼 때마다, 문명이라는 이름 아래 동일한 행위를 금지당한 인간의 역설 아닌 역설 혹은 당위 아닌 당위를 생각해본다. 하나논리의 물아일여는 이와 같은 일상 세계의 구체적 문제에도 해답의 실마리를 제공해주는가?

부모가 태아의 생명을 책임질 수 없을 때 갖는 태아를 포기할 권리는 태아와 부모 모두에게 도움이 된다.

③ 흡연권자의 권리 확대

음주와 마찬가지로 흡연도 즐거움이다.

흡연의 피해는 과장되었을 수 있다. 흡연이 가능한 장소를 확대해야 한다.

흡연자가 납부한 세금을 흡연자를 위해 사용하라.

④ 동성애 인정

종교적 관용이 절실하다. 세계적 대세이다.

⑤ 성노동 허용

성욕은 하늘이 준 것이나, 금욕은 인간의 도덕이 만든 것이다.

음성적 성매매가 성행하여 불법과 퇴폐의 온상이 된다.

합법화시켜 대명천지에 성노동권을 강화하자.

⑥ 남녀평등의 국방의무 및 대체복무 확대

기본적 평등은 자유를 위한 전제조건이다.

국방의무에 성차별은 있을 수 없다.

(남성 또한) 신체조건이 허락하지 않으면, 폭증하는 노약자 돌봄으로 전환 배치하면 된다.

가능한 한 자발적 지원에 입각한 모병제를 적극 확대한다.[16]

남녀평등의 기초 위에 성적(sexual and gender) 자유와 해방이 확산된다.

⑦ 자유시간 증대와 노동시간 단축(휴가 일수 증대)

노동시간은 자유시간의 증대에 의해 더욱 효율화될 수 있다.

---

16   지원병에 대한 상당한 수준의 다양한 사회경제적 혜택(예컨대 소득과 주택, 고등교육, 연금 등)을 제공해야 한다.

자유로운 휴식으로부터 창조적 에너지가 솟아난다.

⑧ 공중도덕의 강화

타인의 자유를 침해하는 자유는 빗나간 자유이다.

공공장소(공원, 유원지, 대중교통, 지하철역, 도로, 주택가 등)에서 타인의 자유권을 침해하는 각종 행위(음주, 가무, 취사, 고성방가, 소란, 음란 행위)에 대한 엄중 단속과 강력 처벌이 필요하다. 나의 자유가 주변 타인에게 피해를 주지 않도록 최대한 조심해야 한다. 공중도덕의 준수는 한때 동방예의지국이라고 칭송받았던 한국 사회의 품격을 높일 수 있는 가장 유효한 방안이다. 현재 구미 선진국 대도시의 길거리나 공공장소에서 벌어지는 폭행, 소매치기와 절도, 강도 등의 행태와 이를 수수방관하는 공권력이나 시민들의 모습을 보면, 과연 이들 나라가 한때 부유하고 문화예술의 수준이 높았다고 해서 지금도 선진국일까 하는 의문이 든다. 상대를 최대한 배려하고 존중하는 예의 혹은 공중도덕이 절실하게 필요하다. 한국 사회의 길거리는 아직 상대적으로 안심할 만하다는 세계적 비교 평가가 부정적으로 변하기 전에 서둘러 관심을 갖고 대처해야 한다.[17]

---

[17] 이 밖에도 개인의 자유권 보장과 확대를 위해 심각하게 검토해야 할 사안으로 복권이나 경마 등 국가가 관리하는 도박에 상응하는 각종 도박의 자유 확대, 중독성이 약한 향정신성 마약류의 제한적 확대, 부모의 재산권을 침해하는 유류분제도의 축소, 고령자의 운전 자유를 제한하려는 차별적 조치 금지 등등이 산적하다. 각종 아동 학대를 비롯하여 고아 및 입양아에 대한 인권침해 방지를 위한 지속적 감시·관리 체계도 필요하다. 개인도 단순히 자신의 자유와 권리를 향유하기만 할 것이 아니라 주체적 책임의식과 주인의식을 가진 자주인이 되어야 한다.

제6장
문명전환의 길:
후천 정신개벽을 느껴보자

하나논리는 이제 저 미지의 먼 바다,
후천 정신개벽의 바다로 가는
해도(海圖)를 작성하고
어느 작은 포구에 정박한다.
내 어렵사리 몰고 온 이 배, 후천(後天) 1호는
해무 자욱한 저 바다의
거칠고 긴 항해를 감당하지 못한다.
선창가에 띄어두리다.
세차게 바람 불고, 줄기차게 비오는 날이면
허연 파도에 흔들리며 춤추는
그 처연하지만 정겨운 모습을 지켜보리다.
언젠가 새로운 항해사가 나타나
새로운 배, 후천 2호를 구하고,
새로운 해도를 만들어
저 바다로 나갈 그날을 기다린다.
그 바다는
내 마음속 우주의 어떤 심해(心海)일까?

1. 전체 논의 요약

하나논리는 세상만사와 우주 삼라만상을 "하나(the oneness)"라는 개념을 통해 이해하고 설명하려는 동아시아 사회이론이다. 이론사적 맥락에서 하나논리의 현재적 위상을 규정하자면, 탈서구 사회학(post-western sociology)의 한 흐름이 된다. 나아가 그것은 기존 서구 사회이론의 동아시아화 혹은 동서 이론의 잡종화를 시도한다.

하나논리는 동아시아의 고전적 지혜인 유불도(유가, 불가, 도가)로부터 그 이론적 자원을 발견하고, 한국 고유의 정신문화 자산인 선가를 구성하는『천부경』과『삼일신고』로부터 기존 유불도를 아우르며 상통하는 하나논리를 발견한다. 그래서 한국 고유의 선가/선도가 포함된 유불도선을 동아시아 지혜의 정수로 확대한다.

하나논리의 하나는 천지인합일의 하나로부터 출발한다. 하나논리의 세 가지 특성은 첫째 하나는 셋이면서, 이 셋이 또한 하나라는 삼일논리, 둘째 삼라만상은 그 외형적 개별성이나 차이성에도 불구하고 모두 하나로 연결된다는 통일논리, 셋째 삼라만상의 생성소멸은 궁극적으로 모두 하나로 되돌아간다는 깨달음을 요구하는 귀일논리이다.

하나논리는 현실적으로 작동하는 모든 구분과 구별, 차이와 차별, 경계와 장벽, 대립과 모순 그리고 한계와 초월을 상호 소통/연결/화합시키는 이론적 가능성을 탐색한다. 이것이 바로 통일(通一)의 논리이다. 인간의 인식틀은 이분법적 혹은 삼분법적 사고방식을 피하기 어렵다. 이는 유용한 사고방식이지만 여기에 머물러 집착하는 것은 문제가 있다. 그래서 하나논리는 일즉삼 삼즉일의 삼일논리를 구사하여 하나로부터의 모든 파생과 분화를 설명하고, 이를 다시 하나로 되돌리면서 깨달음이라는 귀일논리에 이른다.『역』이 만물의 생성·변화를 음양 이분법에 의존하여 설명하면서 태극으로 음양을 내장·포괄하는 이치와 동일하다. 흥미롭게도 『천부경』의 삼수분화적 하나논리는 이분법적 음양관계 또한 내포한다.

하나논리는 (천인합일이 아닌) 천지인합일이라는 삼수분화적 우주관에서 출발한다. 동아시아 전래의 체용론을 활용하여 하나를 본체론과 변용론의 두 차원에서 설명한다. 그리고 본체론과 변용론의 관계를 이해하기 쉽도록 변용론에 형성론이라는 일종의 매개 차원을 설정한다. 하나는 형이상학적 수준의 본체론으로부터 형성론을 거쳐서 경험적 수준의 현실세계에서 구체화된다.

본체론에서 하나는 혼연/혼돈/혼잡의 상태에 있으며, 그 질적 특성은 일기, 일심, 일리의 내재화로 규정된다. 나는 심주도의 리/기/심의 일체성을 주장하는 일원론자이다. 리기심이 각각 천지인과 결합하여 천리, 지기, 인심으로 구분되지만 혼연일체로 작용하는 것이 우주 현상이다.

변용론의 첫 단계로서 형성론은 본체가 변용으로 전개되는 과정을 본체의 세 가지 질적 속성인 리기심이 각각 천일, 지일, 인일로 분화·파생 혹은 형성되는 것으로 설명한다. 이 단계에서 가치수행론, 기능변화론, 인식주체론을 도출하여 만물만사의 동중정/정중동, 인간의 자유와 그 책임성, 규범적 실천성을 강조한다.

변용론의 둘째 단계, 즉 형성론의 현실적 구체화로서 경험론을 제시한다. 경험론에서는 상기 이론적 삼분화에 대응하여 음양오행 잡종화론, 유아유심 개인주의론, 중도자비 수신수행론을 제안한다. 각양각색 천차만별의 현상세계를 상잡의 관점에서 접근하고, 존재 현상의 유일무이한 인식주체로서 유아유심의 개인을 발견하며, 궁극적으로 인간이 천지인합일이라는 하나의 논리를 체득하는 방안을 중도의 길을 걸으며 자비를 행하는 수신수행에서 구한다.

　하나논리는 당연히 깨달음으로 귀결된다. 구도에서 득도로 가는 길이다. 천도, 지도, 인도가 서로 소통하여 하나로 연결되는 것이 천지인 합일이다. 추상적으로 풀이하자면 중용/중정/중화/중도의 길을 추구하면서 인/대자대비/자애/홍익인간이라는 사랑의 바탕 위에서 나를 완성하는 것이다. 현실적으로는 생태(전일)주의적 각성과 함께 탈물질주의를 행위 양식으로 추구하며, 물아일체주의의 가치관을 습득하는 것이다. 깨달음은 지금 여기의 현실적 조건 그리고 불완전한 존재인 나라는 개인과 밀접히 연관되어야 한다. 지속 가능성도 반드시 고려해야 한다. 깨달음의 일상화 혹은 세속화가 요청된다. 색즉시공 공즉시색이니 색색공공이다. 그러므로 하나논리는 동아시아 특유의 신비주의, 허무주의, 비관주의의 색깔을 지닌다. 과학적 신비주의, 허유주의로 나아가는 허무주의, 비관적 토대 위의 낙관주의가 그래서 더욱 절실하게 필요한 시점이다.

　후천 정신개벽을 지향하는 문명전환의 이론으로서 하나논리는 인간에 의해 파괴된 천지인합일의 균형을 회복한다는 실천적 과제를 부여받는다. 천지자연을 교란하는 인구과잉, 인간 예외주의, 탐욕과 집착으로 팽창 일로에 있는 인간 폭력성을 치유하기 위해서 허망한 행복을 공격적으로 혹은 경쟁적으로 추구하는 향락(적 소비)주의, 자유의 환상만을 심어주는 선거민주주의, 평등이라는 미명 아래 유지되는 법치주의를 근본적으로 재검토한다. 요컨대 인간의 폭력화를 제어하는 현실적 방안으로서 하나논리는 인구 감소, 부정부패 근절, 선거민주주의 축소와 현능 정치의 모색, 신법가주의를 제안한다. 이와 더불어 깨달음이라는 자유해방의 세계를 현실적으로 보장하는 각종 자유권을 계속 확대해나가는 길을 모색한다.

극즉반이다. 선악병진을 넘어서는 악진선퇴(惡進善退)의 시대는 이제 종식되어야 한다. 새로운 문명은 이미 도래하고 있다. 이 풍진세상에서 후천 정신개벽은 물론 하나의 꿈이다. 어차피 꿈 속에서 꿈꾸며 사는 인생이니 실현 가능성에 처음부터 조급하게 연연할 필요는 없다. 꿈을 가진다는 사실 그 자체가 행운이요, 절반 이상의 성공이다. 그 꿈의 물질적 실현 혹은 물화에 너무 집착할 필요가 없다. 나 자신/마음이 세계요 우주이므로 나는 언제나 그 꿈을 간직하고 이룰 수 있다. 하루살이 인생을 살면서도 틈틈이 그 꿈을 상기하고 즐기는 안락주의가 필요하다. 서구의 유토피아가 저멀리 아득한 곳에서 이루어지는 것이라면, 후천 정신개벽의 꿈은 지금 여기 내 마음속에서 이루어나갈 수 있다.

2. 통일(通一) 하나: 최치원의 포함삼교와 풍류

최치원의 자는 해운(海雲)이고, 고운(孤雲)이며, 해부(海夫)이기도 하다. 멋지다. 바다에 구름 하나 홀로 흘러가는데 저기 뱃사람 하나가 물끄러미 바라보는구나. 최치원은 녹도문자로 적힌 『천부경』을 해석하여 묘향산 석벽에 한자로 남겼다는 일화의 주인공이다. 최치원은 『천부경』 하나논리의 심원성을 정확하게 기록하였다. 이 책에서 부각시킨 한국 고유의 선가 전통 뿌리에는 『천부경』이 있다. 대담하게도 최치원은 말한다. 우리 선가는 삼교포함이라고![1]

먼저 「난랑비서문(鸞郎碑序文)」에 기록된 최치원의 말을 들어보자.

---

[1] 최치원이 활동하던 시절 중국에서는 이미 유불도 삼교 통합 운동이 활발하게 전개되었다(정일규, 2008).

「난랑비서문」(『삼국사기』 신라본기 진흥왕)

나라에 현묘한 도가 있으니, 풍류라 한다.
이 교의 가르침의 연원은 선사[선가의 사서]에 상세히 실려 있는데,
유불선 삼교를 자체 내에 포함하며, 모든 생명을 접하여 감화시킨다.
집에 오면 효도하고, 밖에 나가서는 나라에 충성하니,
그것은 노사구(魯司寇)[공자]의 교지(敎旨)와 같다.
무위로 일을 처리하고, 말없이 가르침을 실행하는 것은
주주사(周柱史)[노자]의 교지와 같다.
어떠한 악한 일도 짓지 않고, 선한 일만 받들어 실행함은
축건태자(竺乾太子)[석가]의 교화(敎化)와 같다.

[國有玄妙之道, 曰風流.

設敎之源, 備詳仙史.

實乃包含三敎, 接化羣生.

且如入則孝於家, 出則忠於國, 魯司寇之旨也.

處無爲之事, 行不言之敎, 周柱史之宗也.

諸惡莫作 諸善奉行 竺乾太子之化也.]

우리나라가 이미 유불도 삼교 통합의 논리를 지니고 있었다니 참으로 뿌듯하고 자랑스러운 일이다.[2] 그 논리의 원천은 바로 『천부경』,

---

[2] 이 감격적 발견은 18세기 스님 연담 유일(蓮潭 有一)이 쓴 고운의 『사산비명(四山碑銘)』 서문에서도 표현된다. "옛적에 세 성인(공자, 노자, 석가)이 주나라에 같이 사셨는데, 비록 가르침은 각각 다르나 대도에 돌아가는 것은 한 가지였다. 그런데 삼교의 후학들은 제각기 익힌 것만을 좋게 여기고, 서로 다툼이 그치지 않았다. 내가 늘

『삼일신고』, 『참전계경』일 것이다. 그렇지 않고서야 최치원이 어찌 그토록 대담한 말을 자신 있게 할 수 있었겠는가? 최치원과 같은 천재적 대학자만이 녹도문자로 구전하던 『천부경』을 한문으로 다시 옮길 수 있었을 것이다.[3] 『천부경』의 역사적 존재를 확인시키고, 비록 간접적이지만 그 논리의 광대무변함과 심원오묘함을 삼교포함이라고 전한 최치원은 한국 고대사의 수월성을 알린 공적으로 널리 오래도록, 찬연히 기억되어야 한다.

최치원의 공헌은 여기서 그치지 않는다. 풍류(風流)에 관한 그의 언급은 한국 정신사를 빛내는 참으로 소중한 기록이다. 풍류라는 말의 근현대적 확산은 최치원의 「난랑비서문」에서 비롯된 것이 아닌가 한다. 최치원이 말한 풍류의 의미는 역사적 배경과 당대의 조건을 고려해볼 때, 현재적 의미에서 유한 한량들이 보여주는 주유천하(周遊天下)의 생활양식이라기보다는 바람[風]이나 물[流]처럼 유연하여 어느 하나에 집착하거나 고정되지 않으면서 멋과 흥을 즐기는 예술적 감각을 지닌 문무겸비의 지성인, 즉 지도자를 위한 사상이나 가르침일 것으로 추론하고 싶다. 이와 관련하여 유동식(1997: 58, 61-62)의 설명을 들어보자.

> 풍류란 일반적으로 동양 종교가 추구하는 이상경에 대한 표현이다. 그것은 자연과 인생과 예술이 혼연일체가 된 삼매경에 대한 심

지붕을 처다보며 탄식하지 않음이 없었는데, 고운 선생이 지은 글을 읽고서는 머리를 조아리고 소리 높여 말하기를 '하늘이 우리 선생을 내시어 삼교를 관통하게 하셨으니, 위대하여 더할 것 없도다. … 아마도 선생님께서는 삼교의 목탁이시라'고 하였다."(유동식, 1997: 56에서 재인용)

[3] 당시 최치원만이 『천부경』을 접했을까? 그렇지는 않을 것이다. 『천부경』의 다른 판본들 또한 전해지고 있으니 다른 경로로 다른 사람들에게도 전해졌을 수 있다.

미적 표현이다. 이러한 뜻에서 화랑은 풍류를 터득한 사람이요, 화랑도를 풍류도라고 할 수 있을 것이다. 그러나 우리 나라의 고유한 영성으로서 풍류도라고 할 때는 … 심미적인 해석과 함께 종교적인 의미가 내포되어 있다. 9세기의 최치원은 풍류라는 한자로서 우리의 고유한 영성을 표현할 수밖에 없었다. … 풍류의 의미와 내용을 나타내는 가장 적절한 우리말은 '멋'이라고 생각한다. … '멋'이란 세속을 초월한 종교적 자유와 삶에 뿌리를 내린 생동감(흥)과의 조화에서 나오는 아름다움에 대한 의식이라고도 할 것이다.

훌륭하고도 멋진 해석이다. 풍류의 종교적 차원을 강조하지만, 실존적 삶과의 밀접한 연관 속에서 조화를 추구하는 것을 풍류로 간주한다. 하나논리의 특성이라고도 할 수 있는 유불선 삼교를 포함하는, 혹은 통일(通一)하는 신비주의와 잘 어울린다. 여기서 한 걸음 더 나아가 하나논리는 풍류를 이 시대가 필요로 하는 쾌락주의의 좌표나 전범으로 삼는다. 내가 앞에서 언급한 안락주의를 말한다. 물론 풍류에 대한 다양한 해석이 존재한다.[4] 나는 풍류의 정수는 멋(style)이고, 그 멋은 즐거움을 추구하는 과정에서 자기 절제와 심신 고양을 통해 드러난다고 생각한다. 그 구체적 모습을 살펴보자.

    도의로써 서로 연마하고[相磨而道義]
    노래와 가락으로써 서로 즐기며[相悅而歌樂]
    산수를 유람하며 즐기되[遊寤山水]
    (이를 위해) 먼 곳이라도 찾아간다[無遠不至]

[4] 조선시대 선비문화의 한 차원으로서의 풍류문화에 관해서는 김경동(2022) 참조.

(『삼국사기』 권4 진흥왕 37년 조 화랑에 관한 기록)

　풍류는 단순한 쾌락주의가 아니다. 욕구의 충족을 넘어 욕구의 승화로서 도의와 심미적 차원을 즐기고, 향락적 과잉을 제어하되, 도도한 흥취를 잃지 아니하는 고상한 쾌락주의 혹은 신선놀음이다. 중국 도가나 한국 선가의 풍류도 모두 신선도나 신선사상과 밀접히 연관된다. 신선이 즐기는 혹은 신선처럼 즐기는 쾌락주의가 풍류이다. 여기서 신선을 어떤 도통한 성인군자로만 국한시키지 말고 자신의 분야에서 그 나름대로 도를 통한 사람(고수나 전문가) 정도로 폭넓게 아우르는 것이 좋을 것 같다. 역사적으로 우리는 쾌락 추구까지도 정신수양의 구도(求道)와 결부시키는 도사나 도인의 나라이다. 주도(酒道), 식도(食道), 기도(棋道), 서도(書道), 무도(武道)가 아직까지 통용된다. 술을 마시며 취하되, 즉 주흥을 즐기되 법도와 절도를 지켜야 한다는 주도는 참으로 멋진 풍류이다. 식도 또한 서양식의 식탁 예법(table manner)이나 미식(美食) 탐구에만 그치지 않으며, 우리는 식도를 본능적 혹은 육체적 갈망의 고양된 충족으로만 여기지도 않는다. 식사 자체를 경건하고도 즐거운 마음으로 음미하는 식도락(食道樂)을 강조한다. 서양의 미식가(gourmet)를 넘어서 애식(愛食), 미식(美食), 식도(食道)의 경지를 자유롭게 넘나든다. 절에서의 식사 장면을 보면 수신수행의 구도 행위 그 자체로서의 식도를 느낄 수 있다.

　문명이란 한편으로는 프로이트의 말처럼 욕망의 억압 가운데서 꽃핀다. 절제와 금욕을 통한 합리적이고 (승화된) 창조적인 생활 추구이다. 다른 한편으로 문명은 끊임없는 욕구 해방의 과정이다. 성적 욕구의 역사를 보라. 난교와 혼음의 시절을 벗어나 문명 생활이 시작되면서 가족이라는 사회 기본조직이 등장하여 일부일처제를 통해 인간의 성적 욕구가 억제되고 조절되었다. 물론 고관대작들은 축첩, 사노비 등을 통해서 성적 욕구를 마음껏 충족하였다. 보통 사람들이라고 가만 있었을까? 성의 풍속사를 읽어보면 온갖 형태의 결혼 외 남녀 교접이 성행하였다. 현대사회에서 성문화는 그야말로 고삐 풀린 듯 개방의 시대를 맞이한다. 여전히 종교적 금욕주의가 강고하기는 하지만 동성애와 양성애도 확산되고 있으며 성적 금기는 하나둘 무너지고 있다. 노령화 시대가 도래하면서 노인의 성도 더 이상 은밀한 주제가 아니다. 이제 사이버 파트너까지 등장하였다.

문제는 성적 쾌락을 비롯한 각종 쾌락 추구가 관광, 공연, 식도락, 의상 등등의 소비 분야에서 그야말로 과도하게, 폭발적으로 그리고 때로는 파행적으로 발생한다는 점이다. "노세 노세 젊어 열심히 놀고, 늙어서는 더 열심히 노세" 판이다. 나는 기본적으로는 놀자판을 일방적으로 비판하지 않는다. 솔직히 말해 인생의 목표는 결국 즐기며 노는 것으로 귀착되지 않는가? 자신만의 즐거움을 찾아 열심히 살아간다면 그 또한 그 사람의 복이다. 그러나 찬물 뿌리고 소금 치는 소리 같지만, 쾌락 추구가 도(度)와 도(道)를 지키지 않으면 패가망신을 당한다. 쾌락의 정도와 자신의 분수를 지키면서 멋과 심미를 추구하는 도가 필요하다. 그래서 나는 풍류의 쾌락, 안락(安樂)을 강조한다.

자기 분수에 맞게 혹은 자기 분수를 지키면서 즐거움을 추구하고, 적당히 만족할 줄 아는 안분지족의 미덕을 생각하라는 권고이다. 여기에 더하여 쾌락 추구의 가장 핵심적인 성공 비결은 지족자부이다. 쾌락의 성취에서 가장 중요한 것은 보통 부귀라고 알려져 있다. 현실적으로 그것은 부정할 수 없는 사실이다. 그러나 사람들은 한계효용의 법칙을 벗어나기 어려운 신세라 아무리 좋은 것도 시간이 지남에 따라 익숙해지면 초기의 신선한 매력이나 맛을 상실한다. 그 결과 사람들은 새로운 것, 더 짜릿한 것을 찾아 쾌락의 미로를 헤매다가 흔히 마약중독과 같은 자기 파멸적 쾌락의 세계로 빠져든다. 그러므로 쾌락과 관련한 진정한 부(富)는 만족할 줄 안다는 것이다. 쾌락의 절대 추구가 아니라 절제적 추구가 바로 만족을 아는 지족이다.

사람들은 현실세계의 번뇌나 고통으로부터 해방되고자 깨달음을 추구하며, 현실의 고통을 잊고자 쾌락을 추구한다. 달리 말하면 사람들은 쾌락을 통해 고통 해방이라는 깨달음에 이를 수 있다. 세상을 담담하게 즐거운 마음으로 살아가면 그것이 바로 깨달은 자의 삶이 아니겠는가? 깨달음을 얻겠다고 와신상담 고군분투하는 삶을 살기보다는 내 한마음 크게 바꾸어 고해의 바다에서도 고중락을 즐기며 내 한몸 보전하며 유유자적 살아가는 것이야말로 깨달음의 지혜가 아니겠는가? "편안히 즐겁게 사는 것, 안락 그 자체가 바로 깨달음이다"라고 선언하면 너무나 통속적인가? 도를 튼 사람만이 고해의 바다에서도 유유자적 즐기며 배를 몰고 갈 수 있다. 세속의 파도 위에서도 편히 즐겁게 산다는 것은 결코 쉽지 않다. 여기에 대자대비, 측은지심, 수선리만물이부쟁, 홍익인간의 삶이 더해지면 금상첨화가 될 것이다.

쾌락의 사회학이 필요하다. 풍류적 쾌락 혹은 쾌락의 풍류도를 추구한다는 의미에서 하나논리의 안락주의는 중도 지향의 쾌락주의이다.[5]

---

[5] 내 이념의 친구, 크르즈나릭(Krznaric, 2017)은 *Carpe Diem Regained: The Vanishing Art of Seizing the Day*(국내에는 『인생은 짧다 카르페 디엠』이라는 제목으로 출간되었다)에서 향락주의(hedonism)의 자유해방적 잠재력을 강조하면서 이 디지털 시대에 향락주의적 가치를 어떻게 적절히 추구할 수 있는지를 역사적 관점에서 적극적으로 모색하고 제시한다. 지배계층의 독점적 전유물이던 향락이 대중화되었다는 사실 자체가 역사적으로 매우 큰 의미를 지닌다. 특히 서구에서 최근 유행하는 선이나 명상과 같은 마음공부나 마음 챙기기(mindfulness) 그리고 지금 이 순간의 의미 발견(quest for now and here)에 대해서 (한편으로는 인정하면서도) 비판적 검토를 제공한다. 그가 우리에게 권하는 메시지(Carpe Diem or Seizing the Day)는 순간에서 영원을 포착하듯이 매

선가 맥락의 하나논리는 이 책에서 논증하였듯이 (혹은 논증을 시도하였 듯이) 유불도 삼교와 통일(通一)을 이룬다. 그 통일의 한 축이 중도자비의 깨달음과 그것의 현실적 행위 차원으로서 자유해방의 즐거움이다.

3. 통일(通一) 둘: 성철과 비트겐슈타인의 동서 논리 합일

포퍼(2006)는 반증주의 혹은 반증 가능성(falsification)을 통해 과학 혹은 문제로서 가설의 발전을 기대하였듯이, 삶도 "문제 해결의 연속" 과정이라고 보았다. 흥미롭게도 일찍이 비트겐슈타인(2006: 116)은 "풀 수 없는 문제는 문제 삼지 말아야 한다"고 충고하면서, "삶의 문제의 해결은 이 문제의 소멸에서 발견된다. (이것이 오랫동안 회의 끝에 삶의 뜻을 분명하게 깨달은 사람들이 그 뜻이 어디에 있는지 말할 수 없었던 이유가 아닐까?)"(비트겐슈타인, 2006: 6.521) "실로 언표할 수 없는 것이 있다. 이것은 드러난다. 그것이 신비스러운 것이다."(비트겐슈타인, 2006: 6.522) 아울러 비트겐슈타인(2006: 17)은 자신의 연구 작업은 "문제들이 해결됨으로써 이루어진 것이 얼마나 적은지를 보여준다는 점에 있다"고 우리를 놀라게 한다.

여기서 비트겐슈타인을 인용하는 주된 이유는 그가 동아시아적 사유(특히 불가와 도가) 그리고 하나논리와 깊이 공명한다고 생각하기 때문이다. 비트겐슈타인(2006: 92-93)의 유아론적 입장("우리가 생각할 수 없는 것을 우리는 생각할 수 없다. 그러므로 우리는 또한 우리가 생각할 수 없는 것을

> 일매일의 일상에서 최대 최고의 의미 혹은 즐거움을 추구하라는 것이다. 어쩌면 인생 자체가 하루살이에 불과하다고 볼 수 있는 만큼 하루하루의 삶에 최선을 다하는 자세가 필요하다.

말할 수도 없다. 이러한 고찰은 유아주의가 어느 정도까지 진리인가를 결정해줄 열쇠를 준다. 요컨대 유아주의가 뜻하는 것은 전적으로 옳다. 다만 그것은 말해질 수는 없고, 드러날 뿐이다"(비트겐슈타인, 2006: 5.61, 5.62))은 나의 유아유심론으로 직결될 수 있다.[6]

잘 알려져 있듯이 동아시아의 선지자들은 언어의 한계[言語道斷]를 너무나도 명확히 깨달았다. 불가의 문자불립(文字不立)이요, 염화미소(拈花微笑), 염화시중(拈花示衆)이다. 노자는 『도덕경』 1장에서 "도라고 말할 수 있는 도는 영원한 도가 아니고, 이름이라고 말할 수 있는 이름은 영원한 이름이 아니다[道可道 非常道, 名可名 非常名]"라고 한 후 바로 2장에서 "말로 하지 않는 가르침[不言之敎]"을 강조한다. 말의 부작용에 대해서도 5장과 56장에서 "말이 많으면 수시로 막히기 쉽고[多言數窮], 아는 자는 말이 없으나 말이 많은 자는 알지 못한다[知者不言 言者不知]"라고 지적한다. 공자 또한 마찬가지다. "글로는 말을 다 전하지 못하고, 말로는 뜻을 다 전하지 못한다[書不盡言, 言不盡意]." 그래서 동아시아 지혜는 언어를 넘어 심법(心法) 혹은 심어(心語)의 세계를 추구하니 이심전심(以心傳心)이요 심중유언(心中有言)이다.

비트겐슈타인의 정곡을 찌르는 빛나는 가르침은 "말할 수 없는 것은 말하지 말라"이다. 동아시아 지혜가 반복해서 강조하는 가르침이다. 인식은 언어 없이 제대로 기능하지 못한다.[7] 사실 무언으로써는 인식이

---

[6] 비트겐슈타인이 후기에 유아주의를 철저히 배격하는 입장으로 돌아섰다는 이영철의 해설(비트겐슈타인, 2006: 93, n47)은 과장된 것일 수 있다. 우선 유아주의를 하나논리의 혹은 불가적 유아유심론의 관점에서 폭넓게 해석한다면 비트겐슈타인의 사적 언어 비판이 바로 유아주의에 대한 부정으로 이어질 수는 없다. 사적인 것은 공적인 것이기도 하다.

[7] 동식물의 상호 교감이 비언어적 형태로 가능할 수 있다는 추론을 존중한다는 의미이다.

불가능하다. 인간은 언어 습득 이전에 본능적으로 아주 초보적인 수준의 의사소통을 하기 위해서 언어를 대신하는 몸짓, 표정, 울음 등 상징적 이미지로서의 언어를 사용한다. 결국 인간은 언어로 인식하고 소통한다. 그러므로 비트겐슈타인의 지적처럼 내가 사용하는 언어의 한계가 바로 내가 인식하는 세상의 한계가 된다.

언어의 한계 혹은 인간 인식의 한계에 대해서는 칸트가 물자체를 언급한 이후 하이데거에 이르기까지 많은 사람이 다각적으로 논의하였다. 여기서 다시 노자로 돌아가보자. 노자는 왜 진정한 도는 언어로 규정할 수 없다고 했는가? 그런데도 노자는 언어로써 『도덕경』 81장을 만들었다. 이것은 노자의 모순인가? 이 지점에서 나는 노자가 도 혹은 깨달음이란 지극히 개인적인 혹은 유아유심적인 신비스러운 체험으로서의 앎이기 때문에 자신이 설명하는 『도덕경』의 도란 자신의 도일 뿐이지, 모든 사람의 도가 아닐 수 있음을 알리고자 혹은 경고하고자 한 것으로 추론해보고 싶다. 달리 표현하자면 『도덕경』을 읽고 나서 각자 자신의 도를 찾으라는 권고이다. 노자는 의사소통을 위해, 즉 다른 사람들에게 자신의 도를 설명하기 위해 어쩔 수 없이 언어를 사용하였을 뿐이다. 노자의 생각을 좀 더 심층적으로 해석해보자면, 노자는 세상에는 자신의 도뿐만 아니라 여러 가지 도(예컨대 유가나 불가, 법가, 음양가 등등)가 존재하고, 존재해야 하며, 존재할 수밖에 없다는 사실을 통찰하고 있었던 것 같다. 이런 맥락에서 도가 무엇인지 알려달라는 간곡한 요청에 따라 몇 말씀을 남겨놓고 (제자 하나 키우지도 않고) 사라져버린다. 자신의 도가 최고 최상의 도가 아닐 수 있다는 지혜를 지녔기 때문이다.

한편 서구의 합리적 논리의 전통에 서 있는 비트겐슈타인은 앞에서 언급했듯이 말할 수 없는 것(하나 혹은 도?)에 관해서는 쓸데없이 말하지 말아야 한다는 단호한 입장을 취한다. 불가언에 대해서는 언급하지 않고, 말하고 싶은 미련과 유혹을 버리고 냉정해져야 한다는 것이다. 그는 확실한 것이나 제대로 말하라고 훈계한다. 동아시아적 인자함과 서구적 냉철함의 콘트라스트라고나 할까? 한 가지 흥미로운 점은 동아시아에서는 역의 상수학 혹은 수리철학을 통해서 도의 작용을 가장 체계적으로 혹은 과학적으로 설명해보려 했다면, 비트겐슈타인도 유사하게 수학을 활용하여 자신의 논리를 입증하고자 했다는 것이다. 문자나 개념을 사용하는 대신에 수리를 사용했다는 것은 현대 수학의 발전에 따른 수리철학의 영향이기도 하지만, 동시에 언어의 한계를 최소화한다는 비트겐슈타인 자신의 관점이 반영된 것이기도 하다.

비트겐슈타인은 불가적 교훈도 활용한다. 그는 "나를 이해하는 사람은, 만일 그가 나의 명제들을 통해 ― 나의 명제들을 딛고서 ― 나의 명제들을 넘어 올라간다면, 그는 결국 나의 명제들을 무의미한 것으로 인식한다. (그는 말하자면 사다리를 딛고 올라간 후에는 그 사다리를 던져버려야 한다.) 그는 이 명제들을 극복해야 한다. 그러면 그는 세계를 올바로 본다. 말할 수 없는 것에 관해서는 침묵해야 한다"고 『논리-철학 논고』를 끝맺는다. 여기에는 불가적 함의가 충만하다. "부처도 죽이고 조사도 죽이라[殺佛殺祖]"는 일갈이 즉시 떠오른다. 이는 바깥에서 부처를 찾지 말고 내 마음의 부처를 찾으라는 권고이자, 부처라는 최고 권위에 집착하지 말라는 고언이 담겨 있는 말이다. 그런데 언제 어디서 어떻게 부처를 만나고, 어떻게 죽일 수 있는가? 수신수행의 마음공부부터 시작할 수밖에 없다. 비트겐슈타인을 걷어차거나 살불살조(殺佛殺祖)하자면 최소한 그들의 경지에 올라야 할 것이니 결코 쉽지 않은 일이다.

나는 여기서 성철 스님을 떠올린다. 성철 스님의 "산은 산이요 물은 물이다"라는 법어는 참으로 통쾌하고도 멋지다. 대상에 대해 그 이상 정확하게 표현할 길이 있는가? 동어반복일 뿐이라고! 물론이다. 그 동어반복은 세속적 설명을 위한 것이 아니라 깨달음의 신묘한 세계로 이끌기 위한 것이다. 이는 비트겐슈타인이 요구한 언어의 정확한 사용을 의미하는 동시에 본체의 세계를 달리 말할 수 없다는 소리이다. 도는 도이다. 언어로 설명하면 안 되고, 설명할 수도 없는 것이 도이니 달리 무슨 말을 하랴.

비트겐슈타인은 자신의 철학을 이해한 사람에게 자신의 주장을 잊어버리라고 한다. 그런데 성철 스님은 대자대비로 중생을 구하기 위해서가 아니라 자기의 한말씀을 듣기 위해서 경배하려면 삼천배를 하라고 요구하였다. 참으로 놀랍다. 그런데 더욱 놀라운 일은 삼천배를 마치고 경배한 사람이 적지 않았다는 사실이다.[8] 헤아릴 길 없는 부처의 마음이여. 비트겐슈타인과 성철은 여기서 또한 각자의 방식으로 역전의 콘트라스트를 이룬다. 인간적 배려를 하는 비트겐슈타인과 인간미 없이 냉혹한 성철 스님이다. 전자는 이제 너는 최고의 수준에 이르렀으니 지금부터 너 자신의 길로 가라고 격려한다. 후자는 이미 돈오돈수 득도의 수준인 나처럼 되려면 장좌불와와 같은 엄청난 고행의 수행이 필요하다고 시사한다. 극과 극이 통하듯 결국 같은 말이 아닌가? 자신들의 수준에 도달하기가 결코 쉽지 않다는 사실을 가리키는 것이다. 도통을 한 도인이 인구 대략 80억 명의 지구에 과연 몇 사람이나 있을까? 당대의 최고 논리학자인 버트란드 러셀과 같은 천재도 비트겐슈타인 책의 서문을 쓰면서 샛길로 빠져들었다는데 누가 감히 자신 있게 그를 이해하

---

[8] 한때 성철의 삼천배 요구를 두고 "굴신 운동"이라며 비판했던 법정이 1982년 새해 첫날 성철과의 대담을 통해 "절에 와서 부처님은 안 찾고 나만 찾길래 삼천배를 하랬다. 실제로 삼천배 하고 날 만나러 온 사람들이 심성이 편해진다더라. 내가 뭐 대단한 사람이라고 삼천배를 하겠느냐"는 말을 듣고 깊은 감탄을 했고, 자신의 옛 생각을 버렸다고 한다.

였노라고 단언하겠는가? 비트겐슈타인도 성철 스님도 자신의 경지를 뽐내기 위해 그런 말과 그런 요구를 한 것이 물론 아니다. 열심히 열심히 공부하라는 말이다.

비트겐슈타인과 성철 스님은 내가 만든 이 가상의 조우(遭遇)에서 서로에게 아무 말도 건네지 않았을 것 같다. 이심전심 염화시중의 미소만 오갔을 것이다. 대답을 던질 일도, 문제를 던질 일도 없었을 것이다. "말로써 말 많으니 그만두려 하노라"라는 동아시아 지혜의 예각이다. "이성의 한계에 대한 지적이 칸트 이상으로 철저하고, 형이상학의 무용성에 대해 비트겐슈타인 이상으로 예리하게 비판하는 [중도/중관의 논리인] 중론(中論)"(『중론』: 496)의 세계에서[9] 이 둘은 만났을 것 같다. 우리도 거기에 가볼 수 있다면 무언가 깨우침을 받을 것이다.[10]

천지인합일은 중일(中一)으로서 귀일(歸一)하며 깨달음이 된다. 이제 합일(合一)은 유일(唯一)이 되고, 유일(有一)인 유일은 나 홀로일 뿐이라 절로 무일(無一)이 되려나? 유아(有我)와 무아(無我)의 사이에서 유아(唯我)는 유무(有無)를 오가는 유이무심(有而無心)인가? 마음이 있어도 문제요[有心之病], 없어도 문제니[無心之病][11] 역시 중일의 중지심(中之心)이 마땅할 것 같다.

나의 하나논리는 여기서 그친다. 수많은 다른 하나논리가 여기저기

---

9   중도/중관의 선구자 용수는 상대를 논파할 때 논박자의 질문을 거꾸로 되돌리며 논의를 그치게 한다. 흥미롭게도 이 (자띠jati) 논법의 창시자는 모든 법과 윤회를 부정한 유물론자이자 쾌락주의자인 인도의 순세외도(順世外道)이다.
10 한계를 인식할 때 철학의 진정한 힘이 드러난다는 것이 칸트나 비트겐슈타인 그리고 하나논리의 고언이기도 하다.
11 다산 정약용의 말이다. 다산은 유심이병(有心二病)을 고치려면 "경으로써 내면을 곧게 하여 마음을 바르게 한다[敬以直內 正基心]"고 했다. 이 뜻을 포함하면서 나는 중(中, 중정, 중화 등)의 마음을 제시한다.

서 나타나 나를 넘어 더욱 간명하면서도 더욱 풍요로운 하나의 세계를 열어가기 바란다.

에필로그:
구름 요리와 신선놀음

동아시아 지혜는 한결같이 말은 도를 제대로 드러내지 못한다고 가르친다. 말 많은 것을 특히 경계한다. 그래서 『천부경』은 81자로 최대한 말을 줄이고, 『도덕경』도 81장으로 압축하고자 하였나? 그러나 천하 백성들에게 이를 쉽게 풀이해주고자 불가피하게 유불도선 모두 말을 하지 않을 수 없었다.

시는 가능한 한 말을 아끼되 깊은 뜻과 숨겨진 아름다움을 전하고자 한다. 내 존경하는 이념의 스승 하기락의 제자이자, 나의 경외하는 친구, 탐미와 심미 그리고 유미의 철학자 시인 김주완(2018)[1] 교수의 시

---

[1] 김주완은 하기락으로부터 철학박사논문 지도를 받았고, 구도의 철학자 시인 구상을 통해 시인으로 등단한다. 하기락과 구상은 절친한 벗이었다(김인숙, 2022: 70-73). 나는 하나논리의 이론적 특성으로서 '허유적 허무주의'(제5장 1절, 각주 5)를 논의하면서 하기락의 호인 '허유'를 도가 및 러시아 니힐리스트 아나키즘의 허무주의적 맥락과 관련하여 지적하였다. 최근 김주완(2022b: 150)은 "구상 강문학의 존재론적 본질"을 하이데거와 하르트만의 관점에 입각하여 분석하면서 구상의 시 「그리스도 폴의 강」(김주완, 2022b: 65)에서 "허무(虛無)의 실유(實有)"라는 대단원(大團圓)의 의미 함축에 주목한다. '허무의 실유'를 압축하면 '허유'이고, 불가적으로는 진공묘유(眞空妙有)이며(장윤수, 2022: 129), 하나논리의 허유적 허무주의와 연결된다. 구상은 그의 시에서 불이문(不二門), 선정(禪定), 윤회, 무상, 무아(無我)나 염화(拈華)와 같은 불가적 용어도 자유롭게 사용한다. 동양철학의 관점에서 구상의 시를 분석한 장윤수(2022: 107, 124-129)가 지적하듯이 구상은 기독교를 바탕으로 하지만 유불도, 특히 불가에 깊이 침잠하여 "불교적 상상력"을 발휘함으로써 궁극적으로는 동서 사상

한 수를 인용한다. 그의 시는 언어의 묘로써 하나논리를 표상한다. 그의 시적 언술은 동아시아 지혜의 어떤 신비로우면서도 정다운 아름다움으로써 나의 하나논리를 멋있게 감싸준다.[2]

구름 요리
― 사람이고자 하는 사람은 구름 요리를 먹고 구름처럼 산다

물들어
석양녘에 떨어져 나온 한 덩이 구름 같은
정구지 장떡에는 허리 꺾인 정구지 심이 들어 있다.
반은 검게 숨 죽은 잎이 된장의 늙은 핏줄 같은데
내림 음식을 떠받치는 자존심은 맵고 차져서 윤기 난다.
멀건 갱죽에도 구름자락 한 웅큼 훑어다가
비벼 넣는 종부는 어린 손자에게 여물처럼 꿈을 먹이고
배탈도 안나는 부푼 소망을 떠가는 구름 위에 올렸다.
살강에 얹어놓은 보리밥 소쿠리에 젖은 모시 보자기 덮으면서
바라본 대비질한 하늘가에 깔린 쌀가루 가지런했다.

을 하나논리의 통일(通一)처럼 "원래 하나인 진리의 조화를 의미하는 원융회통"의 정신에 접맥시키려 한다. "회통이란 대립과 갈등이 높은 차원에서 하나에로의 만남을 의미한다"(김종문·장윤수, 1997: 51-52). 구상의 시는 '하나'라는 실재를 표상하는 것으로 이해하고 싶다. 구상은 "시는 모름지기 표상과 실재가 일치해야 한다"(김주완, 2022b: 154)는 지론을 가지고 있었다. 동아시아 체용론의 묵시적 당위이다.

2 김주완(2022a: 180-183)은 유와 무에 관한 하나논리의 관점(제3장 3절)인 '없음[無]'이라는 있음[有]'을 지지한다. 그에 의하면, "존재는 '있음'이다. … '있는 것(유)'이 있듯이 '없는 것(무)'도 있다. 그러므로 무도 존재이다. 무는 없음으로서의 있음이다." 흔히 최상위의 존재자를 지칭하는 '존재자로서의 존재자'란 '있음(존재)' 그 자체라는 의미에서, 무에서 유가 나올 수 없다는 하나논리의 해석은 타당해 보인다.

채친 무에 고춧가루 양념 넣어 무생채 무치는 종부의
마디 굵은 손으로 떠받치는 종가
된장 간장에 정구지 넣고 구름으로 버무려
어둡도록 장떡 굽는 부엌 바닥에 풀풀 잿불 날린다
부엌문 밖 처마에 십오대 중시조가 드시던 구름자락 걸린다

이 멋진 온고창신(溫古昌新)의 시에 어설프기 그지없으나 화답 풀이를 아니할 수 없다.

신선놀음
― 깨달음의 길을 걷는 사람은 구름 요리를 먹고 신선처럼 산다

구름 요리는 하나논리이다
천지인합일의 요리이다.
하늘[天]의 구름 한 자락과
지상[地]의 정구지가
종부[人]의 굵은 손을 만나[合]
정구지 장떡 하나[一]로 만들어진다.
장떡에는
잡종화(雜種化)도, 유아유심(唯我唯心)도, 중도자비(中道慈悲)도 있다.
비벼 넣고, 무치고, 버무리는 잡종화
여물 같은 꿈과 배탈도 안 나는 부푼 소망의 유아유심
중도자비는?
시인은 숨겨둔다.
구름 요리 먹는 사람 절로 그 길 찾는다.

보리밥 소쿠리에 젖은 모시 보자기에서
보리밥(흑)과 모시(백)는
소쿠리를 감싸는 보자기에 의해서 절묘한 중도를 이룬다.
풀풀 잿불 속 어둡도록 만든 찰떡같은 장떡 궁합이니
애정(愛情)과 애정(哀情)이 물씬한 자비, 아닌가
동아시아 지혜의 상징이자 조선 선가의 역사인
종가와 십오대 중시조, 그리고 내림음식은
주체적 인간의 표상 같은 종부가 지탱한다.
맵고 차져서 윤기 나는 종부의 자존심은 주체성의 본심(本心)이다.
마디 굵은 손이 종부의 일심(一心)을 증언한다.
정구지 심은? 그 심도 정구지의 유심(唯心)이다.
사람이고자 하는 사람은
깨달음을 구하는 사람이다.
구름 요리 먹고
하나논리의 천지인합일을 이루고
구름처럼 산다
신선처럼 자유롭게 노닌다.
임인년(壬寅年) 초추(初秋)
굴곡진 역사의 땅 왜관을 찾아
풍류 시인 김 선생을 만나
구름 요리 나누며
정 도령과 더불어 삼가정승(三可政丞)의 안현안락(安賢安樂)을 논하니
신선놀음 따로 있으랴.
세 사람이 모였으나 천지 속으로 사라지니
삼신삼선(三神三仙) 삼일논리(三一論理)의 조화였나.

독자 여러분께서도 하나논리의 표상(表象) 혹은 육화(肉化)인, 장떡 구름 요리의 풍미를 즐기셨으면 합니다.

참고문헌

강신주, 2007, 『장자, 차이를 횡단하는 즐거운 모험』, 그린비.
고영복, 1983, 「한국사회의 발전과 사회학」, 『한국사회학』 17: 3-11.
권태훈, 1989, 『天符經의 비밀과 백두산족 文化』, 정신세계사.
그레이엄, 앵거스 찰스(해설 및 편역), 2014 『장자』, 김경희 옮김, 이학사.
금인숙, 2006, 『신비주의』, 살림출판사.
기시 마사히코, 2016, 『단편적인 것의 사회학』, 김경원 옮김, 이마.
김경동, 2002, 『한국사회발전론』, 집문당.
김경동, 2005, 「한국사회학의 아이덴티티 문제」, 『한국사회과학』 27: 1-2.
김경동, 2019, 『사회적 가치: 문명론적 성찰과 비전』, 푸른사상.
김경동, 2022, 『선비문화의 빛과 그림자: 지식인 파워 엘리트의 사회학』, 대한민국학술원.
김동환, 2011, 『국학이란 무엇인가: 나라 학문이란 무엇인가』, 한뿌리.
김동환, 2022, 「대종교와 한민족의 정체성」, 『임오교변: 대종교의 탄압과 박해』, 김동환 외, 선인, 12-107쪽.
김문조, 2013a, 「복합전환 시대의 한국 사회학」, 『한국 사회학의 미래』, 고려대학교 사회학과 창립 50주년 기념 특별 심포지엄 자요집, 고려대학교 사회학과.
김문조, 2013b, 『융합문명론: 분석의 시대에서 종합의 시대로』, 나남.
김상일, 1990, 『한思想』, 온누리.
김상일, 2014a, 『한사상』, 상생출판.

김상일, 2014b, 『한철학』, 상생출판.

김상준, 2021, 『붕새의 날개 문명의 진로: 팽창문명에서 내장문명으로』, 아카넷.

김석준, 2020, 『한국고대국가학: 고조선의 국가와 행정』, 대영문화사.

김석진, 2010, 『대산의 천부경: 하늘 땅 사람 이야기』, 동방의 빛.

김성국, 1983, 「계층구조와 의식구조」, 『월간조선(특집: 누가 중산층인가)』 11: 154-167.

김성국, 1984, 「세계체제와 한국의 정치·경제」, 『한국사회의 재인식 1』, 한울, 31-78쪽.

김성국, 1986, 「중산층의 삶과 꿈」, 『한국인(특집: 중산층, 그들은 누구인가)』 12: 58-62.

김성국, 1987a, 「(한국) 정치적 흑백논리에 뭉개진 시민의식」, 『광장(기획시리즈)』 163: 90-97.

김성국, 1987b, 「중산층 위주의 사회」, 『민족지성(특집: 한국의 중산/간층)』 10: 74-81.

김성국, 1988, 「민중민주주의란 무엇인가」, 『신동아』 8: 168-183(쟁점토론: 백욱인, 한상진, 최장집 참석).

김성국, 1990, 「논평: 국가론으로부터 시민사회론으로」, 한국사회학회 편, 『한국사회의 비판적 인식』, 나남, 137-141쪽.

김성국, 1992, 「한국 자본주의의 발전과 시민사회의 성격」, 『한국의 국가와 시민사회』, 한울, 149-172쪽.

김성국, 1998a, 「한국 시민사회의 성숙과 신사회운동의 가능성」, 임희섭·양종회 공편, 『한국의 시민사회와 신사회운동』, 나남출판, 15-71쪽.

김성국, 1998b, 「국가와 시민사회의 변화」, 안계춘 편, 『한국사회와 한국사회학』, 나남출판, 339-366쪽.

김성국, 1999a, 「그람시: 국가로부터 시민사회로」, 송호근·서병훈 편, 『시원으로의 회귀: 고전과의 대화』, 나남출판, 315-350쪽.

김성국, 1999b, 「한국 시민사회의 구조적 불안정성과 시민권력 형성의 과제」, 김일철(외), 『한국사회의 구조론적 이해』, 아르케, 299-343쪽.

김성국, 2002, 「식민지성과 한국 사회이론」, 『사회와 이론』 1: 129-160.

김성국, 2003, 「탈근대 아나키스트 사회이론의 모색」, 『한국사회학』 37(1): 1-20.

김성국, 2004, 『한국사회의 구조적 변동』, 정보통신정책연구원.

김성국, 2006, 「역동적 시민사회와 균형적 국가발전」, 박찬욱 외, 『민주정치와 균형 외교』, 나남출판, 15-71쪽.

김성국, 2007a, 「시민사회론의 새로운 지평(서평)」, 『사회와 이론』 10: 315-360.

김성국, 2007b, 『한국의 아나키스트: 자유와 해방의 전사』, 이학사.

김성국, 2011, 「잡종사회의 도래와 잡종이론」, 『사회와 이론』 19: 7-46.

김성국, 2012, 「잡종화로서 아나키: 방법론적 아나키즘과 실용적 아나키즘을 위하여」, 『사회와 이론』 21(2): 423-455.

김성국, 2015, 『잡종사회와 그 친구들』, 이학사.

김성국, 2018, 「유아유심 개인주의: 마음사회학을 위하여」, 『한국사회학』 52(2): 159-212.

김성국, 2021, 「후기 내장근대와 탈근대 후천 정신개벽의 갈림길에서」(서평: 김상준, 『붕새의 날개 문명의 진로』), 『한국사회학』 55-3: 243-281.

김성국, 2022, 「김경동의 사회학 II: 동아시아 문명론의 개척자」, 『동양사회사상과 문화』 25-4: 103-148.

김성국·임현진, 1972, 「한국사회와 사회과학: 한국사회학대회 공동토론의 요약」, 『한국사회학』 7: 94-97.

김영범, 2010, 『혁명과 의열: 한국독립운동의 내면』, 경인문화사.

김영범, 2013, 「의열투쟁과 테러 및 테러리즘의 의미연관 문제: 역사사회학적 일고찰」, 『사회와 역사』 100: 167-201.

김인숙, 2022, 「구상 시인의 생애와 왜관 낙동강」, 김주완·김인숙·장윤수(공저), 『낙동강과 구상시인: 왜관 낙동강을 중심으로』, 낙동강문학관·낙동강문학연구회, 도서출판 한일사, 70-73쪽.

김재범, 2001, 『주역사회학』, 예문서원.

김재범, 2014, 「천부경의 종교사회학 및 사회사상사적 의의」, 『사회사상과 문화』 29: 389-430.

김종문·장윤수, 1997, 『한국전통철학사상』, 소강.

김주완, 2016, 「구름 요리」, 『주역 서문을 읽다』, 김주완 시집, 066 현대시세계 시인

선, bookin, 45쪽.

김주완, 2022a, 「언어는 존재의 집이다」, 『시와 산문』, 115: 180-183.

김주완, 2022b, 「구상 강문학의 존재론적 본질」, 김주완·김인숙·장윤수(공저), 『낙동강과 구상시인: 왜관 낙동강을 중심으로』, 낙동강문학관·낙동강문학연구회, 도서출판 한일사, 137-191쪽.

김충열, 2007, 『김충열 교수의중용대학강의』, 예문서원.

김홍중, 2018, 「성찰적 노스탤지어: 생존주의적 근대성과 중민의 꿈」, 『한상진과 중민이론』, 한상진 외 지음, 박영도·김종엽 편, 새물결, 319-359쪽.

남회근, 2011(1999), 『주역계사 강의』 신원봉 옮김, 부키.

남회근, 2013(1994), 『역경잡설』 신원봉 옮김, 부키.

노자, 2009, 『노자』, 정달현 옮김, 동문출판사.

도킨스, 리처드, 2018, 『이기적 유전자』. 홍영남·이상임 옮김, 을유문화사.

라우, 펠릭스, 2020(2015), 『역설의 형식: 조지 스펜서-브라운의 형식의 법칙들의 수학과 철학에의 입문』, 이철·이윤영 옮김, 이론출판사.

문종하, 2018, 「신유학의 생생(生生)의 인(仁)에 관한 연구」, 『유학연구』 44: 335-357.

박영도, 2018, 「한상진의 사회이론과 성찰적 비판문법」, 『한상진과 중민이론』. 한상진 외 지음, 박영도·김종엽 편. 새물결, 263-294쪽.

방건웅, 2000, 「참전계경 소고」, 『국학연구』 5: 94-162.

방건웅, 2003, 「삼일신고의 기 개념과 이기동체론」, 『한국 정신과학학회 제19회 추계학술대회 이기동체론』, 1-32쪽.

방영준, 2020, 『붓다의 정치철학 탐구』, 인북스.

벡, 울리히, 2013(2008), 『자기만의 신: 우리에게 아직 신은 존재할 수 있는가』, 홍찬숙 옮김, 길.

변찬린, 2019, 『성경의 원리(4부작)』, 한국신학연구소.

비트겐슈타인, 루트비히, 2006(1922), 『논리-철학 논고』, 이영철 옮김, 책세상.

서정욱, 1998, 「니콜라이 하르트만의 존재론과 하기락의 존재론」, 『철학연구』 64: 135-148.

소공권, 1998, 『중국정치사상사』, 최명·손문호, 공역, 서울대학교 출판부.

소병선, 2023, 「노자 도덕경 제42장에 대한 피타고라스적 해독」, 『포스트코로나시대의 사회학과 동양사회사상의 새로운 모색』, 동양사회사상학회 학술대회 (2023년 2월 3일, 부산 부경대학교) 자료집, 53-70쪽.

슈마허, 에른스트 프리드리히, 2002, 『작은 것이 아름답다』, 이상호 옮김, 문예출판사.

신용하, 1994, 「'독창적 한국사회학'의 발전을 위한 제언」, 『한국사회학』 28: 1-15.

신용하, 2010, 『고조선 국가형성의 사회사』, 지식산업사.

신용하, 2017, 『한국민족의 기원과 형성 연구』, 서울대학교 출판문화원.

신용하, 2018, 『고조선 문명의 사회사』, 지식산업사.

신용하, 2019a, 「고조선 문명(강의 1-20회)」, https://blog.naver.com/ohyh45/221800153134.

신용하, 2019b, 「인류 5대 고조선 문명」, 『문화일보』 연재.

야스퍼스, 칼, 1986(1949), 백승균 옮김, 『역사의 기원과 목표』, 이화여자대학교 출판문화원.

양재학, 2022, 『정역과 만나다. 김일부, 시간의 문을 두드리다』, 상생출판.

에드먼즈, 데이비드·존 에이디노, 2012, 『비트겐슈타인과 포퍼의 기막힌 10분』, 김태환 옮김, 옥당.

예동근, 2013, 「이원화된 중국: 정글만리, 유정천리」, 『동북아신문』 9월호(칼럼).

오형근, 2017, 『신라국 원효대사의 전기와 대승사상』(편주), 도서출판 대승.

우대석, 2015, 「대종교 수행론 연구」, 『국학연구』 19: 148-177.

우실하, 2012, 『3수 분화의 세계관』, 소나무.

우실하, 2019, 『요하문명과 한반도』, 살림출판사.

원영호, 2012, 「현대 중국의 유학연구 동향과 전망」, 『동양사회사상』 25: 125-151.

유동식, 1996, 「한국의 종교 문화와 기독교」, 유동식 외, 『기독교와 한국 역사』, 연세대학교출판부, 11-38쪽.

유동식, 1997, 『風流道와 한국의 종교사상』, 연세대학교출판부.

유명종, 1994, 『성리학과 양명학』, 연세대학교 출판부.

유소감, 2000, 『노자철학: 노자의 연대 고증과 텍스트 분석』, 김용섭 옮김, 청계.

유승무, 2010, 『불교사회학: 불교와 사회의 연기법적 접근을 위하여』, 박종철출판사.

유승무·박수호·신종화, 2021, 『마음사회학: 마음과 사회의 동행』, 한울.

윤홍식, 2019, 『용호비결』, 봉황동래.

이상용, 2020, 「한민족 고유의 유일신관과 홍익사상이 원형정신」, 한국의 정신문화를 찾아서(12), M이코노미 뉴스(4월 25일) http://www.m-economynews.com/news/article.html?no=28311.

이성철, 2022, 카톡방(海琳七客)에서 공유한 개인 메모.

이영찬, 2001, 『유교사회학』, 예문서원.

이영찬, 2008, 『유교사회학의 패러다임과 사회이론』, 예문서원.

이운허, 1972, 『불교의 깨묵』, 동국역경원.

이을호, 2013, 「한국전통사상의 현대적 이해」, 『국학연구』 17: 27-43.

이일봉, 2007, 『실증 한단고기』, 정신세계사.

이태복, 2011, 『조선의 슈퍼 스타 토정 이지함』, 동녘.

이현지·이기홍, 2012, 「논어의 중용사상과 마음공부」, 『동양사회사상』 25: 35-56.

임병학, 2018, 「주역의 역유태극 철학과 선진유학의 마음론 고찰」, 『유학연구』 45: 217-243.

임현진, 1983, 「사회학 이론교육의 과제」, 『한국사회학』 17: 12-16.

임홍태, 2019, 『주체적으로 산다: 왕양명의《전습록》읽기』, 문헌재.

잔스촹, 2011(2006), 『도교문화 15강』, 안동준·런샤오리 뒤침, 알마.

장윤수, 2022, 「구상 '강' 문학의 동양적 융합 사유」, 김주완·김인숙·장윤수(공저), 『낙동강과 구상시인: 왜관 낙동강을 중심으로』, 낙동강문학관·낙동강문학연구회, 도서출판 한일사, 105-134쪽.

정수복, 2007, 『한국인의 문화적 문법』, 생각의 나무.

정수복, 2022, 『한국 사회학의 지성사 I: 한국 사회학과 세계 사회학』, 푸른역사.

정승안, 2019, 「북창 정념의 '용호비결'을 통해 살펴보는 호흡수련과 현대적 함의」, 『한국학논집』 76: 69-106.

정일규, 2008, 『최치원의 사회사상 연구』, 신서원.

정재승, 2006, 『선도공부: 봉우 선생의 한국 선도 이야기』(대화자: 권태훈, 송순현, 김정

빈 외), 정리 및 역주, 솔.

정창수, 1980, 「주역의 사회학적 해석」, 『한국사회학』 제14집.

조세현, 2016, 『천하의 바다에서 국가의 바다로: 해양의 시각으로 본 근대 중국의 형성』, 일조각.

조소앙, 1933, 『新羅國 元曉大師 傳幷序』, 素昂先生文集.

차이중더, 2006(1999), 「펑유란의 삶과 철학」, 『현대중국철학사』, 펑유란 지음, 정인재 옮김, 이제이북스, 305-328쪽.

최민자, 2006, 『천부경 삼일신고 참전계경』, 모시는 사람들.

최영진, 2003, 『유교사상의 본질과 현재성』, 성균관대학교 출판부.

최윤수, 2020, 「대종교의 천부경 수용과 연구」, 『국학연구』 24: 12-155.

카프라, 프리조프, 1979(1975), 『현대물리학과 동양사상(The Tao of Physics)』, 이성범·김용정(공역), 범양사.

펑유란, 2006(1999), 『현대중국철학사』, 정인재 옮김, 이제이북스(EjB).

포퍼, 칼, 2006(1994), 『삶은 문제해결의 연속이다(All Life is Problem Solving)』, 허영은 옮김, 부글.

하기락, 1993, 『조선철학사』, 형설출판사.

하라리, 유발, 2017, 『호모 데우스: 미래의 역사』, 김영주 옮김, 김영사.

한상진 외, 2018, 『한상진과 중민이론』, 새물결.

허영주, 2016, 「노자 '유(有)'와 '무(無)'에 대한 비본질적 관점: 도덕경 '생(生)'자에 대한 해석 중심으로」, 『생명연구』 41: 15-43.

홍승표, 2002, 『깨달음의 사회학』, 예문서원.

홍승표, 2005, 『동양사상과 탈현대』, 예문서원.

홍승표, 2012, 「주역과 탈현대 문명 건설의 원칙」, 『동양사회사상』 25: 59-94.

홍승표, 2019, 「왜 동양사상과 인공지능 시대의 가족인가?」, 『동양사상에게 인공지능 시대의 가족을 묻다』, 이현지 외, 알림터, 13-33쪽.

황경선, 2021, 「『한민족의 대광명의 신교문화』 천부경과 하이데거의 영역문제를 중심으로」, 2021 세계개천문화 대축제(5일차), 대한사랑, https://youtu.be/e60TleE6VMA5.

황태연, 2008,『실증주역』, 청계.

『노자 도덕경 하상공장구』, 이석명(역주), 소명출판, 2005.

『주역』, 노태준(역해), 교육출판공사, 1986.

『중론』, 龍樹菩薩 著, 靑目 釋, 鳩摩羅什 漢譯, 김성철(역주), 경서원, 2005.

『화엄경』, 김지견(역), 민족사, 2016.

康曉光, 2005,『仁政: 中國政治發展的第三條道路』, 八方文化創作室.

蔣慶, 2005,「王道是當今中國政治的發展方向」,『原道』10: 79-94, 北京大學出版社.

蔣慶, 2004,『以善致善 蔣慶與盛洪對話』, 上海: 三聯書店.

蔣慶, 2003,『政治儒學』, 北京: 三聯書店.

Alexander, Jeffrey, 1982, *Theoretical Logic in Sociology Volume Two: The Antinomoies of Classical THought: Marx and Durkheim,* University of California Press.

Alexander, Jeffrey, 1987, *Twenty Lectures: Sociological Theory since World War II,* Columbia University Press.

Alexander, Jeffrey, 1998, "Civil Society I, II, III: Constructing an Empirical Concept from Normative Controversies and Historical Transformation, *Real Civil Societies,* edited by Jeffrey C, Alezander, Sage.

Alexander, Jeffrey, 2006, *The Civil Sphere*, Oxford University Press.

Beck, Ulrich, 1992, *Risk Society: Towards a New Modernity.* translated by M. Ritter, SAGE Publications.

Bhabha, Homi, 1994, *The Location of Culture*, Routledge.

Capra, Pritjof, 1999, *The Tao of Physics: An Exploration of the Parallels between Modern Physics and Eastern Mysticism*, (25th Anniversary Edition), Shambhala.

Chung, Chang-Soo, 2000, *The I Ching on Man and Society*, University Press of America.

Cohen, Jean and Andrew Arato, 1994, *Civil Society and Political Theory*, The MIT Press.

Cribb, J., 2017, *Humanity's Ten Great Challenges and How We Can Overcome Them*, Springer International Publishing.

Feterabend, Paul, *Against Mathod,* Verso.

Fox, N. J. and P. Alldred, 2017, *Sociology and New Materialism: Theory, Research, and Action*, Sage.

Harari, Y. N., 2015, *Homo Deus*, Harvill Secker.

Huang, Minghao, 2021, *The Art of Life: How to Live a Happy and Meaningful Life,* 부크크.

Keane, John, 1996, *Reflections on Violence*, Verso.

Kim, Kyong-Dong, 2017a, *Korean Modernization with Uneven Development: Alternative Sociological Accounts*, London & New York: Palgrave.

Kim, Kyong-Dong, 2017b, *Alternative Discourses on Modernization and Development: East Asian Perspectives*, London & New York: Palgrave.

Kim, Kyong-Dong, 2017c, *Confucianism and Modernization in East Asia: Critical Reflections,* London & New York: Palgrave.

Kim, Seung Kuk, 1982, *The Political Economy of East European Relations with the USSR: A Historical and Time-Series Analysis, 1945-1979*, Ph.D Dissertation, Indiana University.

Krznaric, Roman, 2017, *Carpe Diem Regained: The Vanishing Art of Seizing the Day*, Unbound.

Latour, Bruno, 2005, *Reassembling the Social: An Introduction to Actor-Network-Theory*, Oxford University Press.

Pieterse, J. N., 1994, "Globalization as Hybridization", *International Sociology* 9-2, Sage.

Pieterse, J. N., 2001, "Hybridity, So What?: The Anti-hybridity Backlash and the Riddles of Recognition", *Theory, Culture & Society* 18(2-3): 219-245.

Pieterse, J. N., 2009, *Globalization & : Global Melange*, Rowman & Little Field.

Roulleau-Berger, Laurence, 2021, "The Fabric of Post-Western Sociology: Ecologies of Knowledge Beyond the 'East' and the 'West'", *The Journal of Chinese Sociology* 8(10): 2-28.

Roulleau-Berger, Laurence, Li Peilin, Kim Seung Kuk, Shujiro Yazawa (eds.), 2023,

Handbook Post-Western Sociology: From East to Europe, Brill.

Shellenberger, Michael, 2020, *Apocalyse Never: Why environmental alarmism hurts us all*, Harpers Collins.

찾아보기

인명

ㄱ

강신주 215-216
고영복 340
권태훈 159, 162, 285-286
그레이엄, 앵거스 찰스 24, 153
금인숙 96, 152, 328
기시 마사히코 320
김경동 31, 108, 119, 122, 138-141, 155, 372
김동환 108, 162
김문조 116, 138, 143-144, 340
김상일 160, 162
김상준 138, 144-145, 302
김석준 141
김석진 35, 134, 158-159, 184, 195, 202-203, 286
김성국 28, 32, 88, 107, 111-112, 114-116, 138, 140-142, 145, 147, 214, 245, 272, 305, 320, 361
김영범 28

김인숙 383
김재범 146, 155, 159, 161-162
김종문 384
김주완 383-384
김충열 222
남회근 22, 156-157, 251-252

ㄴ

노자 34, 65, 146, 152, 165, 196-197, 202, 209-210, 239, 274, 290, 303, 339, 356, 370, 377-378
노태준 156
니체, 프리드리히 122, 320, 325

ㄷ

도킨스, 리처드 316

ㄹ

라우, 펠릭스 19, 122
루만, 니클라스 18-19, 31, 104, 122, 126, 206
룰로-베르제, 로랑스 120

ㅁ
문종하 238, 289

ㅂ
박수호 146, 151
박영도 23
방건웅 166
방영준 153
벡, 올리히 64, 97
변찬린 164
비트겐슈타인, 루트비히 16, 18-20, 122, 187, 191, 216, 326, 376-381

ㅅ
소공권 153, 352
소병선 239
쇼펜하우어, 아르투어 122, 309, 320-321, 325
슈마허, 에른스트 프리드리히 87
스펜서-브라운, 조지 19, 104, 206
신용하 108, 119, 138, 141-142
신종화 146, 151

ㅇ
아라토, 앤드류 112
알렉산더, 제프리 16-17, 20, 31, 104, 112
야스퍼스, 칼 34
양재학 157, 285
예동근 342
오형근 262
우대석 26
우실하 141, 199
원영호 150, 349-351

유동식 164, 371
유명종 149, 189, 270
유소감 152
유승무 31, 146, 150-151
윤홍식 26
이기홍 222
이성철 320
이영찬 31, 146, 148-149
이운허 151
이을호 26
이현지 222
임병학 268
임현진 107, 116, 340
임홍태 149, 270-271

ㅈ
잔스창 146
장윤수 383-384
장자 20-21, 24, 146, 152-153, 174, 215-217, 229, 232, 238, 240, 244, 258, 266-267, 277, 337, 352
장칭 349
정수복 30-31, 138, 340
정승안 27, 156, 159
정일규 369
정창수 146, 154-155
조세현 28
조소앙 143, 154, 262

ㅊ
차이중더 330
최민자 23, 159, 189-190, 202, 230
최영진 222

최윤수 23, 26, 159

ㅋ

카프라, 프리조프 103, 130-133, 140
칸트, 이마누엘 175, 326, 378, 381
캉샤오광 349-350
코헨, 진 112
크로포트킨, 표트르 54, 315
크르즈나릭, 로먼 375

ㅍ

평유란 153, 184, 330
포퍼, 칼 124, 327, 376

ㅎ

하기락 133, 158, 182, 321, 383
하라리, 유발 69, 327
하이데거, 마르틴 122, 159, 165, 173, 182, 187, 279, 378, 383
한상진 111, 116
허영주 239
홍승표 31, 146-148
황경선 159
황명호 206
황태연 156

용어

ㄱ

가치실행론 65, 181, 186-187, 196, 212-213, 219, 223
강유상마 244
개인주의 29, 105, 112, 116, 124-125, 135, 138, 152, 155, 164, 216, 218-219, 228, 260-263, 305-306, 312-314, 316, 318, 328-329
과학기술혁명 36, 39, 55, 70-74, 77, 80, 83, 135, 143
구조주의 103, 105-106, 110, 118, 135
귀일 16, 22, 30, 121, 143-144, 199, 224, 268, 300, 381
귀일논리 25, 167, 170, 176, 181, 224-225, 366
극즉반 36, 43, 69, 369
기계 인간 74-75, 78, 81
깨달음 16, 25, 30, 41, 57, 64, 68-70, 87-96, 98-99, 101, 115, 124-125, 135, 141, 143-144, 147-148, 159, 167, 169, 175-181, 191, 198, 217-218, 220-222, 234, 242-243, 256-257, 260, 262-263, 273-275, 279, 281-282, 284, 289, 296-298, 300, 306, 318, 322, 324, 327, 329, 331, 333-336, 360, 366, 368, 375-376, 380-381, 385-386

ㄷ

단군 26, 143, 169
대종교 26, 29, 40, 109, 143, 146, 159,

162, 166, 169, 234, 304
「대한독립선언서」 143
도구적 인간 53-54, 57, 64, 73
도통위일 24, 29, 229, 258
동아시아 개인주의 103, 124-125, 130, 135, 155, 218-219
    자기 확대형 개인주의 155, 219, 316, 318
    유아유심 개인주의 95, 103, 124-125, 129-130, 135, 147, 155, 172, 174, 181, 186-187, 194, 215-217, 223-225, 229, 244, 258-262, 266-267, 271, 273, 334, 367
    서구 개인주의 124

ㄹ

리기심 17, 21, 25, 38, 102, 129, 135, 162, 181, 184, 188-190, 192, 212-213, 224-225, 237, 254-255, 367
리기심일원론 16-17, 21, 135, 155, 188-191, 218, 225, 227, 237, 328

ㅁ

만법귀일 일귀하처 243
맑스주의 103, 106, 109-111, 115, 118, 130, 135, 351
몰아 41
무아 98-99, 206, 250, 257, 262-263, 266-267, 274, 299, 321, 324, 381, 383
무진본 184, 188, 229
문화보수주의 150, 349, 351-352

물극필반 20, 200
물아일여 77, 361
물아일체 30, 74, 77-78, 122, 174-176, 263, 272
물질개벽 35, 251

ㅂ

반자지도 145
범아일여 327
변용론 41, 110, 114, 155, 171, 181, 183-188, 191, 193, 204, 211, 224, 229, 240, 244, 254, 271-272, 367
보편주의 29-30
본심 184, 189, 218, 234, 270-271, 386
본체론 18, 22, 33, 41, 110, 129, 144, 155, 157, 171, 181, 183-184, 186-188, 191, 203, 211-212, 223-224, 227, 229-231, 233, 237, 240, 243, 246, 254-255, 259, 271, 283, 328, 367
부동본 184, 188, 229
부쟁 135, 264, 283, 292-293, 332-333
부정부패 59-60, 64, 67, 305, 343-346, 348-349, 355, 358-359, 368
불상리 불상잡 22
비관주의 67-68, 153, 196, 282, 305-306, 312, 320-321, 323, 368

ㅅ

삼망 38, 202
삼수분화 39, 110, 141, 157, 167, 198-203, 212, 227, 231, 233, 235, 367
삼신일체 233
삼일 16, 184, 197, 224, 236, 249

삼일논리 19-22, 40, 135, 141, 144, 157, 167, 170-171, 181, 184, 188, 192, 199, 201, 203, 208, 210, 224-225, 233, 242, 249, 366, 386

『삼일신고』 15, 23, 27, 38, 97, 159, 166, 169, 177, 185, 189-190, 202, 232, 234, 245, 249-252, 271-273, 282-284, 366, 371

삼진 38, 202, 234, 250

상수학 35, 37, 157, 239, 379

상잡 135, 168, 173, 228, 251-252, 286, 330, 367

상잡론 213, 223, 245

상즉상입 150

선가 15-16, 21, 23, 26-29, 40, 95, 103, 109, 130, 135, 137, 141-142, 146, 149, 155-156, 158-159, 162-164, 166, 169, 177, 208, 223, 229, 231-232, 234, 244-245, 249, 258, 260, 271, 277, 279, 282-283, 286, 292, 303, 328, 337, 366, 369-370, 373, 376, 386

선교 23, 26, 231

선도 15, 26-29, 152, 162, 328, 366

성명정 38, 190, 202, 234, 250, 272

성통공완 30, 148, 189, 250, 283-284

세계체제론 106, 110, 135

수선리만물 155, 218, 222, 283

시민사회론 103, 111-112, 135

시중 24, 80, 222, 277, 285, 302

신교 23, 26-27, 29

신법가주의 305, 357, 359-360, 368

신비주의 18, 20, 30, 34, 37, 42-43, 69, 89-90, 96, 98, 101-103, 124-125, 130-132, 152, 159, 169, 174-176, 180, 183, 192, 197, 216, 272, 281, 305-306, 320, 325-330, 334, 337-338, 368, 372

신유물론 116, 122-123

신인합일 25, 30, 42, 69-70, 88-90, 95-101, 216, 327-329

실재론적 유심론 95

실존 65, 84, 105, 122, 143, 187, 216, 279-281, 322, 372

실존주의 65, 103, 105, 135, 280

심기신 38, 202, 234, 250

심외무물 184, 217, 258, 261, 312

심즉리 17, 129, 184, 188, 258, 269

ㅇ

아나키즘 103, 111-113, 115-116, 125, 133, 135, 383

안락주의 91, 132, 141, 164, 273, 305, 334, 337, 339-340, 369, 372, 375

안분자족 337

안빈낙도 30, 302, 333, 337-338

안심입명 30, 302, 330, 333, 337-338

연기 115, 151, 153, 196, 206, 256-257, 262, 275, 277-278, 296, 324

영득쾌락 197

오도일이관지 29, 229

용변 184-185, 227, 229

『용호비결』 26, 283

우주론적 전망 30

우주론적 전환 102

우주 사회학 102

위기지학 73
위인지학 73
유불도선 16, 21, 26-29, 137, 149, 163, 227-228, 232, 244-245, 260, 278-279, 366, 383
유심론적 실재론 34, 95, 184, 308, 312
유아유심 18, 20, 95, 100, 102, 129, 135, 148, 151, 155, 161, 182, 191, 194, 215, 217-219, 228, 242-244, 258-261, 270, 307, 309-312, 314, 318, 328, 343, 367, 377-378, 385
유아유심 개인주의 95, 103, 124-125, 129-130, 135, 147, 155, 172, 174, 181, 186-187, 194, 215-216, 223-225, 258, 260-262, 266-267, 271, 273, 334, 367
음양 22, 37, 42, 165, 167, 172, 189, 193, 198-206, 212, 224, 231, 235-236, 248, 366-367
음양오행 135, 140, 149, 154-155, 173, 180-181, 186-187, 193, 199-200, 204-205, 213-214, 223-225, 227, 229, 244-245, 252, 329, 367
의리학 157
이론적 논리 16-20, 31, 181
이수분화 39, 165, 198-204, 224, 227, 231, 235-236
인간의 기계화 75, 78, 247
인간의 폭력화 46, 53-54, 57, 341, 347, 368
인공지능 46, 51-52, 74-81, 247, 327, 358
인류세 55

인식주체론 129, 155, 172, 181, 186-187, 194, 212, 215, 217, 223-224, 259, 265, 367
인심 17, 21, 188-190, 197, 212, 223-225, 227, 268, 330, 367
인일 17, 129, 168, 172, 181, 186, 192, 194, 198, 200-201, 212, 215, 223-225, 239, 249, 271, 286, 367
인중천지일 24, 29, 32, 40, 65, 134, 161, 166, 176, 189, 195, 197, 221, 227, 277, 282-283, 285-286, 301, 303
일기 129, 155, 172-174, 186, 193, 212, 224-225, 236, 246, 249, 255, 367
일리 129, 172-173, 186, 212, 219, 224-225, 234, 236, 246, 255, 283, 367
일묘연 만왕만래 244
일시무시일 32, 157, 204, 229, 238
일심 24, 89, 102, 129, 144, 151, 172-174, 178, 186, 189, 191, 194, 208, 212, 215, 224-225, 230, 236, 242, 246, 249, 255, 257, 259, 262-264, 267-268, 273, 274, 328, 367, 386
일종무종일 32, 157, 160, 204, 229
일체유심조 95, 131, 173, 191, 217, 258, 260-261, 339

ㅈ

자유주의 58, 103, 105, 109, 111-112, 115-116, 124-125, 135, 153, 305-306, 327, 335, 347, 351
자유해방 29-30, 46, 59, 70, 72, 90, 93-95, 113, 135, 153, 164, 253, 267, 273, 298, 305-306, 334, 336-337,

360, 368, 375-376
잡일 25, 131, 257
잡종화 28, 103-105, 112-115, 120-121, 124, 130, 140, 143-144, 146, 149, 155, 157, 173, 185, 193, 202, 204, 225, 228, 244-258, 281, 286-287, 308, 316, 322, 332-333, 353, 366, 385
잡종화론 135, 155, 157, 173, 181, 186-187, 193, 213, 223-224, 228-229, 244-245, 367
적선적덕 92, 180
정신개벽 20, 30, 33, 35, 37-39, 43, 78, 83, 87-88, 90, 93, 98, 101, 135, 139, 145-148, 247, 251, 281, 365, 368-369
『정역』 70, 157, 285-286
조식 29, 250, 270, 273, 283-284
중관 19, 24, 161, 195, 222, 229, 277, 295, 301, 381
중도 19, 24, 65, 86, 95, 101, 111, 114, 123, 148, 150-151, 153, 166, 172-173, 176, 191, 194-196, 220-222, 234, 243, 264, 271, 277-278, 282-283, 286-287, 290-293, 295, 299-301, 303, 331-334, 337, 361, 367-368, 375, 381, 386
중용 23-24, 65, 86, 101, 123, 140, 172-173, 194-195, 220, 222, 229, 237, 277, 283, 285-288, 295, 300-301, 303, 368
중일 24, 166, 176, 189, 195, 287, 381
중정 24, 176, 222, 277, 283, 285, 302,

368, 381
중중무진 115, 256
중화 22, 24, 173, 222, 277, 283, 285, 301, 368, 381
지기 17, 21, 188-190, 197, 212, 223-225, 227, 230, 330, 367
지일 17, 129, 155, 168, 172-173, 181, 186, 192, 198, 200-201, 212, 223-225, 239, 241, 249, 286, 367
지행합일 40, 220, 224, 270

ㅊ

차이동일성 19, 31, 206
참나 98-99, 168, 274-276, 281
『참전계경』 159, 166, 234, 371
처중 302
천리 17, 21, 40, 166, 173, 188-190, 194-197, 212, 219-220, 223-225, 227, 234, 237, 270, 273, 283, 317, 321, 330, 349, 367
『천부경』 15-16, 21, 24, 26-27, 29, 32, 40, 65, 95, 103, 109, 116, 122, 130, 133-135, 137, 141-143, 146, 155, 157-167, 169, 184-185, 188-190, 195, 198-199, 201-204, 207, 217, 221, 227, 229-230, 232-234, 238-242, 244-245, 249-250, 258, 271, 277, 282, 285-286, 301, 303-304, 366-367, 369-371, 383
천상천하유아독존 95, 217, 258, 260-261
천인합일 40, 140, 167, 169, 175, 203, 367
천일 17, 129, 168, 181, 186, 192, 196,

198, 200-201, 212-213, 223-225, 239, 241, 249, 283, 286, 367
천지인합일(파괴, 회복) 16, 21-25, 30, 33, 39-45, 52, 56, 64-65, 68-71, 77, 81-83, 87-90, 93, 95, 97-98, 100, 102, 122, 129, 133-135, 140, 161, 167-181, 184, 188-191, 193-195, 197-198, 203, 208, 215, 221, 223-225, 227, 233-234, 240-241, 248, 251, 253, 263-265, 271, 278, 281-283, 303, 325, 327, 329, 334, 341, 360, 366-368, 381, 385-386
체념주의 42, 68, 282
체용론 17-18, 20, 110, 144, 155, 173-174, 181, 183-184, 186, 189, 227, 229, 240, 249, 367, 384
체용불이 30, 184, 189
체용일여 17
초현실 90, 95

ㅋ

쾌락 93-95, 124, 132, 141, 164, 197, 284-285, 298, 311, 336-340, 373-375
쾌락주의 70, 91, 95, 132, 141, 164, 284-285, 337-339, 372-373, 375, 381

ㅌ

탈도구주의 39, 70-72
탈물질주의 36, 38-39, 70, 78, 83, 86, 124, 150, 306-307, 310, 312, 337-339
탈서구 사회학 115-117, 119-121, 366

탈인간주의 39, 70, 74, 78, 81-82, 265
탈존 84, 99, 101, 143, 216, 279-281, 323, 328, 337
탈현실(성) 90, 93, 280
탐진치 92, 277, 323
태극 20-21, 131-132, 157, 193, 199-200, 227, 230, 236-237, 248, 268, 367
태극양의 135, 199, 229
통일 15-16, 19-20, 22-25, 29-30, 41-42, 77, 89, 96-98, 102, 106, 111-112, 114-115, 117, 120, 125, 131, 133, 140, 144, 147-148, 161-162, 168, 172-174, 176, 183, 186, 188-189, 205, 208-209, 218, 222, 224, 230, 231, 238-240, 243, 246-248, 255, 259, 263, 268, 277, 283, 286-288, 292, 299-300, 305, 307-309, 318, 330-331, 333, 361, 366, 369, 376, 384
통일논리 20, 22, 167, 170-171, 181, 224, 225, 366

ㅍ

팔패상탕 244

ㅎ

행위자 네트워크 122-123
현실 20, 22, 28-29, 34, 38, 40, 45, 47, 49, 51, 59, 68-70, 75, 80, 83, 88, 90-95, 98-99, 101, 109, 111-114, 118, 121, 125, 127, 131, 133, 144, 152-153, 155, 157, 160-162, 170,

172, 175, 181, 183, 185, 194, 200, 212, 216, 219-222, 229, 246, 250, 253-257, 266, 272-273, 275-277, 281-282, 288, 290-291, 294, 298, 300, 308, 310-311, 313-314, 316, 319, 321-323, 325, 328-329, 331-332, 335, 338, 350-351, 353, 355-357, 359-360, 366-368, 374-376

형성론 181, 186, 211, 367
호모 데우스 69
혼이위일 40, 244, 254
홍익인간 29-30, 64, 86, 88, 92, 163, 195, 218, 222-223, 277, 283-284, 330, 334, 368